孔子復活

東アジアの経済成長と儒教

Confucius:

And the World He Created

マイケル・シューマン
漆嶋稔 訳

日経BP

Confucius: And the World He Created
by Michael Schuman

Published by Basic Books
A Member of the Perseus Books Group

This edition published by arrangement with Basic Books, an imprint of Perseus Books, LLC,
a subsidiary of Hachette Book Group, Inc., New York, New York, USA.
through Tuttle-Mori Agency, Inc., Tokyo.

孔子復活

東アジアの経済成長と儒教

わが親愛なる儒学者、ユーニスに捧げる

孔子復活　目次

はじめに　孔子は世界をどう変えたか？　7

第Ⅰ部　孔子が「孔子」になる　33

第一章　人間としての孔子　34
第二章　聖人としての孔子　92
第三章　帝王としての孔子　128
第四章　暴君としての孔子　158

第II部 孔子、家庭で心安まらず 191
第五章 父親としての孔子 192
第六章 教師としての孔子 240
第七章 女性差別主義者としての孔子 269
第III部 孔子復活 305
第八章 ビジネスマンとしての孔子 306
第九章 政治家としての孔子 348
第十章 共産主義者としての孔子 390

おわりに　孔子の実像を探して　420
謝辞　429
訳者あとがき　431
原注　i
参考文献　xv

はじめに　孔子は世界をどう変えたか？

自分の結婚式が2500年前の中国人によって台無しになる寸前にまで追い込まれるとは夢にも思わなかった。

2009年春、長く付き合った恋人ユーニスと結婚した。彼女は韓国系米国人ジャーナリストで、ごく普通の純白のドレスとユダヤ・キリスト教の挙式を予定していた。ところが、これにペベクと呼ばれる韓国式の婚礼儀式を追加したいと彼女は考えた。純白のドレスをハンボクという色鮮やかで優雅な韓国伝統のガウンに変更し、我々2人が彼女の両親の前で深くお辞儀することにしたいという。その後、両親から祝福を受ける。そして子宝に恵まれることを願い、両親が栗や棗《ナツメ》を投げると、新婦がスカートを広げて受け止める。

ユーニスからペベクのことを聞かされた私は胃がむかむかした。特に不快に思ったのが深いお辞儀だ。これは極めて定型化されたもので、卑屈なほどに床に額を付けてお辞儀する。

私はユダヤ人として育てられ、人は自らを尊ぶべきで、誰に対しても土下座するような真似をしてはならないと教えられた。プリムというユダヤ教の祭りの日には必ず読む旧約聖書エステル記では、ペルシャの宰相があるユダヤ人の男が自分に服従しないことに激怒し、報復として帝国内のユダヤ人を皆殺しにしようとした。現代のユダヤ的慣習では、完全な平伏は神も評価しない。一般的には全能の神に対する服従の証《あか》しとして、両膝を曲げて頭を下げることもほとんどない。

だが、東アジアでお辞儀は日常生活の習慣的な仕草であり、他人（特に権力者）に礼儀を示す普段の動作だ。年長の家族、職場の上司、役所の高官、大学の先輩にもお辞儀する。東京勤務が長い私の友人は、以前、こんなジョークを口にした。

「知っているかもしれないけど、日本に長年住んでいると電話口でもお辞儀するよ」

だが、ユーニスの両親へのお辞儀はありふれたものではない。身振り手振りはより重々しく、特別な意味を示唆していた。現代の欧米諸国とは異なり、他の東アジアのように韓国の両親も少なからぬ崇敬の念を持って遇される。ユーニスの父親にお辞儀すると、私は娘婿としての義理を果たす。拒絶すると式の前に危機を迎え、激怒した新婦をあらぬ動きに駆り立てるかもしれない。

その窮地を救ってくれた孔子に感謝したい。彼は紀元前6世紀に生まれた著名な中国の哲人で、繁栄する平和的な社会の基礎を「孝」の実践と考えた。この道徳概念の重要性はいまも健在で、彼の不朽の遺産の1つだ。

孔子によると、社会で父と息子の関係以上に大切なものはない。親孝行の息子（私の場合は娘婿）の義務は深遠で、人間の美徳の中で最も基本的な徳目だ。家族の中で学んだ道徳と礼は、社会全体に容易に伝えることができる。子が親に尊敬の念を持って行動すれば、学校、職場、晩餐会などでも他人とうまく交流できる。

家族の1人ひとりが自分の役割を理解して果たせば天下はうまく治まる、と孔子は考えた。言い換えると、ユーニスの両親にお辞儀すれば、私は社会における調和を強めるだけでなく、人々、世間、天下の間の整然としたバランスにも貢献する。

だが、これは決して容易ではない。本来ならペベクに秘められた重要性を思えば、私はただ口を閉じて床に額づくべきだった。孔子は常に人々がこのような社会的儀式に従うことを期待した。そうなれば、社会のメンバー間でも平和的に尊重し合う交流の基礎ができると考えた。残念ながら、私は儒教の教えに忠実ではなかった。その証拠に、この慇懃《いんぎん》な儀式が苦痛であることを何かの機会にユーニスに伝えようとした。

いま思うと、私は勘違いしていた。ユーニスはアメリカ中西部で生まれ育ったため、昔気質の韓国女性とは程遠かったはずが、突然本物の儒教徒に変身する。特に、両親には深い尊敬の念を抱いていたのだ。

彼女の心の内のことなので普段はほとんど気づかなかったが、ペベクへの不安を彼女に伝えた途端、儒教徒的伝統が姿を現す。これが彼女の一族が持つ基本的価値観であり、韓国の両親が世界中に散らばっている子供たちに教え込んでいるものだ。彼女にとってペベクはあまりに大切で、交渉の余地は一切なかった。

「慣れてよ」

そのひと言だった。言葉はあたかも墓から蘇った古代の聖人が床を杖でコツコツと叩きながら、私を叱責しているかのように感じられた。

私は渋々自分の不満を呑み込んだ。結婚式当日の朝、彼女の弟ジェームズにお辞儀の作法について教えを受けた。好きなやり方は許されず、あくまで正式な作法を求められた。そこでホテル内の誰もいない廊下を見つけ、ジェームズから急ぎ個人レッスンを受けた。

身体は動かさず両手を額に置き、親指と人差し指で両手の間に三角形を作る。それから身体のバランスを取るよりも両手を動かさないことを優先し、膝をついて身を屈《かが》める。次に両手と額が床板に付くまで腰を曲げる。数秒間続けた後、頭を起こし再び両手を使わず、両親が話し終えるまで膝立ちの姿勢を保つ。

ペベクが始まると動悸が速くなった。式の中で最も神経が磨り減る瞬間だった。我が親友諸氏は見守ってくれたが、動悸は収まらなかった。幸い、恥をかくこともなければ他の誰にも失礼なく式を終えたので、ユーニスの父親はとても喜んだ。私は安堵して深呼吸した。だが、意外な展開が待っていた。

ユーニスの両親は我々に、「新郎のお母様にもペベクをなさるべきです」と求めたのだ。母は私がこの儀式に不満なことを知っていたはずなのに喜んで受け入れ、息子が土下座する様子を楽しんだ。これには落胆した。思うに、心の底では誰もが儒教徒なのかもしれない。

16億人の生活に生き続ける孔子

偉大な聖人は現代でも依然として影響を及ぼしている。私の結婚式に孔子の影響があったことは、ほんの一例に過ぎない。孔子が自らの考えを説いてから2500年後の現在も、その教えは東アジア社会に息づく。数え切れない政治的激変や経済的変化、外国勢力の奔流、宗教的文化的影響の中を生き延びてきた。ここ数十年で東アジアの現代化は急速に進んできたが、時代を超越した孔子の理想を理解して取り組まない限り、中国人、韓国人、日本人との意思疎通はやはり至難の業だ。

孔子の教えは政府各省や議会でも見受けられる。例えば、官僚が政策を決めるやり方や民衆との関わり方に影響を与え、企業の役員室や工場ではCEOの経営戦略や人事戦略の指針となっている。教室では教師が生徒に教育する方法を方向付け、寝室では夫婦関係に割り込んでくる。

他にも、東アジアにおける民主主義の捉え方、子育て、職業選択、職場での振る舞い、自己認識に孔子が影響を与えている。事業経営を成功に導き、政府高官との交渉に成功し、デートの話題を理解し、現代東アジアの人々の士気を高める方法を入手するには、孔子の重要性を認識しないと無理だろう。

以上のことから、孔子が史上最重要人物の1人であることは明らかだ。彼の教えは16億人を超す人々の日常生活を形作る。北は日本から南はインドネシアのジャワ島までを含む地域だ。現在の世界を見ると、儒教文化以上に大きな影響力を持っているのはキリスト教文化だけだ。『共産党宣言』や聖書からハリー・ポッター、モカラテ、マクドナルドからブリトニー・スピアーズまで、アジアは外国勢力に攻め込まれている。だが、人々が息苦しくて根無し草のように拠り所なく、誰かに席を奪われそうな恐怖に怯《おび》える日常生活に埋没することはなく、孔子は影響力を保ち続けている。

その結果、アブラハム、イエス・キリスト、ムハンマド、アリストテレス、ゴータマ・シッダールタと並び、孔子は現代文明を築き上げた1人と見なされる。

にもかかわらず、欧米人の大半は孔子を知らない。この認識不足は極めて危うい。アジアが世界的に重要な地域になり、グローバル経済や国際的な地政学上で過去何世紀も影響力のあった地域以上に存在感を高めるに伴い、孔子とその文化も次第に知られるようになった。東アジアの新興国と付き合い、この地域のビジネスマン、政治家、政策立案者を動かすものを理解するために、欧米はこれまで以上に孔子とその哲学、その遺産を深く学ぶ必要がある。欧米の我々が正しく認識すべきは、東アジア文明が我々とはまったく異なる哲学的基礎に基づいて構築されていることだ。教えの大半は孔子の教えであることを理解しなければならない。

欧米の学者や政治家は、ギリシャ哲学（アリストテレス、プラトン、ソクラテス）、聖書などユダヤ・キリスト教の業績、あるいは現代欧米社会の基礎となった思想家（ジョン・ロック、トマス・ホッブズ、アダム・スミスら）を何世紀も研究してきた。

だが、東アジアはそうではない。歴史的に見れば、東アジアの学者、作家、官僚は儒学の経書を学んできた。これが東アジアにおける統治制度の思想的骨格、学校の教育、社会的言説の規範を形成している。

中国では儒書とその注釈書や論文の多くが、伝統的に社会的職業的出世や本物の教養人と認められるための基礎教育に必須の知識だった。中国の役人は1900年間にわたり、これら古典を習得することで職を得てきた。

東アジアでは人間道徳の規準を伝えたのはモーゼではなく、孔子だ。社会における市民、国家、個人の地位の関係を構築したのもジョン・ロックやトーマス・ジェファーソンではなく、孔子である。

だが、東アジアの文明に影響を及ぼしたのは儒教だけではない。例えば、仏教は重要な役割を担ってきた。また、キリスト教やマルクス主義など200年以上前から東アジアに入ってきた外国の宗教やイデオロギーも同様だ。孔子はアジアの歴史上唯一の哲人というわけでもない。例えば、（おそらく神話だろうが）道教を創始した老子は、今でもアジア人の生活に深い影響を及ぼしている思想家である。とはいえ、東アジアでこれほど長期に影響力を保ってきた人物は孔子以外には見当たらない。まさに、東アジア文明の歴史は儒教の進展と軌を一にしてきた。

反動家か革命家か？　暴君か民主主義者か？

多くの人は人生に劇的な影響を与えた教師の名を挙げることができる。私の場合、ニュージャージー州クリフトン高校のデニス・ハーディング先生だ。彼は私に歴史への揺るぎない関心を抱かせ、彼の授業を受けてからほぼ30年後、本書を執筆する意欲まで与えてくれた。帰郷したときは、今でも時々実家近くの軽食レストランに彼を朝食に誘う。素晴らしい教師は、生徒に方程式を解かせたり、大統領の名前を覚えさせたりする以上のことを教えてくれる。例えば、自分が信じるものを具体化させ、生き方を示唆し、情熱に火をつけ、何かが得意になるような学びに導く。

孔子は人類史で最も偉大な教師かもしれない。その経歴を見ると、政治家や役人としてわずかに成功した時期はあったが、人生の大半は人に教える日々だった。だから、彼は教師としてアジアで不滅の足跡を残した。

有名な『論語』は、大半が弟子との問答からなる。孔子が弟子に、徳、良い政府、人間関係、道徳規範、歴史について説いたものだ。孔子が教えた古代中国の智恵、不朽の道徳規範や慈悲心は、彼の言葉を学ぶ現代人の誰の心も揺さぶる。孔子を熱烈に慕う弟子たちが師の教えの価値を確信して次世代の弟子に伝え、その後も代々受け継がれたものだ。孔子逝去後はどの世紀も、新たな世代の信奉者が研究を重ねて経書に注釈を加えた。時には後世の信奉者が聖人の教えを劇的に改めた。その結果、東アジアの有力な倫理的基盤と支配的価値体系となる学派が誕生する。弟子が孔子の教えを広めず、遺産を継承しなかったとしたら、孔子は「孔子」にならなかった。

孔子は東アジア社会でますます不可欠な存在になり、もはや単なる教師ではなく、遥かに偉大な存在として認識されるようになる。孔子は至高の聖人、中国文明の創始者と化す。正式な王位に就いたことはないが、「無冠の王」として天から支配者に選ばれる。中国や韓国の男が本物の君子として認められたいときには、自らを孔子に照らして判断した。19世紀の英国の著名な中国学者ジェームズ・レッグは、「中国では、１人の男が可能な限りの個人的美徳をすべて例示している。また、可能な限りの社会的美徳や政治的智恵もすべて彼が教えている。それが孔子だ」と位置付ける。[1]

　中国では孔子が神に近い何か、例えば聖人らしい風貌に奇跡的な力を備えた超人と見なされた時期がある。伝説では、孔子は霊的存在（中国版ペルセウス）の子だ。孔子に敬意を表するための儀式や供物は２０００年にわたって続けられてきた。中国の主要都市ならどこでも、地元の孔子廟を誇りとしている。皇帝でさえ、孔子廟の前で叩頭《こうとう》することがあった。宮廷が孔子に授ける称号は、次第に途方もないほど豪華になった。紀元1世紀に授けられた称号は「褒成宣尼公」で、後に「文聖尼父」「至聖先師孔子」「大成至聖文宣先師孔子」など過分な称号が授けられた。孔子の子孫は国から名家の地位と広大な土地を与えられた。

　並外れた称賛や大仰な爵位を受けた孔子は、恥ずかしさで赤面したかもしれない。我々が知っている歴史上の孔子は自分を人並み以上であると主張したことは一度もない。それどころか、自分を完璧な人間ではないと何度も吐露した。師は意外なほど謙虚だった。自らの知性を軽んじ、己の道徳性に疑いを持ち、我が身の貧しさを笑い飛ばした。自分を真の聖人と思ったことは一切なく、まして超英雄と考えたことはない。孔子は次のように認めている。

子曰《しいわ》く、文《ぶん》は吾《わ》れ人《ひと》の猶《ごと》くなること莫《な》からんや。躬《み》もて君子《くんし》を行《おこな》うことは、則《すなわ》ち吾《わ》れ未《いま》だ之《これ》を得《う》る有《あ》らず。

（『論語』述而7―32。以下、『論語』書き下し文は、井波律子訳『完訳論語』岩波書店に拠った）

訳：先生は言われた。「学問は人並みにできると思うが、君子の行いは未だ身についていない」[2]。

神話、伝説、風評、非難、作り話、歪曲など、２０００年以上の間に彼の背中に積み重なったものを取り除き、孔子の実像を解明するのは容易ではない。現代の議論における孔子は、古代中国の孔子ではなく、１００年前の孔子ですらない。20世紀の歴史家である顧頡剛《こけつごう》は次のように書く。

「いつの時代でも、孔子にはその時代に固有の人物像があり、複数の異なる人物像もある」

また、米国の宗教学者デボラ・ソマーも次のように述べている。

「孔子像は各時代の人々が彼のことを考え、描写することで変化しているが、それに気づく人はいない。結局、彼らには孔子の実像はわからない」[3]

時代の要請に応じて変化する孔子像のおかげで、孔子は何世紀も時代の荒波に耐え、いまでも生き生きとした魅力的な人物像を保ち続ける。だが、その人物像は孔子自身が夢想もしない何かに変わっている。

孔子の支持者や敵対者から見ると、彼は実在の人間というよりも象徴に見える。

例えば、中国の伝統文化の偶像、帝政の表象、人間の手本、抑圧のシンボル、変節する考え、学問の擁護者、処世術、精神的指導者、中国に関する大いなる善や悪両方のイメージである。換言すると、反動家と革命家、暴君と民主主義者、封建領主と資本家、大学者と一介の詐欺師、外国嫌いとグローバリスト、権力の中心人物と危険な反体制派、魂の破壊者と模範的人道主義者の双方を演じてきた。さらに、中国経済の成功と失敗の要因、文化的原理主義者と救世主的智者、東アジアの強みと弱みの源でもある。

欧米で孔子は中国文明の象徴、古代東洋の智恵の賢明な伝播者、ゆったりとした官服を上品に着た長髭の賢者と受け取られている。孔子が現代に蘇ったとしたら、自分であることを認め難いだろう。

今日知られている孔子は、中国人だけが作り出したものではない。歴史家ライオネル・ジェンセンは、「（現代の孔子は）洋の東西、聖職者や一般人を問わず、多くの人の手によって何世紀もかけて形作られた作品である」と指摘する。ジェンセンによれば、孔子は16世紀に中国に到達したイエズス会宣教師がその一部を創作した。この新しく異質な文明を自分たちが理解できる方法で理解しようとした彼らは、偉大な聖人を始祖とする首尾一貫した「～主義」（Confucianism＝儒教）を、中国人自身が思いもよらなかった形で作り上げた。「Confucius（孔子）」という名前そのものがイエズス会の発明であり、中国語の「孔夫子」（Kong fuzi）の奇妙な音訳である。「孔」とは彼の家名であり、「夫子」とは学問や徳に優れた男性に対する尊称だ。我々が知っている孔子は「西洋の想像力の産物」だ、とジェンセンは主張している。[4]

キリスト教、イスラム教と同じ宗教か？

同様の理由で、孔子が信奉する教義を明らかにすることは孔子の実像解明よりも容易なわけではない。孔子の歴史的性格と同じように、その教えも無数の思想家、作家、皇帝によって解釈が何度も加えられ、展開や構成も重ねられてきたからだ。しかも、何人かは孔子の教えと矛盾する教義や信条を当時流行の思想や実践から取り入れていた。その結果、儒教は伝統、価値体系、儀礼、概念、考えなどの坩堝《るつぼ》となったが、その後異なる路線ごとに分岐し、競合する学派との過熱した論争や対立に発展する。

一方、韓国人や日本人のように、中国本土以外の地域に住むアジア人で孔子像を自国で立ち上げた人々は、同じように自国の思想や実践を孔子の教えの中に注ぎ込んだ。

儒教思想には寄せ集めの性格があるため、儒教の真の姿についてアジア内外で長年にわたる（まだ決着がついていない）論戦を引き起こしている。さらに、儒教はアジアの他宗教（道教や仏教など）とともに一緒くたに議論されることも多い。

中国、韓国、台湾の孔子廟を訪れると、今でも地元の人々が仏陀への礼拝とほぼ同じように孔子廟の前でお辞儀している光景を見かける。モーゼの十戒によく似ているが、儒教は人間の営みの意味を明らかにして導く道徳規範も示している。清朝最後の皇帝である愛新覚羅溥儀《あいしんかくらふぎ》の家庭教師を務めた中国学者レジナルド・フレミング・ジョンストンは、次のように指摘した。

「西側で通用する倫理原則はすべて儒教の教えに明示的または黙示的に示されており、『キリスト教』的徳目もすべて儒教の経書に説かれている」[5]

儒教を多少深く調べ、その伝統を東西の他の宗教と同じものだと見ると、ある問題が浮上する。儒教には現代宗教が持っている最も明白な象徴が欠如しているのだ。

例えば、誰もが認める聖職者や「教会」はなく、礼拝の対象となる中心神もない。東アジア人の多くが儒教の教えに大きく影響を受けていることを認めはするが、他の世界的宗教の信者が「イスラム教徒」「キリスト教徒」「仏教徒」と自認するのと同じ意味で、「儒教徒」と認める人はほとんどいない。ソウルの成均館大学校の朴光用（パク・クァンヨン）教授（儒教学）は、少なくとも10万人の韓国人が宗教的に儒教を信仰していると推定している。決して少なくはないが、韓国の総人口５０００万人から見ると、ごく一部だ。

多くの場合、東アジア人は宗教について聞かれると、仏教徒またはキリスト教徒と答え、儒教を文化または家の伝統の領域に追いやる。儒教は宗教ではなく、哲学であり、生き方であり、倫理的な教えなのだ。

また、孔子の教えにおける孔子自身の役割も状況を混乱させている。モーゼやムハンマドとは異なり、孔子は自分の教えが神の啓示であると説いたことは一度もない。自分の教えと宗教を意図的に区別していたようにも見える。『論語』には、次の言葉がある。

子《し》は怪《かい》・力《りき》・乱《らん》・神《しん》を語《かた》らず。（述而7―20）

訳：先生は、怪異、超人的な力、混乱、鬼神について語られなかった。

孔子は、他の宗教の創始者が熱心に取り組んだ人間に関する深遠な問い（我々はどこから来て、なぜここにいて、これからどこに行くのか）に答えることはなかった。世界の創造、人間の起源に関する物語を作ることもなかった。エデンの園、出エジプト、メッカ攻略のような建国神話の役割を果たすエピソードもなく、来世について思いを巡らしたこともない。死後の世界は何らかの形で信じていた気配はあるが（当時すでに普及していた祖先崇拝の儀式を実践していた）、霊魂不滅に関する考えを明確に説くことはなかった。実際、死についての言及を慎重に避けている。ある弟子が死の問題を孔子に問うと、次のように答えた。

曰《いわ》く、未《いま》だ生《せい》を知《し》らず、焉《いず》くんぞ死《し》を知《し》らん。（先進11－12）

訳：先生は言われた。「まだ生についてもよくわからないのに、どうして死のことがわかるだろう[6]」。

孔子にとって、そんな問題に力を費やすことは時間の無駄だった。孔子は極めて現実的な人間であり、実社会に生きる人間の実際の問題を解決することに力を注いだ。人間に道徳規範を教え込み、良い政府を確保し、家族の絆を強め、社会に繁栄をもたらすことに努力した。孔子の目標は徳行を教え、徳行によってより良い社会を作り上げることだった。孔子の考えでは、不可知なものに突拍子もない推測を働かすことは、世界をより調和の取れた場所にするという大切な（かつ現実的な）仕事の邪魔になるだけだ。

孔子は信奉者に来世を示すより、現世に取り組ませようとした。だが、自分の教えを忠実に守った人に、心的、物的な報酬を約束することはなかった。天国の門もなければ、信奉者を待ち受ける乙女もおらず、霊魂が肉体の束縛から解放される保証もない。さらに、教えを軽んじる者に厳罰を加える、と脅すこともなかった。儒教の場合、悪魔もいなければ、地獄に落ちることもなく、ウミウシに生まれ変わることもない。

宗教学者リー・ディアン・レイニーは、こう指摘する。

「儒教的伝統では、見苦しい振る舞いをした者に浴びせ得る最大の侮辱は、『ああ、あなたは君子ではない！』という言葉だ」

孔子が期待したのは、正しい行いをすることだ。その理由はそれが正しいからであり、いつか報われるからではない。善行から得られる恩恵は、立派な行いが何か世のためになるかもしれないという認識である。儒教的認識は道徳的自己完成の探求に極めて近い。ある儒教の経書は、以下のように説明する。

「君子は自分の良心に照らし、何もやましいことがなければ、悩むことはない。君子の優れたるところは世間には見えなくても、ひたすら慎んで行うところだ[7]」

孔子が時折見せる客観的な現実性から、前出のレッグは「孔子は『宗教と無縁』であり、その教えが中国人を無宗教に導いた。彼の冷静な気質と知性の影響により、中国の庶民の間では熱烈な宗教心が湧き起こり難くなっている」と力説した。

だが同時に、孔子は真理を広めて世界を救う天からの使命を受けていると信じているようにも見えた。自分は中国に平和を取り戻すための古代の智恵を持つ最後の人間であり、人類最後の希望であると自負していた。この役割のため、自分は天から守られていると考えていた。

例えば、古代の経書によれば、孔子が（匡《きょう》から来た）敵に包囲されたとき、彼の運命は風前の灯火と思われたが、本人は不安を覚えなかった。天は自分に使命を果たさせるために、自分を守ってくれると確信していた。「文化は私に注ぎ込まれたではないか？　天にこの文化を滅ぼす気がないのであれば、匡の人々が私に手を出せるはずはない！」と孔子は叫んだ。

孔子は当時の人々が自分や自分の教えを理解してくれないと慨嘆したことがある。それでも、天だけは自分を認めてくれている、と思うことで慰めを見いだした。

子《し》曰《いわ》く、我《わ》れを知《し》る莫《な》きかな。（略）我《わ》れを知《し》る者《もの》は其《そ》れ天《てん》か。（憲問14－36）

訳：先生は言われた。「私は誰からも理解されないようだ。（略）だが、そんな私をわかってくれるのはやはり天なのだろう」[8]。

孔子の言葉には、単なる道徳規範を超えた人間と宇宙とのより広範で壮大なつながりの種が埋もれている。孔子の教えの核心には、個人の力に対する信念がある。人が善行をすれば、世の中全体が平和になる。逆に、貧困や戦争に苦悩する混乱した社会は、利己心や不道徳がもたらした結果である。

孔子の目から見ると、人は宇宙の中で果たす役割があり、日々の行いは周囲のあらゆるものに影響を及ぼしている。我々は目的や意味もなく、無為にぶつかり合っているわけではない。我々の行いが富と貧困、戦争と平和、秩序と混乱、公正と不正の違いを決定する。1人の善行は世の中を変える何か不思議な性質を帯びている。

世のすべてを見ているのは、孔子が「天」と呼ぶ何かだ。孔子自身は天について明確に説明してはいないが、後世の儒家は悪行者を罰し、善行者に報いる意図的な力と考えた。これはユダヤ教やキリスト教の神に酷似している。

古代中国の概念を借用し、善王は「天命」を受けるが、王が残虐または無能なら撤回されると儒家は考えた。何世紀も経て、孔子の言葉に含まれる他の宗教性の断片は、より複雑な宇宙観を帯びるようになる。孔子の言葉は大抵必要最小限だが、これに精神的な深みが加わるようになった。その教えは君子としての言動を示すだけでなく、聖人をめざすものとして書き改められた。ユダヤ教、キリスト教、ヒンズー教およびそこから派生した宗教に比べると、儒教は宗教ではない。だが、儒教は無益であるとか、精神性が欠如している、人類が直面する基本問題に対応できない、と主張しているわけではない。

結局、儒教が宗教であるかどうかは、定義次第だ。

欧米では、孔子の教えを自分たちの宗教と比較する傾向がある。これは、欧米人が孔子について学び始めた直後から始まった。中国に到達した初期のイエズス会宣教師は、人々が孔子廟に恭しくお辞儀し、供物を捧げているところを見て、現地の宗教かと考えた。だが、その後さらに調査を進めた結果、中国人は孔子を神として崇拝しているわけではなく、偉大なる聖人として敬意を払っているにすぎないと結論を下した。儒教的儀式は社会的なもので、宗教的な行為ではないとした。

イエズス会宣教師にとって、これは孔子を称《たた》えることとイエス・キリストに従うことが両立可能であることを意味した。つまり、キリスト教に改宗した中国人は教会に行けるだけでなく、孔子廟での焼香も可能ということだ。

一方、競合するフランシスコ会、ドミニコ会などから派遣されたキリスト教宣教師は、別の結論に達する。彼らは中国人家族の祖先崇拝を目撃したことで、儒教はやはり宗教、さらに悪いことに異教信仰であると主張した。その結果、中国人のキリスト教改宗者は好きな聖人（孔子）と絶縁すべきだとした。

その後の「典礼論争」は1世紀以上も続く。最終的に、1715年、教皇クレメンス11世が大勅書を発布してイエズス会に不利な判定を下し、中国人改宗者の儒教儀式への参加を禁じる。激怒した中国の皇帝は報復措置として、大半の宣教師を入国禁止とした。

儒教への信仰を明言する者は、西欧が儒教をひどく勘違いしていると考えている。孔子の教えはユダヤ教やキリスト教の信仰と単純には比較できない。自称儒教徒の成均館大学校の朴教授は私に、学内の孔子廟の外で次のように語った。

「大半の宗教には経典があり、信仰する宗教に従うなら救われると説く。我々にも経書はあるが、そのようなことは説かれていない。他の宗教では神や儀式が必要だが、儒教では生きている現世で最善を尽くすことを説く。すべては自分の行いに自省的であるように、ということだ。自らを善人であり、他人に親切であり、寛大であるようにと努めるのは、いずれも孔子の教えに従ってのことだ」

グローバリゼーションに翻弄される

崇高な偉大さにもかかわらず、孔子は必ずしも世間から愛されてはいない。主要な宗教や哲学の創始者で、孔子ほど毀誉褒貶《きよほうへん》が激しい人物はいない。アジア内外を問わず、孔子を非難する人々は文明の罪悪はすべて彼が作り出したと主張する。

孔子は女性を抑圧し、イノベーションを抑え込み、農民を貧困に追いやり、暴政を促し、金融危機に拍車をかけたと難詰される。孔子批判者は、中国が西洋に先行して資本主義を発展させることに失敗し、技術面で欧米の後塵を拝したのは彼のせいだと言う。市民的自由や政治的自由を受け入れている現代の東アジア人は、民主主義や人権を邪魔する存在として孔子を見ている人が多い。

さて、このような批判はどれほど公正なのだろう？　孔子の遺産は必ずしも肯定的なものばかりではない。特に、欧米の視点からはそう見える。孔子の教えが生まれた社会は極めて階層的だ。父、夫、支配者など優位な立場の人間は孔子の教えを利用、乱用し、子、妻、庶民など劣位を運命づけられた人々に権力を行使する。つい最近まで、大半の東アジア政府は中央集権的または独裁的だった。儒教の影響を受けた政府の硬直した姿勢は、虐げられた者を暴力に向かわせることが多かった。暴力は政変を起こす唯一の方法だった。

儒教の理想的な社会構造では女性は従属的地位にあり、公職に就くときに大変な苦労を強いられた。東アジアの女性は教育や職業を否定されることが多かった。自分の親の手で出産直後に殺された女の赤子や中絶された女の嬰児《えいじ》も数知れない。

儒教的な企業経営慣行では、部下はトップダウンの意思決定体制に抑圧されている。この結果、東アジアの企業はイノベーションを生み出したり、競争力を発揮したりする能力を抑制されている。厳格な儒教的ヒエラルキーのせいで、東アジアにおける家庭の居間や企業の役員室、学校の校舎など至る所で、様々な残酷な行為が繰り返されている。例えば、韓国の高校で上級生からのいじめを何年も受けた義弟のジェームズはこう訴えた。

「僕の人生は孔子のせいで台無しにされた」

儒教がもたらした破壊的な行為は、私も個人的に何度か目撃した。

1990年代後半、私はウォール・ストリート・ジャーナル紙のソウル特派員を務めた。その間、職場では2人の韓国人女性と働いた。どちらもそれほど伝統的な考え方の持ち主には見えず、2人とも長年海外に住んでいた。だが、私は2人の西洋風の外見や身なりに騙《だま》された。2人はお互いの関係について、韓国の職場で期待されている儒教的ヒエラルキーをすぐに受け入れた。つまり、年長者が年下をいじめて苦しめるようになり、仕事を若手に押し付け、全くの私用でこき使った。

若い女性は悩んだ末に私に救いを求めてきた。私は2人の緊張関係に気づき、もっとリラックスできるアメリカ流職場環境をつくろうと努め、オープンな議論を奨励して勤務時間などの職場規則を公正に適用した。だが、徒労に終わる。簡単に言うと、孔子に勝てなかったのだ。

また、女性の同僚も何もできなかった。職場で働く女性全員が通常の仕事上でも侮辱に耐えている場面を目撃した。彼女らは見下され、怒鳴られ、不適切なセクハラにも我慢しなければならなかった。ある日、某社役員2人が女性の専属記者と私を昼食に誘ってくれた。露出度の高い女性が跪《ひざまず》いて料理を出すレストランだった。記者が激怒したのも当然だ。

別の日、女性記者が激高しながら職場に戻ってきた。男性記者が彼女を記者会見室前方の特等席から後方のベンチ席に移動させたという。

私は彼女らを助けようと手を尽くしたが、女性に対する不公平な扱いは手に負えないほど広範に及んでいた。結局、これは韓国における仕事の一面に過ぎなかった。

孔子の名声はこんな不当な行為によって著しく傷ついている。現代人の多くは、孔子を救い難い権威主義者、女性蔑視者、保守主義者と見ている。彼の時代はとうの昔に過ぎているだけでなく、彼の考えはかなり現実離れしており、旧態依然としている。孔子が関与する限り、この地域の現代化は望めず、孔子の教えとは関わりたくないと考える人が東アジアには多い。中国のハイテク起業家の岩張（イェン・ジャン）は、北京でハンバーガーを食べながら、こう語った。

「儒教は歴史的な遺物であり、機能不全に陥っている。中核となる信条は、現代社会の理想と矛盾している」

だが、このような不当な社会的慣行をもって孔子を非難することは、必ずしも正当とは言えない。孔子の教えは何世紀にもわたり、利己的な皇帝、学者、高官によってひどく歪曲され、誤り伝えられてきた。彼らが孔子自身の教えから大きく逸脱したため、自分が一度も擁護や支持もしていない言動をもとに孔子は攻撃されている。

中国共産党創設メンバーの李《り》大釗《たいしょう》は、孔子を厳しく論難する20世紀の批評家でもあるが、孔子批判に理不尽な部分もあると認めている。例えば、彼は以下のように書いている。

「我々の攻撃の対象は孔子自身ではなく、虚像の孔子のほうだ。この虚像は歴代の皇帝が政治的偶像や権力者として作り上げたものだ。皇帝たちが暴君の手本に仕立てたのは、孔子自身ではなく虚像の孔子のほうだった」

その結果、現代の学者には、人間や哲学者としての「孔子」とその教えに従う「儒家」を分け、本来の「孔子の教え」と数千年の中国史のなかで孔子の名のもとに作られた「儒教」を別物と考えようとする向きもある。

あらゆる悪行の責任を孔子に押し付ける言説は、アメリカで２００１年9月11日に起きた同時多発テロ事件でムハンマドを非難したり、スペイン異端審問所についてイエス・キリストを糾弾したりすることに似ている。儒教学者D・C・ラウは次のように認める。

「何世紀もの間、儒教が多くの独断的な教義を獲得し、権威主義の傾向を発展させてきたことは否定できない。だからといって孔子を責めるのは、後世のキリスト教徒による悪行のことでイエス・キリストを非難するのと同じく、筋違いも甚だしい」[9]

一方、筋違いかどうかはともかく、グローバリゼーションは孔子に有利に働いていない。過去200年間、東アジア社会に浸透した西洋思想のため、儒教の伝統的価値観を再考するようになった地域は多い。例えば、家族、男女関係、政府や教育の体制、企業統治の方法に関して、西洋の政治的社会的価値観によって極めて異なる考え方がもたらされた。アメリカ的考え方の男女同権、個人の自由、法治主義の現状を見れば、民主主義はかなり根付いている。

これらの考え方の影響を受け、東アジア諸国は大きく変貌を遂げた。民主化運動は東アジア各地で独裁政権を打倒してきた。女性の場合も、政界や実業界でふさわしい地位を求める闘いが増えてきた。過去2世紀の大半で、東アジアでは西洋化が一様に進展してきた。換言すれば、西洋的な経済的、政治的、社会的体制を模倣しようと努力を重ねてきた。資本主義と工業化は貧困に終止符を打ち、国際舞台での影響力を獲得するための手段となり、選挙政治は社会の指導層を選択するのに理想的だった。

成功への道は、もはや儒教の学校経由ではなく、ハーバード大学やイェール大学経由になっている。言語、服装、社会生活において西洋化していることが、近代的で競争力のあることの証しとなった。

東アジア各地の政治家や改革派は生活、自由、幸福を追求するあまり、時には暴力的に儒教を根絶しようとしてきた。多くの東アジア人は、何世紀にもわたってそうであった儒教徒であることをもはや望まなかった。彼らは、儒教など忘れようとした。

共産党幹部も孔子廟へ

一見すると、東アジアの人々はその試みに成功したかに見える。現在、どの地域を見ても、伝統はグローバル文化からの猛攻を受け、次第に消え失せたようだ。

一例を挙げると、日本の着物や韓国のハンボクは結婚式や特別な儀式の装いへと格下げされた。世界の他の地域と同じように、東アジアでもビジネススーツを着用し、ナイキのスニーカーを履き、ミニスカートを穿《は》く。韓国、中国のポップスターがラップを歌い踊るのは、欧米でヒップホップのビートが聞こえてくるのと変わらない。中国人家族はGMの高級車ビュイックやiPhoneに憧れ、ケンタッキーフライドチキンを食べたがる。ソウルにいる義理の両親の実家はシカゴ郊外の住宅にそっくりだ。私が韓国にいることがわかるのは、台所から漂ってくるキムチの香りと極寒の冬に世話になる伝統的なオンドルぐらいだ。感謝祭から年末にかけての休暇シーズンのある日、居間に飾ってあるクリスマスツリーの近くに座っていたとき、義兄のスティーブが私を納得させようとしたのは、儒教、より一般的にはアジア文化が西洋文化を導入したことで一掃されつつあるということだった。

「周りを見てくれ。ここに、アジア的なものは何もないよ」

これに、私は疑問を呈した。

「いや、外見は当てにならない」

確かに、世界中の大半の人々と同じようにアジア人にもBMWやアイビーリーグの卒業証書を求める人は多いが、結婚式で明らかになったように、孔子はいまでもスターバックスのコーヒーカップ、

「セックス・アンド・ザ・シティ」のＤＶＤ、ブルックスブラザーズのシャツなどの下でしぶとく生き延びている。

孔子はこの地域で驚くほど長い間、生活の一部であり、妻もそうだったように東アジアの人々が他人や社会と関係を持つときには必ず姿を見せる。孔子の教えに従うことは人々にとってごく自然なことであり、日常生活におけるごく普通のことなのだ。

さらに、現在、この地域で新たな富が生まれていることに伴い、人々は古代文化をより自信に満ちた目で新鮮な視点から見直そうとしている。経済的に成功しても、必然的に西洋化に向かうとは限らない。東アジアは、古き慣行、教え、伝統の中に新しい価値を再発見しつつある。

アジアの有力学者の1人であるシンガポール国立大学リー・クアンユー公共政策大学院のキショール・マブバニ院長は、北京で私と昼食を取りながら次のように説明してくれた。

「200年続いた西洋によるアジアの植民地化と支配は、アジア史をコンクリート板で蓋《ふた》をしたようなものだった。近代化のためにアジアは自らの過去を拒絶する必要があった。過去は負担が重すぎたため、西洋で最高のものを学ぶことに集中した。これに成功した結果、今では別な形で過去と再び向き合えるようになった。今度は、私が『自国文化への自信』と名付けたものを発展させる必要がある。結局、アジアがやっていることは、コンクリートの蓋に穴を開け、過去と再びつながることなのだ。いわば、一種の文化的復興がアジアで進んでいるのだ」

彼はこの動きを「現代アジアで起きている最も重要な出来事」と呼ぶ。

孔子は無用の存在になったという考え方は文化帝国主義の一形態であり、何世紀にもわたって世界の政治や社会的な言説を西洋が支配してきたことによって、アジア人にもそうでない人にも叩き込まれたものだと考える人もいる。

アリストテレスやカントのような西洋の哲学者の思想が今日でも有用とされるのであれば、孔子の思想もそうではないのか。台湾出身でハワイ大学哲学教授のリー・シャン・リサ・ローゼンリーは、電子メールで次のように主張する。

「そうでないと考える唯一の理由は、非西洋的な思考様式や伝統に対する世界的な偏見にある。私にとって重要なのは、西洋と非西洋の哲学者の扱いにこのような格差があること自体が、非西洋世界を、西洋が彼らを近代化へと導いてくれるのを待っている、役立たずの伝統に縛られた犠牲者とみなす植民地的な態度を示しているということだ」

現代史は、東アジア人がそのように感じる正当な理由がないことを教えてくれる。儒教社会は、第二次世界大戦以降、間違いなく世界で最も成功している。韓国、中国をはじめとする東アジア諸国は、歴史上最高の経済成長率を記録し、数世紀にわたる貧困を数十年で一掃し、世界経済における新たな影響力を手に入れた。

倹約や勤勉さといった儒教的価値観が評価されている。東アジア諸国は、多くの発展途上国に比べて非常に強力なガバナンスの恩恵を受けているが、その一因は、孔子に触発された優秀な人材が公務員をめざす傾向にあることにある。アジアの学生が世界最高の大学に殺到しているのは、儒教の遺産である学問への執着心のおかげである。儒教社会の企業は、儒教の影響を受けた経営や労働慣行もあって、熾烈な競争相手となっている。

東アジアの繁栄と安定の結果として生まれたのが、現代社会の代替モデルである儒教モデルであり、最良の組織、慣行、思想は西洋から来たものであるという考え方に挑戦するものだ。東アジアの政治家や思想的指導者は、「西洋の模倣だけが進歩を遂げて世界的な影響力を獲得する方法ではなく、西洋の理想は必ずしも普遍的でもなければ、万人に妥当するものでもない」と誇らしげに唱えるようになった。

マブマニは私にこう説いた。

「明日の世界は、西洋支配の単一文明から、成功した諸文明からなる多元的文明世界になる」

その結果、思いがけず孔子の影響力が上昇している。孔子は近年まで東アジアの多くの国であまりに時代遅れとされてきたが、今では再び興味をそそる存在になりつつある。

過去数百年の大半で孔子を否定してきた中国では、儒教儀式が復活し、儒教教育も復活している。今や、１９００年間にわたって宮廷官吏が行ったように、中国共産党幹部が孔子廟で礼拝している。だが、孔子の価値に関する論争や議論がなくなったわけではない。場合によっては、孔子の復活を皮肉交じりに観察しなければならないこともある。

中国や他の国々では、権力者たちが自分たちの目的に合うように孔子を再び悪用し、偉大な賢人が反感を抱くだろう行動を正当化しようとしている。

グローバリゼーションと孔子のせめぎ合いは、相変わらず熾烈を極めている。東アジアの人々は、自分たちの伝統文化を再発見する中で、どの伝統が現代に役立ち、どの伝統が現代に役立たないのか、また、西洋から輸入された新しい優先事項や理想と、儒教の遺産から受け継いだ価値観をどのようにかみ合わせるのかを決めようとしている。事実、東アジアの政治的、経済的、社会的発展は、現代の東アジア人が孔子とどのように折り合いをつけるかによって大きく左右される。

どのような結果になろうとも、その影響は世界的なものとなるだろう。１５０年にわたる西洋化を経て、多くの東アジア人は、自国の伝統にはもはや西洋が見過ごすことのできない価値と知恵があると考えるようになった。

学者の張維為はニューヨーク・タイムズ紙上で中国の儒教的遺産の利点を挙げ、「今こそ西洋は……『心を解放』し、中国の偉大な思想について、あるいはそこから、たとえそれが余計なものに見えようとも、自らの利益のためにもう少し学ぶべき時なのかもしれない」と誇らしげに宣言した。[10]

私自身、そのようなプロセスを経てきた。たしかに孔子の思想には、今日では後進的で恐ろしくさえ思える側面がある。聖書についても同じことが言えるが、ユダヤ・キリスト教的伝統が行ってきたのは、聖書の知恵を再解釈し、現代の我々にとって意味を持つようにすることだった。孔子の教えに同じことをしてはいけない理由はない。

孔子の言葉にも、どんな時代、政治体制、文化にも通用する人間観がある。孔子の教えには時代を超越した普遍性があり、国籍や民族、宗教に関係なく意味を持つ。孔子は、過去においてそうであったように、未来においても重要な人物なのだ。

第I部
孔子が「孔子」になる

Part One: Confucius Becomes Confucius

第一章　人間としての孔子

吾《わ》れ豈《あ》に匏瓜《ほうか》ならんや。焉《いず》くんぞ能《よ》く繫《かか》りて食《く》らわざらん。（『論語』陽貨17―7）

2500年間語り継がれた孔子物語

紀元前500年、孔子は政治家として頂点にあった。当時、孔子は魯《ろ》（現在の山東省）の大臣だった。魯と隣国の斉《せい》は血生臭い戦いを繰り返していたが、不和になって9年後、両国はようやく和解する。

両国の支配者による会談は、夾谷《きょうこく》という国境沿いのほぼ人跡未踏の地で開催されることになった。魯の君主定公《ていこう》は孔子を儀式の長に任じた。これは当然の選択だった。というのも、博学の学者である孔子は儀式進行に関する魯随一の専門家と見られていたからだ。

Chapter One: Confucius the Man

ある夏の日、孔子と定公は目前の和平に大きな期待を抱きながら、夾谷に向けて出発した。一方、斉の君主には別の思惑があった。斉の景公《けいこう》と側近は、「夾谷の会」を魯より優位に立つ絶好の機会と見ていた。ある史書によると、斉は悪辣な陰謀を仕組む。景公の大臣の1人が、萊《らい》と呼ばれる辺境の異民族に協力を求め、魯の定公を拉致することを奏上した。孔子は文弱の士であり、萊人の攻撃の前には怯えて手が出せないはずだ、と進言した。

「（孔子は）儀式には精通していますが、勇気を持ち合わせていません。萊人を何人か雇い入れ、武器を持たせて随行させましょう。定公を連れ去れば、あとはお望み通りに事が運びます」

そこで、景公は孔子一行の到着前に罠を仕掛けることにした。

だが、策謀者は孔子をあまりに甘く見ていた。当然、孔子は慎重を期して、定公に万全の警備と最悪の事態に備えるために、会談場所には武将を控えさせるべきだと奏上した。

「『文事あるものは必ず武備あり、武事あるものは必ず文備あり』と申します。平和的な会談といえども、文官だけでなく武官も引き連れ、万一に備えるべきです」

定公はこれを聞き入れ、凄腕の武将を会談場所に配置した。

孔子一行が夾谷に到着すると、会談は幸先よく始まった。互いに敬意を示すために、両君主が相手に礼儀正しくお辞儀した後、階段を3段上り、土の壇に用意された座席に腰を下ろす。

だが、交渉が始まる寸前、斉の役人が仕掛けに動いた。完全武装の萊兵集団が恐ろしい勢いで土の壇に迫ってきた。古代の史家は次のように描写している。

「（楽団に見立てた萊兵の一団が）太鼓を鳴らしながら、細長い三角旗、羽飾り、槍、斧槍《ふそう》、剣、盾を持って定公に近づいてきた」

孔子は定公が危ないと即座に判断し、乱入してきた萊兵を撃退せよと配下の武将に命じた。また、定公は斉の景公に、「今日は和解のための会談であることに合意していたではないか。野蛮な部族の登場は和平合意の努力を台無しにする」と指摘した。

孔子もこの無礼な振る舞いを指し示し、斉の景公に説いた。

「親睦の会談場所に武器を近づけるべきではありません。この会合の趣旨に照らせば、このような乱暴狼藉《ろうぜき》は不吉です。徳の面から見ても、正しき道に反しています。男と男の約束という点でも、礼節を欠いています。斉の君主たる者、このような振る舞いはご無用と思《おぼ》し召されませ」

景公は孔子の説教に屈して定公の拉致計画を中止し、萊兵に撤退を命じるしかなかった。

恥をかかされた景公は、和平交渉において著しく不利になった、と思わざるを得なかった。これは孔子が状況を巧みに導いた結果だ。

両国は和議を結んだが、その見返りとして孔子が単刀直入に要求したのは、かつて斉が魯から奪取した3つの地域を返還させることだった。これには、景公は応じるしかなかった。景公は面目を失い、意気消沈して帰国の途に就く。

孔子の智恵に屈服するという大恥をかかされ、景公は大臣らを激しく面罵する。

「魯は君子の道をもって君主を補佐しているのに、そちたちは夷狄《いてき》の道をもってわしに教え、魯の君に非礼を犯させた」[1]

ある古代の史書によれば、夾谷で起きた事件の細部は多少異なる。孔子が乱入してきた萊兵の処刑を求めたという武人的な逸話が追加されているが（信憑性に乏しいが）[2]、この会談の結果に異論を唱える者はおらず、孔子の大勝利が世に知れ渡った。

孔子は自らの持つ知恵と知識（国政に関する深い知見、勇気と知的活力、該博な知識）を総動員し、魯の君主と国に大いなる利益をもたらした。この会談の成果によって、孔子は魯国政界の頂点へと駆け上がっていく。

だが、それからわずか3年後、孔子は少数の支持者を伴って国を追われ、二度と魯で官職に就くことはなかった。定公に対し、高潔な政治に真面目に取り組んでほしいと自分の教えや教訓を説いたが、説得に失敗する。

このため、孔子は落胆のあまり、「大司寇《だいしこう》」を辞して魯を去り、自分の教えを用いてくれる君主を求めて旅に出る。

ところが、何年も何百里も旅を続けても、有徳の君主は一向に現れない。根気強く探してみたが、衰弱して混乱状態の中国を復興に導くという生涯の使命は遂に果たせずに終わる。

ここには明らかな皮肉がある。孔子を歴史上の人物として魅力的に見せているのは、彼が存命中に中国に与えた影響が小さかったことだ。後に中国文明と同一視されるようになるその思想は、彼の時代にはほとんど支持されなかった。現実の孔子は、彼がアジアの歴史の中で果たすことになる重要な役割を垣間見せることもほとんどなかった。その代わり、孔子の物語は、挫折と成功、妥協と対立、逆転と復活を繰り返しながら、２５００年に及ぶ複雑で論争の的となる伝記の、予想外ではあるが、重要な出発点となる。

とはいえ、孔子の生涯の出来事は最も重要だ。孔子の言動は中国文明を形成した。後年、孔子の熱心な信奉者たちも、孔子の最も苛烈な敵たちも、孔子の生涯を解剖し、分析し、再検討した。それによって、自らのキャリアを導き、哲学的立場を強化するための知恵の塊や、儒教の教義を攻撃し、自らの教義を推進するための忌まわしい証拠を探し求めた。

孔子の信奉者は、孔子の人生を模範的な生き方に変え、彼の行動を徳と正義の金字塔に変えた。2500年前に起こったことは、何世紀も経て現代にまで響き渡り、東アジア人の行動様式と思考様式に影響を与えている。東アジアを理解するためには、孔子という人物を理解しなければならない。

社会的激動と百家争鳴の時代

孔子の実像を見極めることは容易ではない。古代人の大半と同じように、現在、歴史的人物の孔子として知られているのは、すべて彼の人生で起きた出来事の断片に由来する話に過ぎない。しかも、信頼性に乏しいものがほとんどである。

イエス・キリストと同様に、孔子も自分で書いた文書を残していないようなので、我々が彼について知っていることは、およそ他人が走り書きしたものである可能性が高い。場合によっては、このような走り書きは他人が彼の死後、長い年月を経て書いたものだが、その人は孔子自身やその人生を直接的に知り得る立場にはなかった。

資料は先入観に大きく影響されていることが多い。というのも、孔子の忠実なる支持者または敵対的な批評家が編纂している資料が少なくないからだ。支持者なら英雄である孔子の智恵や力量を誇張するつもりであり、敵対者なら逆に過小評価する立場で編纂する傾向が強い。

孔子の完全な伝記を執筆しようと試みた最初の人物が司馬遷である。司馬遷は中国の偉大なる歴史家の1人であり、不朽の名作『史記』の中で孔子に1章を割いている。ただし、『史記』は孔子が逝去してから350年以上後に書かれたものなので、その生涯はすでに神話や伝説によって曖昧になっていた。

司馬遷は孔子の信奉者であることを公言して憚《はばか》らなかったため、古代中国における孔子の影響を誇張していた可能性がある。したがって、その記述の大半は話半分に聞いておくのがいい。

伝記の一部は『論語』にある。『論語』は孔子に最も関連があり、彼自身とその考え方に関して最も信頼できる情報源と見られている。内容は、孔子の人生（孔子自身の叙述もある）における出来事について興味をそそる断片で構成されている。

だが、『論語』であってもその信憑性に疑問符を付けざるを得ないのは、孔子の死去後に編集されたからだ。学者は何世紀も費やして様々な古代の文献に散らばっている文言を精査し、虚偽から真実を、聖人伝から伝記を、伝説から実像を選り分けることに尽力してきた。

孔子本人よりも彼が生きていた春秋時代（紀元前771年～紀元前5世紀半ば）のほうがよほど知られている。この3世紀にわたる時代を特徴付ける暴力と社会的激動は、孔子の人生、価値観、信条に決定的な影響を与えた。

孔子の主な目標は、無秩序に荒れた国に平和と安定を取り戻すことだった。高潔な政治という考えが大半を占める自分の教えが実現したら、意気消沈して疲弊した国に繁栄と安定をもたらす、と孔子は確信していた。孔子本人とその時代を切り離すことや、儒教とそれが誕生した時代を別々に論じることはできない。

周王朝の分裂が混乱の始まりだった。孔子の時代までは、周が5世紀にわたって中国を支配してきたが、周の王家は衰退の一途を辿《たど》った。周の支配体制は封建的構造に基づいていた。王家に忠誠を誓う諸侯が周の封建制の下で国内の領地を治めていた。

理論上、この体制は孔子が生きていた時代でも支配的だった。諸侯は自らを周王朝の臣下と公的に宣言していたからだ。ところが、実情を見ると、周はすでに多数の国（古代文献では、１４８カ国）に分裂しており、周の君主は自国の都を除けば、ほとんど影響力を持っていなかった。周は絶え間ない紛争や陰謀の渦巻く地に堕し、小さな領地を支配する多数の諸侯が領地や財宝を獲得しようと争っていた。

一方、政治的混乱は賢人たちの百家争鳴を呼び起こし、人類史上最も重要な哲学的活動を生み出す。彼らの周囲に渦巻く混乱が招く失望や不安を見て、独創的な中国人思想家は民衆を苦しめる多くの悪に対する答えを求め、人間社会や人間存在が直面する根本的な問題を徹底的に吟味した。

政治が果たすべき適切な役割を考え、人々を統治する理想的な方法について考究し、人間の本質（性善説または性悪説）を追い求めた。人間は宇宙の中に特別な地位を持っているのか？　そうであるなら、その目的は何か？　このような知的な展開が哲学や文学の土台を築くことになる。言い換えると、東アジアの大半で思想の基礎的要素を形成し、ギリシャの都市国家やインド亜大陸から生まれた一連の作品と同じように、あらゆる点で大きな影響力を及ぼした。

孔子の教えも、このように百花繚乱《りょうらん》の革新的思想の一部だ。だが、孔子の意見はあくまでも多数の中の１つに過ぎない。当時も含め、その後の何世紀もより大きな影響力を持ったのは孔子以外の人々の思想だった。

結局、孔子はこの諸子百家の争いから東アジアの有力な賢者として頭角を現すことになるが、それには１５００年ほども続く緩慢で長期にわたる過程が必要だった。だが、別の観点から見れば、必ずしも完璧な勝利ではなかった。

「学に志す」

儒教徒は孔子が王族の血筋、すなわち商王朝の支配者一族に他ならない血筋であると伝統的に信じている。これは中国最初の帝政を敷いた一族であり、その存在を示す確かな証拠もある。

商没落後、周が勃興すると、孔子の遠い祖先は当初周の封建諸侯として宋を治めていた。だが、一族が宋からの寵愛を失うと、孔子の曽祖父は魯に逃げざるを得なくなった。

自分たちの師と権力や名声のある歴史的人物を関連付けるために、この高名な一族は孔子の熱心な信奉者が捏造《ねつぞう》した可能性が高いとする学者もいる。孔子の遠い祖先が何であれ、彼が生まれた時までに孔という一族はかつて保持していたかもしれない王族の地位を失っていた。孔子は一介の庶民より地位の高い下級官吏の一員で、上流階級よりも相当下位に属していた。

司馬遷によれば、青年孔子は魯の貴族の1人、季孫氏《きそんし》が主催する宴会に出席したかったが、低すぎる社会的地位を理由に門前払いされている。

「季孫氏は君子を歓待するが、そなたは君子のうちに入らない[3]」

生まれが賢さより重視された時代だったことから、孔子の血統は彼の人生と教えの本質の両方に大きな影響を与えた。その結果、彼は生来のものより実績を重視するようになり、真の君子になるには富、称号、家柄より学びや倫理が重要な意味を持つと熱心に主張するようになる。今日では孔子は超保守派と思われがちだが、彼の生きた時代には社会変革の最先端に立つ人物だった。

孔子誕生の頃は貧しかっただけでなく、醜聞にも塗《まみ》れていたようだ。

父親である叔梁紇《しゅくりょうこつ》は名高い武勇の士だった。（伝聞かもしれないが）彼の快挙にはある戦いに際し、重い門をその怪力で持ち上げ、味方の兵士を罠から救い出したという武功が含まれている。

孔子が生まれた頃、叔梁紇はかなりの老齢だった。中国東部に所在する魯の首府曲阜《きょくふ》（現在の山東省済寧市の郊外）近郊の陬邑《すうゆう》という貧村の大夫であったと伝えられている。後世の文献によれば、叔梁紇は最初の妻との間に娘9人、側室との間に息子1人（孟皮《もうひ》）がいた。だが、孟皮は身体障害者か肢体不自由者（極めて不自由な脚に苦悩していた）であることから、後継ぎとしては不適格と見なされていた。

このため、叔梁紇はその後も然るべき後継ぎを産める女性を探した。そこで、地元で無名の顔氏《がんし》に、3人娘の1人を新たな妻に迎えたいと相談すると、幸い快諾してくれた。その父親は娘たちを次のように説得した。

「この方は身長が10尺（216センチ）もあり、武人らしい勇猛さも備わっているので、ぜひとも親交を深めたい。確かに年は取っており、気難しいところもあるので、そなたたちは不満かもしれないが、誰か嫁に行こうという者はいないか？」

長女と次女は賢明にも黙して語らなかったが、3女の顔徴在《がんちょうざい》が次のように応じた。

「お父上がもうお決めになったことです。改めてお確かめになるまでもないでしょう」

そこで、父親はこの従順な3女こそ相応《ふさわ》しいと考え、叔梁紇のもとに嫁がせた。[4]

ここで話は不道徳な方向に向かうかもしれない。すなわち、司馬遷は中国の大聖人が非嫡出子だったという興味深い逸話を示唆している。叔梁紇は顔徴在を正式な妻ではなく、非公式な婚姻「野合」を経て、孔子を身籠《みごも》ったという。

歴史家ライオネル・ジェンセンによれば、司馬遷は孔子の誕生物語を「野合」とすることで神秘のベールに包もうとしているという説を唱えた。だが、司馬遷の言葉がどう理解されたとしても、叔梁紇が顔氏の10代の娘と正式に婚約したという記述は一切ない。[5]

後世の孔子信奉者が、孔子の平凡な出生事情に落ち着かない思いをしたことから、孔子の受胎と誕生を奇跡の物語に変えたのかもしれない。

例えば、漢代（紀元前２０６年～紀元２２０年）に、孔子の実の父親は魅力的で不死の神に置き換えられた。あたかも、ゼウスが美女と仲良くなり、超人的な子を産ませた古代ギリシャ神話を思い起こさせる。

「孔子の母、顔徴在が尼丘《じきゅう》を散歩しているときに起きたことだ。あたりで昼寝をしていると、黒帝に誘われて交わる夢を見た。黒帝によれば、顔徴在は空桑《くうそう》の地で出産するという。夢から目覚めると身籠っているような気がして、実際、後に空桑の地で孔子を産み落とした。こうしたことで、孔子は先聖と呼ばれている」

他の文学的な作り話としては、イエス・キリストのように孔子は将来偉人になる赤子として歓迎されたという。また、日食、龍、天人が彼の到来を告げた。さらに、出産は驚くほど無痛であり、胸に浮き出た「私は至高の学者になる」という言葉とともにこの世に生まれたと伝えられる。[6]

一般的な説では、孔子の幼少期は輝かしさと無縁だった。父の叔梁紇は孔子がわずか3歳のときに亡くなり、母の顔徴在は女手1つで孔子を育てなければならなかった。父の死後、この母子は父の実家から疎外される。おそらく、母を不道徳な存在と見て敬遠したのだろう。

司馬遷によると、母は父の墓所も孔子に教えなかった（十数年後、母が亡くなると、父の墓所を特定するために他人の助けを借りて、父の傍《そば》に母を埋葬できた）。[7]

孔子の子供時代のことはほとんど知られていない。司馬遷が伝えるには、孔子少年は供物に使用する先祖伝来の器物を慎重に並べるなど、葬式の真似事をして遊んでいた。１つ明らかなことは、孔子は幼い頃から学問に身を捧げていたことだ。孔子は次のような言葉を残している。

子《し》曰《いわ》く、吾《わ》れ十有五《じゅうゆうご》にして学《がく》に志《こころざ》す。（為政２－４）

訳：先生は言われた。「私は一五歳のとき、学問をしようと決心した[8]」。

この素朴な決意が世界史を変える。

文化的原理主義者が魯を去るまで

孔子が学ぼうとしたのは、当時でも古いと見られていた文字や礼法だった。孔子は当時の苦境の打開策を求め、過去を振り返った結果、統一と平和が保たれた理想の王朝は周初であると思い至る。孔子から見ると、周の創設者やそれ以前の支配者は徳と智恵で統治した聖王だった。

中国が混乱した世界になったのは、当代の支配者が周の統治の仕方を捨て去ったからだ、と孔子は考える。そして、古代中国の哲学、歴史、文学、礼学を学ぶことに孔子は生涯の大半を費やす。中国社会に古代の伝統を復古させたいと考えたのだ。

当時、孔子は周の慣習や文化に関する数少ない専門家の１人だった。司馬遷によれば、孔子は周の首府を訪れて古代の儀式を自分の目で確かめれば、それらを可能な限り順守し、広めることができると思った。

孔子の政治活動は結局は失敗に終わるのだが、古代の聖王に学んでその考え方や礼法による統治を戦乱の国々の王、君主、大臣に実行させるという長年にわたる使命を果たすことだった。つまり、孔子は古代と当代を結ぶ重要な架け橋として働いたのだ。

彼は歴史家として過去の教訓を探求し、復興主義者として消滅の危機に瀕していた誇り高い文化遺産を広めようと努めた。ある意味で彼は文化的原理主義者であり、中国古代の伝統だけが現代の悪に対する解毒剤であるという揺るぎない信念に動機づけられていた。

このように見てくると、孔子は来たる2500年にわたる中国の正規教育の先例を作ったと言える。孔子やその信奉者が定めた経書（中国の古典文学、歴史、哲学）に精力的に取り組まなければ、教養や学問を究めたとは言えなかった。後年、これらの分野の知識は、官僚として出世して宮廷内の社会的栄達を重ね、あるいは富裕になるための主要な手段になる。

何世紀もの間、中国の若者は孔子やその弟子が熱心に学んだものと同じ詩歌や経書に没頭し、これらの文章が富や地位や権力への道に導いてくれると夢見て青春の日々を過ごした。

だが、孔子は当初、その豊富な知識を発揮する機会に恵まれなかった。最初の仕事は魯最大の影響力を持つ季氏一族の穀倉管理人であり、後には家畜の飼育係になる。社会的地位は低く、貧しかったことを考えれば、孔子が魯の有力者の家で仕事を得たことは幸運だった。孔子は次のように回顧している。

吾《わ》れ少《わか》くして賤《いや》し。故《ゆえ》に鄙《ひ》事《じ》に多《た》能《のう》なり。（子罕9−6）

訳：「私は若いとき貧しく低い身分でした。だから、つまらない仕事がいろいろできるようになったのです」。

一方、孔子は雇い主を感心させていた。司馬遷は以下のように伝えている。

「孔子は穀物を公平に計量し、家畜も大いに増やした」

孔子の仕事ぶりには魯政府も注目するようになる。司法警察の長官である大司寇に任命され、活躍の場が大きく広がる（『史記』孔子世家）。

孔子の官僚としての主目標がこれだった。その人生は、善政を提唱できる地位の獲得としての仕官と多大なる影響力を追求し続ける日々だった。国内の君主や大臣と交わした話し合いの多くは実際には孔子の就職面接であり、自らの智恵と助言を駆使して先方に好印象を与えようとした。

ここに至り、孔子の人生はまたしても将来の儒家のための道を切り開いた。要するに、中国のどの帝政時代でも、儒家と儒教は政治と否応なく結びつくようになった。儒家は職業官僚や裁判所顧問としての地位を得ようと必死に努力し、成功すれば、政策を定め、国家の広大な組織を支配した。実際、一人前の儒家とは教養ある中国人男性を官僚の道に進ませることを意味した。

表面的には立派に聞こえるが、儒家が抱くのは政治権力への飽くなき野望であり、一時的には権力を握ることに大成功したが、現代ではどん底に落ちぶれている。孔子は徳と礼儀に傾倒していたが、諸国では紛争多発の状況だったことから、党派的な争いや駆け引きを敢えて避けることはなかった。

このため、孔子は官職と強い信念の間で難しい選択を迫られた。

結局、孔子は信念のほうを選んだため、窮乏や屈辱に何度も苛《さいな》まれることになった。ちなみに、必ずしもすべての儒家が孔子の例に従ったわけではない。それから何世紀もの間、同じような苦渋の選択について論争する儒家もいたが、孔子のような不屈の精神を持たず、高潔な教えよりも政治権力を優先する者が大半を占めるようになった。

皇帝から無視されないために、また宮廷の望みに応じようとして、儒家は自分の信念を早々に捨て去り、時には信念を捻《ね》じ曲げることさえあった。政治の要求と儒家の考え方の間に矛盾が頻発し、儒家は道徳的に譲歩するようになる。この結果、孔子を傷つけ、東アジア社会における孔子の名声に深刻な影響を及ぼすことになる。

また、孔子が影響力のある地位を常に追い求めていたことも、彼の印象とは大いに異なる人柄の側面を見せていた。儒家には、孔子が無限の知性を備え、揺るぎない信念を持ち、比類なき有徳の士であり、人類史上で無比の人物であると確信している向きが多い。

「今まで実在した人間の中で、孔子ほどの人物はいない」[10]

こう評したのは、大儒家の1人、孟子《もうし》だ。

だが、中国古典を読むと、様々な人間的な弱さや欠点を抱えて失敗を重ねる孔子が多く描写されている。また、孔子の実像はまともな仕事を確保しようとして絶えず人間関係を結び、歓心を買おうとする社会的成り上がりや自己宣伝上手という印象がある。時に傲慢《ごうまん》で鼻持ちならない物知り顔でイライラしながら周囲の人々に講釈を垂れたり、威張り散らしたりする。自分の能力や勇気に自信が持てなくなると、急に弱気になることもあった。

儒家は無冠の王（孔子）のこのような弱点を弁解する。中国に平和を取り戻し、社会に徳を広めるという孔子の目標は正しく崇高なため、目標が手段を正当化できると考えた。ちなみに、最終的に孔子がその高邁《こうまい》な使命を実現できなかった理由の1つは、人を不愉快にさせる性格にあったことも明らかになっている。

権力者に気に入られ、自分の考え方を支持するように懐柔するより、逆に権力者を遠ざけて自分に抵抗するよう扇動した。政治に身を捧げている人間の目から見れば、孔子はまことに哀れな政治家だ。このことは、同時代に生きた人には明らかなことだった。

司馬遷の叙述によれば、孔子は道教の始祖である老子に会うため、周の都（洛陽）に出かける。経験豊かな老子は孔子に、その挑戦的な態度について忠告した。

「聡明で事理に徹していても、死地に近づくのは、好んで他人《ひと》をそしる者です。弁舌さわやかで見識が広くても、わが身を危地におとしいれるのは、他人の悪をあばく者です。人の子たるものは、自分を顧慮してはなりません。人の臣たるものは、自分を顧慮してはなりません」（小竹文夫他訳『史記4世家　下』ちくま学芸文庫[11]）

この会談が本当に行われていたのであれば、孔子は老子の忠告を無視しており、結果として何度も窮地に陥ることになった。

孔子の存在感が増すに伴い、この欠点はいよいよ明らかになる。孔子が30歳の頃、斉の景公が魯を訪問した折、孔子に面会して問うた。

「むかし秦の穆《ぼく》公は、国が小さく、位置も辺鄙《へんぴ》だったのに、覇者となったのはどうしてでしょう？」

孔子は実力主義の社会について歴史的に説明した。秦の君主はある奴隷を解放して国政を一任したが、これはその男が極めて有能な人物であると見込んだからだ。

「こうして覇業を得たのです。王業を成すこともできたのに、覇業にとどまったのは、まだ小さいと言わなければなりません」[12]（前同）

感銘を受ける逸話だが、実は、これは孔子の求職活動であることを示唆していると見る向きもある。

5年後、魯で政争が勃発して君主の昭公《しょうこう》が斉に追放され、孔子も後を追う。そこで、孔子は景公への猟官運動を再開した。景公は孔子の智恵に心を深く動かされたので斉のある領地を任せようとしたが、斉の宰相晏嬰《あんえい》から反対される。これは意外なことではない。孔子が官職を得ようと動いていたため、ライバルの晏嬰が宮中で孔子を貶《おとし》めようとした。

「（儒家は）諸国を遊説し、財物を乞うたり借りたりしますので、国を治めさせてはなりません。（中略）わが君がこれを採用して、斉の民俗を改めようとお考えなるのは、微賤な細民を救済する急務ではありません」（前同）

その後、景公は孔子に冷たくなる。孔子登用の話は立ち消えとなり、孔子に領地を任せることもなかった。結局、景公は孔子に次のように伝える。

「わしは老いぼれた。そなたを用いることはできない」[13]（前同）

孔子はやむなく魯に戻ったが、必ずしも運が上向いたわけではなかった。仕官の道を確保できず、数年間は弟子に教育を施して過ごした。

このときまでに、孔子が持つ歴史や文化の知識は多数の生徒（後年、孔子が慈しんだ弟子になる人々）を魅了した。彼らは多種多様な集まりであり、広範な生い立ちや社会階級の人から成り、中には赤貧の者もいたが、彼らは自らの教育を深めようとする共通の関心と、孔子の智恵に対する確固たる信念を共有していた。

孔子が生涯で教えた弟子の人数は昔から議論されてきた。司馬遷によれば、およそ3000人集めたという。だが、現代の学者によれば、この数字は水増しされている。孟子は70人と伝えているが、これが現実的な数字だろう。だが、儒教学者のD・C・ラウは『論語』研究で25人しか確認できず、しかも何人かはごくわずかしか言及されていないという。

わかっているのは、少数の弟子が孔子に心から忠誠を誓うようになったことだ。孔子の教えは中国の政治・社会の問題を解決する最善の方法であると信じ、孔子の信念を貫くことに力を尽くした。師との交流は『論語』に書き残され、これが現在まで伝えられている孔子哲学の1次史料だ。弟子たちは孔子が死ぬまで献身的に支えた。孔子の死後、彼の教えや仕事を後世に伝えたことが儒教の成立につながる。[14]

弟子の中で孔子が特に気に入っていたのは顔回《がんかい》だ。孔子は顔回の質素さ、学を好むこと、自己修練を欠かさなかったことに尊敬の念を払っている。他の弟子は孔子が顔回を慈しんで称賛したことを理解できなかった。

孔子が顔回を回顧して語る。


顔回《がんかい》なる者《もの》あり、学《がく》を好《この》む。怒《いか》りを遷《うつ》さず。過《あやま》ちを弐《ふた》びせず。（雍也6-3）

訳：「顔回という者がいた。学問が好きで、怒りで我を忘れることはなく、同じ過ちを繰り返すことはなかった」。

孔子は顔回を同等の人、ある面では自分を上回る人と見なしていたように思われる。孔子が弟子の1人にこう述懐している。

子《し》曰《いわ》く、如《し》かざる也《なり》。吾《わ》れと女《なんじ》と如《し》かざる也《なり》。（公冶長5−9）

訳：先生は言われた。「そなたは（顔回に）及ばない。我らのいずれも、（顔回には）及ばないのだ」。

不幸にも顔回が若くして世を去ったとき、孔子は哀しみのあまり、取り乱して慟哭《どうこく》した。

顔淵《がんえん》死《し》す。子《し》曰《いわ》く、噫《ああ》、天《てん》予《わ》れを喪《ほろ》ぼせり、天《てん》予《わ》れを喪《ほろ》ぼせり。（先進11−9）

訳：顔淵が死んだ。先生は言われた。「ああ、天が私を滅ぼした。天が私を滅ぼした[15]」。

孔子は最愛の弟子を失ったとき、天から見放されたと号泣したのである。

もう1人の優れた弟子に子貢《しこう》がいる。『論語』で孔子がその商才に注目した子貢は、相当有能な商人だったようで、政治家としても成功した。孔子は子貢を高い知性の持ち主であるが道徳的には顔回に比べて問題があると見ていた。

ある日、子貢が孔子に言った。

「私は自分がしてほしくないことは、人にもしたくありません」

これに対し、孔子はたしなめた。

「そのような境地は、お前の及ぶところではない」

おそらく、頑固で歯に衣着せぬ子路《しろ》を除けば、孔子の忍耐力を試す弟子はほとんどいなかったはずだ。最年長の弟子であった子路は孔子と年齢的に近かったこともあるだろうが、思慮深い学者というよりも行動の人だった。また、孔子は子路を公正な人物と見ていたが、そのずうずうしい態度を改めるように戒めた。

かつて、孔子が子路に苦言を呈したことがある。

子曰《しいわ》く、由《ゆう》や勇《ゆう》を好むこと我《わ》れに過《す》ぎたり。材《ざい》を取《と》る所無《ところな》からん。

（公冶長5－7）

訳：「先生は言われた。「由（子路の本名、仲由《ちゅうゆう》）よ、そなたは私以上に勇敢さを好んでいるが、（筏《いかだ》を作る）材木はどこから手に入れるのか」。

（この言葉は将来を暗示していた。子路は無用の勇気を誇示したため、戦いの中で死を迎えた。[16]）

孔子は弟子たちを教え、議論することを好んだが、孔子の野望を満たすには足りなかった。官職から離れている期間が長引くにつれ、悶々《もんもん》とした思いは募り、固い決意が揺らいだ。

魯の政変に遭い、孔子の意志は試練の時を迎える。国内で季氏一族に仕える陽虎《ようこ》が反乱を計画していた。孔子はこの計画を多少聞き及んでいたらしい。陽虎の家臣の1人が孔子に反乱軍への参加を持ちかけた。官職に就いていない孔子なら、仲間になるかもしれないと思ったからだ。

当初は孔子も乗り気だった。多分、最高位の官職が手に入る絶好の機会と考えたからだろう。だが、弟子たちは師が成り上がり者と交渉しようとしていると知り、愕然《がくぜん》とする。陽虎とその仲間は謀反人であるから、孔子が彼らと手を組めば、その高潔な評判が大きく傷つく恐れがあった。そこで、子路が孔子を諫《いさ》めた。

「我らに行き場がないとしても、なぜ（謀反人に）加わらなくてはならないのですか？」

孔子は自分の言動を正当化しようとした。政治改革のために謀反の首謀者と協力し、国を黄金期に導くことができるなら、彼らの大義を拒むことはできない。

子曰《しいわ》く、夫《そ》れ我《わ》れを召《よ》ぶ者《もの》は豈《あ》に徒《いたず》らならんや。如《も》し我《わ》れを用《もち》うる者有《ものあ》らば、吾《わ》れ其《そ》れ東周《とうしゅう》を為《な》さんか。（陽貨17－5）

訳：先生は言われた。「私を誘った者にはそれなりの目的があるに違いない。私を用いてくれるのであれば、（初期の）周王朝を再興してみせよう」[17]。

結局、孔子は謀反に参加しないと決断し、陽虎の仲間とは慎重に距離を置いた。後日、これが賢明な判断だったことが判明する。

陽虎の謀反は頓挫《とんざ》し、首謀者は逃亡した。一方、孔子と陽虎の関係から、孔子の人生の別の側面が浮き彫りになる。中国の歴史を通して、権力に対する儒家の態度が形成された。この事件以降、儒家は孔子の例に従い、反権力として抵抗する側に回るのではなく、権力側に参加して政治改革に尽力するようになる。

師と同様、儒家は謀反人ではなかった。しかし、これは彼らが常に権力に阿諛追従《あゆついしょう》しているという意味ではない。それどころか、儒家は時に我が身の危険を冒しながら、皇帝を遠慮なく批判することも少なくなかった。だが、一般的には既存の権力者を支援して善政に導こうとし、その過程で政治的影響力を保つほうを選んだ。

これこそ、まさに孔子の身に起きたことだ。陽虎を遠ざけた判断は政治的に賢明だったと証明された。魯の新しい支配者である定公が中都（山東省）の宰と称する地方長官に孔子を任命したところ、司馬遷が誇らしく語るように、1年も経たないうちに四方の諸侯が孔子の行政を見習うようになる。

孔子の称賛されるべき采配ぶりにより、定公は孔子を魯の水利・土木事業を統括する司空《しくう》に任じ、次に司法や警察を司《つかさど》る大司寇に抜擢《ばってき》した。抜群の外交交渉力を示した「夾谷の会」の後も、孔子の運勢は上向き続ける。

司馬遷は、孔子が魯の政治や社会に与えた魔法の如き影響力を次のように熱く語っている。

「子羊や豚を売る者が掛け値を言わないようになり、通行には男女が別の道を歩くようになり、道路に落とし物があっても拾わないようになり、四方の国から魯の邑《むら》に来た旅客は、役人に頼まなくても、自由に必要な物品を持ち帰ることができた[18]」（前同）

孔子は多大な影響力を手にしたことから、魯の大改革を推進しようと決断した。紀元前498年、孔子は魯公室の分家である三桓氏《さんかんし》（魯の15代君主桓公の子孫の孟孫氏・叔孫氏・季孫氏）に攻撃を仕掛け、定公の手に権力を集中させようとした。孔子は定公を正当な権力者と見ていたからだ。

一方、この頃までに三桓氏は定公が持つ権力の大半を奪取していた。彼らは自らの城郭都市と私兵を擁し、半独立的な支配者として振る舞っていた。そこで、孔子は三桓氏が持つ城郭都市の城壁を破壊せよと指示した。司馬遷によれば、孔子が定公に対し、三桓氏に城壁の破壊を命じるように直接説得したことで一連の動きが始まった[19]。

当初こそ三桓氏はその指示に従ったが、間もなく家臣団の強い抵抗に遭った。季孫氏が費《ひ》という自分の根拠地の城壁を壊そうとしたが、家臣団が頑強に反抗し、逆に魯の首府を攻撃すると、定公は季孫氏の邸宅に逃げ込む。戦闘が定公の周囲で激しさを増すと、身の安全を確保しようと櫓《やぐら》の上に登った。そのとき、孔子が新たな兵士を送り込み、定公の救出に成功する。この勢いに押され、反乱軍の首謀者は退却し、費の城壁は破壊された。

だが、定公は孟孫氏の反撃に苦しみ、城壁を破却するには至らなかった。孟孫氏が孔子の指示に背いたため、定公は孟孫氏の拠点である成城を包囲して攻め落とそうとしたが、結局失敗に終わる。孔子が魯の支配構造を改革する計画は、長期戦の末に未達に終わる。三桓氏の権力とその貪欲な家臣団は依然として健在だった。[20]

この権力争いに負けたのは孔子のほうだった。紀元前497年、孔子が三桓氏に攻撃を仕掛けた翌年、彼は誰もが欲しがる政府の官職を突然辞し、魯を離れる。これは、斉の悪辣な君主による謀略のせいだとされる。3年前の「夾谷の会」で孔子に面子《めんつ》を潰された傷がまだ癒えていなかったのだろう。

司馬遷によれば、斉の大臣は「孔子がひきつづき政治をすれば、魯はかならず覇業を遂げます。覇者となったら、まっさきに併呑されます」と口々に訴えた。

そこで、斉は美しい舞姫80人を集め、魯の定公へ贈る。美女一行は魯の首府の門前で待機していた。魯の最高実力者である季孫氏当主の季桓子《きかんし》が変装して一行を見に行くと、大いに喜び、定公も見に行くべきだと進言した。予想通り、定公も美女に魅了され、3日間も公務を怠る。

孔子は自分を取り立てた定公の享楽ぶりに失望し、魯を離れることにした。国を去るに当たり、孔子は次のように歌っている（引用は、小竹文夫他訳『史記4　世家下』ちくま学芸文庫）。

かの女《おみな》らの口のうとまし　逃げ去らずしてとどまるべしや
かの女らの謁《たのみ》おそろし　敗《ま》け死なずして存《なが》ろうべしや
なんぞ優游《ゆうゆう》心のままに　この世を生きていのちも終えざる[21]

司馬遷の物語は面白いが、事実だろうか？　舞姫一行は孔子に勝てたのか？　ある意味で、美女たちが不満を抱えていた孔子に定公に仕えることを諦めさせたように解釈できる。孔子が自らの責任を誠実に果たそうとしたのは明らかだ。にもかかわらず、なぜ改革に燃えていた人物が重要な国政から遠ざかり、君主に仕えていた日々をあれほど簡単に捨て去ったのか？

定公は厳粛な公務を軽んじたことで、君主として不適格であることを示した。このエピソードは、孔子がどれほど真剣に政治改革に取り組んでいたかを説明している。現状に不満な家臣がそうであるように、孔子も見識のある有能な君主がどこかにいるに違いないと思ったかもしれない。

だが、この物語はあまりにも単純な気もする。当時50代半ばの孔子は、彼が魯で得た閣僚のような地位を追い求め、これまでの日々を過ごしてきた。苦労を重ねてようやく手に入れた地位なのに、これを衝動的に手放すものだろうか？

孟子は、啓発的な示唆を含む別の物語を提示している。孟子によると、孔子が魯を離れたのは供物のお下がり肉が届かなかったからだ。正式な儀式慣行では孔子はこの栄誉を受け取るべきで、このような侮辱は孔子の目には重大な儀礼違反、礼法の露骨な無視と映った。

だが、肝心なのはそれが魯における孔子の影響力の弱まりを示すものだったことだ。孟子説によれば、定公は「孔子の助言に従わないようになった」。つまり、孔子は定公に軽んじられるようになっており、政権中枢から排除されつつあった。お下がり肉が孔子に届けられなかったことで、政権からの退出を促されていると受け取った。孟子は次のように説明する。

「実際、孔子が些細な無礼を口実に官職を捨てたのは、何も理由がないのに辞職することだけは避けたかったからだ[22]」

とはいえ、これが全体像であるとは思えない。孟子によると、孔子は「儀式用の冠も脱がずに立ち去った」。孔子は急いで逃げ去った。なぜそれほど急いだのか？　孔子は在職中に敵方である三桓氏とその家臣団を排除しようと尽力したに違いない。だが、争いに敗れたため、孔子は極めて危うい立場に追い込まれる。孔子を支持していた定公が手のひらを返したとすれば、孔子は自分の身に危険が迫っていると考えたはずだ。お下がり肉が届かなかったのは定公の庇護《ひご》を失った証拠だ、と孔子は理解した。

この仮説が正しければ、孔子を失脚させたのは舞姫一行ではない。孔子は自滅したのだ。政治改革に全力を注いだ結果、有力な勢力をあまりに多く敵に回した。孔子の考え方は非現実的または大混乱を招くことが懸念されたため、定公は孔子の助言に耳を塞《ふさ》ぐようになる。当時は政治的に荒々しく混《こん》沌《とん》とした世界であり、孔子は負け組となった。そこで、子路、子貢、顔回など最も近い一握りの弟子を集め、魯を去る。以来、孔子は13年間帰国することはなかった。

自己修養の追求と政治改革

孔子の旅に同伴したのは弟子たちで、家族ではない。孔子は調和の取れた社会という構想の中心に家族を置いたが、その私生活については意外にもほとんど知られていない。『論語』では、自分の両親に関する記述さえ皆無だ。

ある時期に結婚したはずだが、妻の名前は記録にない。ある文献では、「宋国の幵官《けんかん》氏の娘」とだけ記されている。彼女は孔子の息子（伯魚《はくぎょ》）を1人、娘（名前は不詳）を2人産んだ。娘のうちの1人は子供の頃に亡くなったかもしれない。孔子の初期史料には、どの子供についてもはっきりとした描写がない。孔子が魯を離れる頃までには、彼の家族的責任は消滅していたように思われる。孔子は40代に離婚し、息子は自分の家族を持ち、残った娘も結婚したようだ。『論語』では、孔子はこの娘を今と同じように当時も不名誉な話だった入獄中の男に嫁がせたが、孔子自身はこの男は不当に投獄されたものと見なしていた。この逸話は、孔子が本人の真価は社会的地位に勝ると確信していたことを示す多くの例の1つである。[23]

『論語』は人間孔子を相当寛容な人物として描写している。編者は孔子の言動のあらゆる側面に強い関心を寄せており、彼の立ち居振る舞いは君子の理想的な態度になった。『論語』は全体として宮廷、村、食事など公共的な社会的場面における孔子の所作を説明することに専念している。『論語』は、アメリカのエチケットの権威エミリー・ポスト女史が執筆したような教養ある古代中国人のための手引書なのだ。

ここから浮かび上がるのは、絶えず礼儀に細かく、堅苦しい保守的な人物という印象の孔子だ。権力者から市井の人々に至るまで、孔子は先方が適切な儀礼を忠実に守るように常に努力していた。

例えば、孔子は公的儀式で適切な厳粛さを醸し出すことに心を砕いていた。『論語』によれば、宗廟や宮廷で「孔子は軽口を叩かなかった」。

君《きみ》命《めい》じて召《め》せば、駕《が》を俟《ま》たずして行《ゆ》く。（郷党10－21）

訳：君主からお召しがあれば、馬車の用意を待たずに家を出た。

上位の大臣の前では、孔子の態度は丁重ながらも悠然としていた。

君《きみ》 召《め》して擯《ひん》たらしむれば、色《いろ》 勃如《ぼつじょ》たり。足《あし》 躩如《かくじょ》たり。（郷党10－3）

訳：君主のお召しを受けて賓客の接待役を務めるときは、緊張した顔つきで、足取りも恭しく運んだ。

同役に挨拶する際には左右に拱手しながらお辞儀をしたが、礼服は身体の動きとともにあり、決して着衣に乱れが生じることはなかった。

孔子の習慣を参考にしたファッションに関する助言もある。

君子《くんし》は紺緅《かんしゅう》を以《もっ》て飾《かざ》らず。紅紫《こうし》は以《もっ》て褻服《せっぷく》と為《な》さず。暑《しょ》に当《あ》たっては袗《ひとえ》の絺綌《ちげき》、必《かなら》ず表《ひょう》して之《これ》を出《い》だす。（郷党10－6）

訳：君子は、祭祀用の衣服のように、襟や袖口を紺色やとき色で縁取りをしない。平服は紅い色や紫色で作らない。暑い折には、葛布《くずぬの》の単衣《ひとえ》を着用するが、肌が透けないように、必ず上衣をはおって外出する。

孔子による夕食時の礼儀作法まで記述されている。

食《し》は精《しら》げを厭《いと》わず。膾《なます》は細《ほそ》きを厭《いと》わず。食《し》の饐《い》して餲《あい》せる、魚《うお》の餒《あさ》れて肉《にく》の敗《やぶ》れたる、食《く》らわず。（郷党10－7）

訳：米は精白されたものほど、なますは細かく刻んだものほど好んだ。臭くて変な味がするご飯や、腐った魚や肉は食べなかった。

このような注文の細かさは、孔子の人生では随所に見られるものだ。次のような説明もある。

席《せき》正《ただ》しからざれば、坐《ざ》せず。（郷党10－11）

訳：自分の席が所定の席次通りに置かれていなければ座らない。[24]

孔子は自らの言動にも礼儀正しさを厳しく求めるため、これを軽んずる人々には我慢ならなかった。

ある日、孔子は「股を大きく広げて」座っている若者を見とがめた。

「若いのに謙虚でもなければ、目上に敬意を払うこともなく、（略）お前のような奴を疫病神というのだ！」

そう言い募ると、孔子は若者の脛《すね》を杖で叩いた。

もっとも、『論語』は孔子を聖人として描写しているわけではない。さらに、どのような場合でも完璧な立ち居振る舞いができたわけでもなく、感情が高ぶりすぎて理性を失うこともあった。孔子は極めて人間臭い面、横柄、偉そうな態度、明らかな無礼を見せることもあったのである。

孺悲《じゅひ》　孔子《こうし》を見《み》んと欲《ほっ》す。孔子《こうし》　辞《じ》するに疾《やまい》を以《もっ》てす。命《めい》を将《おこな》う者《もの》　戸《こ》を出《い》づ。瑟《しつ》を取《と》って歌《うた》い、之《こ》れをして之《こ》れを聞《き》かしむ。（陽貨17－20）

訳：孺悲という男が（約束せずに）孔子の家を訪れたので、孔子は仮病を使って面会を拒んだ。それを取り次ぐ者が部屋の戸口を出るや、孔子は瑟を奏でながら歌を歌った。孺悲に仮病だとわかるように。[25]

おそらく、仮病を用いたのは、望まぬ面会を避けるための適切な方法であると考えたからだ。わざと無礼を働くことで、約束してから訪問せよという礼儀を相手に諭《さと》したかったのだろう。

だが、孔子は手に負えない気難し屋というわけではなかった。『論語』を読めば、孔子は親しみやすく、楽しいことが好きな人物であることがわかる。彼は仕官の道で苦労を重ね、貧困に喘《あえ》いだこともあったが、困窮する日々にあっても幸せを見つけようとした。孔子は次のような言葉を残している。

子曰《しいわ》く、疏食《そし》を飯《く》らい水《みず》を飲《の》み、肱《ひじ》を曲《ま》げて之《こ》れを枕《まくら》とす。楽《たの》しみ亦《ま》た其《そ》の中《うち》に在《あ》り。（述而7－15）

訳：先生は言われた。「粗末な食事をとり水を飲み、肘を枕にするような貧しい境遇であっても、楽しみは見つかるものだ」。

孔子は上機嫌でいることが多かった。友と合唱し、瑟を奏で、冗談を言っては笑った。自分は「不安を忘れてしまうほど喜びに満ちている」と言われるべきなのだ、とある弟子に語っている。

別の場面では、孔子は弟子たちに対し、「君主から気に入られたとしたら、諸君は何をめざすのか？」と問うた。ある者は疲弊した国を再建すると誓い、またある者は人々に繁栄をもたらすと応じ、別の者は宗廟に仕えたいと答えた。そして、弟子の曾皙《そうせき》が口を開いた。『論語』では次のように描写する。

瑟《しつ》を鼓《ひ》くこと希《まれ》なり、鏗爾《こうじ》と瑟《しつ》を舍《お》きて作《た》つ。対《こた》えて曰《いわ》く、三子者《さんししゃ》の撰《せん》に異《こと》なり。子《し》曰《いわ》く、何《なん》ぞ傷《いた》まんや。亦《ま》た各《おの》おの其《そ》の志《こころざし》を言《い》う也《なり》。曰《いわ》く、暮春《ぼしゅん》には、春服《しゅんぷく》既《すで》に成《な》り、冠者《かんじゃ》五六人《ごろくにん》、童子《どうじ》六七人《ろくしちにん》、沂《ぎ》に浴《よく》し、舞雩《ぶう》に風《ふう》し、詠《えい》じて帰《かえ》らん。夫子《ふうし》　喟然《きぜん》として歎《たん》じて曰《いわ》く、吾《わ》れは点《てん》に与《くみ》せん。（先進11―26③）

訳：点《てん》〈曾皙《そうせき》の名〉は、瑟を奏でていた手を止め、またボロンと一つ鳴らしてから、楽器を横に置いて立ち上がり、言った。「私の望みは、先の御三方とは違います」。先生は言われた。「構わない。各自抱負を述べているのだから」。曾皙は言った。「晩春に新しく誂《あつら》えた春服を着て、五、六人の若者と六、七人の少年を伴い、沂水《ぎすい》で身を清め、雨乞いの祭壇で涼風を楽しみ、詩でも吟じながら帰って参りたいと思います」。孔子はこれを聞くと、感嘆のため息をついて言った。「我が望みもそなたと同じだ[26]」。

弟子にとっては、孔子の弱点が何であろうと、最上の賢者かつ至高の先生であったので、彼らは師を熱狂的に擁護した。

「他の賢者の才能や徳は、丘のように乗り越えることはできる。（だが、師は）月や太陽と同じであり、とても乗り越えることはできない」

子貢は師の批判者に異議を申し立てた。孔子が仕官の道を閉ざされたときでも、忠実な弟子たちは彼の教えの正しさに絶対の確信を抱き続けた。

夫子《ふうし》の邦家《ほうか》を得《え》んには、所謂《いわゆる》之《こ》れを立《た》つれば斯《ここ》に立《た》ち、之《こ》れを道《みち》びけば斯《ここ》に行《おこな》われ、之《こ》れを綏《やす》んずれば斯《ここ》に来《き》たり、之《こ》れを動《うご》かせば斯《ここ》に和《やわ》らぐ。其《そ》の生《い》くるや栄《さか》え、其《そ》の死《し》するや哀《かな》しまる。之《こ》れを如何《いかん》ぞ其《そ》れ及《およ》ぶ可《べ》けんや。（子張19－25）

訳：先生が国家を治める地位に就かれたら、いわゆる「立てと言えば立ち、導けば従い、安んずれば集まり、励ませばそれに応える」というように、人々は先生の教えに従い、先生が生きておられる限りはその政治を称え、亡くなられたら心から哀悼の意を捧げるであろう。そんな先生には及ぶべくもない。[27]

孔子はこのような評価に同意しなかったかもしれない。おそらく、彼の魅力的な人柄の大半は自分自身に驚くほど誠実であったからだろう。彼が自分のことを大聖人と思ったことは一度もなかった。実際、孔子は自分が他人に求めるほど有徳の士ではなかった。また、自分が自らの教えを守らない場合があることも認めている。孔子は次のような言葉を残している。

子曰《しいわ》く、徳《とく》の脩《おさ》まらざる、学《がく》の講《こう》ぜざる、義《ぎ》を聞《き》きて徙《うつ》る能《あた》わざる、不善《ふぜん》を改《あらた》むる能《あた》わざる、是《こ》れ吾《わ》が憂《うれ》い也《なり》。（述而7－3）

訳：先生は言われた。「道徳を修め切れていないこと、学問が不徹底なこと、正しいと知りながら行動できないこと、欠点を改められないこと、これらが私の悩みだ[28]」。

自己修養の追求と政治改革への職業的使命の両方を果たそうと苦闘する日々は、孔子を失望と落胆に追い込んだ。それでも、自分の考えが中国に平和と繁栄をもたらすという信念を貫き続けた。孔子が魯を離れ、自分の考えを現実化する機会を求め、全国を股にかけた長くて過酷な旅を始めたことにより、この信念はかつてないほどの試練を経ることになる。

弟子たちとの遊説の旅で

孔子の遊説の旅では、華中の大半を巡り歩いた。途中の出来事の説明には矛盾するものが多いので、正確な旅程は確認できない。少なくとも6ヵ国（そのうち、衛には2回以上訪れているようだ）を訪れ、同じ国に何年も滞在することが何度かあった。遊説の間、孔子は自分を雇い入れ、提言を採用してくれる君主を絶えず探していた。これまでの学者としての名声のおかげで、関心を示す宮廷は次々と容易に見つかり、君主や側近と数多くのやり取りを交わした。孔子の統治原理と社会改革を訴えるために、彼らが経験してきた13年間の長き旅は想像できる。

孔子はこの旅の間に少なくとも一度は官職に就いたかもしれない、と孟子は見ている。だが、落胆は続いた。孔子が心から求めていた有力な官職を得ることは、遂に実現しなかったようだ。その地位に手が届きそうになると、どういうわけかその望みが絶たれてしまうのである。

代表的な例を示そう。楚《そ》の君主が孔子に領地を与えて召し抱えようとした。だが、楚の宰相はその考えに反対する。

「孔子が自分の領地を持ち、有能な弟子がこれを助けるなら、我々にとって有益なことにはなりません」

君主は宰相の諫言を受け入れ、孔子の採用を諦めてしまう。[29]

逆境に苦しめられ、孔子の信念が揺らぐ瞬間が何度もあった。旅が始まった当初、晋《しん》の貴族に仕える村長が反乱を計画し、孔子に仲間に加わるように求めた。ちなみに、孔子は以前魯で陽虎の反乱計画に乗ろうとしたが、子路から反対された。今度も、子路が孔子を諫めた。

「師は、かつて『君子は、悪事を働く連中の仲間には自ら進んで加わらないものだ』とおっしゃったではありませんか。なぜ今回はそのようなことをなさるのですか？」

確かにそのように話したことはあるが、孔子は反乱に加わることを正当化しようとした。

子曰《しいわ》く、然《しか》り。是《こ》の言有《げんあ》る也《なり》。堅《かた》しと曰《い》わずや、磨《ま》して磷《うす》らがず。白《しろ》しと曰《い》わずや、涅《でっ》して緇《くろ》まず。吾《わ》れ豈《あ》に匏瓜《ほうか》ならんや。焉《いず》くんぞ能《よ》く繋《かか》りて食《く》らわざらん。（陽貨17-7）

訳：先生は言われた。「確かにそう言った。だが、こういう諺があるだろう。本当に堅ければ、いくら磨いても薄くはならない。本当に白ければ、いくら染めても黒くならない。要するに、真に徳があれば、悪人と関係しても名は穢《けが》れないのだ。私はぶら下がってばかりで、食べられもしない苦瓜のような今の状態は、とても耐えられない。誰かに仕えなくてどうするのか[30]」。

だが、結局、孔子は村長の申し出を断った。

膨れ上がる失望が孔子の判断力を鈍らせたのは、この時だけではない。例えば、衛を訪問した際、君主である霊公《れいこう》の夫人で物議を醸している南子《なんし》に謁見することになった。南子は不倫をしていたことで世間的に極めて評判が悪かった。普段の孔子なら、まさに避けたくなる不道徳な噂のある人物である。

だが、司馬遷によれば、南子は人を差し向け、孔子を無遠慮にも呼び出した。

「他国から来て、わが君（霊公）と親交を結びたい方は、必ずわが君主夫人（南子）にお会いになられます」

当初、孔子は躊躇《ちゅうちょ》し、熟考した。孔子は苦しい立場に追い込まれていた。すなわち、衛で仕官したければ、君主夫人の推薦が必要であることは明らかだからだ。一方、南子の求めに応じれば、道徳的に好ましからざる人物と関わることになる。どうすべきか。最終的に、孔子は南子の求めに応じる以外に選択肢はないと観念するに至る。

幸い、南子への謁見は十分に満足のいくものだった。孔子の謁見に際しては、礼儀に反することなく、南子は常に帷《とばり》の内側にいた。孔子が南子に頭を低く下げた後、南子も返礼にお辞儀すると、「腰に帯びた飾り玉がチリンチリンと爽やかな音を立てた[31]」。

しかし、孔子が南子に謁見したという事実だけは弟子の間で議論の的になった。彼らが不安に思ったのは南子と持った私的な時間が孔子の名声を傷つけ、噂になることだった。また、孔子が衛で官職を得ようとしてあまりに卑屈になってしまうことを恐れた。

孔子が南子の邸宅から戻ると、子路が不機嫌な顔で待っていたことから、孔子は自分の名誉のために弁明せざるを得なかった。

「私が何か非礼を犯したというのであれば、天は私を見限るだろう！　天は私を見捨てるだろう！」

だが、南子への謁見は孔子の仕官の役には立たなかった。司馬遷によれば、霊公が抱く南子への不健全な妄想あるいは南子自身のせいで、孔子は「嫌気が差して」衛を急いで離れることにした。偉大なる歴史家の司馬遷は、孔子の嘆きを次のように描写している。

「私はまだ美女を好むように、徳を愛する人物に出会ったことはない[32]」

長い旅の間、孔子は時には殺されかねないほどの重大な危機に何度も遭遇している。匡《きょう》という土地を過ぎようとしたとき、孔子が地元の民衆に拘束された。以前、地元民に乱暴を働いた人物と勘違いされてしまったのだ。地元の民は激高する一方だったため、弟子たちの不安は増すばかりだった。幸い、匡の人々が落ち着きを取り戻すと、孔子と弟子たちを解放してくれた。

その後、宋で孔子が大樹の下で弟子たちに教えを説いていると、宋の司馬《しば》（軍事長官）がその大樹を切り倒し、孔子を殺そうとした。だが、孔子は間一髪で難を逃れる。

孔子一行は何度も雨に打たれて見すぼらしくなり、食にも事欠くようになった。ある城郭都市に到着すると、孔子は弟子たちと別れ別れになった。地元民が門の外に立つ孔子を見て評した。

「何だか、喪家《そうか》の狗《いぬ》のようだ」

孔子はその言葉を聞くと、ただ苦笑するしかなかった。

「はは、うまいことを言う」[33]

紀元前489年、長旅を通じて最悪の時がやってきた。陳の奥地を巡り歩いていた頃である。陳には3年間滞在したが、戦争が始まったため、孔子はその地を離れることにした。孔子一行は無人の荒野を歩き続けたが、いよいよ窮地に陥る。食糧は乏しくなり、餓死の危険を肌で感じるようになった。いつもは淡々と記述する『論語』も、極めて深刻に描写している。


陳《ちん》に在《あ》りて糧《りょう》を絶《た》つ。従者《じゅうしゃ》病《や》んで、能《よ》く興《た》つこと莫《な》し。（衛霊公15－2）

訳：陳の国にいたとき、食べ物が底を尽き、孔子の弟子たちは立ち上がれなくなるほど、身体が弱ってしまった。

孔子自身もこの窮地を抜け出す方法が思いつかず、途方に暮れた。司馬遷によれば、陳と隣の蔡の諸大夫は、孔子が敵国の楚に登用されるかもしれないとの噂を聞いた。そうなれば、孔子は楚にとって大いなる助力になるかもしれないため、刺客を送って孔子の行く手を塞いだ。一方、孔子一行が道に迷う恐れもあった。このとき、孔子は生涯で最も厳しい岐路に立たされていた。誰もが長年にわたる放浪の日々に苦しめられ、どこでも冷遇され続け、しかも今は極度の空腹に苛まれており、孔子と弟子たちは精神的かつ肉体的に忍耐の限界に近づきつつあるように思われた。

果たして、子路が孔子に対し憤然として自分たちの悲運を訴えた様子を『論語』が活写している。

子路《しろ》慍《いか》って見《まみ》えて曰《いわ》く、君子《くんし》も亦《ま》た窮《きゅう》すること有《あ》るか。子曰《しいわ》く、君子《くんし》固《もと》より窮《きゅう》す。小人《しょうじん》窮《きゅう》すれば、斯《ここ》に濫《らん》す。（衛霊公15−2）

訳：子路は満面に朱を注ぎながら、孔子を問い詰めた。「我らは道義の道を歩もうと努力しているのに、その見返りがこれほどの窮乏とはどういうわけですか？君子でも窮することがあるのですか？」。孔子は答えた。「君子も窮することはある。だが、君子と異なり、小人は窮すると取り乱してしまうものだ[34]」。

この事件が起きてから2世紀後、大儒家の荀子は孔子の反応について別の説を立てている。人生がどれほど苛烈であっても、正しい道を歩むことへの誓いは固い。この説によれば、孔子は子路に対し、本当の君子とは深い森の中に隠れている美しい花のようなものだと説いている。

夫《そ》れ芷蘭《しらん》は深林に生じ、人なきに以《よ》りて芳《かんば》しからざるに非ず。君子の學は通ずるが爲に非ず。窮するとも困《くる》しまず憂うるとも意の衰えず、禍福終始を知りて心の惑わざるが爲なり。

（『荀子』宥坐篇第二十八、書き下し文は、金谷治訳注『荀子』上・下、岩波文庫に拠った）

訳：香草の芷蘭《しらん》は深い林の中に生えるが、人がいないからといって麗しい香りを出さないことはない。君子の学問は、栄達するために修めるのではない。窮迫しても苦しまず、憂えても意志を衰えさせず、禍福の分かれ目と物事の始まりと終わりがどこにあるのかを知って、心を惑わせないがために修めるのだ。

孔子が伝える意味は明解そのものである。

子曰《しいわ》く、志士《しし》・仁人《じんじん》は、生《せい》を求《もと》めて以《もっ》て仁《じん》を害《がい》すること無《な》く、身《み》を殺《ころ》して以《もっ》て仁《じん》を成《な》すこと有《あ》り。（衛霊公15−9）

訳：先生は言われた。「義の志を持つ者や仁徳を持つ者は、生きようとして仁徳を損なうことなく、身命を賭して仁徳を全うすることがある」[35]。

この教えは儒教に特徴的な教義の1つであり、最も魅力的な理念の1つである。

だが、子路の憤慨は理解できる。孔子とのやり取りを通じ、子路は自分たちが陥っている窮状の不公正さを受け入れるようになった。具体的には、孔子一行は正義と慈愛に満ちた社会改革に身を捧げているのに、餓死寸前で辺鄙な地で途方に暮れている。その一方、高潔さに劣る人物でも、丸々と肥え太った身体に強大な権力を帯びながら、堂々とした役所や豪奢《ごうしゃ》な邸宅に安穏と暮らしている。

子路は孔子とその教えに傾倒していても、世俗的な幸せや政治的影響力には縁がない。司馬遷によれば、一行が荒れ野で苦しんでいるとき、孔子とその忠実な弟子たちは問題の所在や状況を好転させる方法について話し合った。

滅多にないことだが、孔子は子路に不安気な言葉で問いかける。

「我々は道を間違えているのか？　なぜここまで苦境に立たされているのだろう？」

子路は孔子や自分自身の至らぬ点を探した。

「我々に思いやりが欠けているので、相手から信頼を得られないのでしょうか。それとも、我々に賢明さが足りないから、相手に納得してもらえないのかもしれません」

孔子はこれを否定した。悲劇的な最期を迎えた過去の賢者を例に挙げ、どれほど賢明であろうと、必ずしも世の中の支持を得られるわけではない、と指摘した。

次に、孔子は子貢に同じ問いを向けた。子貢は、孔子の教えに高い水準で従いながら生活していれば、誰でもこのような窮状に直面するはずだと答えた。

「師の教えが偉大過ぎるので、世の中に受け入れられないのではありませんか？　そうであれば、もう少し妥協してはいかがですか？」

またしても、孔子はこれを否定した。

「世間に迎合しようとして妥協を許せば、人々を間違った方向に導いてしまう。君子は道を深め、原則を立て、これを筋道として統治に活かすことはできるが、自分の道は世の中に認めてもらえないかもしれない。だが、そなたの考えによれば、道を深めることよりも、世間に喜んでもらうことが目的になる。それでは、志としてさほど高いとは言えないな」

最後に、孔子が顔回にも意見を求めると、他の弟子のような不安を訴えることはなかった。

「我らはどこまでも自ら最善と信じる道を突き進むべきです。たとえ世の中が我らの意見に耳を傾けなくても構うものですか。それより道を修めないことの方を恥と考えるべきです。一方、我らが道を十分に修めても君主に登用されないなら、それは君主の落ち度でしょう[36]」

孔子と弟子たちが荒れ野での窮状から脱出できた経緯は、必ずしも判然としない。司馬遷によれば、孔子が子貢を楚に送り、迎えに来てもらったとしているが、学者の多くはこの話に疑問を抱いている。

ともかく孔子が楚に身を落ち着けたのは、何とか生き延びて使命を追求する覚悟ができたからだ。だが、この時点では周囲は孔子が自分の信条に絶望しているように見えた。『論語』では、「楚の狂人」として知られる接輿《せつよ》が次のように歌いながら、孔子の近くを通り過ぎる様子を描いている。

鳳《ほう》や鳳《ほう》や、何《なん》ぞ徳《とく》の衰《おとろ》えたる。往《ゆ》く者《もの》は諫《いさ》む可《べ》からず。来《き》たる者《もの》は猶《な》お追《お》う可《べ》し。已《や》みなん已《や》みなん。今《いま》の政《まつりごと》に従《したが》う者《もの》は殆《あや》うし。孔子《こうし》下《お》りて、之《こ》れと言《い》わんと欲《ほっ》す。趨《はし》って之《こ》れを辟《さ》く。之《こ》れと言《い》うを得《え》ず。（微子18－5）

訳：「鳳よ鳳よ、徳の何と衰えてしまったことか！　過ぎし日のことはどうにもならぬが、明日からのことはまだ何とかなろう。よせ、よせ！　今の政治に関わると身が危ないぞ」。孔子は馬車から飛び降り、彼に話しかけようとしたが、すでに走り去ってしまい、話すことができなかった。[37]

狂人は孔子をまったく別の道に誘い出そうとしているように見受けられる。接輿は孔子に対し、実りなき探求を続けて人生を無駄にしており、道徳的信条や不屈の精神を持つ人物が今のような残酷な政治に身を投じるのはあまりにも危険である、と諭したかったのだろう。接輿は孔子がすべてを諦め、自分の例にならったほうがいい、自分を認めてもらえない不条理な政治の世界から身を引くべし、と勧めたのだ。

孔子は興味が湧いたのかもしれない。だからこそ、狂人と話をしようと急いだのだ。だが、孔子は狂人の誘いに応じることはできなかった。『論語』では、その間の事情を明らかにしている。孔子は次のように述べている。

鳥獣《ちょうじゅう》は与《とも》に群《む》れを同《おな》じくす可《べ》からず。
吾《わ》れ斯《こ》の人《ひと》の徒《と》と与《とも》にするに非《あら》ずして誰《だれ》と与《とも》にせん。
天下《てんか》　道《みち》有《あ》らば、丘《きゅう》　与《もっ》て易《か》えざる也《なり》。（微子18－6）

訳：（先生はがっくりして言われた。）「人間は鳥獣とは仲間になれない。私はこの人間たち以外の誰と一緒にいられようか。天下に正しい道が行われていれば、丘《わたくし》は変革するつもりはない」[38]。

「名を正さんか」

孔子の教えは後世でこれほど高く評価されているのに、彼が生きていた時代にこれほど徹底的に無視されたのはなぜか？　一見、孔子の失敗は意外に思えるかもしれない。何しろ、後年中国や東アジアの皇帝や大臣が孔子を認めるようになると、彼の教えは皇帝支配のための有用なイデオロギー的基礎を数多く提供したからだ。

孔子は中国の伝統的な社会的政治的制度の打倒ではなく、復興、改革、強化をめざした。孔子が好む政治形態は当時の標準、絶頂期の強大な君主を抱く君主制だった。孔子が夢想する理想的な社会では、君主は大臣や臣民から大いなる崇拝を受けるに値する存在だった。孔子にとっては、儒家が「天子」と呼ぶ強大な君主、自国領土の完全な支配者だけが効果的に統治できる存在なのだ。

孔子曰《こうしいわ》く、天下《てんか》道有《みちあ》れば、則《すなわ》ち礼楽征伐《れいがくせいばつ》天子自《よ》り出《い》づ。天下《てんか》道無《みちな》ければ、則《すなわ》ち礼楽征伐《れいがくせいばつ》諸侯自《しょこうよ》り出《い》づ。諸侯自《しょこうよ》り出《い》づれば、蓋《けだ》し十世《じっせい》にして失《うしな》わざること希《まれ》なり。（季氏16−2）

訳：孔子は言われた。「天下に正しい道が行われていれば、儀式、音楽、征伐などの文武は天子によって行われる。そうでなければ、それらは諸侯によって行われる。その場合、その政権が十代続くことはまずあるまい」[39]。

孔子の考え方では、統治者は社会的責任を明確に規定したヒエラルキーの頂点に位置していた。孔子は、支配者から庶民の農民に至るまで、共同体の各構成員がそれぞれの立場に応じて特定の義務を果たすことによってのみ、中国に秩序を取り戻すことができると考えた。

孔子は自分の教えの最も基本的な考え方を、頑固な子路との会話の中で説明した。

子路《しろ》曰《いわ》く、衛《えい》の君《きみ》 子《し》を待《ま》ちて政《まつりごと》を為《な》さば、子《し》 将《まさ》に奚《いず》れをか先《さき》にせん。
子《し》曰《いわ》く、必《かならず》や名《な》を正《ただ》さんか。子路《しろ》曰《いわ》く、是《こ》れ有《あ》る哉《かな》、子《し》の迂《う》なるや。
奚《なん》ぞ其《そ》れ正《ただ》さん。子《し》曰《いわ》く、野《や》なる哉《かな》
由《ゆう》や、君子《くんし》は其《そ》の知《し》らざる所《ところ》に於《お》いて、蓋闕如《がいけつじょ》たり。
名《な》正《ただ》しからざれば、則《すなわ》ち言《げん》順《したが》わず。言《げん》順《したが》わざれば、則《すなわ》ち事《こと》成《な》らず。
事《こと》成《な》らざれば……（中略）……則《すなわ》ち民《たみ》手足《しゅそく》を措《お》く所《ところ》無《な》し。
故《ゆえ》に君子《くんし》は之《こ》れに名《な》づくれば必《かなら》ず言《い》う可《べ》き也《なり》。
之《こ》れを言《い》えば必《かなら》ず行《おこな》う可《べ》き也《なり》。君子《くんし》は其《そ》の言《げん》に於《お》いて、
苟《いや》しくもする所《ところ》無《な》きのみ。（子路13－3）

訳：子路は言った。「もし衛の君主から先生が政治を任されたとしたら、最初に何をなさいますか？」。先生は答えた。「まずは（君臣父子の）名称を正すことから始める」。子路が言った。「そんなことがありますか。何とまあ、悠長なことですね！　どうして正そうとされるのですか？」。先生は言われた。「君も野蛮だな。子路よ、君子というものは、自分がわからないことには口を閉ざすものだ。まず名称が正しくなければ、言葉が混乱する。言葉が混乱すれば、政治が混乱する。政治が混乱すれば、……（中略）……そうなれば、人々は途方に暮れてしまう。だからこそ、君子はまず名称を正すことから始めるのだ。正しい名称を口にしたなら、必ず実行せよ。君子たるもの、軽はずみなことを口にしてはならないのだ[40]」。

実際、孔子がここで主張しようとしていることは、極めて簡単なことだ。誰でも自分の務めを果たさねばならないということだ。例えば、政府の大臣は政務を賢明に執り、君主に忠実に仕えるという大臣としての職務を果たすべきだ。

大臣が職務を怠り、公益よりも私益を優先し、あるいは君主の地位を簒奪《さんだつ》するなら、その大臣は自らの職責を果たしていないから、もはや大臣と呼ぶには値しない。また、民衆も必須の義務である納税、従軍、君主に対する敬意を尽くさなければならない。民衆がこのような義務を果たさなければ、真っ当な民衆とは言えない。名称が実際に合致していないのであれば、その結果生じる混乱や不安は政府内部の対立に拍車を掛け、民衆の間の不満を刺激し、社会の混乱を招く。

だからこそ、孔子は名称を「正すこと」を通じて人々が所与の責務を果たすようになれば、不和や悪習は最小限に抑えられ、確実に社会に秩序をもたらすと考えた。

あなたが君主なら、ここまではいいだろう。孔子は統治者に、その領地に対する究極の権威を与えた。当時の君主や諸侯が求めてたものだ。しかし、重大な落とし穴があった。

孔子が描く理想の世界では、統治者は自分が望むように統治することはできない。統治者は社会で果たすべき役割も持っていたのだ。統治者は人民に対して慈悲深く、人民の最善の利益のために統治し、人民の福祉に気を配ることになっていた。ある役人が、「民衆に敬虔な気持ちを植え付けるにはどうしたらいいか？」と尋ねたときのことだ。

孔子は次のように説いた。

子《し》曰《いわ》く、之《こ》れに臨《のぞ》むに荘《そう》を以《もっ》てすれば則《すなわ》ち敬《けい》。孝慈《こうじ》なれば則《すなわ》ち忠《ちゅう》。善《ぜん》を挙《あ》げて不能《ふのう》を教《おし》うれば則《すなわ》ち勧《すす》む。（為政2－20）

訳：先生は言われた。「威厳のある態度で接すれば、民衆は敬意を払うようになり、親孝行で慈愛の心で接すれば、民衆は恭順の意を示すようになり、善なる者を登用して能力の劣る者を指導するなら、民衆は進んで仕事に励むようになる[41]」。

君主がこうした役割を果たさなければ、贅沢《ぜいたく》に溺れる日々を過ごしたり、民衆を搾取して莫大《ばくだい》な財宝をかき集めたり、魯の定公のように魅力的な舞姫たちと遊び呆けて政務を怠けたりする。そうなれば、もはや君主と自称するに値しない。たとえ、孔子は専制政治が最善であると考えていても、彼が思い描く理想的な政府では、絶対的な権力や権利が君主に与えられるわけではない。孔子が主張しているのは、絶対的な権力ではなく、権力の制約である。

この制約とは道徳性のことである。君主も含め、世の中の誰もがその言動において高い倫理基準に到達しようと尽力すべきである、と孔子は考えた。この基準の基礎はキリスト教のものに似ている。

孔子は次のように説いている。


己《おのれ》の欲《ほっ》せざる所《ところ》を、人《ひと》に施《ほどこ》す勿《な》かれ。（顔淵12－2）

訳：自分がしてほしくないことを、他人にしてはならない。[42]

イエス・キリスト誕生の500年前、孔子は「黄金律」に相当するものを教えていたのである。君子が持つべき最も大切な徳は「仁」であり、『論語』を通じて、弟子たちに「仁」とは何か、またその具体的な実践方法を教えようとしていた。かつて、孔子はこう語った。

「仁は五つの徳目で説明できる。つまり、恭しさ、寛大、信頼性、機敏、情の深さである」

また、別の場面では端的に語っている。

「(仁とは) 人を愛することだ」

この表現も、イエス・キリストの言葉に酷似している。孔子は、仁以外に義、智、信など孔子が大切にしていた他の徳目を守れる人物を「君子」と呼び、その人物が追い求める生き方を「道」と呼んだ。「道」に従えば困難な人生を送ることになる、と孔子も認めている。

子曰《しいわ》く、聖人《せいじん》は吾《わ》れ得《え》て之《こ》れを見《み》ず。君子者《くんししゃ》を見《み》るを得《う》れば、斯《こ》れ可《か》なり。（述而7-25）

訳：先生は言われた。「聖人には会えないだろうが、すぐれた徳を持つ人に会うことができれば十分だ[43]」。

孔子は民衆よりも君主に期待していた。前述の徳目を厳守することになれば、君主は領地内の敵対者にとって有徳者の鑑《かがみ》として振る舞う重責を負うことになる。自分自身を律することができれば、社会全体が落ち着く。かつて、孔子が政治について問われたとき、次のように答えている。

「自ら率先して範を示し、人々をねぎらうことです」

別の場面では、ある大夫に対し、政治のことを以下のように説いている。

「あなたが先に正しい道を歩めば、正しくない道を歩く者などいるものですか」

さらに重要なのは、君主が権力を保てるのは徳を積んでいる場合に限られる、と孔子は考えていたことだ。そのような君主であれば、民衆は喜んで従う。そのような君主を戴《いただ》く国は人口が増えるようになり、ますます栄えるようになる。最後は、武力ではなく、その仁徳のおかげで全国を支配することになる。

子曰《しいわ》く、政《まつりごと》を為《な》すに徳《とく》を以《もっ》てせば、譬《たと》えば北辰《ほくしん》の、其《そ》の所《ところ》に居《い》て、衆星《しゅうせい》の之《こ》れに共《むか》うが如《ごと》し。（為政2—1）

訳：先生は言われた。「仁徳による政治を行うなら、北極星は動かないが、他の星々がこれに向かってお辞儀をするように、民衆も従うようになるだろう」[44]。

孔子の教えの要点は、道徳的な力こそ真の力であるということだった。この考え方の背後にある論理は理解しやすい。私心なき有徳の君主は健全な政治を行い、庶民の幸福に気を配るため、国内で幅広い支持を得る。一方、庶民は家族を養うのに呻吟《しんぎん》しているのに理不尽な重税を課し、贅沢三昧《ざんまい》の生活を送るが民衆のためには何もしない君主は、圧制を通じて権力を保つしかない。その結果、人々は君主に敵対するようになる。

孔子は合理的な事例を挙げ、自らの意見の正しさを説明している。要するに、立派で誠実な政治を行えば、君主は法や刑罰よりもよほど容易に民衆の支持を得られる。望むとすれば、君主がこの正しい道を歩むことで古代の聖王のように生まれ変わり、中国の徳治主義を復活させ、平和と繁栄の新黄金時代の到来を告げてもらいたいと孔子は考えた。

孔子の最も急進的な考えは、まさにこの点にあると思われる。当時の君主は、軍隊、占領地、財宝のことで頭がいっぱいだった。近隣諸国を念頭に置き、自国の将兵はどれほど招集できるのか、金蔵にはどれほどの財宝を詰め込めるのか。

孔子はこのような君主に対し、国造りの方向性が間違っていると真剣に説いた。武器では強大な敵国に勝てない。重税や捕虜では忠臣は望めない。仁徳だけが正しく、権力と尊敬を得られる唯一の道であると説得した。

だが、春秋時代は無数の小国が領土、財宝、生存を賭けて覇を争っていた頃だから、孔子の教えには誰も耳を貸さなかった。君主や諸侯が孔子の助言を求めるのは、戦術や地政学的戦略のことを聞きたかったからだ。ところが、彼らが聞かされたのは、道徳、歴史、詩歌についての教えだった。

当時の君主が孔子の教えに魅力を感じなかったという事実は、『論語』の中で明らかにされている。衛の霊公が孔子に陣形について助言を求めると、以下のような答えが返ってきた。

「確かに、祭具の扱い方については多少学びましたが、軍隊の運用については存じません」

その後、孔子は衛を去った。

野望に燃えた君主は現実的なマキャベリを求めていたのに、目の前にいたのは宮廷の礼儀作法について尊大な態度で説教を垂れ、古代の詩歌を引用する1人の老人だった。君主が求めていたのは権力を最大限に行使することであり、道徳的教えや古代の教義に拘束されることではなかった。

要するに、孔子は当時の支配者に過大な期待を寄せていたのだ。かつて、孔子は今の役人をどう思うかと問われ、次のように切り返したことがある。

子曰《しいわ》く、噫《ああ》、斗筲《としょう》の人《ひと》、何《なん》ぞ算《かぞ》うるに足《た》らんや。（子路13－20）[45]

訳：先生は言われた。「ああ、彼らは器量が小さすぎて、とても数の内に入らないね」。

孔子は時代の先を行き過ぎた。中国の支配層が孔子の教えに価値を認めるには、徹底的な政治改革を経なければならなかったのである。

失意の底から中国文明の父へ

紀元前４８４年、孔子は魯から書状を受け取った。新しい君主が孔子を呼び戻したのだ。この件は、弟子の１人である冉求《ぜんきゅう》が動いたらしい。彼は魯で登用され、有力な地位に就いた。孔子は徒労に終わった長年の旅路のために疲労かつ落胆していたことから、魯からの要請に応じて帰国する。ところが、魯に戻ったものの、仕官の道は用意されていなかった。さらに興味深いことに、司馬遷によれば、孔子も官職を求めなかった。[46]

魯の状況は嘆かわしいものだった。有力貴族が私腹を肥やすために新君主の哀公を脇に追いやり、自ら統治していた。孔子は自分に弟子がいても、影響力がほとんどないことがわかった。

ある日、冉求は雇い主である裕福な季孫氏が立てた税制改革案に孔子の助言を求めた。土地税を重くしようというのだ。だが、孔子は言を左右にして、はぐらかそうとした。おそらく、冉求は助言を軽んじると見たからだ。結局、孔子は何もわからないと答えた。

孔子は季孫氏からの助言要請を４度も断った後、冉求に個人的に面会し、次のような意見を述べた。すなわち、重税は妥当ではない。貪欲な貴族の欲求を満たすだけに過ぎず、民衆に不必要な負担を強いるものだと諭した。

「君子の行いは、礼節正しくなければならない。だが、季孫氏の行いが礼節に欠き、貪欲な心を満たそうとしているのであれば、土地税を重くしても足りないだろう。このような不当な行いに固執するなら、私に相談する必要がどこにあるのか？」

だが、冉求は孔子の戒めを無視し、ともかく新たな重税を課すことにした。これを知ると、孔子は激怒し、弟子たちに不満をぶつけた。

子《し》曰《いわ》く、吾《わ》が徒《と》に非《あら》ざる也《なり》。
小子《しょうし》　鼓《こ》を鳴《な》らして之《こ》れを攻《せ》めて可《か》也《なり》。（先進11-17）

訳：先生は言われた。「我々の仲間ではない。諸君、思う存分批判しても構わない」[47]。

孔子は公の場から身を引き、教育と著述に力を注いだ。金安平はこの偉大な賢人の伝記の中で、孔子はついに自分の運命と折り合いをつけ、政治的勝利への欲望を捨て、ありのままの人生に平穏を見いだしたと示唆している[48]。

おそらく孔子は、自分の失望を受け入れ、後悔の念を捨て去ろうと最善を尽くしたのだろう。しかし、それは難しいことだったに違いない。彼を取り巻く世界は混沌としており、人民の苦悩や指導者たちの貪欲さ、利己主義に心を痛めていた。

孔子は中国の多くの問題に対する答えを自分が持っていると確信していたが、誰も耳を傾けようとはしなかった。彼のフラストレーションは想像に難くない。孔子は拒絶され、無視されながら老年を迎えた。

しかし、この失意の底に沈んだ男が後世の人々にとっては中国文明の父として蘇《よみがえ》る。孔子の生涯の物語は、歴史上の孔子が中国の歴史の中でどのような役割を果たしたのかという疑問を投げかける。現実の孔子は、中国と東アジアの多くの政治的・社会的発展を形作った栄えある教義の創始者というより、古典主義者、つまり、彼がこの世を歩くずっと前に考え出された思想を再吟味し、文献を広めた教師、結局は当時の中国にほとんど影響を与えなかった人物に過ぎない。

この点から考えると、孔子という人物は「儒教」という正式な教義を創り出してはいない。後に、孔子に与えられた決定的かつ画期的な役割は、後代の信奉者が孔子の重要性を誇張しようとして歴史を遡《さかのぼ》って書き換えたものだ。全く新しい教義を創り出すより古代の教えや伝統を伝えることを主にしていたことは孔子も認めており、こう述べている。

子曰《しいわ》く、述《の》べて作《つく》らず。（述而7-1）

訳：先生は言われた。「古の道を伝えているに過ぎず、何か新しいものを創り出したわけではない[49]」。

だが、孔子は謙虚な人だ。彼の人生が失敗であったとしても、世界史における彼の重要性が減るわけではない。本人がこの世を去った後になって、ようやく多大なる影響を及ぼした人物はどの時代にも大勢いる。例えば、イエス・キリストを考えてみればよい。

当時、孔子は素晴らしいものを生み出したのだが、最も忠実な弟子以外にこれを認める者はほとんどいなかった。それは中国史に浸透している理路整然たる哲学だった。人間の行いの指針となり、平和な社会に向けた明確な展望を提供するものだった。孔子は古代中国の聖人の智恵を救い出して修正し、その観念をいくつか再考した後、独創的な教義として後世の人々に伝えた。

しかし、課題は孔子が説こうとしていたものを正確に見つけ出すことだ。孔子は手掛かりになるものを未来の多くの弟子たちにほとんど残していない。中国の学者は、孔子が執筆、編集、編纂した文献の大半またはすべてを伝統的に「五経」と呼んでいる。この五経とは、『易経』『礼記』『書経』『詩経』『春秋』の5つである。

例えば、司馬遷によれば、孔子は「道徳的価値」に基づいて3000篇もの古代の詩篇を305篇にまで絞り、『詩経』として編纂した。これは、編纂過程を通じ、古代の典礼が「広く知れ渡り、王道文化の豊穣《ほうじょう》に役立つ」ようにするためだ[50]。

学者によっては、孔子が弟子の教科書用にこれらの文献を集めたと主張している。要するに、五経は孔子以前には存在しなかった。帝政時代の学者は、孔子が古代の詩篇や書物の束を単にまとめた以上のことを成し遂げたと考えている。何世紀もの間、儒家は孔子が政府向けの成功手引書として『春秋』や『論語』を書き、その中には孔子の教えに隠された智恵を解読できる秘密のメッセージが込められていると確信していた。五経は中国文明に対して多大なる影響を与えた。すなわち、これらの経書や『論語』などの儒家の文献は、帝政時代の大半である2000年間を通じ、中国の教育や政府の基盤になった。

現代の学者が疑問視しているのは、孔子の手によるものとされている五経や他の文献と彼の関係である。孔子と当該文献は一切関係ないと説く向きもあれば、孔子と弟子たちは長年の間に経書を執筆または編纂した一握りの有識者を代表したに過ぎない、と主張する者もいる。一部の文献は孔子の時代より以前に書かれた可能性が極めて高い。中にはかなり昔に書かれたものもある。他については、少なくとも現在知られている形としては、孔子の死後に執筆または編纂されたものである。[51]

孔子と儒教に最も密接な関係がある『論語』でも、孔子自身が書いたものではないことはほぼ明らかになっている。通常、儒家は弟子たちが孔子との会話や孔子の教えを覚えているはずと考え、『論語』を執筆したのは直近の弟子と見ている。ただし、現在広く認められている説としては、『論語』の成立に関与したのは直近の弟子ではなく、儒家の次世代、孔子の弟子の弟子のほうではないかという。

しかし、『論語』などの経書には孔子自身に端を発したもの、本人のものとされる言葉の多くが一切含まれていない、と主張しているわけではない。特に『論語』には、少なくとも相応の信憑性があると考えられている。

だが、(またしてもイエス・キリストに酷似しているが)孔子やその教えについて知られていることはまた聞きに過ぎず、原初の形ではない。要するに、内容の正確性には絶対の確信が持てないのだ。

とはいえ、『論語』を読むだけでも、当時の学者世界における孔子の評判がわかる。その頃、書物は貴重な物だったことから、その考えが文書に記録されるのは最も尊敬された人物に限られていたに違いない。孔子に直接関係する文献が存在するという事実は、当時の学者諸氏が孔子の教えをどれほど重視したかという証左になる。

孔子の遺産

紀元前479年、孔子は病に倒れる。最も忠実な弟子の子貢はこの報を聞き、遠い楚から孔子の見舞いに駆けつけた。親しい2人はもう10年近く会っていなかった。子貢は魯から離れ、外交官として首尾よく出世していた。

子貢が孔子の家に近づいていくと、年老いて弱々しくなった孔子が杖をつきながら、戸口のところを行きつ戻りつしていた。どんなときでも再会は喜ばしく、感情的になるものだ。だが、心が弱っていた孔子は「遅かったではないか」と愚痴をこぼす。その後、孔子は親しんでいる古代詩の中からいくつか詠《うた》い始める。最晩年に至り、死は避けられないと観念し、心の傷がひどく疼《うず》くような詩（引用は、前記『史記4　世家下』）だ。

泰山それ壊《くず》れんか
梁柱それ摧《くだ》けんか
哲人それ萎《しお》れんか

孔子の目には涙が溢《あふ》れ、子貢に嘆いた。

「天に道がなくなってから久しいが、誰も私を推戴《すいたい》してくれる者がいない」

1週間後、孔子逝く。享年73歳[52]。

子貢が最後の日々に傍らにいてくれたことで、孔子はどれほど慰められただろう。この頃、孔子はほとんど独り身だったかもしれない。息子はすでに逝き、顔回や子路もあの世に旅立っていた。ただ、孔子が放浪している間は子貢が身近で世話をしていた。

実は、子貢の存在は孔子を苛立たせていた可能性がある。例えば、子貢は公務に長じていたが、孔子は脇に追いやられ、世間から忘れ去られた。子貢は孔子が人生で実現したかったことを象徴していたが、肝心の本人は望みが叶わなかった。大聖人孔子が後悔、嫉妬、失意の念にとらわれて諸国を流浪したことに思いを致すのは、2人にとって気まずかった。我々の唯一の願いは、死期間近の孔子が自分の人生を失敗ではなく、混乱した社会の復興を絶えず追い求め続けた日々であったと見なしてくれることだ。おそらく、「やるだけのことはやった」と自分を納得させることはできたはずだ。

望みは実現できなかったが、孔子には希望を抱くだけの理由があった。子貢という人間は何かを象徴していた。それは、死ぬ間際の孔子には予見できなかったものだ。子貢は孔子やその教えの将来像といえる。人間孔子の最大の遺産とは、後に残った誠実な弟子たちだったかもしれない。孔子の理想に身を捧《ささ》げ、聖人孔子を目標とした有識者の人々。孔子を挫折した政治家から東アジア史で最も影響力のある人物へと評価を変えられるのはこれらの弟子たちであり、未来の信奉者だった。

第二章
聖人としての孔子

（孔子は）諸王の本質を理解するようになり、天の道にどこまでも従うようになった。

――董仲舒《とうちゅうじょ》

物語の始まり

魯の哀公は孔子の死を嘆いた。

「私はこの世に1人残されてしまった。嘆きと哀しみで胸がいっぱいだ。ああ師父よ、これから誰を頼りにすればよいのか」

落胆した哀公は孔子に異例なほどの敬意を払って旧宅を廟に建て直し、供物を捧げた。以来、

Chapter Two: Confucius the **Sage**

2500年にわたって中国の支配者は代々孔子を称賛するようになったが、哀公はその最初の人物となる。[1]

だが、哀公による突然の嘆きは白々しかった。生前より死後の孔子を大げさに騒いだことから、魯の国内ではその偽善ぶりが格好の話題になった。これを、子貢は辛辣に批判した。

「生前には登用せず、亡くなった後に嘆き悲しむとは、正しき礼法の真逆ではないか[2]」

哀公は芝居じみた告別の儀を催してみたが、孔子とその教えは生前ほど魯や他の国々の支配層に影響力を及ぼすことはなかった。

一方、孔子の弟子たちは心の底から師の逝去を悼んだ。曲阜に集まり、師を埋葬した。その後、家族の死に対する教えに従い、3年間喪に服した。その様子は、あたかも孔子が実の父親であるかのようだった。3年過ぎると、それぞれの道に去って行った。

後年、孟子が語っている。

「皆が世話役の子貢に挨拶した後、互いの顔を見ているうちに号泣が止まらなくなり、ついには声が出なくなった[3]」

子貢だけはその地に留まることにした。墓の近くに小屋を作り、さらに3年間独りで喪に服した。その後、子貢もその地を離れた。孔子は墓の中で独りになり、大聖人の使命は終わった。だが、孔子の物語はまだ始まったばかりだった。

孟子の性善説vs荀子の性悪説

孔子は亡くなっても、忘れ去られることはなかった。子貢などの弟子たちは師を失っても、師の教えや理念に対する献身が揺るがなかった。キリスト処刑後、十二使徒のペテロやヨハネらがキリストの教えを広めたやり方と同様、孔子の弟子たちも師の教えを次世代の弟子たちに伝え続けた。その後、彼らが自分の弟子を持つようになる。

数十年が過ぎると、さらに多くの若者が孔子の理想を知るようになった。このように信奉者集団が拡大すると、語り継がれた孔子の言葉が記録されるようになる。その集大成が『論語』である。また、彼らは孔子の思想に対する自分の解説を書き加え、孔子の考えを詳述し、孔子の教えの対象範囲を拡大するようになる。このような過程を経て、孔子は生き続けた。それだけでなく、その教えがより複雑で包括的な哲学の一派として変貌を遂げるまでになる。

初期の思想家の中で最も重要な人物は孟子である。歴史上、儒教を最も発展させたのは、孔子を除けば孟子だ。後に、中国の宮廷は孟子を「亜聖」として祭っている。孟子の教えを説いた主著『孟子』は『論語』の形式と似ており、孟子の言動を集めたもので、儒書の中でも最も重要な文献の1つと称賛されている。

孟子の人生は、大半が孔子の人生を再演したようなものだ。かつて、孟子は次のように言った。
「私がやりたいことは、孔子をめざして学ぶことです」

学者によれば、孟子が生きた時代は正確には特定できないが、おそらく人生の大半は紀元前4世紀になるという。孟子は、憧れの偉人孔子の故郷曲阜からそう遠くない地に生まれた。

ちょうど孔子と同じように孟子も幼い頃に父親を亡くし、賢明で教育熱心な母親の手で育てられた。貧しさから学校に通わせられなかったため、母親は校舎の窓の外に孟子を座らせ、聞き取れる限りのことを学ばせた。その後、教師がその学びの姿勢に感銘を受け、孟子を教室に呼び入れて授業を受けさせるようになる。

　司馬遷によれば、孟子は孔子の孫である子思《しし》に学んだというが、２人が生きていた時代を勘案すれば、その可能性はかなり薄い。孟子が孔子となるべく直接関係しているように思わせるための作り話と思われる。[4]

　孔子のように孟子も仕官の道を求め、政府を内部から改革しようと考えていた。孟子の時代は、孔子の頃と同じように殺伐として不安定な情勢だった。戦国時代とはうまく名付けたもので、およそ紀元前４７５年から同２２１年までのことだ。

　この時代の特徴は、諸侯が自らの手で中国統一の野望を実現しようと絶えず争っていたことにある。孔子がそうであったように、孟子も天から授かった使命としてこのような大混乱を終息させたいと考えていた。孟子は真なる王者が何世紀も現れていないと嘆いたことがある。

夫《そ》れ天は未《いま》だ天下を平治《へいち》することを欲せざるなり。
如《も》し天下を平治せんことを欲せば、今の世に当《あた》りて、
我を舎《お》きて其《そ》れ誰ぞや。

（『孟子』公孫丑章句下、書き下し文は、小林勝人訳注『孟子』上・下、岩波文庫に拠った）

訳：天はまだ天下を泰平にしようと望んでいないようだ。今の世にあって、私の他に誰が王者を補佐できるだろうか。[5]

孟子は敬愛する聖人（孔子）の足跡を辿って相争う諸国を回りながら、おそらく40年近くにわたって仕官の道を追い求め、自己中心的な君主たちに儒教の原則を採用する賢明さを説こうとした。孟子のスタイルは孔子を模倣しており、どちらも率直で時には辛辣だった。

「私は何も議論したいわけではない。仕方なく議論しているのだ」

孟子は一時期、斉の高官に登用されたようだが、中国の支配層に信奉者を獲得できず、官職も長くはなかったという点では孔子と同じだ。司馬遷は嘆いている。

「全土は諸国の間で分割されており……戦うことが重んじられていた。孟子は……これらの支配者とうまく折り合いをつけられなかった」[6]

しかし、孟子は孔子の教えを広めるだけでなく、それを発展させようとした。孟子は、孔子自身がほとんど論じたことのないテーマにも踏み込んだ。

最も注目すべきは、孟子が当時最も議論の的となっていた問題の1つ、「人間の本性」と格闘しようとしたことだ。当時の諸子百家は、自分たちを取り巻く混乱に落胆し、人間の行動の動機は何なのかと考えた。人間は本質的に悪なのか？

孟子が儒教思想に最も重要な貢献をしたのは、この壮大な問題に関するものであり、その後の2000年にわたる教義の発展の大部分を形作ることになった。孟子は、人間は生まれながらにして善である、より正確に言えば、人は生まれながらにして善である可能性を持っている、と主張した。これは孔子の思想の延長線上にあるものだが、孟子は孔子の信奉者の中で初めてその信念を明確にした

孟子は、危機に瀕したとき、人がいかに積極的で慈悲深い本能に従う傾向があるかを示すことで、

自分の主張を証明しようとした。孟子は次のように説いている。


孟子曰く、人皆人に忍びざるの心有り。

（中略）人皆人に忍びざるの心有《あ》りと謂う所以《ゆえん》の者は、今、人乍《にわか》に孺子《じゅし》（幼児）の将《まさ》に井《いど》に入《お》ちんとするを見れば、皆怵惕惻隠《じゅってきそくいん》の心有り、交《まじわり》を孺子の父母に内《むす》ばんとする所以《ゆえん》にも非《あら》ず、誉《ほまれ》を郷党朋友《きょうとうほうゆう》に要《もと》むる所以にも非ず、其《そ》の声を悪《にく》みて然るにも非らざるなり。

是《こ》れに由りて之れを観《み》れば、惻隠《そくいん》の心無《な》きは、人に非ざるなり。

羞悪《しゅうお》の心無きは、人に非ざるなり。

辞譲《じじょう》の心無きは、人に非ざるなり。

是非《ぜひ》の心無きは、人にあらざるなり。（公孫丑章句上）

訳：孟子が言われた。「人間なら誰しも、憐みの心はあるものだ。（中略）憐みの心がある理由はこうだ。よちよち歩きの幼子が今にも井戸に落ちそうなのを見かけたら、誰もがはっとして咄嗟に駆けつけて、幼子を助け上げる。親と近づきになりたいからとか、近所の人や友人から褒められたいからとか、見殺しにして非難されるのが嫌だからというのではない。こう考えると、憐みの心がない人は人間ではないし、悪を恥じて憎む心がない人は人間ではない。譲り合う心のない人も人間ではない。善悪を見分ける心がない人も人間ではない。

だが、本来の善性を十分に実現するためには、自らを修養し、教育しなければならない。そうでなければ、世俗の欲望によって堕落し、本来の性質を忘れ、貪欲で暴力的で邪悪になりかねない。孟子は次のように指摘する。

凡そ我に四端有る者、皆拡《おしひろめ》て之を充《だい》にすることを知らば、
［則ち］火の始めて然《も》え、泉の始めて達するが若《ごと》くならん。
苟《いやしく》も能く之を充《だい》にせば、以て四海を保《やす》んずるに足《た》らんも、
苟《いやしく》も之を充《だい》にせざれば、以て父母に事《つこ》うるにも足《た》らじ。（同）

訳：生まれたときから自分に具わっているこの心の四つ（仁義礼智）の芽生えを育て上げて立派なものにすることを知る人は、ちょうど火が燃え、泉が湧きだし、最初は小さいが、次第に大きく育って大火となり、大河ともなるように、仁義礼智の道を進んでいく。やがて、天下を安んじることもできる。もし大きく育てなければ、手近な親孝行さえ叶わない。」

孟子は、ここで大胆な意見を特にこの不安定な時代に述べている。実は、孟子によれば、人々は本質的に同じであるという。邪悪な暴君と大聖人の違いは、わずかに仁と義に対する生得的な潜在能力を伸ばそうとする努力の差に過ぎない。

この点を証明する庶民的な智恵として、孟子は人間と大麦の種を比較した。種がすべて同じなら、同じように生長するはずだが、そうはならない。育て方が異なるからだ。孟子はこう説く。

孟子曰く、富歳《ふさい》には子弟《してい》頼《よきもの》多く、凶歳《きょうさい》には子弟暴《あしきもの》多し。
天の才《せい》を降《くだ》すこと爾《かくのごと》く殊《こと》なるにあらざるなり。
其の心を陥溺《かんでき》せしむる所以《ゆえん》の者然《ことな》るなり。
今夫《そ》れ麰麥《ほうばく》、種《たね》を播《ま》きて之《これ》を耰《おお》わんに、
其の地同じく、之を樹《う》うるの時も又同じければ、

浡然《ぼつぜん》として生じ、日至《げし》の時に至りて皆熟せん。
雖《も》し同じからざるあらば、即ち地《とち》に肥磽《ひこう》あり、
雨露《うろ》の養《やしない》、人事《じんじ》の斉《ひと》しからざればなり。
故に凡《すべ》て類《るい》を同じくする者は、挙《みな》相似《に》たり、
何ぞ独《ひと》り人に至りて之を疑わん。
聖人も我と類《るい》を同じくする者なり。（告子章句上）

訳：豊作の年には善良で頼もしい若者が多く、凶作の年には悪事を働く若者が多い。しかし、豊凶の年にかかわらず、天から与えられた若者の資質は同じだ。だが、凶年には食糧不足などが原因で若者は不安が高じて悪事を働いてしまう。例えば、大麦の種を播いて土をかぶせる。同じ土地で同じ時期なら、早々に芽が出て夏至の頃には収穫できるまでに熟すだろう。それでも、もし収穫高が同じでないとすれば、それは土地の良否、雨露による栄養の差、人の手入れの具合が異なるからで、大麦の種に差があったわけではない、同類のものは、大体似かよっているものだ。どうして人間だけは例外と疑うことができるだろう。聖人も我らと同類なのだ。[8]

しかし、孟子は孔子の信奉者全員を代表しているわけではなかった。孔子亡き後のしばらくは、「儒教」もなければ、孔子と関係のある考えや道理が一揃いになったものもなかった。様々な学者が孔子の考えを様々に解釈し、その真の意味を探ろうと議論を戦わせた。この中で最も重要な議論は、孟子ともう1人の大儒家、荀子《じゅんし》の間で行われた。

荀子は中国中北部の趙の出身で、正確な生年月日は不明だが、紀元前4世紀後半に生まれたと思われる。荀子は、孔子や孟子と同様、政府の要職を求め、楚で蘭陵《らんりょう》（現在の山東省棗荘《そうしょう》の南東の地）の令（長官）として長年仕えるなど、相応に出世したと思われる。

いつもは饒舌な司馬遷でさえ、荀子についての記述はごくわずかで、荀子は「道に従わず、呪文や祈禱に大いに関心を寄せ、お告げや幸運を信じる腐敗した世代の政府、滅びゆく国家、邪悪な王侯を憎んだ」とだけ伝えている。[9]

今では孟子ほど有名ではないが、荀子は当時から死後数世紀にわたって儒家の間でかなりの影響力を持っていた。彼には孔子や孟子と同じ目標があった。中国の支配者の理不尽な統治を改革することで、無秩序な世の中に秩序を取り戻そうとした。孟子のように、荀子は孔子が古代の聖王に匹敵すると信じていた。荀子は次のように書いている。

「孔子は仁者であり、智者であり、執着心から免れていた」[10]

とはいえ、荀子と孟子は基本的な考え方においてまったく相容《あいい》れなかった。2人は同じ経書を入念に調べても異なる結論に達し、儒教史に広範な影響を及ぼした。

最も注目すべきは、孟子が性善説を唱えると、荀子は以下のように正反対の性悪説を主張したことだ。

人の性《せい》は悪にして其の善なる者は偽《ぎ》なり。（『荀子』性悪篇）

訳：人間の性は悪であり、善人は人為的な努力によるものだ。

荀子は孟子が「人間の性をまったく理解できていないだけでなく、人間の『性』と『偽』の違いも見分けがついていない」と論を張った。荀子は孟子がその立場を支えているものと同じ種類の常識的な事例を用いた。

人の性、飢うれば飽かんことを欲し、寒ければ煖《あたたか》ならことを欲し、労《つか》るれば休《いこ》わんことを欲するは、此れ人の情性なり。今人の飢えて長《かて》を見るも而も敢て先に食わざる者は、将《まさ》に譲る所有らんとすればなり。労《つか》るるも敢て息うを求めざる者は、将に代る所あらんとすればなり。夫《そ》れ子の父に譲り、弟の兄に譲ることと、子の父に代り、弟の兄に代ることと、此の二つの行は、皆性に反して情に悖《もと》るなり。

然り而して孝子の道、礼義の文理なり。故に情性に順《したが》わば則ち辞譲せず、辞譲すれば則ち情性に悖る。此《こ》れを用《も》ってこれを観る、然らば則ち人の性の悪なること明かなり。其の善なる者は偽なり。（同性悪篇）

訳：人間の「性」は、空腹なら何かを食べたいと思い、寒ければ暖かくなりたいと欲し、疲れると休みたいと考えるものだ。だが、たとえ空腹であっても年長者がいれば、敢えて先に食べようとはしない。年長者には譲るべきであることを知っているからだ。また、疲れていても他の人がいれば、敢えて休もうとはしない。自分が仕事を代わり、他の人を休ませるべきだと理解しているからだ。これは、子が父に譲り、弟が兄に譲って、子が父の代わりに汗を流し、弟が兄に代わって汗を流す。こうした行為は「性」に反し、「情」に逆らう行為ではないか。だが、ここにこそ孝子の道があり、礼儀の規則がある。だから、「情」や「性」に従えば、人間が謙譲しない。謙譲すれば、「情」や「性」に反する。こうしてみると、人間の「性」は悪であり、人間の善は「偽」の結果なのだ。

さらに1600年を経ても、人間の「性」に関する孟子と荀子の議論は儒家の間で完全に決着がつくことはなかった。[11]

墨子、荘子の孔子評

孔子の信奉者は仲間割れしていたが、尊敬する孔子を競合学派の悪意に満ちた攻撃から守るという1つの目標は共有していた。孟子と荀子に哲学的な仕事を促した重要な誘因は、孔子の教えが他の諸子百家による教えよりも優れていることを証明したいという思いだった。

孟子は、不届きな論者の不道徳な教義が論破できなかったときのことを危惧した。「そのうえ、孔子の道が説明できなければ、このような邪悪な言説が人々を欺き、仁義への道を塞いでしまう[12]」

競合学派からは主敵と目されるほど、孔子は十分な支持を得ており、その教えは十分に注目されていた。ある学派は、驚くほど意地の悪い批判を浴びせてきた。敵方は孔子の教えを酷評するだけでなく、個人攻撃も仕掛けてきた。例えば、売国奴や偽善者などの罵詈雑言《ばりぞうごん》以外に、もっと汚い誹謗《ひぼう》中傷を投げかけてきたのである。

おそらく、最も敵意に満ちた非難を浴びせてきたのは、墨家の開祖墨子《ぼくし》だろう。彼の教えは今でこそほとんど忘れ去られているが、紀元前5世紀から500年ほどは孔子の教えよりもはるかに人気があった。墨子は孔子の逝去前後に生まれたようなので、その活動時期は孔子の弟子や生徒が師の教えを全国で広めている頃と重なっている。当初は彼らの遊説が多少成功を収めた可能性のある証拠として、墨子は孔子に対する攻撃を長年続けていた。ある一節の中で、墨子は孔子が斉で仕官しようとする様子について悪意ある噂話を詳述している。

墨子によれば、斉の宰相が孔子登用に反対し、君主に対して孔子を詐欺師のようだと酷評した。その考えは現実離れが激しく、礼儀作法にも細かすぎ、君主にとって有用な人物とは思われない、と次のように奏上した。

「孔子は手の込んだ服装や大げさな装飾品を好み、人々を惑わす。また、歌舞を盛んにして人を誘い込み、宮廷階段の上り下りまでも入念な儀式であると主張し、宮廷内の貴人の前ではわざと小走りの礼を示し、皆を驚嘆させる。学問は大したものだが、政治には向いていない。いくら熟考を重ねても、考えるばかりでは人々を救えない」

他の箇所では、墨子は儒家を他人の命を食い物にする寄生虫と評した。儒家は「貧しさを引き起こし、怠惰で高慢である」と批判する。

「乞食のように振る舞い、ネズミのように食べ物をつかみ、牡羊のようにきょろきょろ見回し、去勢豚のようにのろのろと立ち上がる。このような体たらくなので、どの君子からも嘲笑される。儒家は他人の富貴を当てにして暮らし、他人の田畑を頼りにして威厳を保っている」[13]

孔子は、荘子の著作においても傑出した人物として描かれている。荘子は道教の始祖の1人とされる重要な存在であり、孟子とほぼ同じ時代を生きたようだ。孔子に対する荘子の姿勢は、墨子より多少友好的だ。悪気はなかったのだが、それでも孔子の描写の大半は見当違いだった。

荘子によれば、孔子は名声と地位に過度に固執しており、あまりに傲慢《ごうまん》なために世の中を理解できず、世の中の問題を解決できないでいた。書物の『荘子《そうじ》』によれば、孔子は師ではなく生徒であり、孔子よりも賢明な者から教えを受けるとされている。

ある話では、老萊子《ろうらいし》（おそらく道教の創始者老子）が孔子を呼び出した。その直前、孔子と出会った弟子の説明によれば、「（孔子は）胴が長く、足は短く、やや猫背、耳は後ろにある」という。老萊子は孔子を諭した。

「その尊大な態度と訳知り顔を捨て去るなら、君子になれる」

さらに、老来子は孔子に説いて聞かせた。

「今の世の中の苦しみを見るに堪えず、それを何とか救おうとしておろう。だが、それが万世の後に災いを招くことになる」[14]

『荘子』の中でも特に辛辣な物語では、孔子が全国を荒らし回る盗賊の盗跖《とうせき》に対し、悪の道から離れ、その力を世のために使うように諭そうとしたが、結局失敗した経緯を説明している。この物語では、荘子が尊大な敵の口を借りて孔子に悪口を浴びせている。

孔子は礼儀正しく説得を試みたが、盗跖はこれに激高し、「お前の教えはどこの国からも相手にされなかったではないか。とんだ痴れ者だ！」と面罵した。

縫衣浅帯《ほういせんたい》、矯言偽行《きょうげんぎこう》、以て天下の主を迷惑し、
而うして富貴を求めんと欲す。盗は子より大なるは莫《な》し。
（中略）上は以て身を為《おさ》むるなく、下は以て人を為むるなし。
子の道、豈《あ》に貴ぶに足らんや。

（『荘子』雑篇、盗跖篇、書き下し文は、金谷治訳注『荘子』全4冊、岩波文庫に拠った）

訳：だぶだぶの着物とゆるい帯で、でたらめを言い、偽善を行って、天下の君主らを惑わせ、それで富貴を得ようと画策している。お前ほどひどい盗賊はいない。（中略）我が身を修めることもできず、人を教えることもできない。お前の説くような教えなんて、尊ぶ値打ちがない。

孔子は説得が失敗に終わったため急いでその場から立ち去ったが、疲労が著しく、頭も混乱していた。

「孔子の目は泳いでおり、顔色は冷えた灰のように血の気がなかった」

孔子はようやく馬車に辿り着く。

「（孔子は）馬車の横木をつかんで頭をうなだれ、息もできなかった」[15]

韓非子からの冷笑

戦国時代が終わりを迎える頃、孔子の競合者は優位に立ったように思われた。混乱と戦争の5世紀が過ぎ、中国はようやく新王朝である秦のもとに統一された。紀元前２２１年、君主である嬴政《えいせい》が戦国時代最後の覇者となる。彼の未曽有の偉業を天下に示すために新たな帝国の樹立を宣言し、新たな称号「皇帝」に即位した。さらに、その最初の皇帝として「始皇帝」と名乗ったことで、嬴政は始皇帝として末永く世に知られることになる。

始皇帝の歴史的重要性は、どれほど力説しても過言ではない。彼が築き上げた帝国は、続く２１００年もの間、中華帝国の基礎モデルとなった。諸侯を通じて支配した周王朝の統治手法を投げ捨て、秦は官僚が直接統治する郡県制を定めた。以前にもまして政府による中央集権化が大いに進み、首府の咸陽《かんよう》（現在の西安市近郊）がすべてを仕切っていた。秦は秩序と平和を復元できたことから、強大な政府が統治する統一中国という孔子の夢を実現したかに見えた。

だが、秦が民衆に押し付けた秩序は孔子が理想としたものではなかった。秦帝国は儒家の競合者である法家の支持者だった。皮肉なことに、法家と儒家には共通する本質があった。紀元前3世紀、法家の創始者の1人である韓非子は荀子の弟子だった。

その一方、立派な政府や理想的な社会に関し、法家は儒家と相当異なる見方を考え出した。韓非子は孔子に多少とも尊敬の念を残し、教義に対する傾倒を称賛していたが、同時に孔子のことを絶望的なほどの理想家と見ていた。すなわち、「平和は仁義を通じてのみ保たれると確信する孔子は滑稽《こっけい》極まりない」と指摘した。

というのも、人々は救い難いほど利己的であり、孔子が求めるような高尚な道徳的行為は机上の空論に過ぎない。したがって、社会に秩序をもたらすには人々に厳格な法を強制するしかなく、政府の権力を保つためには国家権力を最大限に高めることとしかないと説いた。

自分の主張を証明するため、韓非子は孔子を嘲笑し、孔子の生涯において彼の教えに従った者がどれほど少なかったかを強調した。韓非子は次のように書いている。

「民衆は権力に対しては従順であるが、正義を理解することはほとんどできない。孔子は天下の聖人であり、徳行を修め、正しい道を示し、諸国を巡り歩いた。しかし、天下で彼の仁を語り、その義を称賛し、弟子であることを誓った者は、わずか70人に過ぎない。というのも、仁を尊ぶ者は少なく、義を実践するのは難しかったからだ。……そして、本当に仁義を備えていたのは、孔子ただ1人だった！

……さて、今日の学者は君主に助言する際、勝利を確実にする権威を使うのではなく、仁と義の実践に努めれば、必ずや天下の支配者になるだろうと主張する。これは、すべての君主に孔子の水準に達することを求め、世界中の民衆が孔子の弟子のように行動することを求めているにすぎない。それはまるで効果のない方策だ[16]」

秦の始皇帝による焚書坑儒

韓非子にとって、儒教が強調する古典の学習や古代の崇拝は、国家を管理するには不十分だった。彼の見解では、孔子はその教えが公共の秩序を強化するのではなく、むしろ損なうことになるのを理解していなかった。もし支配者たちが孔子の道に従えば、政府は崩壊し、国は再び混乱に陥る。「法を定めることは人々を導くことだが、上に立つ者が文芸を重んじれば、人々は法律に従うことに疑問を抱くようになる。上に立つ者が徳行の修養を尊重すれば、人々は利益を生み出すことに怠惰になる。上に立つ者が文芸を重んじ、それによって法律に疑念を生じさせ、さらに徳行の修養を尊重し、それによって功績ある仕事に対して信頼を失わせるなら、国家の富や強さを追い求めることは不可能になる[17]」

このような考えは、権力に取り憑かれた秦の始皇帝のような強者にとって魅力的に映るのは明らかだった。始皇帝の配下で最も有力な重臣は丞相《じょうしょう》李斯《りし》であり、韓非子と同じく儒家に対抗する荀子の弟子だった。

秦の中国統一後、始皇帝と李斯は史上初の中央集権的な専制国家を立ち上げた。秦の首都から発布される法令や命令は、軍事力を背景にした強制力を帯びていた。この巨大な軍事組織を支える資金を賄うために、秦は民衆に重税を課した。また、数十万人もの人々を労役に狩り出して万里の長城を建設し、北方の遊牧民族による絶えざる侵入を阻止しようとした。さらに、民衆は相互監視を奨励された。違反者は定期的に処刑、身体刑、または強制労働を強いられた。

儒家は愕然とした。始皇帝が古代の例から大きく逸脱したやり方を実行したため、中国を滅亡に追い込むに違いないと驚いた。紀元前213年、始皇帝が宮廷で催した宴席に70人の博士が参列した際、彼らの不満は公の憤怒へと変わった。

司馬遷によれば、この宴席は十分に賑々《にぎにぎ》しく始まった。博士僕射《はかせぼくや》（博士の長）である周青臣が始皇帝の業績を褒《ほ》め称え、「聖なる力と見事な洞察力」を絶賛し、お世辞も添えた。

「古来より今日まで、権力と徳において陛下に匹敵する者はおりません」

だが、その後、宴席には不穏な空気が漂い始めた。別の博士である淳于越《じゅんうえつ》が前に進み出ると、賓客の面前で始皇帝を激しく批判した。始皇帝の体制は失敗する定めにある、と予言したのだ。始皇帝は古代の慣習を無視しているからだという。

「（古代王朝が）1000年以上も続いた理由は、子息や兄弟あるいは功臣に領地を与え、藩屏としたからでございます。今、陛下は天下を支配しておられますが、陛下の子弟は一介の庶民です……もし宮廷を守るべき者が誰もいなければ、どのようにして互いに助け合えるでしょうか？　古代に範を取らずに長き命を得た者がいるとは寡聞にして存じません」

淳于越の諫言は孔子がいかにも言いそうな内容だ。孔子は古代の聖王が定めたと思われる基準に照らして、当時の君主を評価した。これは淳于越だけではなく、儒家の多くが同じことを繰り返すだろう。

淳于越の諫言が終わると、始皇帝はその内容に動揺し、李斯にその是非を問うた。すると、李斯は直ちに儒家を非難した。

「陛下は天下統一の大業を成就なさり、その偉業は万世にわたるでしょう。もとより、これは愚かな儒家には決してわからないことです。博士らはいずれも現在を手本にせず、古代を学んでおりますから、現状を受け入れようとしません」

韓非子に同調するように、李斯は儒家が歴史的研究や文学を追求し続けるのを許しておくのは危険であると始皇帝に警告した。

「互いに私的に学び合う者どもは、法や命令を認めず、政令が発布されたと聞けば、それぞれ自らが学んだことに基づいてその政令を批判する」

李斯が奏上した通り、このような反対意見はやがて秦の崩壊につながることから、このまま容認しておけないということになる。

「異論を唱えることを尊しとし、配下の者に誹謗中傷を促す。このようなことを禁じないと、上では陛下の権力が弱まり、下では徒党を組むようになる」

そこで、李斯は重大な提言を行った。反対者への抑圧を強化するため、秦では教育や書物を国家事業とするように勧告した。具体的には以下の通りだ。

儒家はもはや自派の経書を学ぶことは許されず、自らが持つ知識で政府を批判することも禁じられた。さらに、個人所有の（秦関係以外の）古典や歴史書は役人に引き渡し、すべて焼却する。また、私的会話の中でも古典について言及する者は処刑する。命令を受けて30日後も依然として書物を捨てない者は、黥刑《げいけい》（顔面などに入れ墨を入れる刑罰）と城旦《じょうたん》（辺境にて築城の労役）の刑とする。最後に、

「古きを用い、新しきを拒む者は、族誅《ぞくちゅう》（本人を含め一族全員を死刑とする刑）に処する」。李斯が人々を支配するための邪悪な考えを思いついたことで、秦は人々の心まで統制しなければならなくなった。[18]

司馬遷は残念な結末を書いている。

「始皇帝は李斯の提言を裁可し、『詩経』『書経』、百家の書物を没収して廃棄処分にすることで、民衆を愚者にし、天下に古代を範として今を非難する者がいないようにした」[19]

この一連の事情は、中国史で「焚書《ふんしょ》」として知られるようになる。

一方、儒家やその他の諸子百家は必ずしも簡単に屈服したわけではない。自分たちが大切にしていた古典や経書を焼却処分から守るという重大な危険を冒す者もいた。伝わるところによると、孔子の弟子たちは『論語』などの書物を曲阜にある孔子の旧家の壁の中に隠した。

また、2人の学者、盧生と侯生は、大胆にも始皇帝の独裁的な処置について声高に非難した。

「陛下は権勢の象徴として刑罰と処刑を楽しんでおられるので、天下の民は恐怖のあまり戦慄《せんりつ》するばかりであり、誰1人として義務を忠実に果たそうとしない。陛下はご自身の落ち度に耳を貸そうとなさらず、日増しに傲慢さが募っておられる」

2人はそう言い捨てると、国外に逃亡した。

始皇帝は2人の逃亡を知ると激高した。

「朕《ちん》は天下の書物をすべて収集し、無用のものはすべて処分した。さらに、膨大な数の博士や方士を一堂に集めた。彼らを用い、大いなる平和な時代を築き上げたかったからだ」

そこで、始皇帝は御史《ぎょし》に命じ、方士どもを取り調べさせた。その結果、身の毛もよだつような事態を招く。司馬遷は次のように語る。

「(方士や博士は)潔白を主張しようとしたが、禁を犯した者460余人を皆咸陽にて生き埋めの刑に処し、これを天下に知らしめて後世の戒めとした」[20]

現代の学者によれば、この「焚書坑儒」の物語は(司馬遷のように)後世の学者が秦を非難するために誇張したものと見ている。むしろ、秦は古典の利用を制限していただけなのかもしれない。

李斯は、単一国家には単一の政治的思想が必要であると考えていたため、個人所有の典籍をかき集め、宮廷の書庫に保管し、政府の許可を得た者だけに閲覧させた。また、秦は古典を学ぶことを必ずしも反対していなかった。始皇帝は儀式や儀礼について博士たちに相談しており、碑文には古代の書籍から引用したものもあった。

総じて、秦は儒家が主張するような邪悪な存在ではなかったのかもしれない[21]。だが、李斯がこれほど思想統制に努力しても、秦を救えなかった。孔子が予測した通り、時の政権が民衆に対してどれほど高圧的な姿勢や厳罰で臨んでも、敵対勢力を刺激するばかりだった。

そして、反乱が勃発する。紀元前210年、始皇帝の不慮の崩御後、ほどなくして秦の崩壊が始まる。宮廷は政治的陰謀の渦に巻き込まれ、最終的には李斯自身の命をも奪う。李斯は政変を企てたとして糾弾された。司馬遷によれば、李斯は政敵の手によって「1000回以上鞭《むち》打たれ、その痛みに耐え切れず、虚偽の自白を余儀なくされた」。

結局、李斯は秦の首府にある市場で腰斬《ようざん》(死刑の一種。罪人を腰の部分で切断する)の刑に処すべしと宣告される[22]。

紀元前206年、咸陽は反乱軍に制圧される。その4年後、反乱軍の指揮官の1人であり、秦の下級役人だった劉邦《りゅうほう》が新帝国、漢の成立を宣言する。漢の台頭に伴い、アジアは文明化の道を辿り、儒家の運命も永遠に変わる。

漢の高祖を取り込む

一般的に、この劉邦は孔子が愛する経書には縁のない農民出身の無教養な兵士として描かれている。だが、高祖としても知られている劉邦には多少の教養があったと思われる。さもなければ、下級役人とはいえ、秦に採用されることはなかったはずだ。[23]

とはいえ、劉邦は儒家ではない。ある逸話によれば、伝統的な服装で身を固めた儒家の一団が劉邦に近づいてくると、劉邦は先頭にいた者の冠を急にむしり取り、その中に小便をするような人間だった。

反逆者は皇帝になり、広大な領土を支配するという現実に直面すると、自らの姿勢を改めるように迫られた。漢は秦が築いた中央集権国家を受け継ごうとしており、自らの権勢を大幅に弱めようとは思わなかった、とはいえ、秦の統治法を継続するつもりもなかった。秦は強大な軍事力や膨大な資源を擁していながら、砂上の楼閣のように瞬く間に瓦解した。明らかに、始皇帝やその後継者は何かとんでもない間違いを抱えていた。高祖が漢王朝を何代も存続させたいと思うなら、優れた政治体制をひねり出す必要があった。

では、それはどうあるべきか？　高祖や側近は帝国の経営手法が何も思いつかなかったが、儒家には心算があった。漢が覇権を握る頃までに儒家には政治的経験があり、中国史にも精通していた。最も重要なことは、統治体制に関する明確な構想や政治原理に関する方針にも造詣が深かったことだ。

日々巨大化して複雑化する帝国の統治法を見つけ出すだけでなく、建国宣言した新王朝を合法化したいという願いもあり、漢は帝国支配の観念的正統性を提供し、国家政策の指針にもなる哲学の擁護者として孔子の信奉者を見直すようになる。こうして、儒家は孔子自身の現実的な感性から多大な恩恵を受けることになった。

一方、儒家は漢王朝に彼らの教えを売り込むことに驚くほど長《た》けていたことを証明した。秦の急速な瓦解を利用して儒家の政治理論を強化し、秦の苛政ぶりが致命的な欠陥だったと説いた。

民衆が秦をいつまでも支持できるわけはなかった。それどころか、抑圧政治は不満や反乱を助長した。この結果、秦皇帝は民衆の信頼を取り戻せず、帝国は消滅した。秦皇帝には仁徳が欠けていたことから、権勢を失ったのである。有力な政治家である賈誼《かぎ》は、前漢初期に書いた論文の中でこのような見解を発表した。

「小さな根拠地から出てきた秦は強国となり、領土を支配し、諸国から忠誠の誓いを受けた。だが、天下を統一したのに一介の田舎者に挑戦され、先祖代々の聖堂を倒され、皇帝を殺されたことは、天下の物笑いの種となった。なぜこうなったのか？　それは支配者に寛大さや正義が欠けていたからであり、権勢の保持と奪取はまったく別物だからだ」

要するに、秦皇帝は失敗した。孔子が最も大切にした信条の一つ、「道徳的力は物理的力に勝る」を軽んじたからだ。[24]

高祖に近づいた儒家は、まさにこの点を徹底的に利用した。紀元前１９５年前後、高祖との会議において評判の高い儒家で外交官の陸賈《りくか》が経書の中から引用を始めた。だが、高祖はそのような古臭い書物など無用の長物であると小馬鹿にし、陸賈を叱責した。

「おれは馬上で天下を取った。詩書など何になるか！」

これに対し、陸賈は完璧な答えを返した。

「馬上で天下を取られても、馬上で天下を治められますか？」

高祖はようやく悟る。陸賈に「秦が倒れ、おれが天下を取れたのはなぜか、歴代の興亡はどうであったか」について書くように求めた。[25]

陸賈が著したこの書物は『新語』と呼ばれ、儒家から見た話が最初から最後まで展開されていた。つまり、政権の運命は徳の有無に左右される。

「仁と義が伴わない行為は破綻する運命にあります。仁徳に従う為政者は自らの身を守ることができます」

さらに、陸賈が高祖に念押ししたのは、支配者にとって正しい道を定める者は儒家であるということだった。

「道理と正義が行われず、法令と規律が守られなかったら、世代を経るほど弱体化し、衰退化していくでしょう。したがって、後年聖人（孔子）は五経を定め、六芸［礼、楽、射、御（馬術）、書、数］を教え、続いて天地の常道を説きました。その間も、周囲の事物のあり方を徹底的に追い求めていました。（孔子がこのようにしたのは）腐敗や混乱を正すため（であり）、（これによって）聖人はその教えを最も活かせると考えたのです。（聖人は）浪費を抑え、悪習を正し、本当の文化を育成しようとしたのです」

おそらく、陸賈は高祖に対し、どれも実行可能のように読み聞かせたはずだ。[26]

道教を追い落とす

それでも、高祖は儒家の教えに必ずしも全幅の信頼を置いたわけではなく、王朝自体もそうだった。漢代初期の数十年で皇帝は諸子百家の思想を試してみたが、必ずしも儒家が最大の影響力を持っていたわけではなかった。秦から生き延びた法家と彼らが編み出した官僚制度は漢の中にも有効に存続しており、当初は追放する構えもほとんど見せなかった。また、道教も相当権勢を誇っていた。秦の締め付けが終わり、新しい時代には特に道教の共生的な考え方が合っていたようだ。孔子が中国最大の聖人となるには、さらに数百年の歳月を要した。

儒教が浸透していくプロセスは、前漢の武帝が統治した長期政権の時代に本格化する。紀元前141年、帝位に就いた若き支配者は、教育や官僚制に関する政策を定着させた。この結果、時間の経過とともに、儒教が中華帝国の屋台骨に奥深く組み込まれていく。

なぜ武帝は儒教を選んだのか？　理由の1つは宮廷政治にあったのかもしれない。武帝は正式な皇帝だが、実権は太皇太后《たいこうたいごう》（皇帝の祖母）の竇氏《とうし》が握っていることを自覚しており、この竇氏が道家の思想に傾倒していた。

武帝は儒家を宮廷で登用し、尊大な祖母を脇に追いやろうと考えたのかもしれない。武帝が玉座に就いた最初の数年間は、儒家の地位は武帝と太皇太后のせめぎ合いに左右された。

武帝が即位直後に怪しげな法家を攻撃する際、漢王朝の政治思想を変える最初の動きに打って出た。法家を官僚から排除せよと命じたのである。この決定は、儒家の側近集団の助言をもとに、武帝が政権から儒家以外の者を追放しようとする措置だったと見る学者もいる。

だが、翌年、この命令は太皇太后によって撤回される。太皇太后が儒家を忌避したのはこのときだけではない。武帝は儒家の博士集団を周囲に呼び集めた。彼らは周が使用していたような宮殿の建設や古代儀式の復活を奏上していた。壮麗さを好む武帝は彼らの提案に魅了され、実行に移そうとしたが、太皇太后に門前払いされてしまう。司馬遷は次のように描写している。

「これらの計画はどれも実施される前に太皇太后竇氏によって……太皇太后は儒教を無用のものと見なし、臣下に命じて（儒家を）内偵していた……そして、その地位を利用した収賄を示す証拠集めに努めた」

容疑をかけられた儒家の2人は自死を選んだ。結局、武帝は儒家の提案を断念する。[27]

宮廷内勢力図に変化が見られるようになったのは、武帝が孔子をより重要な位置付けに引き上げたからだ。紀元前135年、儒家の勢力拡大にとって最も厄介な障害は、太皇太后の病没で消えた。一方、道教の勢いは衰えていくばかりだった。実際、道教の政権に対する活発な働きかけは見られなくなり、帝国建設のための健全な基盤作りにはもはや力不足の状況にあった。こうして、儒家は帝政の中に自らの考えを自由に吹き込めるようになったのである。

董仲舒による儒教の発展

漢が孔子の教えを受け入れることになった最大の功労者は、董仲舒《とうちゅうじょ》という儒学者以外にはいない。一般的に董仲舒は孟子や荀子のような儒家の大思想家とは見られていないが、中国史上でも屈指の学者である。また、孔子の教えを最もよく広めた人物であり、儒家の思想や努力を漢王朝の高位高官にうまく伝えたことによって、諸子百家の中から儒教が中国における最重要な思想学派へと大きく発展することに貢献した。

漢の古代史によれば、多少の潤色はあるとしても、おおよそ次のようだった。

「長年董仲舒の影響が及んだ間、孔子の教えは天下に流布し、誰もがその内容を理解した。儒学者は勢いを増し、学校が設立され、学問は国家が支援した。董仲舒はこれらのすべてに尽力したのである」[28]

董仲舒は紀元前179年頃から同104年までの生涯を送った。学者兼官僚という典型的な儒家であり、一時期は廷臣として仕えていたこともある。

司馬遷は、董仲舒の些《いささ》か奇妙な教授法に気づいた。

「普段の彼は部屋の帳《とばり》を下ろし、その内側から弟子に講義した。また、兄弟子は自分の学んだことを新弟子に教えるので、師である董仲舒の顔を見たことがない者もいた。このようにして、3年間講義を続け、庭を眺めることもなかったという。それほどまでに、学問に身を捧げた人物である」[29]

その学問とは、『春秋』の最初にして最も深い研究だった。董仲舒は、五経の中で魯国史が最も重要であると見ていた。だからこそ、魯での出来事が中心である『春秋』を特に研究していた。その著作は『春秋繁露《しゅんじゅうはんろ》』と呼ばれ、現在まで伝わっている。伝説によれば、董仲舒は蛟龍《こうりゅう》（龍の一種）が懐に入る夢を見て『春秋繁露』を作ったという。

門外漢には『春秋』は内容が乏しくて簡潔すぎ、どちらかといえばもったいぶった出来事の羅列に見えるかもしれない。ある現代の歴史家は、「ニューヨーク市の電話帳とあまり変わらないほどの文学的価値を持っている」と冗談めかして評した。[30]

だが、董仲舒の時代では、孔子が『春秋』を手掛けたことが広く評価されていた。また、董仲舒は孔子がこのわずかな内容に歴史の教訓を埋め込んだと確信していた。徹底した研究により、『春秋』は君主に対して世の中が確実に繁栄し、平和が続くために守るべき方向性を示したと考えた。

董仲舒の解釈では、その行動規範は天自身が人に伝えている。彼の著作によれば、天は超自然的な力となり、善政に励む者には褒美を与え、悪政を行う者には懲罰を下す。『春秋』の智恵を拒むことは天の意志に反する行為であり、大変な災いを招くだけだ。

このような一連の考え方に関連し、董仲舒は人類史における孔子の地位を大いに引き上げた。『春秋』の智恵を軽んじることは天に逆らうことであり、『春秋』を書いたのは孔子なので、孔子の教えを拒むことは天の望みを無視することを意味する。

こうして、董仲舒は孔子を天の意志を完全に理解できる唯一の人物として、最高の聖人であり、正邪や善悪の最終裁定者であると位置づけた。董仲舒は孔子を次のように書いている。

「(孔子は)諸王の本質を理解するようになり、天の道にどこまでも従うようになった[31]」

この延長線上で考えると、(董仲舒などの)孔子の信奉者は、天が皇帝に望んでいることを判断し、適切な国策の立案に皇帝を導くために必要な深い理解力を持つ唯一の学派である。このような議論で、董仲舒は儒教の主張を述べるだけでなく、賢明な政治家でもあった。具体的には、儒家だけに天の意志を解釈する権利を与えることで、宮廷という現実政治で他学派を排除しようとした。

董仲舒による『春秋』の分析は、儒家の思想を発展させた。儒家の教えについて、目前の倫理問題、善政、適切な人間関係に重点を置いた道徳的教えから、人と天の働きを関係づける普遍的な哲学に変換するという大きな進歩に寄与した。

これにより、董仲舒は儒教をより宗教的な存在に近づけた。歴史家は董仲舒を儒教最初の神学者と呼んでいる。当時流行していた他の諸子百家の考えを混ぜ合わせることで、孔子の教えを漢の新興文化に衣替えさせた。道家や墨家の考えを拝借したが、中でも注目すべきは、陰陽説の概念を吸収したことだ。当時、この概念はすでに中国思想として認められていた。

董仲舒の工夫により、儒教は漢社会にとって魅力的に思えるように諸派が融合した性格を帯びるようになった。儒教に変化を加え、伝統的中国思想文化の多様な要素を取り込める入れ物にすることから始めたのである。

また、儒教の歴史において初めて、董仲舒は人間に宇宙で特別な役割を明確に与えた。董が創り上げた宇宙論的な体系では、人間は世界に秩序をもたらす上で欠かせない役割を果たす。

天の意志に従うこと、つまり孝行や仁といった儒教の道徳原則を守ることで、人間は地上だけでなく宇宙全体に平和をもたらすことができる。人間は天と地との三位一体の一部であり、これらの3つの要素は互いに深く結びついていて、どれが欠けても正常に機能しない。董仲舒は次のように書いている。

「天・地・人はすべての生物の基盤である。天は万物を生み、地はそれを養い、人はそれを完成させる……これらの三つは、手足が結びついて体を完成させるように、互いに助け合う」[32]

もし人間がその役割を果たさなければ、世界は混乱に陥るだろう。

しかし、人間はそれほど重い責任を自分だけで果たすことはできない。董仲舒の見解では、人類は善の可能性を持っているものの、その可能性を実現するためには修養と善導が必要になる。政治的に巧妙な一手として、董仲舒は孔子の思想を発展させ、王に「スーパー教師」の役割を与えた。王は、人々が天の道に従い、地上で繁栄を確実にするために唯一助けてくれる存在だ。董は次のように説明する。

「人の本性は、繭や卵のようなものだ。卵は孵化《うか》して初めて鶏になり、繭は解《ほど》いて初めて絹となる。

本性が善となるには修養が必要であり、これは天の真の意図である。……だからこそ天は、王を立ててその本性を善へと導く。……人々は天から本性を授かるが、それだけでは善にはなれず、王に修養を求めてその本性を完成させる」

董仲舒にとって、王は「生きとし生けるものの中心」であり、「天の代理人」であり、人間社会の運命と宇宙の安定は王の高潔な行いに左右される。

「王は人の始めである。王が正しければ、大自然の活力は調和が取れたものになり、風雨は適時に起こり、景星《けいせい》（幸運の星）が現れ、黄龍《こうりゅう》が降臨する。王が正しくなければ、天に異変が生じ、賊徒が出没するようになる」

董仲舒は帝国を斬新で包括的な儒家の世界観の中に落とし込んだ。実際、秦に天罰のようなものを下し、漢に天の祝福を与えたのである。[33]

董仲舒は、修正した儒家の教義を武帝に宣伝する機会を得た。武帝が即位して間もなく、当時の最高の学者たちに、漢の統治を改善し、帝国の問題を解決するための提案を求めた際だった。董は『春秋』を繰り返し引用し、皇帝に対して善政の秘訣は正義をもって統治することであると説いた。彼はこう主張した。

「政治の原則は、天の行いに従い、正しい統治を行うことだ。統治者は天のように行動しなければならない。この五つの徳、すなわち仁、義、礼、智、信はすべての統治者が実践すべきものであり、これを行えば天の加護を受けることになる……そして、陛下の善政は四方に広がるでしょう[34]」

董仲舒はまた、皇帝に対してより実践的な助言を行い、一連の提案を提出した。これらの提案は武帝、儒教の運命、そして中国の歴史の進展に大きな影響を与えた。漢の行政を運営する官僚の質を向上させるため、董は皇帝に対し、官立の太学を設立して官僚を養成し、官僚制度で働かせることを勧めた。董は次のように述べている。

「学者の育成において最も重要なものは太学である。太学は徳のある学者と教育の基盤に密接に関わっている。……臣は、陛下に太学を設立し、優れた教師を任命していただきたいと願います[35]」

最も肝要なことは、董仲舒が武帝に対し、儒家の教えを諸子百家の最上位に置くように説いたことだ。政策の一貫性を保ち、民衆の支持を固めるためには、中国には思想の「統一」が必要であると確信していたのである。

この点で、董仲舒は秦の宰相李斯とそれほどの違いはない。ただし、李斯が単一の思想を力ずくで強制しようとしたのに対し、董仲舒は儒教を宮廷や教育制度における有力な教義に引き上げるという巧妙な裏工作を仕掛けた。実際、董仲舒は武帝に次のように進言している。

「今日の教師は異なる道義に従い、様々な論を説く。百家もそれぞれ独自の考えを持っているが、その教義にはまとまりがない。加えて、法令や制度は頻繁に変更されるので、人々はどれを守ればよいのかわからない。愚臣が思うに、六経の科目と孔子の技芸でないものはすべて廃し、それ以上続けることも禁じ、異端や邪説の類は撲滅すればよい。そうすれば、規範は統一され、天下の法も明らかになり、民衆も守るべきものがわかるはずだ[36]」

武帝はこの進言に大いに感銘を受け、これを認めた。

紀元前136年、董仲舒は政府に五経博士を設け、博士官には儒家のみを採用する。紀元前124年、董仲舒は官立の太学《たいがく》を開校し、儒家の経典を学ぶ教育課程を通じて官吏を養成することにした。これらの決定により、武帝は政府の要職を希望する学生に対し、儒家思想を必須科目とした。

実際、これらの決定は儒教を国教化したようなものだ。『漢紀』によれば、(宮廷に提出した)董仲舒の提言書には、「孔子を選び、他の百家を退けること」と書いてあった。

儒家の思想家である馮友蘭《ふうゆうらん》(1895〜1990)は、もう一歩踏み込んで解説している。

「このとき以降、官吏になりたければ、儒教の擁護者にならなければならなかった。さらに、この儒教とは政府が決めた規範のようなものであり、言論や思想が完全に自由だった状況は、跡形もなく消えてしまった」[37]

無冠の王

だが、馮友蘭の説明は誇張し過ぎている。武帝は諸子百家の最上位に儒教を置く措置を講じたが、武帝の治世の間でも孔子が中国思想上で支配的な地位を占めることはなかった。武帝が下した命令が強力なものであったとしても、民間はもちろん宮廷全員の思想や宗教を即座に儒教に統一できたと主張するのはあまりにも短絡的だ。

事実、現代の学者の見方によれば、武帝の時代における孔子の影響力は軽微なものに留まった。新設された太学の学生が五経を専攻しなければならなかったとしても、儒教の教育には限界があったはずだ。何しろ、在籍できるのは1年に過ぎなかったからだ。

当初、太学に通ったのは少数の官吏だけであり、初期の卒業生はわずか50人だった。また、歴史家が説明するには、武帝の最側近で儒教の信奉者は一握りしかいなかった。一説では、76人の内の6人に過ぎなかった。[38]

さらに、武帝が中国を儒教社会に変える意図があったのかどうかも明らかではない。武帝は好戦的で、派手な儀式を好み、自己権力の拡大をめざしていたが、必ずしも儒教の教義や方針を忠実に守ったわけではなかった。むしろ、自らの治世の間に、儒教に対する関心を失っていったように思われる。

加えて、当時書かれた歴史的記録も慎重に読んでいく必要がある。例えば、漢代初期に、司馬遷のような史官は孔子の重要性を意図的に高めたのかもしれない。中国語の「儒」（すなわち知識階級として知られている古典学者）をすべて孔子の信奉者として分類すれば、漢代初期の中国史家は孔子の役割を過大評価したことになる。

五経が孔子の教えと密接な関係があり、後世の孔子支持者の愛読書であったことは事実である。五経が中国文明を築いたのであり、「儒家」と自認していなさそうな学者も含め、誰もが読んでいた。

ただし、孔子が一般民衆から大きな支持を得ていたのかどうかは定かではない。勤勉な司馬遷は調査のために孔子の故郷である曲阜を訪れた。そこでは、孔子の帰依者の集団が孔子の墓の周囲に集まり、後に孔子村として知られる共同体を作っていた。祭日には孔子廟で祭礼が行われ、宴会や弓術大会も開催される。孔子の旧居は廟となり、そこに彼の衣服、冠、瑟《しつ》（弦楽器）、馬車、書籍などが保管されていた。[39]

だが、孔子が曲阜以外で尊敬されていたことを示す（少なくとも歴史家の検証に耐えられるような）証拠はない。漢代初期の皇帝が首府において孔子のために儀式を行い、生贄《いけにえ》を捧げたという記録も残されていない。結局、前漢の2世紀の間、孔子が重要視されていたという印象は事実なのかどうか。

一方、漢が次第に儒教化していったことは明らかだ。後漢（または東漢）は紀元25年に再興されたが、王家が高官の1人から皇位を短期間簒奪された後に復位すると、儒教は帝政の中に一層深く浸透するようになった。

官立太学を修了する学生の必須科目に経書を定めることにより、武帝は儒家の伝統を修めた官吏の割合を確実に増やしていくつもりだった。太学に通学する学生数は年々激増し、紀元2世紀までに3万人に達していた。儒家と特定される高級官吏の割合もますます大きくなっていく。ある統計によれば、後漢の宮廷に仕える有力大臣の7割ほどが儒家だった。[40]

また、後漢の皇帝も儒家の色彩が濃くなった。例えば、儒家の儀式に定められた祖先に対する礼拝を始めた。孔子自身も宮廷による崇拝の対象と化した。公的な史書によれば、後漢の皇帝は曲阜を3度訪問し、（本当の孔子廟かどうかは多少怪しいが）現地の廟で孔子に私的な供物を捧げた。さらに、紀元59年、後漢の宮廷は官立学校が孔子に供物を捧げて祭るようにとの布告を出した。

現代の学者の中には、後漢初期に当たる光武帝の治世は宮廷の「儒化」に関する重要な転換点と見る向きもある。光武帝までは、漢の儒家は皇帝に対し、儒家の考えや慣行を売り込む必要があった。ところが、光武帝の即位により、帝政を儒教によって正統化するという最初の皇帝が誕生した。具体的には、天が支配権を人（すなわち、光武帝）に委譲した証しとして、光武帝が今日『緯書《いしょ》』として知られている書物を広めた。

現在、この書物は儒教の正典から事実上排除されているが、当時は高く評価され、孔子の秘密の経典として歓迎された。おそらく、これは孔子自身が執筆しており、隠されていたところを後世の人が見つけ出したのだろう。

実際、この書物はますます価値が増しているようであり、紀元1世紀初頭に完成したのではないか。当時、ある儒家は天が皇帝の行いに満足または不満を伝えるために前兆や予言を与えると考えていた。『緯書』はこのような前兆や予言を重視していた。光武帝はこの書物を全国に広める一方、その価値を疑問視する者を処罰した。

また、後漢の間、孔子は単なる人間を遥かに超えた存在に変貌を遂げた。すなわち、孔子は「無冠の王」として知られるようになる。要するに、実際には玉座に就いたことは一度もないのに、中国全土を支配した人物という意味である。

これは董仲舒が作り出した幻想である。董仲舒は、『春秋』の中にある紀元前481年に魯で麒麟《きりん》が捕獲された出来事について、天が支配権を孔子の逝去直前に授けた証しであると解釈した。

漢のある物語によると、「小さな赤い鳥は……『孔子は（天の）支配権を有し、法に基づいてこれらの役所を設けた』という文字が刻まれた黄色い翡翠《ひすい》に変身した」という。『緯書』の書き手にとって、孔子はもはや大いなる知識を持つ聖人ではなく、神秘的な力を持つ伝説的な存在になったのである。その外見も超人的な容姿として描かれた。漢代の書物によれば、孔子は「身の丈10尺を超える」と誇らしげに書かれている。

「孔子は頭頂部が凹み、その周囲が丘のように盛り上がっている。四角い顔で、額の中央は龍のように三日月形に隆起し、鉤鼻《かぎはな》を持ち、目は真っすぐで長く、唇は突き出し、顔は輝き、顎は平たく、喉は骨で支えられ、駢歯《へんし》（2本の前歯が一本になっている）であり、背中の椎骨が並んでいるところは龍のこぶのようであり、掌《てのひら》は虎のようであり、背中は亀のように湾曲している……立てば鳳凰が直立して羽を休めているかのようであり、座れば龍がとぐろを巻いているかのようである。胸には、『天命を受けて生まれ、命を受けて万世のために法を定めた』という意味の文字まで記されていた」[41]

逝去から5世紀過ぎると、孔子は君臨し、強大な権力や支配力を持つようになった。生前にはとても考えられなかったことだ。だが、孔子の経歴は長く続き、さらなる紆余《うよ》曲折が待ち構えている。

第三章
帝王としての孔子

偉大なる師よ、ああ完璧なる聖人よ！
この世には師に並ぶ者なし――宮廷儀式で孔子に捧げる祈り

仏教の興隆

孔子は中国の知的序列で最高位にあったが、実は見かけほど安定してはいなかった。後漢は宮廷の内部抗争、自然災害、農民反乱などに悩まされ、紀元220年に最後の皇帝が皇位を禅譲して終焉を迎えた。この出来事は孔子にとって手痛い打撃となる。

孔子が後漢と密接な関係になっていたことから、後漢の崩壊は中国社会における孔子の名声を大き

Chapter Three: Confucius the King

く損なうことになった。中国は再び領地争奪戦の世に突入し、儒家は漢王朝で見つけた強力な宮廷中枢の擁護者を失った。

一方、仏教は紀元1世紀頃にインドから中国に伝わり、徐々に人気を集めていった。董仲舒のような学者たちが儒教にある程度宗教的な要素を取り入れたものの、儒教は根本的に実用的な哲学であり、中国の農民たちの心を惹きつけるには不十分だった。それに対して、仏陀の「永遠の救い」という精神的なメッセージは彼らに強く訴えた。

漢王朝の滅亡から約7世紀にわたって、仏教の発展と拡大が中国の宗教文化を支配した。国内各地に寺院が建てられ、僧侶の数も増えた。同時に、道教も栄えた。対照的に、儒教は停滞し、暗黒時代に突入する。この時期には儒教における知的な進展はほとんど見られず、優れた注釈者や独創的な思想家もほとんど現れなかった。

しかし、孔子が忘れ去られてしまったわけではない。彼の教えは依然として政府のイデオロギーの基盤であり、儒家も漢の終焉後に登場した多くの皇帝の側近として仕え続けた。

さらに重要なことは、儒家が国家の教育の中により深く定着していったことだ。587年、隋（581年〜618年）は有名な科挙という官吏登用試験制度を導入し、宮廷に仕える専門的な行政官の登用を開始した。

前漢の武帝の例に従い、隋も儒家の五経を重視し、科挙の正式な科目として定めた。この決定は儒教史において最も重要な出来事の1つだ。科挙は儒家の思想が民衆全体に広まる決定的な手段となった。

また、孔子に対する崇拝も始まった。241年、後漢を引き継いだ三国の1つである魏《ぎ》の第3代皇帝曹芳《そうほう》は、官立太学で孔子に供物を捧げるように命じた。これは、孔子の故郷曲阜以外の地でこのような祭礼が行われた初例であると記録で確認されている。

2世紀後、短命に終わった宋（南朝）または劉宋の時代では、最初の官立孔子廟が設置された。さらには、唐（618年~907年）を建国した皇帝が定期的な祭礼を行う孔子廟を各地に設けるように命じたことで、孔子の信奉者は国内全土で急増した。

しかし、唐の宮廷は漢朝ほど儒教を強く支持したわけではなかった。開かれた考えを持つ唐の皇族たちは、中央アジアやインドから貿易路を通じて流入してきた様々な異文化や流行の外国の習慣を取り入れ、仏教もその中に含まれていた。

このような事態に、儒教徒たちは強い嫌悪感を抱く。彼らにとって、仏教は中国の伝統を損ない、伝統と矛盾する外来の侵入者に過ぎなかった。ある儒教徒は仏教を「蛮族の信仰に過ぎない」と非難し、また別の者は仏教の実践を「人を蝕《むしば》み、破滅させる腐敗」と批判した。

819年、第1千年紀を通じて有数の儒教思想家である唐の官吏韓愈《かんゆ》（768~824）が、皇帝が仏舎利を首府長安に迎える計画があると聞き、次のような激烈な諫言書を奏上した。

「民衆は無知であり、愚かにして容易に惑わされやすく、啓蒙《けいもう》し難い存在です。このため、陛下が仏舎利をお迎えになるのを見れば、彼らは陛下が仏を心から信奉しておられると勘違いする恐れがあります。そうなれば、我が国古来の道は廃《すた》れ、風習は乱され、その様子は世間に広まり、我らは天下の物笑いとなるでしょう」

この諫言書によって韓愈は皇帝の逆鱗《げきりん》に触れ、南方に左遷される。[1]

儒家が仏教徒をこれほど毛嫌いする理由は明らかだ。要するに、2つの教義とその教義を説いた2

人の教祖は水と油の関係にあった。孔子は極めて現実的な人物だ。彼の生涯は公的活動に捧げられ、より良い世界を打ち立てることに専念し、死後や世界の始まりといった怪力乱神を故意に避けた。一方、仏陀はこの世の無意味さを説き明かし、信奉者の関心をこの世から逃れることだけに向けさせた。

儒家は理想的な社会が可能であると考え、それをめざす事業に着手していた。だが、仏教徒はこの世が捨て去るべき幻想であると信じていた。儒家が仏僧をひたすら蔑視していたのは、仏僧が社会に奉仕する責任を逃れるだけでなく、社会に寄生している存在と見ていたからだ。

8世紀に唐朝が弱体化し、中国が再び無秩序の世の中に堕していくと、儒家は仏教が蔓延《まんえん》したために、世の中が不幸に見舞われているのだと非難した。儒家によれば、問題は仏教が人々の心を曇らせ、儒教の智恵が忘れ去られていることだった。韓愈は次のように憂えている。

「仏教や道教の信者は、(仏陀や老子)を導師と仰いで信奉者となり、孔子を軽蔑し、誹謗中傷している。後世の人々が仁義や道徳のことを聞きたいと思っても、このような状況では、誰に聞けばよいのか……今や蛮族の法を尊び、これを先王の教えの上に置いている。このままでは、早晩我々すべてが蛮族に落ちぶれていくだろう[2]」

科挙制度の完成

新しい王朝の台頭が、儒者たちに新たな希望を与える。960年、宋が全国を掌握し、その指導者たちは漢の時代以来、おそらく中国史上のそれまでのどの支配者よりも熱狂的に儒教を受け入れた。

3世紀にわたる宋の支配から生まれたものは、帝政、教育制度、そして国家イデオロギーであり、孔子とその教えは中国の政治文化の支配的な力であり、疑う余地のない中心だった。宋が無冠の王を王座に復帰させると、20世紀初頭に帝政そのものが終わるまで、王は王座を追われることはなかった。

　宋は、極めて非儒教的な方法である軍事クーデターによって建国された。その立役者である趙匡胤《ちょうきょういん》は、苦境に喘いでいた後周の近衛軍長官だった。後周は唐崩壊後に勃興した短命の帝国である。趙匡胤は首都開封《かいほう》から軍隊を率いて国境にいる蛮族の脅威から後周を守るように見せかけた。だが、実際には宮廷の雇い主に反旗を翻《ひるがえ》すとともに、7歳の幼帝に強制的に禅譲させた後、宋の建国を宣言した。彼の死後、「太祖」という廟号が贈られる。

　太祖は、中国の長い歴史の中で最も有能で、独創的で、決断力のある皇帝の1人であることを証明した。北方民族が、かつて中国が支配していた西北部の領土の一角を占有し、中国の中心地を貪り続けていた。太祖は、何十年も混乱が続いていたこの国の統一を成し遂げなければならなかった。さらに、太祖は部下である軍隊の指揮官が自分を裏切って、新しい帝国の一部を占有しようとするのではないかと不安だった。太祖が新しい王朝を確固たるものにするには、従うべき明確なプログラムと、統治を支える強力なイデオロギーが必要だった。

　儒家たちは準備を整えていた。韓愈が主張したように、国の病を治す解決策は、古代の聖王たちの長らく無視されてきた方法、つまり孔子が教え、彼の経典に記された「道」を復活させることにあった。孔子の教えを再び活気づければ、国は再び平和と繁栄を取り戻すだろうと、彼の信奉者たちは主張した。

　例えば、1050年、影響力のある思想家、程頤《ていい》（1033～1107）は、宋朝に諫言書を奏上した。「最近の愚かな者たちは皆、時代が違い、状況が変わったため、もはや『道』は実践できないと述べている。これは彼らの無知の深さを示すだけであり、それにもかかわらず、人々を治める者たちはその話に何度も騙されてきた」[3]。

中国が直面している問題は、民衆を孔子の天才と彼の古代の知恵に再びつなげることで解決できると考えられた。

太祖とその直後の後継者は、孔子の教えに耳を傾ける準備ができていた。当時の中国には、彼らを孔子の教えへと導く多くの要因があった[4]。ある面で、古代の聖人（孔子）は戦わずして勝利を収めたとも言える。

唐やその後の短命な王国は仏教や道教の影響を強く受けていたが、前世紀の混乱は、統治イデオロギーの基盤としてのこれらの教義を損なってしまった。仏教の来世志向的な夢想は、宋が直面していた現実的な課題に対処するには不向きに思えた。

それに対して、儒教の思想家たちは、歴史的な先例と定義された統治原則を手にしており、それが国家政策の基盤となる可能性があった。宋の皇帝たちと儒家の間には非常に密接なパートナーシップが生まれ、皇帝が世襲によって権力を継承し、儒教の教義に通じた儒家がその知識によって影響力を獲得するという、ほぼ共同統治のような形が取られるようになった。この統治モデルは、次の900年間にわたる帝国統治の中で維持される。

この結びつきは、孔子の将来に大きな影響を与えた。彼の教えがついに帝国の支配イデオロギーとして揺るぎない地位を確立すると、儒家たちは多くの競争相手を完全に追いやることができた。

道教や仏教は民衆レベルでの魅力を保ち続けたものの、儒教は政府や教育をしっかりと支配し、中国人の日常生活や家族の習慣に深く浸透していった。この成果によって、孔子は中国文明において最も影響力のある人物となり、彼が考案した哲学は周辺の他の文化、すなわち中国人の目には「野蛮」

と見なされた文化とは一線を画すものとなった。

しかし、孔子が得た高い地位は彼を悩ませることになる。彼は帝国統治とその下で発展した中国の社会制度の象徴となったが、近代に入って、その伝統的な制度が西洋からの新しい思想によって攻撃されると、孔子自身も彼の名のもとに築かれた社会と共に、後進的とみなされるようになる。

それでも、その栄光からの転落はまだ数世紀も後の話だ。太祖は宋を建国するとき、すぐに儒家に気に入られる。太祖は力によって帝国を打ち建てたが、時を移さず最側近の軍人たちに各地の支配権を与え、軍隊を巧みに無力化した。

この決定は、玉座を狙う野心的な将軍を排除して謀反の危険性を減らすだけでなく、文治主義を好む儒家も取り込んだ。宋朝のある史料は、「太祖が権力を握ると、まずは文官を登用し、武官から兵権を取り上げた。宋朝の文治主義はここから始まった」と誇らしげに説明している。[5]

次に、太祖は帝政と儒家思想を永遠に結び付ける政策を導入した。言い換えると、科挙を改善し、規模や影響力を大いに拡大した。宋以前の大半の王朝では高官職は試験ではなく、政治的人脈を通じて仕官する貴族階級で占められていた。そこで、宋は高収入かつ高位の官吏を登用する主たる手段を科挙に変更した。これにより、科挙で優秀な成績を収めた者が高官となった数は、かつてないほど多数に上った。

973年、太祖は合格者との直接的な関係を深めるために、科挙に「殿試《でんし》」と称する栄誉ある最終試験を追加し、太祖自らが試験官となる。

これらの改革は、3つの重要な目的に適《かな》うものだった。第一に、一族や地方の利益よりも皇帝に忠実な若者だけを文官に登用することで、帝政の中央集権を強化できた。第二に、この改革は血統の代わりに学歴を基準とすることで、文官を専門化することができた。第三に、太祖による科挙制度の整備により、孔子の教えが中国の社会や文化により深く浸透できるようになった。

一方、科挙の科目は、従来通り儒教の経書だけで構成されていた。要するに、仕官への最短の道は、何よりもまず孔子の教義の習得に全力を注ぐことだった。歴史家のディーター・キューンによれば、改革の結果、宋への移行は「中華帝政史上最も決定的な断裂を生んだ」[6]。

また、宋代初期の皇帝は自らを熱心な儒家の帝王と印象付けた。第3代皇帝の真宗《しんそう》は、自らを勤勉で模範的な皇帝であることを誇り、早朝には側近と会議を開き、朝食時からその後も財政、軍事、行政の各長官から報告を受けることを日課とした。

宋代初期の皇帝は新技術を用いて儒学を広めた。グーテンベルクによる活版印刷術の発明の約4世紀前となる11世紀の活字印刷導入など印刷術の進歩により、書物が安価で印刷され、より広範に入手可能となった。１０１１年、真宗は新しい正式な経書を編纂し、完成させた。

各皇帝も、必ず孔子に敬意を払った。宋朝の公的な史書は、真宗が孔子の故郷である曲阜を訪問したことを、次のように丁寧に記録している。

「孔子廟は黄色い垂れ幕や旗で飾られており、孔一族が祭礼に列席していた。真宗は儀式服を身にまとい、皇帝靴を履いていた……以前の時代は、官吏が供物を用意し、皇帝は（祭壇の前で）礼拝し、手を合わせるだけだったが、真宗の場合、孔子と儒学に対する崇拝を示すために、叩頭を行った。さらに、詩歌を作り、廟の中に置かれた石碑に刻んだ。その後、真宗は神輿《みこし》ではなく、馬に乗って（孔子の）墓に参り、酒を注ぎ、叩頭を2度繰り返した」[7]

王安石VS司馬光

今や、儒家は何よりも求めていたものを手に入れた。すなわち、孔子でさえ望めなかった政治権力である。儒家の理想や歴史観、儒家好みの政策や政治手法を吹き込まれた何千人もの意欲的な新官吏が政府機関に押し寄せた。

かくして、儒家は帝政中国における政策立案の拠点を掌握し、中国最後の王朝である清が20世紀初頭に崩壊するまで、その支配力を手放すことはなかった。

儒家は念願の政治的影響力を遂に握り、これを存分に行使する段階に入った。孔子が最初に理不尽な支配者に懇願してから約1500年後、宋の時代の儒家は孔子の教えを宮廷で実践するために尽力するようになる。儒家は自分たちだけが高潔な統治への正しい道を知っていると考えており、皇帝が自分たちの声に耳を傾けるように期待した。

皇帝への提言に関しては、哲学者で儒学者の程頤は、たとえ皇帝であろうとも、儒家の助言を聞き入れないと失政を犯すと明言した。

「古来より、立派な人を尊敬せず、大臣も恐れない人物が正しい道を行えるとは、寡聞にして聞いたことがございません」

程頤は皇帝に儒教の倫理を個人的に指導していたが、あまりにも厳格な性格だったため、全権を握っている皇帝でも彼を多少恐れていたかもしれない。ある日、程頤が周囲から皇帝にもっと敬意を払うように注意されると、こう切り返した。

「私は一介の庶民だ。したがって、皇帝の教師として振る舞うにはどうしても自尊心と威厳を保つ必要があることをわかってほしい」[8]

宋の皇帝に忌憚《きたん》なく奏上できる文官は、不愛想な程頤1人だけではなかった。例えば、1071年、皇帝が「朕の新法は民衆のためになっているではないか」と問うたのに対し、宰相の文彦博《ぶんげんはく》は次のように諭した。

「恐れながら、陛下は私ども士大夫とともに天下を統治しておられるのであり、民衆とともに天下を統治しておられるわけではございません」

このような意見は「帝政の権威に関する新解釈を反映したものであり、宋の官吏が抱く際立った独立心と自尊心（孔子自身とよく似ている）を示したものである」と、ディーター・キューンは評している。

歴史家ピーター・ボルは、この皇帝と官吏の新たな関係によって彼が「士大夫政治」と呼ぶ政治制度が生まれ、帝政の本質的な性格が変わってしまったという見解を示した。[9]

儒家たちはついに政府の政策を牛耳るようになったが、その政府のあるべき姿について常に合意できたわけではない。例によって、孔子の解釈だけでなく、それを政治要綱にどう反映させるかについても、儒家内部の意見の隔たりは大きかった。このため、宮廷内では大規模で往々にして厄介なイデオロギー論争が繰り広げられた。

このような激しい論争では、各派で経書や孔子の言葉を使って自派の立場を強化する試みが盛んに行われた。端的に言えば、帝政中国の政策立案は、尊大な論理学者らが教義に関する微妙な問題について激論を戦わす場と化した。孔子が理想としていた政治とは何か、真の儒教的統治者はどうあるべきかをめぐる議論は、今日まで続いている。

おそらく、11世紀に中国の学界と政界の大物、王安石《おうあんせき》と司馬光《しばこう》の間で起きた論戦ほど激しく対立した例はない。王安石はずうずうしくて論争的、極めて博学な科挙出身の官吏であり、孔子の解釈や王朝の改革について過激な意見を持っていた。彼は政府を理想の社会を築くための手段と考えており、そのために国家機構や経済体制を立て直そうと決意していた。

一方、司馬光は立派な歴史家であり、従来型の政策を好む古参の宮廷官吏だった。彼の見方によれば、理想的な社会は、秩序を保ち、儒教的なヒエラルキーを強化し、聖王が定めた方法の継続に尽力すれば達成可能であるとした。加えて、王安石の急進的なやり方は儒教の政治思想から見てあまりにも危険な逸脱であると思われた。[10]

１０６７年、19歳の皇帝神宗《しんそう》が即位すると、２人の対立が勃発する。神宗は若者らしくエネルギーに溢れ、自らの足跡を残したいと強く願い、軍備増強と北狄《ほくてき》に削られた領地奪還をめざす革新的な改革案に耳を傾けた。

神宗はすぐに大胆な王安石に魅力を感じた。最初の引見で、神宗は王安石に対し、唐の建国者の評価を尋ねた。王安石は、神宗が古代聖王の道に従うことで天下は上向くと答えた。さらに、この道は「極めて容易に実行できる」と影響を受けやすい神宗に説いた。

「最近の官吏はこの道を十分に理解していないため、そのような政治規範は達成できないと思い込んでいるのです[11]」

王安石は説得を重ねた。その結果、１０６９年、神宗は王安石を参知政事（副宰相）に任命した。王安石は「新法」と呼ばれる急進的な改革を推進した。新法は、教育、軍事、経済の多方面に少なからぬ影響を及ぼした。

例えば、1069年に「青苗法《せいびょうほう》」が施行され、政府は農民に対して低利の貸し付けを毎年2回行い、高利貸しを排除して農業生産を高めようとした。

官吏の質を向上させるため、王安石は科挙の試験内容を変更した。経書の「意味」に関する論文を追加し、受験生の内容理解を吟味した。王安石は神宗に、次のように奏上したことがある。「現状最大の急務は有能な官吏の確保です。優秀な官吏を確保できれば、何を実行するにしても、それを容易に評価できます」[12]

新法を推進するために、王安石は経書の抜粋や歴史の実例をすぐに引き合いに出し、自分の政策が聖王の道を手本にしていることを示した。

1058年、王安石は神宗に改革を求める上奏文を提出した。「(中国が政治的経済的困難に苦しんでいるのは)今の法体系の大半が古代聖王の統治に従っていないからです。現状は古代聖王の時代とかけ離れており、我々が直面している変化や環境も異なります。しかし、帝政、国家、家族の統治における根本的な目的は決して異なるものではありません」[13]

王安石の目的は、国家の直接介入によって政権を強化し、繁栄を促し、民衆の格差を和らげることにあった。この新法は儒教思想にある家父長的温情主義の性格に由来しており、士大夫がその智恵を活かして民衆を苦しめている問題を解決するように期待されている。

だが、介入が極めて強引かつ広範囲に及んだために、王安石も前例を破ることになる。

儒家は穀物販売や金貸しなどで自らの手を汚すのではなく、庶民に道徳教育を施すことに注力すべきであるというのが伝統的な考えだった。民衆の心が仁愛で満たされたなら、宋朝はおのずから正しい道を歩み始める、と考える。王安石の改革に対する反対派は強硬かつ広範に及んだ。司馬光が率いる反対派は、皇帝の前で激論を戦わせた。王安石は後顧の憂いをなくすため、宮廷内で情け容赦なく政治力を振るい、改革に抵抗する官吏を追放した。1070年、司馬光は失望するとともに愛想を尽かし、抗議の意を示すために官職を辞した。

　王安石と司馬光は、いずれも孔子を自分の味方であると主張した。1070年、司馬光は王安石に率直な書状を送った。

「孔子様は租税や課金などの諸負担を軽減なさるほどに庶民のことを心配しておられた。ところが、貴公のご意見によれば、それは儒家の古臭い戯言に過ぎず、気にする必要もないという。孔子様は、有徳の士とは自らの落ち度を探し求めるものだと説かれた。何から何まで他人のせいにしてはならない」

　これに対し、王安石も挑戦的に反論した。

「儒家の官吏が汗を流して懸命に実現しようとしているのは、建前と現実を一致させることだ。古代聖王の方策を用いて天下に繁栄をもたらし、人々の苦しみを和らげたいのだ。貴殿は今日新法など一切無用であり、ただ旧来のやり方を守っていればよいと説きたいのかもしれないが、私には到底受け入れられない[14]」

　結局、王安石はこの政争に敗れる。神宗から宮廷に留まるように懇願されたが、執拗《しつよう》で激しい攻撃を受け続け、政権から退いた。

　1085年、神宗が崩御すると、王安石の政敵が優位に立つ。政権から長期間離れていた老齢で病身の司馬光を復帰させ、大半の新法を旧法に戻した。

　新法と旧法の争い、つまり守旧派と改革派の争いにおける最も重要な点は、現在に至るまで何度も繰り返し浮上している。王安石や他の進歩的な儒家には、自らをこの論争の負け組と認めている向きが多い。だが、彼らこそ20世紀の新しき士大夫のお手本であり、東アジアをより良く、より繁栄した社会にするように根気よく取り組んだ新種の士大夫といえる。

日韓にも影響を与えた朱熹バージョン

宋朝で起きた儒家の論争は、公共政策の細部だけに限らない。同じように白熱した議論は、教義上の重要な論点でも戦わされた。宋代は、儒教思想の発展や試行の面で最も活気に満ちた時代だった。哲学的な重要性に関するあらゆる問題について、儒学者は徹底的に調査した。例えば、聖人になる方法、人間の本質、人間関係、宇宙、その他何でも掘り下げて吟味した。

このような思索から生じるのは、儒教的伝統からの根本的な決別だ。もっとも、これが最後ではない。儒教思想は、新しい時代の流儀や要求に応じるために、様々な形で分裂や復古を何度も繰り返した。実際、宋代の思想家は孔子の教えをあまりにも変えたため、孔子も自分の教えとは認めないかもしれない。ここで登場したのは、現在では「新儒教」または「宋明理学《そうみんりがく》」という名称で知られる新たな形の儒教だった。

建国当初、宋は前王朝で重視された孔子の教義を受け継いだ。孔子は知識階級の守護聖人であり、善政の伝道師であり、首尾一貫した倫理観や道徳観の創設者だった。若者は相変わらず『論語』の勉強を求められており、科挙の受験生も1000年以上前に漢武帝が重んじたものと同じ五経を習得する必要があった。学生は、高潔な政治、君子の行い、儀式の礼儀作法に関する孔子の教えを学んだ。

だが、宋代に儒教の信奉者は新たな孔子像を作った。当時の熱心な儒教改革派は、師たる孔子の教えがかなり曲解されていると批判し、前漢以降の伝統的な儒教を拒絶した。実際、真の「道」に対する理解は孟子以降進展がなく、その誠実な実行は過去に遡って途切れていた。宋の儒学者によれば、孔子の智恵を真に理解するためには、新鮮な目で孔子の言葉を見直さなければならない。これらの信仰復興論者は、原典となる経書や他の儒家の書物を再考し、再解釈を施した。

彼らの取り組みは影響力を得るために時間を要した。宋代後期になるまで、新儒教はなかなか世に広まらなかった。だが、一旦勢力を得ると、儒教思想の改革は教義を永遠に変えただけではなく、中国の歴史や社会も一変させる。

新儒教の成果は、孔子を人々のもとに届けたことだ。仏教や道教の魅力に対抗するため、改革派は孔子の教えに大いなる普遍性と精神性を吹き込んだ。もはや孔子の存在は退屈な学問や役所だけにとどまらなくなった。今や、孔子は全国の各家庭1人ひとりに働き掛けることが可能になった。

宋における儒教の変質後、儒家が天下を変えるには必ずしも皇帝の愛顧を得る必要はなくなった。新儒教徒によれば、個人は善行や孔子の道に従うだけで社会に好影響を与えることができる。

孔子やその信奉者は常に道徳育成が持つ改革力を教えなければならなかったが、新儒教徒はこの議論を実現可能な自己修養計画に反映させた。ある中国哲学の研究では、次のように指摘する。「当時の儒教では、社会的政治的指導者たる者は聖王の道または君子の道に集中しなければならないと説いた。一方、新儒教徒は皆が聖人という精神的な理想をめざすよう望んだ[15]」

この流れを推進する考えや性格を持つ思想家が何人もいた。例えば、傲慢だが頭脳明晰《めいせき》な程頤から自給自足の隠遁《いんとん》者として生きる変人の道家である王玄甫《おうげんぽ》（号を少陽）まで様々だった。

学者の陳栄捷《ちんえいしょう》は、自著の『中国哲学古典選集』の中で次のように説明している。「しかし、最大の人物が朱熹《しゅき》（1130〜1200）であるのは間違いない。孔子と孟子という2人の偉大な師を除けば、儒教の長い歴史においてその発展に誰よりも大きく貢献したのは朱熹だろう。朱熹は儒教に新たな意味を与え、何世紀にもわたって中国だけでなく、韓国や日本の思想にも多大な影響を及ぼした。実際、儒教の基本的概念はどれも朱熹が高みに引き上げた[16]」

ちなみに、生前の朱熹はこれほどの名声を得られなかった。1130年、現在の福建省でそれまで「県尉《けんい》」（治安維持担当）を務めていた父親のもとに生まれ、科挙に合格し、宋朝の士大夫になった。だが、朱熹は役所の中で奴隷のように働くよりも、執筆や研究に没頭する知的生活を好んでいたことから、わずか9年で辞職した。この短い役人生活でも苦労が多かった。朱熹が上司を説教する孔子の例に倣《なら》ったため、上司から煙たがられるようになったのだ。

1181年、政治家となっていた朱熹が周囲の役人の無能さを皇帝に訴えると、逆に左遷されてしまう。だが当時、学識の面で朱熹に並ぶ者はいなかった。

朱熹は多作の人で、自著以外にも儒教の経書に関する注釈書を執筆した。例えば、『家礼』は立派な家柄向けの必需品や手引書であり、儒教的家族儀礼を東アジア全体に広めるうえで大きな役割を果たした。歴史家のディーター・キューンは1176年に刊行された朱子学の入門書『近思録』を「当時までの中国の哲学的知識を初めて、かつ最もよく理解して提示したもの[17]」と高く評価する。

一方、朱熹の教えの大半は彼自身の考えによるものではない。主たる貢献は、以前から広まっていた様々な流派を「道学」（または新儒教、宋明理学、日本では朱子学）にまとめたことにある。これは既存流派の単なる統一ではなく、より価値のある論理一貫した学問体系だった。

朱熹が注目した儒教の重要な点は、自分自身や他の事物すべての中にある「原理」、つまり「理」である。天地万物には理があり、理は天に由来するものだから、個人から宇宙その他すべてにつながっている。理は普遍的かつ明白であり、天地万物に普遍的なものでありながら、個別の性質を担う特定の事物の中にも存在する。

朱熹は、理の普遍的な形態を「太極」と呼んだ。朱熹は以下のように説明している。「太極は唯一のものであるが、無数の各々《おのおの》にも存在する。一方、個別の事物も全体としての太極を有している。これは、空には月が一つしかないのに月光が各地の河川や湖面に映っていると、映った月が至る所で見られるという事実に似ている」18

朱熹によれば、孟子の性善説に基づいて人間の理は善である。ただし、この理は目に見えないため、感覚的には容易に理解できない。それを理解するには、集中的な学習や自己修養、「格物《かくぶつ》」以外にはない。聖人は自らの理を知るだけでなく、他の理と結び付ける方法も把握しているものだ。換言すると、人間と天地万物の統一を把握している存在が聖人である。

ところで、人間と聖なるものの間にあるのは「気」である。宇宙にある万物は気でできており、気の現れ方は理によって決まる。だが、気は理を見えなくする。気は感情を呼び起こして人間の目を曇らせ、真の理を悟らせないようにする。このような世俗の欲望を克服することによってのみ、人間は聖人になれる。

目標は仁愛の心を高めることである。人間は最も大切な徳性を追求することにより、心が理を悟ることを邪魔する利己心を除去できるからだ。徹底的な自己鍛錬と自己修養を通じ、各個人は悪から善を瞬時に判別できる意識状態を得るように努力し、見聞きすることと同じほどに自然に下した判断に基づいて行動すればよい。

これを可能にする方法の1つは「静坐」であり、啓示を受ける経験を得やすくなる。朱熹は次のように説く。

「学ぶ者は、この世の事物に触れたらすでに知っている理から進み、その理をさらに窮《きわ》めなければならない。長年努力していると、ある日、予想もしなかった飛躍的な悟りを経験する。そうすれば、人間の内外を問わず、繊細や粗雑を問わず、すべての本質は感知され、気質も全体として大いに機能し、すべて明らかになる[19]」

これらの考えを構築するために、朱熹と新儒教の同僚は自分たちが嫌悪していた仏教から教義を大量に拝借した。例えば、悟りのような真理や発想を見いだす手段としての瞑想《めいそう》の実践は、宇宙の働きを理解することで得られる。また、欲望を抑制することが自己向上につながるという考え方は、いずれも競合する仏教から導入したものだ。

だが、仏教とは異なり、新儒教は孔子が強調した世俗的な目的意識を保ち続けた。あるいは、新儒教で啓発された人間は仏僧のように世間から退くことなく、世の中の問題を解決する知識を活用して自分の運命を全うしようと考えた。

孔子が生前に社会から隠遁した世捨て人からの誘いを断ったように、新儒教徒も、真の聖なるものへの道は、社会運動に合致した集中学習を通じて実社会だけで見いだされると確信していた。正式な新儒教徒になるための探求には、理想の世界を実現するための自己修養が含まれる。現代のある中国哲学研究者は次のように説明する。

「この賢者のような理想は、すべての人に英雄的な自己犠牲を促すものだった。新儒教は、孔子とその信奉者たちが常に説いてきたこと、すなわち、人間の秩序と価値に対する感覚は、人を宇宙から疎外するものではなく、まさに人を宇宙と一体化させるものであるということを、さらに遠大な形で再確認したのである」[20]。

　儒教の朱熹バージョンは、孔子自身が教えたものからは相当逸脱しているかもしれない。だが、これは朱熹学派独自の考え方ではない。彼らは長く失われていた儒教の真の教義を再発見したと確信していた。朱熹はこう評している。

「我らの師である孔子様は、権限のある地位には就かれなかった。だが、それでもなお、古代の聖人の智恵を再び授けたり、それを後世の学者に伝えたりしたことは、（聖王の）智恵よりも遥かに有意義なものだった」

　しかし、当時の儒家のすべてが朱熹の考えに同意したわけではない。それどころか、朱熹は各方面から非難された。他の改革派は孔子自身の言葉を繰り返し、神秘的な黙想など実際的な妥当性がほとんどないと考えた。

　1178年、ある宮廷の高官が皇帝に次のような不満を奏上した。

「天下の平和が君主や父親のための復讐《ふくしゅう》に脅かされているとき、朱熹の信奉者は眉をひそめ、袖に通した両手を上げ、真の人間性や運命について知りもしないのに口先だけで論じる」

　朱熹は「偽学」を広めていると指弾された。1196年、南宋は朱熹の学説を科挙などに用いることを禁じた。さらには、朱熹の処刑まで求める声もあった[21]。

　だが、朱熹は最後に勝利する。1200年に朱熹が逝去して数十年後、彼の学説は主に民間の塾や学校で人気が高まる。朱熹の影響力は儒学を別の主要教義に変えた。前漢時代以降、儒学教育の基本は五経であったが、朱熹は最善の指導書として書物群の一部を選び出し、新儒教構想に必須とされる道徳的自己修養の達成を願う人々に示した。それは「四書」と呼ばれた。具体的には、『論語』『孟子』『大学』『中庸』である。ちなみに、『大学』と『中庸』は朱熹が『礼記』から抜き出して独立させたものだ。

この四書は五経よりも孔子やその弟子と遥かに直接的に関連していた。朱熹が『孟子』を持ち上げたのは、彼の学説が儒教の正統性の中で明らかにされたからだ。孟子は荀子との長年にわたる性善説と性悪説の論戦にようやく勝利した。朱熹の教義とともに四書の人気も日増しに高まり、今日では最も重要な経書と見なされている。

朱熹は死後も称賛が絶えなかったことから、南宋がある程度の名誉回復を図ったが、宮廷で許されたに過ぎなかった。朱熹が名誉を本格的に回復し、その学説が儒家の中心的な役割を担うには王朝の交代が必要だった。

皮肉なことに、次の元は朱熹や新儒教徒が中国から必死に締め出そうとしていた北方の「蛮族」が建国したものだ。侵略者の女真族に北方の中心部を奪われた後、南宋の拠点もチンギス・カンの孫であるクビライに制圧され、1271年、元朝が成立する。

外部から中国を統治する立場にあったクビライ・カンは、新帝国の運営管理のために宋の儒教的官僚制度に頼るしかなかった。元に仕える儒家の士大夫は、科挙の再開を求めた。科挙は南宋時代の後半には実施されていなかったが、士大夫は朱熹の『道学』に基づく科挙の修正版の実施を強く求めた。

1313年、ある高官が皇帝に奏上した。

「士大夫の適切な登用制度は、『修己治人』を果たす古典的学問を用いるべきです。(伝統的な科挙のもとでは）士大夫は表面的なものに慣れ親しむようになりました。そこで我々が提案するのは、徳行と経書の理解を重視することです。士大夫がこのような方法で登用されるなら、素晴らしい人物ばかりとなるでしょう」[22]

皇帝はこれに納得した。同年、王朝は科挙の再開を命じ、五経のほかに特に著名な四書も加えることにした。さらに、朱熹の注釈書も、受験生の答案を判定する際の標準的な解釈として指定された。

こうして、モンゴル人は朱熹バージョンの儒教を実質的に国教化し、その名声は600年後に帝政が終焉を迎えるまで続く。当然、朱熹の支持者は大いに勝ち誇った。ある者は、元の決定こそ「時代を超えて、儒学者に贈られた最高の祝福」[23]に他ならないと称賛した。

理想の儒教国家・朝鮮

孔子の影響は中国の国境を越えて、かなり広範囲に流布した。漢代に戻ったかのように、儒教は中国の隣国にまで浸透し始めた。だが、特に14世紀以降、孔子の教えが東アジア全域に以前よりも確実に根付いたのは、新儒教に携わる人々の活動によるものだ。

ある例では、儒教はタイ、インドネシア、マレーシア、フィリピンなど各国に流入した中国系移民が植え付けたもので、彼らは家族の儀式や礼儀作法を新しい家庭に持ち込んだ。

だが、孔子に魅了されたのは中国人だけではなかった。孔子の教えはその魅力によって東アジアの津々浦々に知れ渡り、政策、教育、社会的道徳観、家族の慣行、哲学的発展、道徳水準などに影響を及ぼした。

国境を越えて広がりを見せた儒教は、他国にまで及んだ広大な中国文化の影響の一部である。記録されている歴史の大半で、中国は東アジアで最も広大かつ豊かであり、最も強大かつ先進的な社会だった。したがって、その地で起きた物事が国外に溢れ出すのは自然なことだった。他の東アジア社会の芸術、建築、言語、文学、統治体制（もちろん、哲学も）は、中国の様式、好み、発想に大きく影響を受けた。例えば、日本と韓国は書法体系に中国の漢字を採用した。

政治学者はこのような力を「ソフトパワー」と呼ぶ。換言すれば、国家や社会が直接的な外交戦や軍事力を展開せずに他国に影響力を行使できる手段である。

長年にわたり、孔子は中国最大のソフトパワーの実践家であり、母国の大使だった。彼はあの世に旅立った後も、中国文化を推進するうえで先進的あるいは優れた社会という中国の印象形成に貢献し、地域的または世界的問題における影響力を高めた。

おそらく、韓国ほど孔子によって方向付けられた国家は他にない。その教義が現在の中国以上に芯から定着しているかもしれない。漢武帝の治世の間、孔子の教えは初めて朝鮮半島にまで及んだと思われる。[24]

野心的な統治者は現在の平壌に中国の植民地を作ったが、その地の居住者が儒学の経書を持ち込んだのかもしれない。儒学の教義は既に紀元1世紀には朝鮮王朝で幅を利かせていた可能性がある。また、早くも4世紀後半、高句麗は儒学の官立高等教育機関「太学《たいがく》」を開設した。だが、第1千年紀の間、朝鮮における儒学は非主流派の哲学のようなものだった。支配的だったのは仏教であり、孔子の教えは主に学界や官界に限定され、より広い社会には最小限の影響しか与えなかった。

13世紀、新儒教の到来によって状況が一変する。朝鮮にその教義を文字通りもたらした人物と認められているのは、安裕《アンユ》という学者兼教育家である。ある朝鮮史では、次のように説明されている。「（安裕は）真面目で落ち着いた人物であり、誰もが彼に畏敬の念を抱いていた。彼は常に学習を奨励し、自分の務めを価値あるものにしようと努めていた[25]」

1286年、朝鮮半島の支配者高麗王が北京の元（クビライ・ハン）を公式訪問した際、随行員の安裕は新儒教を知った。皮肉にも、中国を征服したモンゴル人は朝鮮に対し、中国文化を従来以上に開放した。

高麗はモンゴル人に征服されてはいなかったが、一連の壊滅的な戦争を経て、元王朝の進貢国にならざるを得なかった。元と首都開京《ケギョン》の高麗は、今までのどの中国王朝よりも関係が緊密化した。外交使節団の安裕は朱熹の著作物に初めて触れた途端、心を奪われる。伝記には、次のような描写がある。

「安裕が初めて（朱熹の著作物を）閲覧すると、たちまち魅了され、朱熹への尊敬の念が高まるばかりだった。著作物を筆写しているうちに、これらが説いているのは真の孔孟の教えであると確信した。筆写した物をすべて母国に持ち帰った[26]」

1289年、帰国した安裕が宮廷と学者への新儒教の普及を行った結果、朝鮮は多大な影響を受ける。

朝鮮人が新儒教に魅力を覚えた理由は中国人学者とほぼ同じであり、特に国家改革の実践的計画と完璧な人間性をめざす精神的追求の組み合わせに魅了されたのだ。

新儒教は極めて良い時期に高麗に伝わった。13世紀には高麗が揺らぐようになり、混乱期にあるすべての儒家と同様、朝鮮の儒家も国家に秩序と力を取り戻す道を必死に模索していた。

中国の新儒教徒と同じように、朝鮮の儒家も仏教に信仰上の影響力や魅力を感じていなかったことから、朱熹の形而上学的な学説は儒学の新たな選択肢となった。朝鮮の新儒教徒も経書の中に中国の古代聖王を見いだし、中国の儒家とほとんど同じように、その教義に夢中になる。

王安石の例に倣い、朝鮮の新儒教徒も活発で積極的な改革案を通じ、当時の朝鮮社会を再構築しようと考えた。新儒教の官吏集団は朝鮮社会を上意下達式に「儒教化」することに着手する。[27]

この官吏集団は高麗末期に改革断行を通じて多少成功を収めたが、改革案を実施する現実的な機会を得たのは新王朝が建国してからだった。

1388年、李成桂（イ・ソンゲ）将軍は自軍が首都開京に到着すると、政権を掌握する。4年後、李成桂は最後の高麗王を追放し、朝鮮王朝を宣言した直後、李氏の名で支配するようになり、王朝は以降、500年間続いた。

新国王と新儒教は、王朝当初から密接な関係を構築した。儒教改革に注力した官吏の数は比較的少ないが、有力者の何人かは宮廷の高位高官となり、李成桂を動かした。

宮廷と儒臣の利益はうまく合致した。李成桂は政府に活力を取り戻す必要があり、自らの支配権を正当化するイデオロギーも求めていた。一方、儒臣は自分たちが熱心に取り組んだ儒教を活用すれば、国家を救済できると確信していただけでなく、政府が儒教改革を推進すれば自らの名声や権力も固まると見ていた。北宋の程頤や彼の同僚の大半と同じように、朝鮮の儒臣も善政の智恵の守護者を自負しており、国家政策を支配する権限を与えられていると思っていた。

新王朝の支持を得て、儒臣は政府だけでなく一般の朝鮮社会に対しても影響力を行使できた。そのため、新しい法規が続々と公布され、生活面のほぼすべてが変化を余儀なくされた。

新儒教徒から見れば、法律は儒教の経書に記録されている通り、中国の古代聖王の行いを踏襲して慎重に定められたと思っていたかもしれない。その過程で、中国では一般的だが、朝鮮では見慣れない多くの法規が朝鮮の立法府によって強制的に制定された。

高麗末期の１３９０年、儒教改革派によって官吏が今まで実施したことのない祖先崇拝の儀式を命じた。１３９７年には朝鮮最初の成文典『経済六典』が公布され、祖先崇拝の推進が強化された。経済が祖先崇拝に関係するとは奇妙に思える。だが、立法府の人間は儒教式の父系家族を確立することで頭がいっぱいになっていたため、他の経済要因と結び付けて従来の相続形式や家族の指導的地位を変える一連の措置を制定した。こうして、権力や富が長男に受け継がれるようになり、政府が儒教の意図に従おうとしていることは明らかだった。

１４２１年に発布された勅令では、皇太子に孔子廟で礼拝するよう求めた。

ちなみに、これらの改革は必ずしも朝鮮の人々すべてから歓迎されたわけではない。例えば、儒臣は祖先崇拝に必要な霊廟の建設が遅々として進まないことで官吏に対して不満を抱いていた。だが、何世紀もの間、儒臣からの執拗な圧力を受けた結果、儒教の結婚、葬儀、相続その他の儀式が根付いていく。今日、「伝統的」朝鮮文化として知られているこのような儀式や慣行は、実際には異国から導入されたもので、いわゆる外国文明の黄金時代に魅了された儒教改革派によって強制されたものだ。

その結果、朝鮮はその改革考案者が想定していた理想的な儒教社会的国家に生まれ変わる。学者のマルチナ・ドイヒラーは次のように指摘する。

「（朝鮮の）儒臣は、宋代の新儒教徒が夢想もできなかったほど、社会政治的環境を作り変えることに成功した」[28]

小さかった日本への影響

儒教は日本海も渡った。日本には5世紀初頭、王仁《わに》という朝鮮の学者によって儒教が伝わった。王仁は『論語』の写本を携え、皇子の家庭教師になったという。この逸話には議論があり、儒教の知識はそれ以前に日本に伝来していると主張する学者もいる。

儒教伝来の時期はともかく、その教えは日本では最小限の影響にとどまった。日本には新儒教派による改革さえ記録に残っていない。朱熹による新儒教の学説は13世紀に広まるが、その研究は主に禅宗の寺院に限られていた。禅寺では、禅僧が儒教の中に自分たちの教義と共有できる類似性を見いだして喜んだ。

1603年、徳川幕府成立により、日本における儒教の将来が大きく開ける。日本の歴史家は、開祖徳川家康は孔子の教えに早い段階で傾倒した生来の儒家であると説明する。『徳川実紀』の次の指摘を見れば、漢高祖が学んだ教訓に酷似している。

「家康殿は馬上で天下を取られたが、もとより正知神聖のお方なれば、馬上で天下を治めることはできない道理を早くから悟っておられた。また、常に『聖賢の道』をご尊信なされておられたので、天下国家を治め、人の人たる道を行いたければ、学びの道を追い求める以外にはないと思し召された」[29]

家康が儒教に関心を示したのは、宋朝の太祖が孔子を受け入れた理由と同じだ。何年にもわたる戦争と混乱を経て、家康は日本を統一した後、自分の将軍職の正統性を裏打ちし、かつ国家に安定を取り戻す方法を探していた。儒教は帝政中国で長年成功を収めていることから、儒教を活用すればこの2つの目的を実現できると考えた。

家康は儒学者を探し求めた。特に著名なのは林羅山（1583〜1657）である。彼は修行僧であったが、後に仏教排撃のための異例な措置と新儒教（朱子学）の研究に人生を捧げた。

1605年の謁見の際、この新将軍は林羅山に中国に関する質問をいくつも浴びせた。というのも、慌てた側近の僧侶が不得要領な説明で終わるのに比べ、林羅山は的確に答えることができたからだ。家康は「この若者は物事を実によく知っている」と驚嘆し、側近の1人として登用した。[30]

林羅山は初代から4代の徳川将軍に仕え、幕府内の競合相手である多くの僧侶に対抗し、熱心に孔子の教えを説き続けた。そして、彼の努力は結実した。3代将軍家光から資金の割り当てを受け、江戸に学問所を開く。これにより、江戸は日本における儒学の中心地となる。17世紀を通じ、儒教は徳川将軍の最も主要な統治の指針となった。5代将軍綱吉は大名や幕臣に対し、幕府内で新儒教を日常的に講義した。

だが、徳川幕府における孔子の物語は遥かに複雑な始まり方だったようだ。漢武帝が儒教を官学にするほど高く評価したように家康も儒教に傾倒したという話は、幕府初期における孔子の影響力を誇張するために林羅山やその追随者が相当誇張して伝えたようだ。

現代の学者によると、儒教は幕府内のいくつかある教養の中の1つに過ぎなかった。家康やそれ以後の将軍たちが僧侶の側近を登用し、神道信仰を保ち、林羅山より仏教や神道の関係者に多額の資金や支援を提供したことでも明らかだ。[31]

中国と同様、孔子の影響は日本でも幕府や社会に徐々に広がっていった。多くの歴史的要因によって発展し、多数の幕吏によって広がりを見せた。

歴史家キリ・パラモアによれば、家康の死後約2世紀を経て、儒教はようやく天下に定着するようになった。儒教に触発された「寛政の改革」という政策の成果である。[32] この改革は、陸奥国白河藩藩主の松平定信が1787年の老中就任後から陣頭指揮を執った。

松平定信は儒書や中国史に精通しており、儒教の道徳規範を厳格に用いれば、改革を迫られている幕政が活力を取り戻し、沈滞している民衆の士気も高揚させることが可能になると考えた。

武士階級には朱子学（道学）を真剣に学ぶことを熱心に勧め、超緊縮財政を実施し、猥褻《わいせい》出版物禁止や公衆浴場混浴禁止などを通じて風紀を粛正するなど、禁欲的な改革運動に着手した。

しかし、松平定信の改革で最も有名な政策は在野の議論（特に幕政批判）を禁じたことだ。当人はそのような議論が民衆を惑わせると考え、次のような不満を述べている。

「ぐらぐらと煮えたぎるお湯や絡み合った糸のように、十把一絡《ぱひとから》げの論者が延々と議論を続け、種々雑多に暴論をぶつけ合ってばかりの状況を誰が喜ぶものか[33]」

松平定信はこのようなことを考慮し、1790年、林大学頭に「異学」の講義を禁じ、学問所では朱子学だけを学ぶように命じた。この結果、幕府は朱子学を官学のように扱うことになる。

1792年に導入されたこの統一的な朱子学の試験（学問吟味）は、新しい中国式の官吏登用試験の骨格となる。この試験は、拡大を続ける幕府を支える幕吏の養成を目的としたものだった。

だが、日本では中国と異なり、儒教は国家からの贈り物と見なされることはなかった。この試験の規模も、中国の科挙とは比較にならないほど小さかった。それでも、儒教は日本社会、日本文学、家風、信仰生活、知的言説に浸透していった。

孔子を脅かす外国の技術と思想

18世紀になると、政権や社会における孔子の地位は東アジアの大半で揺るぎない高みにあった。この地域の研究者や有識者は、『論語』や『孟子』あるいは朱熹の注釈書を熟読した。家庭では、儒教的な家族慣行の基礎となった男女の区別や厳格な序列規範が実践された。役人は無数の霊廟で孔子に供物を捧げた。こうして、孔子は真の意味で「無冠の王」になった。

1644年に中国を支配した清王朝は、それ自身が孔子支配の象徴だった。この王朝は中国人ではなく満洲人が建国したもので、彼らは「夷狄」とされる北方の異民族だった。

だが、新皇帝らは孔子を熱心に信奉し、何から何まで受け入れようとした。実際、清代初期は中国人支配層の共感を得ようとして、孔子擁護に尽力した。例えば、儒学者を支援し、経書の要約を収集かつ出版するという壮大な計画にも取り組んだ。

中国学者ジェームズ・レッグは、孔子を称える清の代表的儀式を伝えている。皇帝自身が北京にある京師大学堂の孔子廟で床に額《ぬか》ずいて跪《ひざまず》く。そのとき、皇帝は次のように祈りを捧げる。

「偉大なる師よ、ああ完璧なる聖人よ！　師の徳は満ち溢れ、師の教えに欠けたるところなし。この世には師に並ぶ者なし。歴代の王は師を称賛するばかりなり。師の定めと法は見事に受け継がれている」

儀式ではこの時点で孔子の魂が降臨するとされ、供物が奉納され、担当官吏が祈禱を捧げた。

「朕（皇帝）は、賢人孔子に供物を捧げる。先師であり、至聖であり――おお、天地に等しき徳を備えられし師よ、その教えは過去や現在にも通じ、六経は師の手を経て今日に伝わり、その学びはあらゆる世代に語り継がれてきた[34]」

しかし、清朝が貢物を捧げていたときでさえ、東アジアにおける孔子の地位は見た目ほど安泰ではなかった。実際、多くの皇帝が偉大な聖人を据えた台座には、ひびが入り始めていた。かつて先進国だった中華帝国は、エリート層が無知で文明から遠いと見なしていた国々に後れをとるようになっていた。新しい外国の技術や思想が、中国の政治・社会体制、そしてそれを築いた孔子の威信を脅かし始める。

第四章
暴君としての孔子

孔子は封建時代に生きた人物であり、
彼が提唱した道徳も封建時代のものである。
——陳独秀

儒家・康有為の戦い

数千年もの歴史で、中国がこれほどの屈辱に耐えたことはなかった。

1895年4月、下関で日中双方の交渉役が短期間ながら大きな犠牲を払った戦争を終結させる条約に調印した。この紛争はほとんど戦争の体を成していなかった。前年初頭に朝鮮半島の支配権を巡る争いから始まったが、清の陸軍は壊滅状態に追い込まれ、高価な軍艦を配備した新設の海軍も海の

Chapter Four: Confucius the Oppressor

藻屑と消えた。日本は中国東北部の満洲に苦もなく侵入し、最新兵器を装備して近代化されていたはずの敵軍を圧倒した。

体裁の悪い講和条約に従い、清は長年属国と考えていた朝鮮の権益をすべて放棄し、巨額の賠償金の支払いに応じて美麗島（現在の台湾）を割譲した。高慢な北京は日本を野蛮国と常に軽んじてきたが、今では偉大な中華帝国がその野蛮国によって誇りを傷つけられたのだ。中国はどこまで落ちぶれてしまったのか。

この不名誉な和解は、中国に恐怖、動揺、混乱をもたらした。一方、祖国が生き残るためには変わらなければならない、との思いを強めた中国人もいた。

士大夫の康有為《こうゆうい》（1865～1927）もその1人だ。彼にとって、今回の敗戦は自分が何年も説き勧めていた大改革が中国の将来にとってかつてないほど重要になるという証明以上の意義があった。日本に対する敗戦は、強大な帝国が外国人から撃破されるという幾多の屈辱の中でも最新の出来事だった。康有為にはこの敗戦が契機となった。

下関条約当時の北京では、康有為が挙人（科挙の地方試験合格者）1300人に呼び掛け、彼らと連名で条約調印反対の請願書を清国政府に提出した。その後、康有為とその支持者は改革の機運を高めるために「強学会」を発足させ、知識人をより結束力のある運動に巻き込んだ。

中国の支配層が旧態依然たる試験勉強のために経書に没頭した結果、考え方が遠い古代に固執して現下の緊急課題に対処できないのだと康有為は見ていた。彼は『京師強学会序』で次のように指摘している。

「衰弱した中国は薪の上で熟睡しているように、列強の真ん中で無防備に横たわっている。士大夫諸氏の専門は古代研究であり、現状を理解することではない。ああ、門を閉ざしている士大夫よ、きみらの中に尊皇攘夷について忌憚なく論じる方がいるだろうか？　もしいるなら、四億の民にとっては清朝、二帝（堯舜）、三王（夏の禹王・商の湯王・周の文王または武王）、孔子それぞれの思想だけでなく、きみたちも頼りになる」

　改革的な措置が迅速に講じられなければ、他国の例と同じように帝国主義列強の餌食になる、と康有為は考えていた。彼は次のように予測した。

「我々がトルコや黒人の国のように食い散らかされるのも遠い話ではない」[1]

　康有為の行動は中国史の転換点となる。彼の最も優秀な生徒であった梁啓超《りょうけいちょう》（1873～1929）は、康有為が「中国における『大衆政治運動』の『口火』を切った」と称賛した。[2] 換言すれば、康有為は中国人の政治的情熱を解き放つことに手を貸した。この過程は、中国、そして孔子にとって途方もない結果をもたらすことになる。

　19世紀の大半で、中国は興隆する西欧諸国からの新たな挑戦に対処すべく悪戦苦闘した。

　この戦いを続ける中で、英国とのアヘン戦争に2度敗北する。第1次アヘン戦争は1840年代初頭に勃発し、中国は香港割譲を余儀なくされる。第2次アヘン戦争は1856年から1860年まで続き、英国軍は北京郊外の愛すべき頤《い》和園《わえん》を荒らし、炎上させた。フランス、ドイツ、ロシアも英国に合流して中国に「不平等条約」を押し付け、領土の一部を割譲させ、貿易特権その他の権利を得る。

　そして日本に敗北したことによって、中国は史上最悪の状況に陥る。西欧の蛮族に圧倒されただけでも十分な屈辱であるのに、アジアの国にも負けたことは恥の上塗りだった。しかも、そのアジアの国も儒教の影響を受けた社会であり、つい最近まで列強の食い物になっていた。20世紀が近づくにつれ、丸々と太った七面鳥（トルコ）のように、中国も外国勢力に支配される植民地に分割される恐れがあった。

中国の支配層はこれまでも列強に打ちのめされていたのに、更に屈辱的な敗戦を受け、追い打ちを掛けられた。中国史の大半で、中国は東アジア最強かつ最富裕の国家であり、技術、芸術、医学、そして孔子などの優れた思想家のおかげで哲学の各分野における指導的地位を誇っていた。

ところが、西欧列強が圧倒的勝利を収めた結果、中国は情けないほど後進的であったことが明らかになる。さらに恐るべきことに、西欧諸国の隆盛は中華帝国に対する政治的、経済的、軍事的な挑戦であるだけでなく、思想的な異議申し立ても意味していた。西欧の砲艦や貿易商人は、資本主義やキリスト教などの新しい教義とともに、民主主義や人権に関する危険な新思想をもたらした。西欧の宣教師はすでに国内を徹底的に調査しており、改宗者を探し、中国の伝統や慣習を批判していた。西欧の発展により、中国古来の制度や信仰、中国文明そのものが脅威に晒《さら》されているのだ。

以前なら、清を支配した満洲族のような侵略者でもいったん国内に落ち着くと、中国文明に吸収されてしまい、侵略者はすべて儒教徒に変わった。だが、西欧が中国に向けた顔はまったく異なるものだった。歴史上初めて、外国勢力が軍事的技術的に優勢であるだけでなく、知性的・文化的にも上位にあると主張してきたのだ。西欧人は、自分たちの政治体制、宗教、文化的特性が時代の頂点にあると考えており、孔子の教えには耳を貸そうとしなかった。中国は自らの政治や社会の思想的基盤に対し、これほどの挑戦を受けたことはかつてなかった。

19世紀の大半において、この西欧からの挑戦に対する戦い方が中国の政治的社会的言説に影響を及ぼした。論争のほとんどは儒家の間で起きた。孔子を擁護することが中国とその文明が生き残るために極めて重要である点では、有力儒家の間で広範な合意が見られた。だが、官吏や儒家の間ではその擁護の方法について意見が分かれた。国力強化に必要な改革の種類や性格に関して議論が百出しただけでなく、孔子なら衰弱した中国を救うために実行したと思われる方策に関しても、白熱した議論が続いた。

康有為は儒家として過激な思想を持っていた。要するに、西欧思想を摂取し、帝政中国を全面的に改革せよと主張したのである。従来親しまれてきた制度は中国によく貢献してくれたが、今やそれに別れを告げる時が来たと説いた。具体策として、清朝皇帝のもとに西欧の立憲君主制を導入し、民選議会を開設し、実用的な学習を重視した教育制度に変更することを提唱した。

とはいえ、熱心な儒家だった康有為は、改革案の中心にはやはり至聖先師である孔子を据えた。彼の動機は、孔子の教義に対する極めて型破りな解釈と、孔子自身に対する同様に型破りの特徴付けにあった。彼の目から見れば、孔子はもはや古代の書物からの教えを拝借する伝統主義者ではなく、平和と協調の啓蒙の時代への道を指し示す救世主なのだ。康有為は孔子の使命を実行しているという啓示に突き動かされていた。

その行動は、自らを権力に近づけた一連の出来事を引き起こしただけでなく、何十年も影響を残す意外な結果も招く。意図的ではなかったが、康有為の思想や近代化途上の中国における伝統の役割に対する広範な議論は、ここ数世紀で初めて中国社会での孔子の優位性に疑問を投げかけることになった。言い換えると、壊れかけた中国を立て直す議論から、孔子や長年続いたその影響力との向き合い方の議論に変わったのだ。中国の将来は孔子と不可分の関係にある。では、孔子は政治や社会でどのような役割を果たすべきか、孔子の教えはどれを適切な理解と考えるべきか、孔子の遺産はどのように扱うべきかなど数々の論議を呼んだ。これらの論争を経て、孔子は従来とは様相の異なる聖人として姿を現す。

「孔子がいなければ、西欧の奴隷」

中国と西洋がなぜこれほどまでに劇的に立場を変えたのか、それは歴史上の大きな謎の一つだ。西暦紀元の大半で、技術や科学の分野で中国は西欧よりも遥かに先んじていた。西欧人が中世の封建的後進性の中を重い足取りで歩んでいた頃、中華帝国は火薬や羅針盤を発明していた。

だが、19世紀までに東西の運命は逆転する。産業革命、現代資本主義の勃興、ポスト啓蒙主義的な科学的業績が西欧諸国を世界の最先進国に変貌させる一方、中国は外国嫌いの政府のせいで急速に変化する世界から隔絶され、前近代的な産業や学問を後生大事に残していた。

中国人は富や実務知識で優位に立っていたが、それを浪費するばかりだった。今までこの調子でやってきたのだから、何が悪いのか。１９４２年、英国の科学史家ジョゼフ・ニーダムは、次のように手紙に走り書きした。

「中国には科学があったはずだ。なぜ近代科学へと発達しなかったのか？」[3]

彼はこの答え探しに取り憑かれる。あまりにも難問だったことから、この謎は「ニーダム問題」と呼ばれるようになる。

ニーダムや他の学者は、中国の技術的停滞を説明する理論を数多く提案した。そして、孔子がその批判を浴びるのは避けられなかった。ニーダムは画期的な著作『中国の科学と文明』（邦訳は、東畑精一・藪内清監修、思索社）で次のように指摘する。

「科学に対する（儒家の）貢献は、ほぼ全面的に否定された」

この問題は孔子自身に端を発している。ニーダムの説明は次の通りだ。

「自然現象に対する関心は、物事の自然な流れから驚くほどかけ離れた現象を知ったとき、目覚める。だが、孔子はそのような現象について論じようとはしなかった。人間社会の問題とは何の関係もないと考えたからだ。そして、2000年間、彼の信奉者もその考えを踏襲してきた」[4]

ニーダムは孔子について孔子自身の言葉を用いて説明した。例えば、孔子には「怪・力・乱・神を語らず」という『論語』の一節がある。

ニーダムによると、孔子には科学実験を試そうとするだけの自然界に対する好奇心が欠けていた。また、孔子が野菜や穀物に興味を示す弟子に苦言を呈した例を挙げる。師たる孔子は、科学知識の重要性を理解できず、それを探求しようとした弟子のやる気を損なった。弟子の樊須《はんしゅ》が部屋から引き下がると、孔子はこう言い放った。

子《し》曰《いわ》く、小人《しょうじん》なる哉《かな》　樊須《はんしゅ》や。
上《かみ》　礼《れい》を好《この》めば、則《すなわ》ち民《たみ》　敢《あ》えて敬《けい》せざる莫《な》し。
上《かみ》　義《ぎ》を好《この》めば、則《すなわ》ち民《たみ》　敢《あ》えて服《ふく》せざる莫《な》し。
上《かみ》　信《しん》を好《この》めば、則《すなわ》ち民《たみ》　敢《あ》えて情《まこと》を用《もち》いざる莫《な》し。

夫《そ》れ是《か》くの如《ごと》くなれば、則《すなわ》ち四方《しほう》の民《たみ》、其《そ》の子《こ》を襁負《きょうふ》して至《いた》る。焉《いず》くんぞ稼《か》を用《もち》いん。（子路13－4）

訳：先生は言われた。「小さい人物だな、樊須は！　上に立つ者が礼を重んじれば、民衆は敬愛するようになる。上に立つ者が義を重んじれば、民衆は従順になる。上に立つ者が信を重んじれば、民衆は誠実になる。そうであれば、各地から民衆が赤ん坊を背負って集まってくる。農業など学ぶ必要があるだろうか」[5]。

他の学派は、新たな創造を生み出せる実験や操作などから知識人を遠ざける儒家的な社会構造を批判する。儒家の君子とは何よりもまず士大夫であり、士大夫は書物に没頭すべきで、作業場や実験室で無駄な時間を過ごしてはならないとされるからだ。

また、批判者は儒家が官吏の道を好むことに加え、儒家の教育は国内問題の原因になっていると指摘する。中国で最も優秀な人々は官吏登用試験に合格することに熱心だったため、『論語』の暗記・分析の研究には全力を注いだが、数学や科学には関心がなかった[6]。

だが、19世紀に入って中国が西欧列強と争う道を探し求めるようになると、国内には国家的な失敗を孔子の責任にする者や、中国人の暮らしと孔子との継続的な関係に疑問を呈する者はほとんどいなくなった。

実際、中国を苦悩から救うには儒教に一層真剣に取り組む必要がある、と考える儒家もいた。この考え方では、中国の問題は伝統文化や政府機関にあるのではなく、支配者の道徳的欠陥に原因がある。解決策は儒教の啓発を強化し、官界に「儒教の道」を復活させることだ。

この一連の議論は、儒教思想における積年の課題、すなわち善人は善政を行う立派な政府より重要である、と関連する。中国の道徳的中心が強化されると、国全体が復活する。一方、外国の思想や制度あるいは技術を導入しても役に立たないだけでなく、危険でもある。というのも、中国人を孔子から切り離せば、外国の専門知識が民衆から最も大切な部分を奪ってしまうからだ。

倭仁《わじん》（1804〜1871）は宮廷の大学士であり、19世紀半ばにおける守旧派の指導者でもあった。1867年、次のような上奏文を皇帝に提出した。

「天文学と数学はほとんど役に立ちません。このような学問を正規科目として西洋人の教師から学ぶことになれば、その悪影響は甚大なものになります。愚臣が学んできたのは、立国の道は権謀よりも礼義を尊ぶことにあり、根本の計略は技芸の修得よりも人心の掌握にあるということです。古今を見ても、数学を用いて衰弱した国家を復興させることができたという話は寡聞にして存じません」

孔子がいなければ、中国人は西欧の奴隷になってしまう、と倭仁は危惧した。

「頼りにできるのは士大夫だけであり、彼らなら儒教の教義を民衆に明確に説くことができる。さて、今まで正規課程で育成してきた聡明かつ有能な士大夫を夷人《いじん》に従うように変えてしまうと、士大夫の正気はもはや伸びようがなくなり、邪気がいよいよ強くなる。数年後、中国の民衆は夷人に忠実に従う事態に追い込まれてしまう[7]」

一方、改革派も強力に反撃した。西欧から学ばず、西欧の技術や実務を受け入れなければ、中国は絶望的状況に陥ると彼らは見ていた。倭仁の主張は考えが甘すぎると嘲笑した。道徳的説教だけでは夷人から中国を守り切れず、近代的な兵器や知識だけが中国を守れるのだと反駁《はんばく》した。

「倭仁には忠誠や信義以外の甲冑《かっちゅう》や礼儀以外の盾がないのであれば……また、倭仁がこれらの言葉を用いれば外交交渉に勝利し、敵方の運命も支配できると主張しても、諸大臣がそれを真に受けることはないと思う[8]」

ちなみに、改革運動の当初目標は儒教制度を全面的に見直すのではなく、むしろ擁護することにあった。改革派は、西欧の思想を用いて中国の学校、経済、政府を近代化することと儒教教義の存続の間には何の矛盾もないと見ていた。

張之洞《ちょうしどう》（1837〜1909）は熱心な儒家かつ改革派の宮廷官吏であり、「中体西用」、つまり中国の学問を根本とし、西洋の学問を利用することを強調した。彼が警告したのは、古代の教えと古代の制度を混同すべきではないということだった。政府は中国の儒教文化を完全に無傷で改革できるということだ。張之洞は次のように書いている。

「法と制度は変化していく状況に対処していくものなので、常に同じであり続ける必要はない。だが、儒教の『道』は根幹の上に成り立つものなので、常に同じでなければならない」

張之洞などの改革派は、孔子が今日の問題に立ち向かうなら、旧来の慣行に固執せず、変革に向けた運動に参画しただろうと考えている。だが、1870年頃、有力ジャーナリストの王韜《おうとう》は、次のように説明している。

「(反改革派は）孔子の『道』に意義があるのは、時勢に応じて適切に対応できるからであることを理解していない。要するに、孔子が生きていれば、古代の慣行に頓着することもなければ、変化を起こすことにも反対しないはずだ[9]」

康有為が描いた改革者・孔子

守旧派は激しく抵抗したが、改革派の主張を退けることはできなかった。相手と同じ手段で戦わなければ、中国は西欧列強の前にひれ伏すことになるからだ。そうなれば、何が起きるか誰にもわからない。

清国政府は西欧の科学・技術を教える学校を開設し、学生や外交官を送り込んで外国式のやり方を学ばせ、近代的な陸海軍を創設し、新たな産業を振興した。結局、中国は西欧流の方法を模倣することで近代世界に加わることにした。

ところが、日清戦争の敗北で今までの改革状況ではとても追いつかないことが誰の目にも明らかになった。こうして、康有為のように中国の政府や社会を根本的に再構築すべきだと訴える人々にさらなる攻撃材料を与えることになる。

中国の復興には、近代的な銃を購入し、一握りの中国人学生に西欧技術を習得させるだけでは不十分と康有為は確信していた。単に大砲の大きさだけでなく、大砲などを効率よく生産できる近代性の面でも中国は西欧列強に伍す必要があると説いた。

中国社会全体、清国政府、教育、宗教的行事などに抜本的な改革が求められた。孔子像の見直しも必要だった。中国社会における孔子の役割強化は、中国の復活や防御のための唯一の方法だった。

だが、帝政時代の孔子はもはや必要とされていなかった。そこで、中国史上の他の儒者と同じように、康有為も新時代のニーズを満たす新たな孔子像を描いた。

康有為によれば、従来の中国復興策は失敗に終わった。清国政府が腐敗した帝政に輸入した外国技術を接木《つぎき》しただけに過ぎなかったからだ。中国の問題を真に解決するには相当大胆な変革が必要だった。孔子の教えを外国思想と融合させ、中国を近代世界に仲間入りさせる強力な混合物を創り出す。伝統的な中国文化にグローバル化を加味すれば中国は苦境から脱し、民衆を明るい時代に送り出せる。

個人的な危機を経験した後、康有為は新たな結論に達した。他の名門の子息のように、康有為も若い頃は儒教の経書に没頭し、科挙合格を狙っていた。ところが、成長するにつれて落ち着かなくなり、科挙の受験勉強にも疑問を抱くようになる。彼の回顧録には、このような記述がある。

「私は知性と理解力に混乱を来した。古びた書類の山に埋もれる日々を過ごしていたため、反感が日増しに強くなっていたからだ。そこで、経書の勉強を見限ったところ、心が平穏になり、自ら運命が定まる場所を探そうと想像するようになった。私は突然勉強を投げ出し、書物を捨て去り、部屋の扉を閉め、友人から遠ざかり、沈思黙考に浸り、心を育むことに努めるようになった[10]」

そのとき、深い瞑想の中で康有為は（非常に朱子学的な）啓示を受ける。

「突然、天と地、そしてあらゆる物事が自分自身と一体であることに気づき、大きな悟りを得て、自分が聖人であると感じ、喜びに満ちて笑い出した。しかし、同時にすべての生き物の苦しみや困難を思い、悲しみに沈んで泣いた[11]」

この啓示は、彼を（儒教的な）学びの探求へと駆り立てた。彼は香港や上海を訪れ、活気に満ちた近代都市に驚嘆し、西洋の哲学や歴史の書物を熱心に読み始めた。その過程で、彼は孔子自身が認識できないような儒教を考案する。

康有為は世界が段階的に進歩し、最終的にはすべての対立や問題が普遍的な愛によって消滅する「太平世《たいへいせい》」（または「大同《だいどう》の時代」）に入ると考えていた。この時代はグローバル化の進展に伴って到来し、近代技術が国々を結びつけて1つの統一された世界を作り上げ、人々の間のあらゆる区別は消え去り、全員が平等になるとされた。

康有為はこう書いている。

「地上のすべてのもの、大きいものも小さいものも、遠いものも近いものも、1つになる日が来るだろう。もはや国は存在せず、人種の区別もなく、習慣はどこでも同じになる。この統一によって太平世が訪れるのだ」

康有為はこのユートピア的なビジョンを、中国の大改革の正当化として使い、こう主張した。

「だからこそ、自主と独立の教義を広め、立憲政府について公に議論する必要がある。もし法が改革されなければ、大混乱が生じることになる[12]」

康有為は、自分の理論に教義的な正当性を持たせるために、孔子と自分の理論を結びつける多大な労力を費やした。彼は、孔子が古典の中で太平世の時代の到来を予言していたと主張した。

康有為の考える普遍的な愛とは、孔子の核心的な徳である「仁」を拡大したものだ。孔子の「仁」は家族から始まり、やがて人類全体に広がっていく。

「仁とは、人が共に生きる道を意味する……それは愛の力である[13]」

康有為は、孔子の思想を全く新しい方向へ進め、孔子の哲学の基盤そのものを揺るがすことになる。孔子は、正義で繁栄する社会は、家族や国家といった強力な制度の上に築かれると信じていたが、康有為の「太平世」のビジョンでは、こうした制度は進歩の妨げとなるため、廃止されなければならなかった。

康有為はこう主張する。

「完全な平等、独立、そして人間性の完成をめざすなら、国家と家族を廃止するしかない」

康有為は結婚にも強く反対し、「男女が1年だけ同居し、その後はパートナーを替えるほうが永続的な結婚よりもいい」と考えた。こうした考えは、慎み深い孔子を赤面させるものだった。

「夫や妻が存在しないため、女性を巡る争いや姦通を防ぐ必要もなく、性欲を抑制しなくてもいい」[14]

と康有為は自分の考える新社会について語っている。

康有為は、改革を支持するような形で孔子を新たに作り変えた。1897年に著した『孔子改制考』では、偉大な聖人である孔子は、もはや古代の理想に基づいて中国の秩序を再構築しようとする純粋主義者ではなく、国を変革した熱心な改革者として描かれた。康有為はこう書いている。

「世界のすべての教義の創始者は、制度を改革し、法律を定めた。中国の原理と制度はすべて孔子によって定められた。弟子たちは孔子の教えを国中に広め、その教えは実行され、古い風習を変えるために使われた。（だからこそ、孔子は）神のような聖王であり、彼こそが……人類史上、最も完成された完全な聖人なのだ」

康有為は、キリスト教をモデルにした国家宗教として儒教を確立したいと考え、儒教の「教会」と、国家の宗教省によって監督される聖職者を設けることを望んだ。日曜礼拝で聖書の一節を読む代わりに、儒教の司祭が『論語』から教えを説くというものだ。康有為は、キリスト教がヨーロッパの成功の背後にあると信じ、孔子をキリストと同一視しようとさえ試みた。[15]

康有為の考えの多くは、非常に非儒教的に思える。どうして聖人を崇拝する者が、家族を中心に置かない儒教を考えられるのだろう？　孝行や聖王なしの儒教を？　しかし、康有為とその弟子たちは、以前の多くの儒家たちと同様、孔子は何世紀にもわたって誤解されてきたと主張し、自分たちこそ聖人の真の意図をついに発見したのだと信じていた。

彼らの信じるところでは、孔子は決して帝政を支持しようとしていたのではなく、民主主義者だった。孔子は階級制度を嫌悪し、平等主義を説いていた。孔子は、彼が後に象徴することになったものとは全く異なる存在だった。

康有為の弟子である譚嗣同《たんしどう》（1865〜1898）は次のように書く。

「孔子が最初にその教えを説いたとき、彼は古代の学問を捨て、既存の制度を改革し、君主主義を否定し、共和主義を支持し、不平等を平等に変えた」

さらに譚嗣同によると、儒学者は無責任にも、偉大な聖人が帝国の支配層によって拉致され、古く抑圧的な支配を正当化するために利用されることを許した。

「（ある儒家たちは）孔子の教えの真の意味を完全に忘れ、その表面的な形だけに執着した。彼らは君主に最高で無制限の権力を与え、儒教を国を統治する手段として利用させてしまった[16]」

儒教の康有為バージョンは、儒教の権威層に激震をもたらした。康有為の弟子である梁啓超（1873〜1929）は、康有為の著作の影響を「サイクロン……強大な火山の噴火と巨大な地震」に譬え、康有為をマルティン・ルターになぞらえた。[17]

ルターがカトリックの枢機卿たちの間で物議を醸したのと同じくらい、康有為は儒教保守派の間で論争を引き起こした。保守派は康有為を、中国の未来に対する脅威と非難した。彼の提案した改革は、儒教を中国の政治と文化の哲学的中核から外すことを意味しており、それは彼らにとって到底受け入れられないものだった。

著名な儒学者の朱一新《しゅいっしん》は、康有為が孔子の名前を利用して中国を外国式に再建するという誤った計画を推進していると痛罵した。

「あなたの真意は、孔子を改革者として持ち上げることにより、新制度の導入を容易にしたいのだろう。改革者孔子という説明は、怪しげな書物に由来するものであり、とても信用できない。だが、たとえ孔子がそのように説いたとしても、それは古代聖王の制度を復活させるために単純な例を挙げて詳述しただけのことだ。〝中国改革に夷人の方法〟を用いることなどできるだろうか」

朱一新によれば、外国の考え方は孔子の教えの基本原則に相反するものであり、中国に災難をもたらす。

「諸子百家とその思想の経典はあまりに退屈で、従うには陳腐すぎるため、何か新しいものに変える必要があるということか？　夷人の制度は夷人の原則に基づくものだ。そんなことも考えず、よくも制度改革などと軽々に口走るものだ。制度が改革できたとしても、制度が変われば原則も変わるのではないか？」

守旧派の主張によれば、中国の問題に対する真の解決策は、国家やその指導者の道徳的修復にのみ見いだされるという。

「何よりも、善政への道は民衆の心を善導し、高潔な慣行を確立することにある。制度の仕上げはその次の話だ[18]」

康有為に対抗する守旧派が最も大切にしていたことは、依然として孔子の教えが他のどの思想家よりも優れているという主張だ。

官吏の葉徳輝《ようとくき》（１８６４～１９２７）は次のように反駁している。

「政治の成功と失敗の原因を調べることだ。そうすれば、一般的に外国式の習慣を受け入れると混乱を招くが、儒教を擁護すれば善政につながることが明らかになる。儒教の本質は日々新しくなることで、明るく輝く。西欧の宗教が儒教よりも優れていると説くのは、愚者ならではの物言いである。特に道徳規範には、儒教がどうしても必要なのだ[19]」

百日維新と西太后のクーデター

19世紀末近く、中国がいよいよ絶望的状況に陥るに伴い、康有為が示した思想の寄せ集めはますます魅力的に見えるようになった。清国政府は当初、康有為一派を攻撃したが、外国列強が空腹のハゲタカのように衰弱した中国の上空を旋回しているのを見て、光緒帝《こうちょてい》や少数の宮廷官吏は康有為の過激思想に耳を傾けようとした。

儒家が何世紀もやってきたように康有為も皇帝に上奏文を提出し、自分の思想を支持するように訴えた。１８９８年初頭、康有為は次のように請願している。

「陛下がご存じの通り、現状では改革が不可避であり、旧来の制度は廃止しなければなりません。古今内外の制度を吟味した結果、古代聖王の制度は優れていたと判明しましたが、現代は古代ではないのです[20]」

康有為は憲法制定を上奏するとともに、妨害的な官僚組織を無視し、皇帝自ら陣頭指揮を執るように要請した。その結果、彼は光緒帝の関心を引くことができた。

１８９８年6月16日、康有為は初めて光緒帝に謁見した。面談は5時間に及び、康有為は、自分の方法なら中国の富と力を取り戻せると約束し、次のように奏上した。

「改革の要件はあらゆる法や政治社会制度を変え、新たに定めることです。それでこそ、ようやく改革の名に値します。今、改革を論じている者は特定の項目だけを変更しても、制度を改革するつもりはありません」

さらに、康有為は中国の病弊の根源には旧態依然たる科挙制度があると批判した。

「今日の問題は人々が啓発されていないことに由来する。その原因は科挙制度にある。（受験生は）今文《きんぶん》（主に前漢以降に書かれた経書）を読んでいないし、世界各国に関する事実を調べてもいない。今日、宮廷には大臣が多数いるが、現状に適応できている人は皆無だ」[21]

光緒帝は大いに感銘を受けたので、康有為が皇帝に直接報告することを許した。これにより、彼は敵対的な宮廷の官吏組織を迂回して奏上できるようになった。康有為と光緒帝の面談は、「百日維新」と呼ばれる帝国政策の急進化を招く。

おそらく康有為が起草した部分もあるかもしれないが、布告は宮廷から大量に出され始めた。皇帝は軍部を強化し、工業化を推進し、新たな官立大学を創設することを命じた。科挙制度が要求する標準的論文内容は、時事問題に変更された。8月、皇帝は官公庁の統廃合に着手し、清国政府の組織再編をさらに推進すると公表した。

だが、これらの改革措置は政府内の既得権益に対する直接的脅威だった。官僚組織は今まで享受していた特権や政策権限を失うかもしれず、宮廷の宦官《かんがん》や官吏は皇帝によって排除されるかもしれない。何より、光緒帝の横柄な伯母である西太后が追放される恐れもあった。

そこで9月21日、西太后はクーデターを率いて清国に対する支配権を再び掌握し、光緒帝は幽閉される。西太后は光緒帝が出した布告の大半を撤回した後、処刑も含めて改革派を粛清した。康有為は苦心惨憺《さんたん》して英国支配下の香港に逃れた。

1901年に出された布告では、西太后は康有為らの改革派を「逆賊」と呼び、彼の政策を「法の改革というよりも無法である」と断じた。[22]

五・四運動以降の孔子批判の高まり

康有為と彼の非正統的な儒教は、清国を救済できたのだろうか？　この問題には答えようがない。しかし、西太后のクーデター以降、1912年に最後の皇帝である愛新覚羅溥儀が退位するまで清国は弱体化の一途を辿る。

中国の帝政は、秦の始皇帝による中国統一から2100年後に終焉を迎える。清朝の崩壊は戦争と政治的混乱を導いた。この状況はその後70年間も続き、その間数千万人もの人命が犠牲になった。

紀元前5世紀の孔子とほぼ同じように、中国の新たな政治家、作家、思想家は中国を復興させる道を探し求めた。ただし、孔子と異なり、その多くが古代中国の伝統の中に答えを求めようとせず、その伝統を拒絶する中で答えを探した。

これは孔子排除を意味した。もはや、孔子像に関する改革派の議論では、国家は救えなかった。今や、中国再建への唯一の道は孔子の決定的排除ということで意見が一致した。孔子は中国に不都合なことすべての象徴であり、中国の腐敗と衰微の原因となる。また、中国と近代世界の間に立ちはだかる邪魔者とされた。

孔子像が大きく変化した要因は、清朝崩壊の結果、中国の若者の間で民族主義者が急増したことにある。共和政下での中国統一をめざす動きが弱まり、中国は軍閥が支配する領土に分裂していった。国内の学生や若者は、改革や近代化を待望するようになる。

1919年5月4日、ヴェルサイユ条約に対する中国の弱腰姿勢に対し、学生が激怒し、北京市旧城内での大規模な抗議活動に発展する。彼らは中国代表団に対し、英国などの列強が敗戦国ドイツの山東省権益を日本に与えることを阻止できなかったことに強烈な不満を示した。だが、これが「五・四運動」として知られるようになったのは、単なる街頭デモ以上の意義があったからだ。これは知識人による革命だった。

この運動に関係した若手の作家や活動家にとって、衰退していく中国を救済する唯一の道は、五・四運動の指導者の1人である胡適《こてき》（1891～1962）が「孔家店」と呼ぶ孔子をはじめとする儒家の影響を根絶することだった。

抗議する学生が唱えた反孔子のスローガンは「打倒孔家店」であり、これが運動のテーマ音楽になった。1916年、中国共産党創設者の1人である陳独秀《ちんどくしゅう》（1879～1942）は、次のように激しく非難した。

「孔子は封建時代に生きた人物なので、彼が提唱した道徳も封建時代のものだ。その目的、道徳、社会規範、生活方式、社会制度は、支配者や貴族階級の特権や名声を超えるものではなく、大衆の幸福とは何の関係もなかった」

陳独秀らにとって、孔子の教えは現在の政治的理想にまったく適合しなかった。1919年、陳独秀はこう指摘した。

「民主主義を支持しようと思えば、儒教、儀式作法、女性の貞操、伝統的な道徳、旧態依然たる政治に反対せざるを得ない」

中国が儒教から解放されない限り、この国は西欧列強に支配されてしまう。1915年、陳独秀はこう書いている。

「時代遅れの考え方に固執している民族が衰亡または滅亡の一途を辿ることは明らかである。今、我が国は依然として長い夢から目覚めておらず、十年一日のように長く孤立したままだ。我が民族が死に絶えるところを見るよりも、我が国古来の文化が消え去るところを見るほうがよほどましだ」

陳独秀によれば、中国の伝統が古代聖人から始まったという理由だけでは、現代のどんなものよりも優れているということにはならない。

「そのような伝統が個人や社会の実生活に何の役にも立たなければ、単なる空虚な形式主義や欺瞞《ぎまん》に過ぎない。たとえそれが聖人から教わり、政府に支持され、社会から賛美され、先祖が残してくれたものであったとしても、欺瞞であれば、やはり一銭の価値もない[23]」

もう1人の有力作家である魯迅《ろじん》（1881〜1936）は、小説を通じて儒教文化を攻撃することを選んだ。1918年に発表された魯迅の代表的な短編小説『狂人日記』は、当初狂人と思われた男が書いた日記という意味だ。

男は近所の人や自分の兄でさえ、自分を取って食おうとしていると信じ込んでいる。だが、この主人公が比喩的に描かれていることはすぐにわかる。小説は、自分の家族や町の住民が強いる抑圧的な中国の伝統主義を批判したものだ。

主人公は中国の社会規範を疑っているため、周囲から敵視される。他の人も伝統に抵抗してくれるなら社会の圧迫も止まるのだが、彼が嘆くように同調圧力は圧倒的だった。小説内の語り手は述懐する。

自分は人を食いたいのに、人に食われるのを恐れているので、みなひどく疑り深い目つきで、顔色をうかがいあっている……

そんな考えを捨て、安心して働いて出歩き寝て食べていれば、どれほど気持ちの良いことか。これは敷居の一つで、難所の一つにすぎない。それなのに奴らは父子、兄弟、夫婦、師弟、仇敵に赤の他人までが、ぐるになり、たがいにけしかけあい、牽制しあって、跨《また》ぐための一歩を死んでも踏み出せないのだ。

（中略）

四千年来常に人食いをしてきた土地、今日初めてわかった、僕もここに長年暮らしており、……

（藤井省三訳『故郷／阿Q正伝』光文社古典新訳文庫所収）

1919年に刊行された別の小説『孔乙己《コンイーチー》』は、主人公の名前にちなんで書名とした。科挙に受からず、そのまま貧困の淵に沈んでいった初老の儒者の話である。彼は口さがない地元の住民から容赦なく嘲《あざけ》られたり、憫笑《びんしょう》を買ったりした。小説の語り手が次のように説明する。

「（孔乙己は）話す言葉にいつも終わりが『なり・けり・あらんや』の文語調なので、相手は煙《けむ》に巻かれっぱなし。」（同『故郷／阿Q正伝』所収）

古語が多すぎるので、内容の半分もわからないのだ。

要するに、彼は孔子の言葉を繰り返すのだが、周囲からは馬鹿笑いされるばかりだ。彼には他に生計の手段もないため、盗みを働こうとする。罪は犯していないと否定するが、語り手が働いている酒場に来るたびに、顔の傷が増えていった。盗みの罰として顔を殴られるからだ。最後に彼を見かけたのは、（腿《もも》が折れていたので）酒場から両手で這い出る格好であり、それから姿を見ないことから、おそらく死んでしまったのだろう。

魯迅にとって、孔乙己は儒家の文人の役回りだ。彼は自分が世間に与えた損害や自分自身が笑い者になっている事実に気づいていない。[24]

孔乙己は孔子と同じ家名を持っていることから、魯迅が孔子を批判していることは容易に推測される。新人作家による孔子批判の中には、驚くほど個人攻撃に終始しているものもある。

林語堂は、もはや至聖先師孔子に超自然的な力はない、という。孔子は道徳的美徳の模範や無限の智恵の泉であったが、今では「生きてはいるが、道を踏み外し、悪戦苦闘し、一貫性のない人間になった」と１９３０年の講演で語っている。

古代の文脈で明らかになる孔子の生涯を検証すれば、「孔子は礼儀や体面に多大な悪影響を与えたことがわかる。相手の男性が孔子のように他人に厳しくて潔癖すぎると事前にわかっていたら、現代女性はそんな相手とは結婚しない」。

孔子の罪はあまりに大きすぎて、林語堂はそれを正直に正当化することができなかった。

「熱烈な孔子擁護者が、孔子の不祥事に対する弁解を考えたり、『論語』の証拠に反証しようとするのを見ると、私はいつも40歳の官吏が高いハードルを飛び越えようとしている光景を思い浮かべる。だが、スキャンダルがあまりに多く、ハードルがあまりに高いので、こうした儒家の官吏に勝ち目はなかった[25]」

『論語』から『毛語録』へ

毛沢東《もうたくとう》（１８９３〜１９７６）はこの熱狂的な反儒教主義を身につけ、１９４９年に米国の支援を受けた国民党を倒して中華人民共和国を建国すると、孔子に宣戦布告した。共産党にとって孔子は危険な反革命分子であり、労働者階級を抑圧し、彼らを搾取する社会秩序を築いた封建時代からのエリートだった。毛沢東の目には、聖人の影響がいまだに蔓延している状態では、中国は共産主義の輝かしき新時代へと前進することはできないと映った。１９４０年、毛沢東は有名な論文「新民主主義論」（毛澤東選集第五巻所収、毛澤東選集刊行会訳、三一書房）でこう述べる。

中国にはまた半封建的文化がある。これは半封建的政治と半封建的経済を反映したものであり、孔子をたっとび四書五経を読むことを主張し、旧い倫理と旧い思想を提唱し、新文化、新思想に反対する人びとは、いずれも、この部類の文化を代表するものである。帝国主義的文化と半封建的文化とはひじょうに仲のよい兄弟であり、彼らは、文化の面で反動的同盟をむすび、中国の新しい文化に反対している。こういう反動的文化は、帝国主義の封建階級に奉仕するものであり、うち倒さなければならないものである。このようなものをうち倒さないかぎり、どんな新しい文化も建設されない。[26]

毛沢東の指導下では、このような感情が正式な国策と化した。そこで、中国史上孔子に対する最も激しい一斉攻撃が始まる。その結果、20世紀後半以降、中国人は彼ら自身の伝統や歴史に関する知識を奪われてしまう。かつて孔子が支配していた社会は、孔子を知らず、孔子の教えに気づかず、孔子の道徳的使命を意識しない社会になる。孔子を敬う儀式も中国人の日常生活に特徴的なものとして2000年ほど続いてきたが、とうとう禁止された。

マルクス主義が新たな国家的正統性として登場し、必読の思想書として『毛沢東語録』が『論語』に置き換わる。儒教の経書は中国の教室から消え去った。儒学者も罪人のように追い詰められて逮捕され、労働改造所に放り込まれた。孔子廟は破壊され、儒教の書物は焼却される。1975年の海外向け雑誌『北京週報』には次のような批判記事が掲載された。

「（孔子の教えは）旧時代の思想、文化、伝統を体現した反動的思想体系である。過去の反動主義者はこの教えを改変し続けることにより、人民を支配し堕落させ、退廃的な経済基盤と反動的な政治支配を維持しようとした。孔子の教義は古代、復古、退化するものへの執着を支持するものなので、これを粉砕する必要がある。また、搾取階級の伝統的な概念も破壊しなければならない。その後でこそ、貧しい労働者階級の新たな道は開かれ、共産主義者の革命精神も十分に発揮できる」[27]

史跡をめぐる紅衛兵との攻防

紅衛兵は、孔子との戦争における毛沢東の歩兵だった。1966年、毛沢東が破壊的な文化大革命を発動した際、大半が学生だった紅衛兵は自分たちが人民を毒している痕跡ありと見たもの、すなわち共産主義以前の過去または「四旧（旧思想、旧文化、旧風俗、旧習慣）」を国内から一掃する。

紅衛兵の動きは暴力的になることが多かった。教授や知識人あるいは革命性に劣る官吏を殴打し、寺院を破壊し、古代遺跡を打ち砕いた。

現在、中国人の多くが文化大革命によって引き起こされた大混乱を遺憾と考えている。だが、当時の若者は毛沢東による衰弱した旧中国の破壊を支援することで、腐敗や抑圧、または孔子の存在しない近代文明の時代を迎えるという崇高な使命を遂行している、と信じていた。「四旧」を代表する人として、孔子以上の人物はいない。こうして、孔子は紅衛兵最大の仇敵になる。文化大革命が始まった直後、急進派学生は孔子の旧宅がある曲阜を攻撃目標にした。曲阜には儒教の三大史跡（三孔）がある。それは孔子の墓地の孔林、14世紀に再建された孔廟、孔家の旧宅である孔府の三つである。

紅衛兵には、「四旧」排除を仕上げるために三孔を是非とも破壊する必要があった。1966年後半から起きた曲阜を巡る争いは、全国で発生した孔子攻撃の象徴だった。[28] 同年8月23日深夜、曲阜での騒動が始まる。地元共産党指導部は恐ろしい知らせとともに叩き起こされた。紅衛兵が各地で史跡を粉砕し、歴史的遺物を汚しているという。

曲阜の指導者はこの報告を聞いて深刻になる。紅衛兵にとって許しがたい「四旧」と見えるものは、歴史豊かな町の共産党にとっては国宝級の貴重な文物であり、地元の誇りだったからだ。曲阜の共産党幹部は孔子の史跡を守るために立ち上がる。

地元学生は毛沢東の言葉で武装した紅衛兵と戦うことを選び、孔廟の大門に次のような垂れ幕を設置した。

「プロレタリアート文化大革命万歳！」
「緊急部隊は立ち上がり、階級の敵による一切の破壊活動を防止せよ！」

孔府の近所に住む地元の農業組織員は、孔府を保護する準備に着手した。彼らには紅衛兵が巻いている赤い腕章を作る余裕がなかったので、「我らは貧農である」と書かれた赤い布を胸に縫い付けた。これで、自分たちは紅衛兵側であることを訴えようとしたのである。

翌24日朝、曲阜県共産党委員会書記李秀は地元の役人を集め、「北京の行政機関である国務院が作成した国家保護文化財リストの中には曲阜の史跡もある。地元の史跡を保護するつもりだ」と語った。「三孔は本当に貴重だ。中国だけでなく、世界にとってもかけがえのない遺跡なのだ。誰であれ、これほど素晴らしいものを軽々に破壊してよいはずがない」

だが、李書記や他の地元の共産党幹部は紅衛兵との険悪な対立を懸念した。そこで、李書記は地元住民に暴力沙汰を避けるように求めた。

紅衛兵が到着すると、李書記は周囲にこう語った。

「我々は彼らを説得し、革命精神に基づいて対話し、何事もなくお帰りいただかなければならない[29]」

ところが、相手の紅衛兵は狂信的で組織化されており、すぐに暴力に訴える。友好的な話し合いに応じるとは思えなかった。曲阜で起ころうとしていたのは、革命の行方に関する2つのビジョンの対立だった。

紅衛兵は、中国と共産主義の壮大な未来の間に立ちはだかるものは、たとえそれが中国国家そのものの権威に挑戦することであったとしても、根絶しなければならないと考えていた。李書記と彼の仲間たちは、革命は同じ国家を維持することにかかっていると考えていた。皮肉なことに、李書記は共産主義の思想を利用して、共産党に反革命分子と見なされた孔子を擁護することを厭わなかった。しかし、李書記は儒教遺跡の保護が孔子や儒教の擁護だとは思っていなかった。

20年以上後の話になるが、李書記はあるジャーナリストに、孔子は「封建主義の象徴だ」と考えていたが、国有財産を守るため、そしてそれを通じて国家秩序を守るため、曲阜の儒教史跡を保護せざるを得ないと感じていた、と語っている。[30]

李書記が指示を出した直後、状況はすでに彼に不利に動いていた。当初こそ李書記を支持していた曲阜師範大学の紅衛兵も立場を変えた。要するに、外地の紅衛兵が曲阜に来て、自分たちの裏庭にある「四旧」の破壊を考えているのに気づいて当惑し、地元紅衛兵はそれなら自分たちの手で処分しようと決めたのだ。

翌25日、地元紅衛兵が孔府に到着すると、彼らの立ち入りを阻止するために文化財管理委員会のメンバー数名が待機しているのに気づいた。県知事は紅衛兵に対し、孔府は中国政府直轄の保護下にあると説明し、次のように警告した。

「孔府にあるものを破壊しようとする者は、誰であれ法を犯したことになる」[31]

だが、紅衛兵は引き下がろうとせず、大声で叫んだ。

「古臭い孔子の番犬を打倒せよ！」

そこで、文化財管理委員会に雇われている数人の労働者が県知事の警護に回り、紅衛兵に言った。

「ご先祖様と同じように、我々にも孔府を守る責任があるのだ」

年配の労働者が紅衛兵に諭した。

「毛主席が古代遺跡を『四旧』と呼んだことは一度もなかったぞ」

彼らは階級的に申し分のない労働者であったため、紅衛兵を説得して退却させることができた。

しかし、それから間もない26日夜、紅衛兵は「時代遅れの孔子を打倒せよ！」などのスローガンを叫びながら、改めて孔府への侵入を試みた。今回、紅衛兵と対峙したのは農紅軍という革命的農民集団だった。対立するグループは議論し、口論した後、とうとう乱闘になった。数人の学生が孔府の地面に引きずり倒され、袋叩きにされた。午前1時を回った頃、紅衛兵側はよろめきながら後ずさりし、学生寮に戻った。

だが、守備側の勝利はほんの一瞬だった。その数カ月後、北京から一層強大な紅衛兵が打ち負かされた地方の同志を救うために来襲し、曲阜にある儒教史跡の運命は一地方の問題から全国的な問題に一変した。

11月9日、北京の紅衛兵「五大領袖」の1人である譚厚蘭《たんこうらん》は国から孔子の史跡を排除する決意を胸に秘め、北京師範大学の学生200人を率いて曲阜に向かった。曲阜到着直後、彼女と追従する支援者が現地の委員会を訪れた。委員会のメンバーは彼女らを歓迎することで、対立を回避する寛大な態度を期待した。

だが、譚厚蘭は和解的な態度を示さず、その場に集まった群衆に声明文を読み上げた。推定される孔子の罪を列挙した後、曲阜の史跡を破壊してこそ、毛主席の革命思想の勝利を確かなものにできるのだと主張し、金切り声で要求した。

「無冠の王を馬から引きずり落とし、跡形もなく粉砕せよ！　儒家を焼き殺し、孔子の墓を平らにし、孔子を崇める反動的『当局者』や孔家のごますり野郎を摘発し、市中を引き回せ！[32]」

これに応じ、委員会のメンバーが毛沢東の著作をいくつか暗唱し始めた。すると、状況は妙な方向に変わり始め、双方が毛沢東の言葉を引用することで互いの立場を支持した。

だが、曲阜の役人はすぐに守勢に立たされた。譚厚蘭たちが孔府に到着すると、勤勉な紅衛兵は中国国民党の旗、共産主義者撲滅の手引書や孔家に不利な文物などを見つけたからだ。いずれも、紅衛兵には共産主義の敵に見えるものだ。

その日の政治状況では、これらの文物を保護する釈明がうまくできなかったことから、地元の党委員会は大いに動揺した。紅衛兵が孔子の史跡を徹底的に破壊することを恐れ、彼らは最善の努力を尽くして貴重な遺物を隠し、祭器や古い写真を埋め、絵画を覆い隠し、彫像を井戸の中に沈めた。11月11日、党委員会は国務院に連絡し、紅衛兵との対立では自分たちを支持するように掛け合った。だが、希望はすぐに打ち砕かれた。11月12日未明、中央文革小組から次のような回答が入った。「三孔は孔子一家の封建的過去の史跡として保護せよ。共産党が孔廟を保存するように勧告する」

これだけであればよかったのだが、決定的だったのは、この回答の最後で紅衛兵に対して「孔子の墓地を掘り起こしてもよい」と許可を与えたことだ。

これにより、譚厚蘭は自分の側が優位に立てると知った。共産党特有の冗長な言葉遣いを巧みに解釈し、彼女は即座に「孔家店の徹底破壊および毛沢東思想の絶対権威樹立のための全国紅衛兵革命造反連絡所」を設置した。この目的は、曲阜やその周辺部にいる紅衛兵に対して孔子攻撃への参加を督促することだった。

連絡所設置直後、上役である省政府高官から紅衛兵側に従うように命じられ、曲阜の役人の立場は完全に失われた。今や、紅衛兵の勢いを阻止できる者は誰もいなくなってしまった。

11月15日、孔子の史跡の破壊活動が始まった。紅衛兵の一隊が孔府を荒らし回った。本殿にある孔子像の喉を切り裂いた後、次は腹部を切り開き、その中から古書や古銭を取り出した。その他の塑像も引き倒されて引き裂かれ、塑像の内部から出てきた『論語』などの経書も持ち去られて廃棄された。

その後、紅衛兵は現地で2日間にわたる会議を招集した。孔子に対する最終的な勝利を祝うためにすべての作業を中止させ、この会議に全員参加させた。

11月28日は大きな行事の初日だった。紅衛兵はボロボロになった孔子像をトラックの荷台に放り投げたが、その顔は赤ペンキで塗りたくられていた。孔子像には紙製の三角帽子を被せ、そこには「天下最凶の悪党、旧き孔子を打倒せよ！」と書かれていた。

皆は街中を練り歩いた後、孔子の墓地から遠からぬところにある小さな橋に到着した。橋の下には大篝火《おおかがりび》がすでに燃えており、紅衛兵が唱えるスローガンの中で、数えきれない古書や絵画その他の遺品とともに、孔子像は炎の中に投げ込まれた。

2日後、孔子には究極の侮辱が浴びせられた。孔子の墓地が掘り返され、木棺がこじ開けられた。労働者がシャベルと縄を使って墓の石板を取り外した。長い間封じられていた木棺から有毒ガスが出てきたときに備え、彼らは口元をマスクで覆っていた。孔子は約2500年前に死んでいたためか、紅衛兵が墓を掘り起こすと、目にしたのは塵芥だけだった。おそらく、中国の至聖孔子の痕跡が何も残っていないと中国の人々に示されたのは、この瞬間だった。

批林批孔運動による弾圧

曲阜での冒瀆三昧は、毛沢東による孔子攻撃の始まりに過ぎなかった。1973年、毛沢東は個人的に「批林批孔《ひりんひこう》運動」を支持し、かつてないほど孔子（および林彪《りんぴょう》）を非難した。これは、共産党政権の有力な政敵である林彪の身代わりとして孔子を利用したものだ。

1971年まで、毛沢東の後継者に最も近いと目されていたのは林彪元帥である。だが、同年、彼は不可解な飛行機墜落事故で亡くなった。毛沢東は「林彪が私を暗殺する計画を企てていた」と主張し、政権から林彪派を粛清する一環として林彪を孔子の隠れ弟子と断じ、その名声を汚した。政府系報道機関は、「罪の一つは、彼の事務所の壁に孔子の格言を飾っていたことである」と報じた。政府発行の小冊子やポスターなどの大量の宣伝物は、林彪と孔子を関連付けることに血道を上げていた。

これらの印象操作により、謀略を巡らす2人の協力ぶりが大々的に宣伝された。例えば、2人のねじ曲がった身体に武器や蛇が全身を覆っている絵柄もあった。林彪と孔子が斧《おの》を手にした労働者によって斬首され、あるいは2人の頭から血と汗がしたたり落ちている小冊子の表紙など、残虐な描かれ方も目に付いた。

加えて、政府は『批林批孔猛開炮：上海紅小兵児歌選』という子供向けの歌のイラスト付き小冊子も刊行した。小学2年生向けに書かれた「射撃訓練」という歌詞では、林彪と孔子の藁《わら》人形に銃で狙いを定めて発砲する少年少女の心温まる物語が展開されている。最後の1節では、2人の紅小兵が「孔子を天国に旅立たせよ」と歌う。

このような暴力的なイメージは、当時の宣伝物やポスターに共通していた。孔子は常に死と腐敗を伴い、やせ衰えた老人やただの骸骨として描かれることが多く、時には墓碑、頭蓋骨、棺桶とともに絵柄となった。

政治的な宣伝機関は、帝政時代の孔子に曲解した名誉称号を与えた。例えば、孔子の墓碑銘を「至聖先師」という一般的な称号ではなく、「至牲先死」という侮辱的な称号に置き換えた絵があった。

このようにして、孔子は秦代以来中国史上最低の地位にまで落とされた。毛沢東は「私は孔子の影響力を始皇帝よりも破壊した」と豪語した。始皇帝は嫌われ者であり、2000年以上前に悪名高い「焚書」を行った人物だ。1958年、毛沢東は共産党幹部に対し、次のように弁舌を振るった。

「（始皇帝が）生き埋めにした儒者は460人に過ぎないが、我らが生き埋めにしたのは4万6000人だ。しかも、反革命分子に対する弾圧では、まだ反動的知識分子を殺し終わっていない。以前、民主的な連中と議論したことがある。奴らは我らのことを秦始皇帝のようだと非難したが、それは間違いだと言ってやった。我らはその100倍も凄いことをやってのけたからだ[33]」

*

以下、ほんの数十年前には考えられなかったほど、グローバル化と西洋化の衝撃と相まって、毛沢東の攻撃はアジアにおける孔子の影響を弱めていった。

1960年代までに、「儒教は東アジアで死物と化し、せいぜい儒学者が古物研究家として文章を書き殴る程度の存在となった」と指摘したのは、アメリカの偉大なアジア思想研究者ウィリアム・セオドア・ド・バリーである。

「どのようなものであれ、毛沢東時代の中国に関する本格的な研究は実質的にタブーであり、儒教の存在が確認できるのは博物館ぐらいだ、とよく聞かされていた[34]」

これは中国の学界や官界でも同じことだったかもしれない。だが、中国以外では、孔子は依然として健在だった。アジアの社会は何世紀も儒教の教育や教化を受けてきたから、孔子の影響を取り除くことは容易ではなかった。アジアの社会は東アジア社会の中に血肉として浸透しており、自分を儒教徒と意識する人はほとんどいないほどに生活に自然に溶け込んでいる。

20世紀後半に浮上したのは孔子を巡る国際的な議論であり、現代社会において孔子が残したものの意義や役割の是非が論じられるようになった。

第II部

孔子、家庭で心安まらず

Part Two:

Confucius at Home, But Not at Ease

第五章
父親としての孔子

子《し》曰《いわ》く、父母《ふぼ》は唯《た》だ其《そ》の疾《やまい》を之《こ》れ憂《うれ》う。

（『論語』為政2―6）

「孝」が形作る東アジア社会

羅康瑞（ビンセント・ロウ）は香港の大物実業家であるが、日曜日の夜だけは別の顔を見せる。彼は有名な実業家一族の末裔《まつえい》であり、不動産業の瑞安集団を創業し、ショッピングモール、オフィスビル、高層マンションを中国全土で展開している。資産27億ドルのビジネス帝国をさらに拡大する新たな機会を探すため、彼は絶えず飛行機で移動している。[1]

だが、どこにいようと、懸案の財務問題や投資案件が何であろうと、彼は93歳の母親、羅杜莉君（ロウ・トウ・リー・クワン）との日曜日の晩餐《ばんさん》のために香港に戻ることを心がけている。彼は次のよ

Chapter Five: Confucius the **Father**

うに説明する。

「家族はとても大切ですから。父は祖父母によく尽くしていた。父からは、年長者を敬わなくてはならないといつも説教されていた」[2]

ビンセントと8人の兄弟姉妹は、この父親の言葉を真剣に受け止めている。

ある蒸し暑い6月の夜、香港島ビクトリアピークにあるビンセントの実家のダイニングルームには、兄弟姉妹、孫、曾孫の合わせて4世代がひしめき合っていた。アメリカの名門トリニティ・カレッジを卒業したばかりのビンセントの息子、羅俊誠（エイドリアン・ロウ）もいた。アメリカの他の若者のように友達やビデオゲームと遊ぶこともなく、毎週日曜日にはここに集まる。エイドリアンはこう語る。

「日曜日の夜に家族で食卓を囲まない人生なんて考えられない。大学にいる僕の（アメリカの）友人は皆同じように、17歳や18歳になると、（実家から）一刻も早く離れたがった。家族との絆はあまり強くない」

しかし、羅家の晩餐も以前ほど伝統的なものではなくなっている。ビンセントの亡父、羅鷹石（ロウ・イン・シェク）は家族内の一切を取り仕切っていた。ビンセントが思い出すのは、父親が教育の重要性を説き、子供たちの将来を話していたとき、自分や兄弟姉妹は静かに座って目の前の皿を見つめていたことだ。

こんな光景は、この地域では別に珍しいものではなかった（今でもそうだ）。ビンセントは父親のことを「典型的な中国の父親」と見ていた。父はあの世から子供たちに威張り散らす。彼の真筆である額入りの書は食堂近くの壁に飾られており、それには羅家独自の『論語』のような家訓が素朴な言葉で書かれてあった。例えば、子供に勤勉と倹約を勧め、常に学んで習得せよと説いていた。

食卓で説教していた父親は亡くなり、子供たちの大半がアメリカやオーストラリアで教育を受けるようになると、夕食時には多少西欧的な雰囲気が漂うようになった。食卓では対立する主張、議論、意見が不機嫌に飛び交うようになり、最年少の子供は料理を神経質に見つめなくなり、楽しげに遊んだり騒いだりするようになった。

今回は次の家族休暇を巡り、賑《にぎ》やかな論争が起きた。母親の羅杜莉君はすでにかなりの高齢だが、それでも年に一度は旅行に出かける。旅行には家族の大半が参加する。次の旅行先はシンガポールの予定だったが、ビンセントは計画の変更を提案した。インドネシアの近くは、森林火災による大気汚染が深刻だと注意を促した。

すると、新たな旅行先を決めようとして、また騒々しい議論が始まった。この騒がしさを止められるのは母親だけだ。父親ほど威厳に満ちてはいないが、女家長たる母親はその場の最高権威者であり、彼女が口を開けば、他の者は耳を傾けた。

この家族は驚くほど保守的な一面も残す。母親の家の近くには、ビンセントの兄弟3人とその妻たちが別々のマンションに住んでいる。ビンセントと他の兄弟姉妹は毎年2回、彼女の誕生日と中国の旧正月に実家を訪れ、母親に挨拶する。ビンセントによれば、「我々は両方の長所を持ち合わせている。つまり、西欧文明の影響を強く受けているだけでなく、今でも伝統を守っている」。

彼らの伝統とは、孔子の教えだ。孔子は家族を感化し、アジア社会に最大の影響力を及ぼしている。例えば、億万長者のアメリカ人ＣＥＯが母親との夕食を最優先に動くことなど想像できるだろうか。ましして、母親との同居なども。

だが、東アジアの場合、家族の責任は西欧より重視される。というのも、過去2000年以上にわたり、孔子が説く理想的な家族像以上に脳裏に焼き付いている教えはないからだ。

孔子は相互責任によって固い絆で結ばれた家族を生み出した。親は子への支援や教育に情熱を注ぎ、子は高齢の親を世話することが期待されている。西欧ではあまりにも日常風景と化していることだが、年老いた親を置き去りにして1人暮らしを強いることは東アジアでは恥ずべきこととして非難される。

孔子も家庭内の極めて厳格な上下関係を説く。ビンセントの父親のように素っ気なくて厳格な父親は子供に恭順を求めるが、彼らの将来を心から案じてもいる。母親は夫に従うとはいえ、家庭内では威厳があり、尊敬に値する強くて愛情に満ちた存在だ。子は親の希望に従うことで喜ばせようとするが、親の期待が子の実力を上回ることも多い。このような献身的な愛情は、たとえ親が亡くなっても消えることはない。子には祖先の礼拝を通じて、親の御霊を祭ることが期待される。

この儒教的家族の様子には親しみを覚えるかもしれない。インド、中東あるいは西欧でも、伝統的な家庭で父親が支配的な存在であることは別に珍しくない。国を問わず、子は親に従うものと教えられる。「モーゼの十戒」の5番目でも、やはり「汝《なんじ》の父母を敬え」と命じる。この言葉は、孔子の口から直接聞いても違和感はない。

近年の西欧社会では、子供は「パパは何でも知っている」と言い聞かされ、「子供は大人の前で静かにしていなさい」と教えられる。宿題をせず、門限を破るような10代の若者は反抗的な奴だと決めつけられる。

どの文化でも良好な家族関係の大切さが強調され、世代間の結束が奨励される。筆者の子供時代でお気に入りの思い出は、毎週日曜日に祖父母の家で昼食を食べたことだ。祖父は小さな食堂の経営者で、食卓には山盛りのピエロギ（肉や野菜などを包んだ餃子のようなポーランド料理）やミートボール、熱々のチキンスープが並んでいた。

それでも、孔子の完璧な家族観は、西洋の経験にはあまり馴染みのない点の1つだ。儒教を異質なものにしているのは、哲学全体における家族の中心性であり、孔子が社会の他のあらゆる義務よりも親への忠誠を重視したこと、そして孔子の影響下で家族関係が極限まで発展したことである。

孔子にとって、家族とは幸福で健全な世界の基盤にほかならない。家庭が強く、平和で、儒家が好んで言うように「よく治まる」ものであれば、社会全体が強固で平和になり、その結果、繁栄する。逆に、家庭が乱れていれば、社会全体が混乱に陥る。

孔子は良い統治についての見解で有名であり、聖王について絶え間なく語ったが、真の儒教社会は強権的な国家によって支配されるのではなく、家父長的な父親たちによって成り立ち、それぞれの父親が自分の家族を統率している。

あらゆる人間の行動や制度は、儒教の家族に対する考えによって形作られた。1936年、作家の林語堂はこう説明している。

「家族制度は中国社会の根源であり、すべての中国人の社会的特徴はここに由来している。面子、恩恵、特権、感謝、礼儀、役人の汚職、公的機関、学校、ギルド、慈善活動、もてなし、正義、そして最終的には中国全体の統治――これらすべてが家族と村の制度から生まれ、それらすべてが独自の性質や特徴をそこから借りており、その独特の特徴についてはその制度の中に明解な説明が見いだされる」[3]

よく整った儒教的家庭は、「孝」の概念の上に成り立つ。孝は孔子の教えの中心と考えていい。円満な儒教的家庭なら、子は常に親に孝行を尽くすか敬意を払っており、親の関心事や願望を自分より優先して考える。

　孝は儒家が人の道徳的資質を判断する際の最重要基準となる。実際、儒家は孝が他の道徳の基礎であり、人生のあらゆる面における適切な社会的行動の基礎であると考える。あなたが親を尊敬しているなら、忠実なる市民であり、高潔な紳士であり、愛情深い配偶者でもあるということだ。

　儒家は子の親に対する振る舞い方を詳細に論じてきた。孝を定める規範は細かくて厳しく、無視できない。親が子に命令する力はほぼ絶対的なものだ。近代以前の中国では、子に行動の自由はほとんどなかった。息子や娘の結婚相手、将来の仕事、時には住む場所も、決めるのは親だった。１９７１年、人類学者のフランシス・シューはこう説明している。

「（中国の家庭には）選択肢や不確実性がほとんどない。父親、父親の祖父、あるいはそれ以前の祖先の後を継ぐ場合を除けば、進路はすべて閉ざされている。好ましい人生とは、定められた道筋に従って生きることだ。他の進路はすべて悲惨や自滅への道なのだ[4]」

　儒教社会では、孝の義務には際限がないように思われた。例えば、唐代（６１８年〜９０７年）初期、中国人は「親による子喰い」さえ始めた。親が不治の病に苦しんでいるとき、親孝行な子は自分の身体の一部を切り取って料理し、病身の親に食べさせた。

　そこまで極端な例は少ないが、儒教の孝が今日の東アジアにおいて重要である理由は、その影響が広範囲にわたり、今も続いているからだ。歴史家のキース・ナップは、孝が「中国の社会生活のほぼあらゆる側面、すなわち権威に対する態度、住居形態、自己像、結婚慣習、性的嗜好《しこう》、感情生活、宗教的崇拝、そして社会関係を形作ってきた[5]」と述べる。

簡単に言えば、儒教の孝は人々の社会における位置を決定し、東アジア社会の基本的な構造を築き上げた。ほぼすべての人間関係が家族的な性質を帯びており、それは政府と国民の関係、アジア企業の経営、そしてオフィスやパーティー、街中などで出会うあらゆる人々との社会的なやり取りにおいても見られる。

常に「父親」と見なされる存在が身近におり、尊敬を払うべき相手がいる。職場の上司、先生、国家の指導者、近くにいる年上の人などだ。人間関係は一般的に、父と子のように上下関係を前提としたものになる。その結果、階層的な社会が築かれる。

目の前の相手に対して自分の行動を決めるのは、相対的な立場だ。あなたは相手より年上か？　それとも年下か？　地位が高い役職に就いているか？　それとも会社の下層に近いか？

孔子は、すべての人にはその人の身分や職業に基づいた役割が与えられており、各自が自分の役割を理解して果たせば、社会は平和になると信じていた。そのため、儒教はしばしば「名分の宗教」（名教）と呼ばれることもある。この地位へのこだわりは、今日に至るまで続いている。東アジアのビジネス会議に参加すると、最初に名刺交換をするのが必須だ。名刺に印刷された役職が、会議における他の参加者との立場を瞬時に決定する。

孝の浸透は、激しい批判の的になっている。孝と孝が生み出す閉鎖的階層社会は、起業家精神を抑圧し、遊び場でいじめを助長し、企業の競争力を阻害し、権威主義的な政府の土台を築くなどあらゆる種類の悪弊を生み出すとして非難される。20世紀のある批評家は次のように指摘している。

「孝という教えの悪影響を受け、中国は巨大な服従者生産工場に変わってしまった」[6]

多くの点で近代社会における儒教的な孝の役割に関する議論は、今日に至るまで続いている。

羅家のような家族では、儒教と西欧の家族観のバランスが絶妙に取れている。だが、いわゆる伝統主義者は西欧の個人主義が社会の活力を弱体化させ、高齢者の遺棄や非行少年少女のような罪悪を招くと嘆く。また、儒教的な孝の排除が十分進んでおらず、21世紀の社会に必要な独立心や自発性を妨げていると考える人もいる。

一方、依然として儒教的な家族の伝統を守ろうとする人々も、周囲から古風な考え方の持ち主や反時代的人物と思われるのを恐れ、伝統を認めることに躊躇している。

グローバル化の波に洗われる今日でさえ、孝の考え方や孔子の教えが果たしている役割を理解することなしに、東アジアの文化や社会は理解できない。

因《ちな》みに、アジアで孝という考え方を編み出したのは孔子ではない。考古学的な証拠では、紀元前三千年紀初頭、中国人はすでに祖先崇拝を行っている。孔子より5世紀前の周初期までに親に仕えることが道徳的責任だという考え方が確立された。

しかし、孔子はその考え方に大きな影響を与え、孝の意味を根本的に刷新することに貢献した。孔子は、孝には単なる親への物質的な支援や尊敬より遥かに大きな意義があると考えていた。孔子にとっては、真の意味で孝の義務を果たすとは、親に畏敬の念を示し、恭しい態度を保ち、従順に仕えることだった。

孔子は『論語』で、この点を明確に説いている。

子游《しゆう》　孝《こう》を問《と》う。子曰《しいわ》く、今《いま》の孝《こう》なる者《もの》は、是《こ》れを能《よ》く養《やしな》うを謂《い》う。犬馬《けんば》に至《いた》るまで、皆《み》な能《よ》く養《やしな》う有《あ》り。敬《けい》せずんば、何《なに》を以《もっ》て別《わか》たんや。（為政2-7）

訳：子游が孝行についてたずねた。先生は言われた。「今どきの親孝行とは、親を扶養することだという。だが、犬や馬でも餌を与えて養っている。親を尊敬する気持ちがないと、どうして区別できるだろうか」。

別の場面では、次のように説明している。

孟武伯《もうぶはく》　孝《こう》を問《と》う。子曰《しいわ》く、父母《ふぼ》は唯《た》だ其《そ》の疾《やまい》を之《こ》れ憂《うれ》う。（為政2-6）

訳：孟武伯が親孝行についてたずねた。先生は言われた。「父母には病気以外の心配をさせないことだ」。

弟子から孝について聞かれたとき、孔子は端的にこう答えた。

子曰《しいわ》く、父母《ふぼ》に事《つか》うるには幾《よう》やくに諫《いさ》む。志《こころざし》の従《したが》われざるを見《み》ては、又《ま》た敬《けい》して違《たが》わず。労《ろう》して怨《うら》まず。（里仁4—18）

訳：先生は言われた。「父母に仕えるときには、おだやかに諫める。父母がそれを受け入れないと見たときには、敬虔《けいけん》な気持ちでそれに逆らわない。心配しても怨んだりしない」。

孝の義務を尽くすことは、孔子の言葉よりもかなり難しいことだった。孔子や後年の信奉者は従うべきルールや行うべき儀式を考え出した。全人生を費やしても、人生に関わる大決断を下しても、孝の義務には終わりがなかった。

ある儒教の経書によれば、孔子が次のように説いている。「孝行息子が親に尽くす世話は、以下のようなものだ。すなわち、日常生活では親を心から尊敬する。親を養う際には意を尽くして楽しませる。親が病に伏したらできるだけ心配する。親が亡くなれば限りなく哀しむ。親を祭るときには可能な限り荘厳に行う」

孔子によれば、孝は極めて大切なことなので、子供は住居や職場もそれを念頭に置いて決めるべきだという。孔子は次のように諭している。

子《し》曰《いわ》く、父《ふ》母《ぼ》在《いま》せば、遠《とお》く遊《あそ》ばず。（里仁4－19）

訳：先生は言われた。「父母が生きている間は、あまり遠くに旅をしない」。

また、孝行息子なら、孝の考えに基づいて倹約することを勧めている。

「自らの振る舞いを慎み、倹約に勤《いそ》しむのは、父母を養うためである」[8]

子が負う孝の義務は、親が亡くなった後も終わらない。孝行であるか否かは、親の死後も親の希望に従い続けているかどうかで判断された。

「父親が生きている間はその気持ちを察して孝行に励み、その没後はその行いを思い出し、喪中の3年間父親のやり方を変えなければ、孝行息子と呼んでよい」

親の死を悼むことは儒教の儀式の中で最も大切なものとされ、孔子は喪に服する期間を3年間と定めた。

「（喪中の）君子はご馳走《ちそう》を食べてもおいしいとは思えず、音楽を聴いても楽しくなく、家にいても落ち着かないものだ。だから美食もしなければ、立派な衣服も着ないのである」

弟子が孔子に対し、3年間は長すぎると主張した。すると、その弟子が部屋を出た後、孔子は、「3年間喪に服することは、息子や娘が育ての親に対してできる最低限のことではないか」と辛辣に批判した。

子曰《しいわ》く、予《よ》の不仁《ふじん》なるや。子生《こうま》まれて三年《さんねん》、然《しか》る後《のち》に父母《ふぼ》の懐《ふところ》を免《まぬか》る。夫《そ》れ三年《さんねん》の喪《も》は、天下《てんか》の通喪也《つうそうなり》。予《よ》や三年《さんねん》の其《そ》の父母《ふぼ》に愛《おし》むこと有《あ》るか。

（陽貨17－21）

訳：先生は言われた。「予《よ》［弟子の宰我《さいが》の本名、宰予《さいよ》］は人情を知らぬ奴だな。子供は生まれて三年経つと、ようやく親の手を離れるものだ。もとより三年の喪とは天下に広く行われている慣習だ。そなたは、父母から三年の愛を与えられなかったのかね」。

そのうちに、子としての行動規範は驚くほど詳細になった。五経の1つである『礼記』は礼に関する詳細な論考であり、漢代（紀元前206年～紀元220年）初期に現在の形式に編集されたようだ。明け方に息子とその妻は身を清めて身なりを整え、次の行動に移ることになっている。

身支度が終わると、父母や舅姑《きゅうこ》の所に行く……心を穏やかにして声を和らげ、衣服は寒暖のいずれかを尋ね、身体の具合や痛痒《つうよう》の有無、不快な部分はないかと問い、何かあれば、その場所を優しく撫《な》でたり、さすったりする。また、父母が（部屋を）出入りする際には、先に立つか後について行き、転んだりしないように手助けする。

次は手洗い桶を持ってきて、父母に手洗いを勧める。年少者が桶を持ち、年長者が水を注ぐ役割を担い、父母に手を洗うように促す。父母が手を洗い終わると、手ぬぐいを渡す。
次は食事を勧め、食べたい物を問い、恭しく料理を運んでくる。
以上のすべてを行う際には、両親が心からくつろげるように和らいだ表情で対応する。

食事の際には、子は両親の食べ残しだけを食することになっている。

「朝夕の常食の際には、（長男の）息子とその妻が（両親に）すべて食べるように勧めるが、それでも残った物は息子とその妻が頂戴する」[10]

刷り込まれた孝行譚

息子や娘が親の痒《かゆ》いところを掻《か》き、食べ残しを頂き、「息をひそめて」そうせざるを得ないのは、一体どういうわけなのだろう。

一般的に、宗教の教義や道徳規範は、私たちの個人的な欲望に反するようなことをさせることを目的としているが、儒教も様々な点でその試みに優れていた。父親、学者、役人たちは、親孝行が親と子の両方の利益につながることを、息子や娘たちに納得させることに成功した。息子たちは、将来、もし長生きすれば、親に代わって儒教的な一族のトップに立ち、家庭の王となる機会を得ることができるのだということを、心の支えにした。

儒家たちの親孝行キャンペーンは非常に広範なものであったため、たとえ大人になることを楽しみにしていなかったとしても、若者たちがその概念を拒否することは難しかった。親孝行の重要性は、幼い頃から家庭や学校で子供たちの頭に叩き込まれた。やがて、親孝行は東アジアの家庭に根付き、その実践は疑う余地のないものとなった。ほとんど自動的に、日常生活の一部として定着していったのである。

親孝行を若者の頭に刷り込む最も効果的な方法の1つは、正しさの究極の手本として義務を真剣に果たす子供たちを賛美する逸話を広めることだった。このような物語は後漢時代に教育を受けた支配層の間で拡散するようになり、何世紀も下ると、伝説の形を取るようになり、町や村の間で繰り返し語られ、国内の津々浦々まで伝わり、ついには儒教の影響を受けた東アジアの国々にまで浸透していった。教育のあるなしを問わず、誰でも逸話の1つや2つは語ることができた。

おそらく元代（1271年～1368年）に書かれた『二十四孝《にじゅうしこう》』と題する挿絵付きの孝行譚《たん》は、中国史の中でも最も有名な書物の1つである。物語の大半は、驚くべき自己犠牲を伴う孝行譚を紹介しており、親孝行の務めを果たせるのであれば、子は喜んで試練に耐えた。

ある説話では、父親を救うために息子が素手で虎を撃退する。別の説話では、息子は自分だけ蚊に刺され、休んでいる親が刺されないようにした。孝行譚の多くは、このような極端な、時に憂慮すべき行動でも称賛している。もっと気分が悪くなるような説話では、病状の良否を確かめるため模範的な息子が父親の便を舐《な》めた。[11]

親を尊敬する子には幸運が舞い込むと説くこれらの物語は、道徳的説諭を聞いて親孝行の務めに励む子にとっては新たな動機付けになった。

ある説話では、「父親は頑固者で、母親は粗暴であった」にもかかわらず、この父母に孝行を尽くした舜《しゅん》という人物の話を伝えている。当時の天子堯《ぎょう》は舜の孝行ぶりにとても感銘を受け、「9人の息子を舜と親交を結ばせ、2人の娘を舜に嫁がせた。（すると、息子も娘も舜に感化されて謙虚になり）天子の座を舜に譲った」。

　また、別の説話は貧しい家の息子郭巨《かくきょ》の話である。彼は年老いた母親と3歳の息子に十分な食事を与えるために日々苦労を重ねていた。だが、このままではもう限界が来ると考え、孝行息子として恐ろしい犠牲を払うことにした。自分の子を殺して母を養おうと決め、妻にその決意のほどを明かす。

「我らの子は母親と食事を分けている。こうなれば、この子を埋めるしかないと思う」

　そこで、郭巨が地面を掘り始めると、そこから黄金の釜が見つかる。彼の献身的な孝行振りに対する天からの贈り物だった。[12]

　孝行の力は極めて大きいため、尊敬する親が奇跡をもたらすと考えられていた。

　ある説話によれば、孝行息子には摩訶《まか》不思議な恩恵が与えられる。孟宗《もうそう》という男が年老いた病身の母親を献身的に養っていた。あるとき、母親が筍《たけのこ》汁を所望するも、そもそも筍が手に入らない真冬だった。孟宗はどうすればよいのかと途方に暮れてしまい、竹林の中を歩きながら泣き始めた。

「彼の孝行ぶりが天地を感動させたのであろう。しばらくすると、地面が割れ、土の中からたくさんの筍が出てきたのである」

　孟宗はこの不思議な筍を大量に持ち帰り、汁物を作って母親に与えると、病気もすぐに癒えた。[13]

　さらに、別の説話によれば、董永《とうえい》という男が父親が亡くなったのでまともな葬式を出したいと思ったが、貧しすぎて借金せざるを得なかった。その代償として、身請け先で働くことを約束する。その身請け先に行く途中で、彼の妻になりたいという女性に出会う。そこで、２人で働くことになり、身請け先に行くと、先方は絹織物を３００反織ってくれたら家に戻ってよいという。

「彼の妻は１カ月間織り続け、ようやく仕上げた。(帰宅する道すがら)２人が出会ったニセアカシアのところまで来ると、妻は董永に別れを告げ、天に帰って行った」

実は、天帝が董永の親孝行ぶりに感心し、「天の織姫」を遣わして借金返済を手伝わせたのだ。[14]

家族をまとめる接着剤

親孝行が儒教文化の中心にまで浸透したことは、東アジア文化の中で孔子がどれほど最重要な思想家になったかを雄弁に物語る。政府の法令や一握りの学者による真剣な警告だけでは、中国を儒教社会に変えることはできなかった。実際、何世紀もの歳月といくつもの要因を必要とした。

例えば、親孝行を中国の家庭の中で最も大切なものに引き上げたことだ。孔子の存在は東アジアの家庭を形成する上で重要だったかもしれないが、東アジアの家庭も儒教の普及にとって不可欠だった。親孝行は、東アジアの一般人の生活にとって儒教を大事なものにする教えの1つだ。儒教的家庭慣行や儀式がその地域全体の家庭にとって一般的なものになると、孔子の重要性と孔子に対する尊崇の念も深く浸透するようになった。

実際、因果関係ではどちらが先かわからないという問題は残る。孔子が東アジアの典型的な階層的家庭を作り上げたのか、それとも東アジアの階層的家庭が孔子の教えを広めたのか。

歴史を見れば、2つの力が働いていた。親孝行の考え方が中国社会で広範に受け入れられるようになったのは、家庭の性質が西暦紀元を境にして何世紀も変化してきたからだ。

家庭に関する孔子の教えが認められたのは、中国国内の不安定な政治的経済的状況に対応せざるを得なかった家庭にとって、使い勝手が良かったからだ。漢武帝が儒教の教義は権力の確立に極めて有効であると悟ったように、中国の家庭でも儒教の教えが政治的・社会的・経済的に非常に役立つと知れ渡った。

アジアの家庭は大人数で複雑なものであると考えがちだ。ビンセント・ロウ一家のように、1つ屋根の下に何世代もの家族が住んでいる例は、今でもアジアの大半でよく見かける光景だ。祖父母が子や孫と同居している。

だが、これは孔子が生きていた時代には必ずしも標準的ではなかった。当時は、現在のように4人、5人で構成されている家庭が多かったようだ。政府の政策も実質的に核家族を奨励していた。周では国内が分裂するようになったことから、戦国時代の指導者が大家族を少人数の単位に分けようとした。というのも、徴兵の際は世帯を基準にしていたため、世帯数が多いほど徴兵できる人数も多くなったからだ。秦代（紀元前221年〜同206年）では、世帯の規模を強制的に小さくするような徴税措置まで導入した。

ところが」、漢代を通じて、数世代にわたる拡大世帯が理想的になった。その背景については諸説ある。

農耕牛による耕作など農業のイノベーションにより、農作業がより効率的かつ労働集約的になった。さらに人手が必要になったため、農家は資金や人数を出し合い、共同生活するようになった可能性がある。

別の説では、漢の没落に伴い、世帯の規模が大きくなった。政治不安が増大し、中国経済が低迷すると、各世帯は資源集約のためにまとまって大所帯となる必要に迫られた。そのうち、大型の家族は地元の権力者としてより大きな影響力を持つようになり、親戚を高官の役職にはめ込むことも可能になる。その結果、巨大な一族は自分たちが居住している地域を政治的経済的に支配するようになった。

言い換えると、権力が帝政国家から大規模で有力な一族へと大きく移行し、漢は弱体化しすぎてこの流れに抵抗できなかった。

動機はともかく、紀元2世紀までにより多くの親族が一つ屋根の下に住むようになると、一族の勢力も拡大の一途を辿る。支配層の一族は文字通り人数が多いことを示す「百口」と自称するようになる。何百人もの人々の中には祖父母、孫、兄弟やその妻、甥《おい》や姪《めい》などが含まれ、広大な屋敷で共同生活をした。

だが、この巨大な一族を守り続けることは至難の業だ。例えば、我が子の利益を守りたい妻からの圧力で兄弟間に対抗意識が生まれ、ついには兄弟間の抗争に発展する。息子も父親の支配下から離れ、自分の道を切り開きたいという強烈な思いを抱くようになる。その過程で一族から独立するとともに、富の一部を自分のものだと主張するようになる。

一方、拡大家族を維持することで得られる物質的社会的利益はあまりにも大きいため、家族の維持自体が最優先に考えられるようになった。そこで、父親は子や孫たちを一つ屋根の下で抑え続けられる方法を模索した。

ここで孔子が登場する。家父長は厳格な階層性を強要して自分たちが絶対的権威を振るう根拠にし、子や孫が従うべき責任を感じさせる必要があると考えた。こうして、親孝行に関する孔子とその教えは極めて魅力的になる。親孝行は父親や年長者に従順であることから道徳的な責務に変わり、人間的価値の尺度や礼儀正しい振る舞いの基準となる。

すなわち、一族全体のためなら息子が個人的利益を放棄するように仕向ける特別な基準となった。したがって、儒教が中国社会に浸透した背景には、拡大家族を維持する必要性が大きく影響していたの役割を果たした。[15]

と考えていい。階層的な家族はすでに構築途上にあった。孔子は家族を1つにまとめる強力な接着剤の役割を果たした。[15]

国家は家庭の拡大版

親孝行が役に立つと考えたのは、支配的な父親だけではない。権力の座にある者なら誰でも、上は皇帝まで儒教的な孝を効果的に操ることが可能だ。この事実の意味は、中国政府やそれに仕える儒臣にも分かった。孝が従順な息子や娘を作り出せるのであれば、君主に忠実な民衆も作り出せるのではないか？　孝は統治手段としての魅力もあった。孝を活用することで、孔子は中国社会に深く入り込むようになる。中国で孝の重要性は高まり、宮中序列に影響を及ぼす役割に直接関連するようになった。

漢代以来、皇帝は孝を積極的に奨励した。政権側は学校で子供に孝の考えを繰り返し教え込み、模範的な孝行息子には減税などの恩恵を与えた。また、「郷挙里選《きょうきょりせん》」という官吏登用法では、地方の有力者が地元の優秀な人物を推薦することになっていたが、その最重要項目が「孝廉」だった。模範的な孝行ぶりが認められると、官吏候補に推薦された。

高祖を除く漢皇帝の「諡号《しごう》」の大半には頭に「孝」が付いている。これはその皇帝の立派な孝行ぶりを強調するためだ。その後の2000年間にわたり、帝政では孝を喧伝《けんでん》し続けた。例えば、14世紀後半、明朝の始祖・洪武帝《こうぶてい》は次のような布告を出し、地元の長老らを文字通り1軒ずつ巡回させ、孝を説き勧めさせた。

「木鐸《ぼくたく》を用意せよ。呼び掛け人は老人、身体障害者、視覚障害者から選定し、子供を先導役に木鐸を持たせて（近所を）巡回させる。善行を勧め、法を犯すなと皆に聞こえるように大声で叫ばせる。この布告で呼び掛けることは、父母に孝順であること、年長者を敬うこと、郷里の隣人と仲良くすること、子孫を訓導すること。これを毎月6回実施すべし[16]」

明朝の政策目標は、父親を尊敬するように皇帝にも敬意を払うことが重要であると民衆を納得させることだった。儒家は皇帝を補佐する際、この政策を教義的に十分すぎるほど支援した。

例えば、最も有名な経書には短いが極めて影響力のある『孝経《こうきょう》』がある。この書物は孔子と弟子の1人とのやり取りを記したもので、孔子が孝の道理を詳細に説いている。伝承によれば、この問答形式における孔子の言葉は彼自身のものだ。中国史では、言葉が大いに尊敬されることがある。だが、現代の学者によると、『孝経』は孔子逝去から相当経過して、おそらく漢代初期に編纂されたものだ。孔子本人の言葉がどれほど占めているのかも諸説ある。孔子本人のものかどうかはともかく、この書物は歴史的に重要な価値がある。孝を孔子自身が思いもよらないほどの高みに引き上げたからだ。

一方、『論語』では孔子は有徳の行いの基本として仁を重視した。だが、『孝経』（書き下し文は、末永高康訳注『孝経・曾子』岩波文庫に拠った）では異なる表現で説明する。

聖人《せいじん》の徳《とく》、以《もっ》て孝《こう》に加《くわ》うる無きか。（聖治章第九）

訳：人の行いについては孝がもっとも大切で、聖人の徳であり、それに付け加えるものはない。

文章だけではその重要性が家庭に浸透しないため、儒家も相当真剣に説き勧めた。父親が絶対的権威の座にある「よく整った」家庭は天の意志が反映されたものであり、社会全体の繁栄に不可欠なだけでなく、混乱に対する主要な防波堤にもなると説明された。

儒家は、孝が重んじられると肥沃《ひよく》な土地と豊漁がもたらされ、孝が軽んじられると大きな災いに見舞われると考えた。孝は人間と天地をつなぐ重要な役割があり、宇宙の秩序を保つのに必要なのだ。『孝経』では、次のように指摘する。

夫《そ》れ孝《こう》は、天《てん》の経《けい》なり、地《ち》の義《ぎ》なり、民《たみ》の行《こう》なり。（三才章第七）

訳：孝とは世界を動かす上天の原理であり、人間の住む地上の原則であり、人間道徳の根源なのだ。[17]

しかし、『孝経』は孝の優位性を強調するだけでなく、孝が家庭から帝国に至るまで滞りなく行われるように、各階層で実践されるべき方法も詳述する。

儒家にとって、孝は家庭の居間だけで行われるものではない。まず家庭内で孝を行った後、次はより広い世の中でどのように振る舞うべきかを学ぶものだ。家庭で培われる孝の関係を習得していれば、人々は職場、学校、対友人関係などのあらゆる社会状況に適切に対応できるし、家庭で学んだ道徳を社会でも抵抗なく用いることができた。

言い換えると、儒教的家庭とは高潔な人になるための最初の稽古場だ。立派な息子や娘は、立派な子供だけでなく、立派な生徒や同僚および人々も育てた。孔子は『孝経』で説く。

親《おや》に事《つか》うる者《もの》は、上《かみ》に居《お》りて驕《おご》らず、下《しも》と為《な》りて乱《みだ》れず、醜《しゅう》に在《あ》りて争《あらそ》わず。（紀孝行章第十）

訳：親によく仕える者は、指導者になっても傲慢にならず、部下であるときは秩序を乱すこともなく、民衆の中にあっても争わない。

誰もが孝を守るなら、家庭の内外を問わず、最下層の農民から皇帝自身に至るまで、社会は秩序が適切に保たれ、平和な世の中が訪れる。

孝が行われるなら、

民《たみ》用《もっ》て和睦《わぼく》し、上下《しょうか》怨《うら》み無《な》し、汝《なんじ》これを知《し》るか。（「開宗明義章第一」）

訳：人々は仲良く心安らかに暮らし、上下関係も円満だったのだが、おまえはこのことを知っているか。[18]

だから、社会的幸福をもたらす儒教的な秘訣は、あらゆる分野の人的交流で親子関係を参考にすることだ。職場や公私を問わず、権力の座にある者は親に示すものと同じ忠誠心や恭順の意を示すに値する存在であるとした。

『孝経』に書かれた一つの例では、孔子は下級官吏が高官や皇帝に対する仕え方は自分の父親と同じようにすべきであると説明する。

父《ちち》に事《つか》うるに資《と》りて以《もっ》て君《きみ》に事《つか》えて敬同《けいおな》じ。……故《ゆえ》に孝《こう》を以《もっ》て君《きみ》に事《つか》うれば則《すなわ》ち忠《ちゅう》なり、敬《けい》を以《もっ》て長《ちょう》に事《つか》うれば即《すなわ》ち順《じゅん》なり。（士章第五）

訳：父親に仕えるように君主に仕えるなら、尊敬する気持ちは同じである。……だから、君主に孝の心で仕えるなら、君主に対して忠実である。年長者に敬して仕えるなら、年長者に対して従順となる。

こうして、儒家は重要な考え方に至る。孝行息子が父親に忠誠を示すことと、民衆が君主に忠誠を尽くすことを同一視したのだ。『孝経』には、次の一節がある。

夫《そ》れ孝は、親《おや》に事《つか》うるに始《はじ》り、
君《きみ》に事《つか》うるに中《なか》し、身《み》を立《た》つるに終《お》わる。（開宗明義章第一）

訳：よって孝は親に仕えることから始まり、君主に仕えることを間に挟んで、自分の身を築き上げることで終わる。[19]

儒家の考えでは、国家は家庭の拡大版だ。国家を家庭を治める通りに統治すれば、善政が実現して社会の秩序も保たれる。

儒教の最重要経書の1つ、『大学』（書き下し文は、宇野哲人全訳注『大学』講談社学術文庫に拠った）では、次のように説かれている。

一家《いっか》仁《じん》なれば、一国《いっこく》仁《じん》に興《おこ》り、一家《いっか》譲《じょう》なれば、一国《いっこく》譲《じょう》に興《おこ》り、（伝九章）

訳：一家に仁愛が満ちると、国内に仁愛が溢れ出す。一家に謙譲の心が満ちると、国に謙譲の心があふれ出す。

家庭の最上位には威厳のある慈愛に満ちた父親が座り、子供たちを監督しながら世話をする。同様に、国家の最上位には皇帝が座り、人々への絶対権力を有しながら、庶民のために全力を尽くす。

『孝経』では、「君子は民の父母」という古代の詩を挙げる。親の権威に反抗しない行儀の良い献身的な子供を育て上げるのと同じように、孝は国家に対して反乱を起こそうと思わない忠実な臣民を生み出す。

『論語』には、孔子の弟子の1人が次のように説いたとある。

有子《ゆうし》曰《いわ》く、其《そ》の人《ひと》と為《な》りや孝弟《こうてい》にして、
而《しか》も上《かみ》を犯《おか》すことを好《この》む者《もの》は鮮《すくな》し。
上《かみ》を犯《おか》すことを好《この》まずして、而《しか》も乱《らん》を作《な》すことを好《この》む者《もの》は、
未《いま》だ之《こ》れ有《あ》らざる也《なり》。（学而1-2）

訳：有子は言った。「親に孝行を尽くし、年長者に従順である者なら、世に出て上の者に不遜になることはほとんどない。上の者に不遜でない者が謀反を起こす話は、寡聞にして知らない[20]」。

孝は国家を超える？

表面上は、儒教の孝の概念は権力者が無制限の権力を行使することを許した。息子は父親に従順でなければならず、民衆は皇帝に忠実でなければならなかった。従順と親孝行は同じものだった。いや、そうだったのか？

おそらく儒家が直面する最も厄介な問題は、親孝行には限界があるのか、あるとすればそれは何かだった。答えは非常に重要である。それは、儒教の権威に対する見解、権威はどのように行使されるべきか、権威に対して人々がどのような手段を取るべきかということに関わる。ここに、人間の権利に関する儒教の考え方の核心がある。

社会全体が大家族のようであれば、子が父親に反抗できるかどうかの権利の有無は、民衆が政府に反抗する権利の内容に直接関係する。父子がどのように影響し合うかは、民衆に対する国家の扱い方や官吏の横暴に対する民衆の対処法、および東アジアにおける市民的自由の範囲にも関係してくる。一般的には、孝に対する儒家の考え方が東アジア社会における民主化に直接影響を及ぼすことになる。

儒教の孝行観は、見た目よりも遥かに複雑だ。

一方で、孔子が孝行の実践について明確な限界を示すことはなかった。孔子の言葉を見ると、孝の無条件での順守を強調している。事実だけを見る限り、孔子は子に対し、とにかく親に従うことを期待した。

一方、親や権力者に対する闇雲な献身には反対した。『孝経』では、孔子の弟子が「権力者に絶対服従するのは孝か？」と率直に尋ねた。これに、孔子は思わず叫んだ。

「よくもそんなことを問うものだ！」

孔子によれば、孝行息子は父親の不適切な行いに抵抗、または「異議を唱える」ことが義務だという。それこそが悪を正し、道徳的な行いを育む方法という。子に当てはまることは、臣下にも当てはまる。孔子はこう説明する。

昔者天子《むかしてんし》に争臣七人《そうしんしちにん》有《あ》るときは、無道《むどう》なりと雖《いえど》も天下《てんか》を失《うしな》わず。……父《ちち》に争子《そうし》有《あ》るときは、即《すなわ》ち身《み》、不義《ふぎ》に陥《おちい》らず。故《ゆえ》に不義《ふぎ》に当《あ》たりては、則《すなわ》ち子《こ》は以《もっ》て父《ちち》を争《いさ》めざるべからず。臣《しん》は以《もっ》て君《きみ》を争《いさ》めざるべからず。故《ゆえ》に不義《ふぎ》に当《あ》たりては則《すなわ》ちこれを争《いさ》む。父《ちち》の令《れい》に従《したが》う、又《ま》た焉《いず》くんぞ孝《こう》と為《な》すを得《え》んや。（諫争章第十五）

訳：天子（皇帝）には諫言《かんげん》してくれる大臣が七人いれば、天子が道を外したとしても、天下を失うようなことはない。……父に諫言してくれる子がいれば、その父が正しからざる道を歩むことはない。したがって、天子や父親が正しき道から外れるようなことがあれば、子や臣下は必ず諫めなければならない。だから、ただ天子や父親の命令に従うだけなら、それが孝行であると言えようか。[21]

では、この「諫言」はどこまで許されるのか？　父親がこの言葉を無視して不正な行いに固執したら、子は何をなすべきなのか？　孔子は子に対し、父親に逆らうことを認めるのか？　要するに、道徳的行いは孝行よりも上位にあるのか？　孔子の答えは、明らかに否であった。彼の教えによれば、子は父の不正を正そうと努める義務はある。だが、そこまでだった。儒教的考えによれば、子や臣下が父や天子に挑戦することには限度がある。結局、父親がどのような不正をしようと、子のすることには限界があるのだ。

孔子は『論語』で説く。

子《し》曰《いわ》く、父母《ふぼ》に事《つか》うるには幾《ようや》くに諫《いさ》む。志《こころざし》の従《したが》われざるを見《み》ては、又《ま》た敬《けい》して違《たが》わず。労《ろう》して怨《うら》まず。（里仁４－18）

訳：先生は言われた。「父母に仕える際には、子は優しい言葉で親の不正を諫める。諫言が受け入れられないとわかったときは、敬虔な態度を保ちつつ、父母には逆らわない。苦しいかもしれないが、親を怨んではならない」。

『礼記』は、もう少し突っ込んでいる。

「親が不正を仕出かせば、（子は）息を詰め、穏やかな態度と優しい声で諫める。（子の諫言を聞き入れないために）親が近所や地元の人の機嫌を損ねたままであれば、やはり（子は）改めて強い態度で親を諭すべきだ。親が気分を害して怒り出し、血を流すまで子を殴ったとしても、子は親を怒らず、引き続き孝と敬を尽くして仕えるべきだ」

親への異議申し立てに関するこのような制約は、子だけの話に止まらない。『論語』では、孔子の弟子がこう指摘している。

子游曰《しゆういわ》く、君《きみ》に事《つか》えて数《しば》しばすれば、斯《ここ》に辱《はずかし》めらる。朋友《ほうゆう》に数《しば》しばすれば、斯《ここ》に疏《うと》んぜらる。（里仁4－26）

訳：子游は言った。「仕える君主への諫言も度が過ぎれば、辱めを受ける。友人に忠告を繰り返せば、敬遠される」[22]。

『論語』にある通り、孔子が国内各地を長く旅した際に交わした葉公《しょうこう》とのやり取りほど、孝行の優位性を率直に説いたものはない。

葉公が孔子に対し、地元には素晴らしい正直者がいると語った。何しろ、男の父親がどこかの羊を盗んできたとき、男は役所に父親の盗みを証明してみせた。だが、驚くことに、孔子はこれに同意せず、次のように返した。

孔子曰《こうしいわ》く、吾《わ》が党《とう》の直《なお》き者《もの》は、是《こ》れに異《こと》なる。父《ちち》は子《こ》の為《ため》に隠《かく》し、子《こ》は父《ちち》の為《ため》に隠《かく》す。直《なお》きこと其《そ》の中《うち》に在《あ》り。（子路13－18）

訳：孔子は言われた。「私の村の正直者は、貴公のところとはまったく違っています。父親は息子のために罪を隠し、息子は父親のために罪を隠します。真の正直さは、まさにそういうところにあるのではないですか」[23]。

これは、子の親に対する忠誠心は国家の法に優越し、基本的な道徳規範よりも上位にあるということだ。これは孔子の教えの大半と矛盾するように見える。その結果のいかんを問わず、どのような状況においても、孔子は正しいことをなすことを最優先に考えよと説いていたはずである。

これに対し、18世紀の儒学者である程瑤田《ていようでん》（1725〜1814）は孔子を擁護し、孔子は国家や社会よりも家族関係を優先したことを認めただけだと主張した。言い換えると、子が自分の父親を公益のために犠牲にするのは、子が自分中心的な思いからそう行動するのだ。

だが、孔子の批判者は他の何よりも家族を優先するという教えにあきれ返った。儒教的孝に対する当初の批判者は法家の韓非子である。

孔子によれば、家族の利益は国家や共同体の利益と矛盾するものではない。実際、両者は1つであり、同じものであると考えていた。

これに対し、韓非子はそれと真逆の考えを持っていた。韓非子によれば、国家が求めるものと家族のそれとは本質的に大きな違いがある。したがって、儒教的な孝の考えは社会秩序を傷つけることになる。家族の問題を社会に対する義務に優先させていることから、孔子は国家権力への反抗を扇動していることになると指摘する。

この主張を証明するため、韓非子は孔子の故郷である魯の男の物語を紹介した。

「（魯のある男は）兵役に3度就いたが、そのたびに戦線から逃亡した。（孔子がその男に理由を問うと）『私には老いた父がおります。私が死ねば、父の面倒を見てくれる者はいません』と答えた」

韓非子によれば、孔子が「この者は孝行者であると称賛し、将校に引き上げた」という。これは魯にとって悲惨な結果を招くことになると批判した。

「(孔子が)逃亡に恩恵を与えたので、魯の兵士は進んで降伏したり、戦線から逃亡したりするようになる。(その結果)父親の孝行息子は君主にとって謀反人となるのだ」

さらに、家族が秩序の根源であるという考えそのものも見当違いであると説いた。父子の関係がどれほど強かろうと、父親は手に負えない子の躾《しつけ》に苦労する。そうであれば、このような関係が社会全体の秩序を守る手本になれるだろうか。

「親ほど愛情の深いものはない。それが人情である。だが、親が子にいくら愛情を注いでも、親子関係が必ずしもうまくいくとは限らない。そうであれば、君主が臣下にどれほど愛情を注いでも、国家は乱れないと言い切れるだろうか[24]」

孔子の最大の罪

忠誠と権力に関する孔子の考えは、西欧では非常に違和感がある。孔子の教えの中で孝を最優先とする絶対服従にもつながる教義は、西欧の道徳観と儒教の価値観の最も根本的な違いのようだ。

例えば、アメリカでは、親、教師、上司、政治指導者に対して奴隷のように従わないことが奨励され、虐待的または不道徳な権力に抵抗することが英雄的行為だと見なされている。子は最終的には自分の道を探し出し、親から独立し、自らの意見を持ち、個性を伸ばすものとされる。一方、儒教的考えでは上位者には誰であろうと絶対服従すべきであるとされており、これが西欧人には理解できない。

だが、孔子は尊大な君主に支配された愚かで従順な人々に満ちた社会を作り出そうと本気で考えていたのだろうか？ 民衆が不正や蛮行の前に萎縮するように願っていたのだろうか？ いや、そんなことは露《つゆ》ほども考えていなかった。

孔子の道徳的信念によれば、社会秩序の中でどれほど上位にあろうと、自分の好きなようにできる者はいない。確かに、父親は敬愛され、尊敬されるべき存在ではあるが、彼らもまた最大限の誠意と寛容さで家族の幸福を大切にすることで、子の優しさあふれる忠誠心に報いるべきだとされた。

つまり、儒教の親子関係は一方通行ではなかった。要するに、父親は独裁者であるべきではないし、同様に、政府指導者も専制君主であるべきではない。父親には子に愛情を注いで養う義務があるのだから、君主も「国父」として忠実な民衆に善政を施す義務があるとされた。

『論語』には、このような解釈を裏付ける証拠が十分に示されている。弟子の子貢が孔子に問うた。

子貢《しこう》問《と》いて曰《いわ》く、一言《いちげん》にして以《もっ》て身《み》を終《お》うるまでこれ《こ》を行《おこな》う可《べ》き者有《ものあ》りや。子《し》曰《いわ》く、其《そ》れ恕《じょ》か。己《おのれ》の欲《ほっ》せざる所《ところ》を、人《ひと》に施《ほどこ》す勿《な》かれ。（衛霊公15-24）

訳：子貢が問うて言った。「一言で生涯の行いを律することのできるものはあるでしょうか？」。先生は言われた。「それは『恕』ではないかな。自分がされたくないことは、人にもしないことだ」。

この黄金律に例外はない。父親や君主、息子や臣下も適用範囲にある。子が父親や年長者に示すべき尊敬の念は、相手が誰であろうと対人関係における基本である。『論語』でも弟子の１人が説いている。

君子《くんし》は敬《けい》して失《うしな》う無《な》く、人《ひと》と与《まじ》わるに恭《うやうや》しくて礼《れい》有《あ》らば、四海《しかい》の内《うち》、皆《み》な兄弟《けいてい》也《なり》。（顔淵12－5）

訳：君子が慎み深く過失を犯さず、他人と礼儀正しく交わるなら、世界中の人がみな兄弟となる。

絶大な権力を持つ者であろうとも、権力を乱用することが許されている者はいない。孔子はこう説く。

「君子は道理を正しく守るが、頑迷《がんめい》固陋《ころう》というわけではない」

君子も周囲の者を引き立てることで、自分自身の成功や幸福を得るべきである。孔子は皇帝自身が以下の言葉に従うことを期待している。

子《し》曰《いわ》く、何《なん》ぞ仁《じん》を事《こと》とせん。必《かなら》ずや聖《せい》か。堯舜《ぎょうしゅん》も其《そ》れ猶《な》お諸《これ》を病《や》めるか。夫《そ》れ仁者《じんしゃ》は、己《おのれ》立《た》たんと欲《ほっ》して人《ひと》を立《た》て、己《おのれ》達《たっ》せんと欲《ほっ》して人《ひと》を達《たっ》す。能《よ》く近《ちか》く譬《たと》えを取《と》る。仁《じん》の方《みち》と謂《い》う可《べ》きのみ。（雍也6－30）

訳：先生は言われた。「それは仁どころの話ではない。聖人にしかできないことだ。堯舜のような聖人でも、なかなか難しいことだ。仁者は、自らの身を立てたければ、まず他人の身を立たせ、自分が達成したければ、まず他人に達成させてやるものだ。他人に何かをしようというならば、まず自分の身に置き換えて考える。これが仁を実行するやり方だ[25]」。

孔子は家庭内と社会全体の両方に上下関係を導入することを唱えたかもしれないが、支配的な父親や独裁的な君主を勧奨したり、下位者を恐怖で怯《おび》えさせたほうがよいと説いたりしたことはない。

それでも、現実と儒教の理念は著しく異なる。儒教の孝は、強者が弱者を強引に服従させるために用いる道具と化した。対人関係における上位者の父親や君主はあらゆる権利や特権を主張したが、下位者の子や臣下は責務から逃れられなかった。

孔子は善意で考えたことかもしれないが、孝に対する彼の信念がこれほど容易に悪用され得るとは想像もできなかったようだ。その証拠に、道徳性に言及したやり取りの中では、このような行いに対して適切に説明した箇所は見当たらない。おそらく、孔子が犯した最大の罪はあまりにも考えが甘かったところだろう。

「くたばれ、孝行野郎！」

孔子の批判者は彼をさらに激しく非難した。19世紀に中国と周辺国が西欧の文化、理念、イデオロギーに攻め立てられるようになると、儒教の孝は非アジア諸国と同じように、アジア諸国からも敵意むき出しの攻撃を受けるようになる。それまではほぼ完璧とされた美徳の大半が時代遅れの遺物と化し、中国はその後進性を糾弾されるようになった。

１９２９年、英国の哲学者バートランド・ラッセルが、こう書いている。

「親孝行、そして一般的な家族の強さは、おそらく儒教倫理において最も弱い点であり、この体系が常識から著しく逸脱している唯一の点である。家族感情は公共の精神に逆らい、古いものの権威は古くからの慣習の専横を強めている。中国が根本的に新しい見通しを必要とする問題に直面している今日、儒教システムのこうした特徴が、必要な再建の障害となっている[26]」。

林語堂もこれに同意した。彼は１９３６年、法家の思想家の韓非子によく似た批判だが、儒教徒は家族をあまりにも高く評価することによって、西洋では不可欠の共同体や国家への献身を損なってしまったと主張した。

「対立は家族意識と社会意識の間にある。現代人の目から見ると、儒教は社会関係の中から他人に対する社会的義務を省いていた。サマリア人の徳は知られておらず、実質的に奨励されていなかった。

家族はその友人とともに壁を巡らせた城と化し、その内部では極めて共産主義的な協力と相互扶助が行われ、外部の世界には冷淡で無関心な要塞となった」

その結果、孝行は知らず知らずに集団特有の堕落を招き、制度を内部から腐敗させ、近代化への抵抗を促した、と林語堂は考えた。

例えば、政府の大臣は職を求める自分の親戚で自分の職場を溢れさせ、どのような政治変革に対しても彼らを強烈な反対派に仕立て上げた。林語堂はこう言う。

「給料泥棒や縁故主義が蔓延すると、政治改革運動によって弱体化することなく、逆にその運動を攻撃するような強力な力となった。その勢力があまりにも強く、誠心誠意の改革運動が何度繰り返されても、常に失敗に終わる。汚職は公的には悪かもしれないが、家族にとっては常に善なのだ」[27]

孔子の批判者も、儒教的家族は中国人が現代世界で役割を果たすために必要な独立心を抑え込んでいると主張している。林語堂は次のように書いている。

「騎手が血気盛んなアラブ馬を抑え込むように、家族という仕組みは個人主義自体を否定し、人の言動を抑制する」

近代主義者は西欧に期待し、その政治経済体制が個人的自由に基づいていると見た。民主主義は投票を行い、言論の自由を享受する個人に依拠している。資本主義を推進しているのは、自己の利益を追求する個人が放出するエネルギーである。このように考える人々にとって、孔子は子を父親の支配下に置くことで、近代中国の勃興を阻害していた。

１９１６年、革命家でもある作家陳独秀は、次のように問い掛けた。

「民衆が儒教的孝行の教えに縛られ、父親の死後3年間も父親の道筋から外れてはならないほどの服従を強いられるのであれば……自分の政党を結成したり、自分自身で選択したりすることができるだろうか？[28]」

このような批判は、現在でも耳にする。韓国系アメリカ人作家ウェズリー・ヤンは、孝行によって生じる服従性を指摘している。一般的に、在米アジア人が米国のビジネス界やより広義の社会において指導者的地位に座れないのは、それが一因だという。

２０１１年、ウェズリー・ヤンは辛辣に書いている。

「ここでは、自分の顔が他人に似ているように見えるときがある。他人とほとんど見分けがつかないと、透明人間になった気分だ。アメリカの文化を称賛する振りをしているが、実は恩着せがましく、うまく利用しているだけの象徴的な人々がいる。世の中は『数学に秀でている』人々やバイオリンの名手だけではない。鎮圧され、抑圧され、虐待されている多くの人々、社会的文化的な何事にも無関心なロボットのような服従者もいるのだ。アジア的な価値観に対する私の気持ちを一言でまとめさせてくれ。くたばれ、孝行野郎！[29]」

孝行の破綻とその法制化

こうした攻撃は儒教の孝の教えを反近代的と貶《おとし》め、若者に現代社会でのその価値に対して疑問を抱かせた。だが、儒教的家族の伝統を揺るがしているのは、言葉だけではない。とてつもなく大きな社会的経済的な力が作用しているのだ。

清朝に仕えた保守派官吏倭仁は、19世紀に起きた改革に抵抗した。その後の宮廷官吏も不安を覚えるようになった。結局、西欧思想の流入によって孔子やその教えの名声が汚され、その懸念は現実のものになった。

アジアの国々が西欧流の政治体制や思想（民主主義や共産主義）、経済慣行（資本主義）、社会規範（デートや女性の職場進出）を取り入れる中で、旧来の儒教的家庭生活様式が骨抜きになってしまった。

現代社会が求めるものは、儒教の親孝行の教えと矛盾する。例えば、孔子は親から遠いところに旅行してはならないと子を戒めたのかもしれないが、現在のグローバル経済や国際金融ネットワークの中で一流の職場を求めようとすれば、激烈な競争を潜《くぐ》り抜けるしかない。したがって、子は学歴や職場を求め、危険を顧みずに国の内外を渡り歩き、家族とは長い歳月を分かれて生きなければならないのである。

ブルッキングス研究所の社会学者王豊は、次のように語る。

「（21世紀社会が加えてくる圧力は）孔子の教えの最後の希望を打ち砕いた[30]」

その結果、東アジアの家族はますます西欧化するようになっている。子供たちは以前のように父親によって結婚を強いられることはほとんどなくなり、今では自由に交際して自らの配偶者を選ぶ。息子や娘は若い頃から実家を離れ、大学のキャンパスで過ごし、あるいは独立して友人と生活する。だが、東アジアの若者が得た個人の自由がどのようなものであろうと、孝行の破綻は重大な社会問題を引き起こした。

孔子が孝行にあれほどこだわった理由の1つは、孝行という考え方がなければ、高齢者が息子から捨てられると恐れたからだ。息子は自分の妻子のほうをより大切にするからだ。実際、東アジアでは、その恐れが現実化している。

中国では、4世代が1つ屋根の下に暮らしていた時代は遥か遠くに過ぎ去ってしまった。2013年に実施された60歳以上の中国人1億8500万人の生活環境調査によれば、子と同居する割合は38%に過ぎない。

地域では高齢者がますます増え、その面倒を見るのが政治家にとって深刻な悩みの種となっている。為政者はもはや必要な支援を家族に頼れないのだ。

シンガポールでは政府が憂慮するあまり、無責任な若者でも必ず孝行を果たすように仕向ける法律まで制定した。1995年、「両親扶養法」が制定され、子が十分な資金援助をしなければ、親は孝行の義務を果たさない子を法廷に引きずり出すことができるようになった。

元政治家のウォルター・ウーンは、伝統的な家族的価値観の崩壊に対処するためにこの法律を作ったとして、こう説明する。

「これまで、親が子供から何も支援されずに放置されている例をいくつも見てきた。私には、この状況が望ましいとは思えなかった。反対派は中国系の有識者だ。『法律で強制するな』と糾弾し、儒教的道徳を立法で規制しようとすると批判し、本来は孝行心から生まれるべきだともいう。これに対し、『孝行が廃れたから法整備をしたのだ』と私は答えた。儒教が頼りになるなら、法律など必要ない。孝行心が破綻しているから、法律を定めた」[31]

中国王朝の宮廷官吏の先例に倣い、シンガポールの政治家も儒教的孝行を奨励する宣伝活動を実施している。シンガポール政府はテレビでの広報活動を通じて、儒教の美徳を称賛している。

2010年の短編ビデオ『孝行：父と子』は、老母を介護する男性の物語だ。老母の歩行を恭しく手助けし、夕食時には老母から食事がまずいと不満を言われ、妻が面目を失っても我慢し、病院では熱心に看病する。その間ずっと、男性の息子はその様子を見ている。息子が父親に対し、「なぜそれほど自分の母親に献身的なのか」と問う。この問いに答えるように、ビデオでは父親の幼年時代を回想する場面を映し出す。自分が病気のとき、母親は降りしきる雨の中を懸命に病院へと急ぐ光景が出てくる。最後に、重病の母親が病院のベッドに伏している様子を男性の息子が見守り、男性は涙を流しながら、母親のために歌うところで終わる。最後の場面で、次のようなメッセージが流れる。

「ある世代が愛情を注ぐ様子を見て、次世代はこれを学ぶ[32]」

東アジアで孝行を復活させようとするのは、シンガポール政府だけではない。ある政治家は、孔子を西欧思想の流入によって生じた不道徳を矯正する手段と見る。韓国文化体育観光部や各地の市役所は、休眠状態だった儒学校を数多く復活させ、各地方で儒教を教える学校に変えた。

李氏朝鮮時代には、儒学校の教室は官吏試験を受験するために経書を学ぶ学生で溢れていた。一方、このような新しい学校では、孔子の教えを相当単純化したものを提供しており、リー・フィボクはこれを「儒教流[33]」と呼んでいる。

リーは、ソウル近郊の果川市《クァチョン》にある儒学校の1つを経営しており、古い学校に隣接する現代的なオフィスビルに入居している。

満員の教室では、24人の女性が朝の授業で正しい儒教的家族関係を学んでいる。教師は、家庭内での好ましい振る舞いが調和の取れた社会の基礎になるという標準的な儒教の考え方を説く。別の日には親子に関する授業を行い、孝行の価値を教える。

以前の小冊子ではかわいい挿絵や平易な文章を用いて、孝行の素晴らしさを子供たちに教え、伝統的な家族の役割の重要性を徹底的に説いていた。

ある漫画では、父子が一緒になって祖母に歌を捧げている。そこに書かれた台詞《せりふ》には、「親は子を愛し、子は親を尊敬し、いつしか2人は親友のようになる」とあった。

別の本は古典の『二十四孝』の物語を再構成したものだ。挿絵では、母親が杖を持ち、子はそばで泣いている。子は「母から叩かれて泣いているのではなく、もはや叩かれても痛くないからだ」と言う。母親はそれほど年老いて弱々しくなっているという意味だ。

リーによれば、このような儒教の教えは、堕落したアジア諸国が道徳を再建するために大切なことだという。

「孝行は整った社会に極めて重要だ。20年前、人は今よりも礼儀正しかった。老人がバスに乗ると、若者は席を立って譲った。だが、今ではそんな若者はいない。他にも様々な社会問題がある。現代の家庭では多くの礼儀が失われ、祖父母とは行き来がない。子は父母を敬わない。社会は混乱の一途を辿っている。そのため、今では一層の秩序が必要とされる」

だから、韓国政府は孝行の義務を国内の若者に再び教え込む措置を講じたとリーは指摘する。

「子をより礼儀正しくするには、儒教を再導入する必要があると政府は考えている」

中国の官吏はこれに諸手《もろて》を挙げて賛同する。毛沢東の時代には儒教を激しく攻撃した中国共産党でさえ、社会的結束を強めるために孝行の教えを改めて導入している。北京はシンガポールの先例を踏襲し、2013年に独自の孝行規則を導入した。

この「高齢者権益保障法」は、次のように定めている。

「親と別居している家族は、親元を時折訪問するか、または連絡するものとする」

別の条項では、親族が「身内の高齢者を無視または放置すること」を禁じる。[34]

この法律は、中国人に孝行の気持ちを蘇らせる大規模な政府宣伝活動の一環だ。２０１２年の中国共産党機関紙「人民日報」は、こう解説する。

「確かに、封建的な孝行は過去に重大な悪影響を及ぼしてきた。しかし、心を開き、協調的社会建設や社会主義市場経済発展の見地から孝行の文化を再考し、悪い部分を排除し、普遍的価値を見いだし、必要に応じた機能を発展させることは必ずしも悪い考えではない」

当然、歴代王朝の宮廷官吏のように現在の共産党政権も、政府に対する忠誠を躾ける孝行に期待を寄せる。『孝経』に同調するように、「人民日報」の論評では親と国家権力の違いや関係を次のように示した。

「祖国に忠誠を誓えるのは、親を尊敬する人々だけである[35]」

1人っ子政策で変容する家族関係

中国共産党が孝行を復活させようと本気で思っているのなら、難題を抱えることになる。何しろ、中国政府は何十年もかけて儒教的価値を徹底的に破壊してきただけでなく、伝統的家庭の弱体化を早める人口抑制策も講じてきたからだ。

１９７９年、当時10億人近くに膨れ上がっていた人口を抑制するため、政府は多くの世帯を対象に「1人っ子政策」を進めた。この政策では新たな就業者や扶養家族の人数を抑えることにより、経済成長を後押しする支援策を導入したが、人口の高齢化を早めることにもなった。実際、労働人口は２０１２年から減少するようになり、将来の経済成長に対して潜在的な悪影響を及ぼすことになった。

２０１３年、中国共産党はついに「１人っ子政策」の緩和を決定し、一定の夫婦には第２子の出産を認めたが、この頃までに悪影響はすでに深刻なものになっていた。この政策のために、どの息子や娘もその配偶者とともに４人の高齢者の世話や介護を余儀なくされ、そのような余裕がない例も多数生じていた。

王豊は、こう説明する。

「１人っ子政策は親族関係や家族関係を変化させているため、短期的かつ長期的な影響を親と子の両方に及ぼすことは間違いない。１人っ子の家庭では、子が成長するに伴い、親は子が離れていくと考えている。問題は家庭の管理者が必要になることだ。自分たちの生活が立ち行かなくなるときが、いずれ到来するからだ。それは極めて孤独な暮らしになる。将来、そのような日々を過ごす中国の高齢者は、相当数に上ると予想される」

孤独は問題の一部に過ぎない。２０１３年の中国人高齢者調査でも、今後の人生は憂鬱《ゆううつ》になる話ばかりだった。全体のほぼ23％（４２００万人以上の高齢者）が極貧生活に陥っている。具体的には、１日１・５米ドル未満で生活しているのだ。

欧米では政府が高齢者に生活保護を提供するが、中国では福祉制度がそれほど整備されていない。年金は不十分であり、医療の質も劣悪な場合が多く、医療費の負担も重い。高齢者介護に関しては、中国には儒教の孝行に代替できる制度が存在しない。王豊は次のように指摘する。

「西欧社会では高齢者が自分の財産を持ち、独立した生活ができるようになっている。中国でそれが可能かどうか疑問だ。昨今の好景気を享受できる高齢者は例外として、彼らは老後をどのようにやりくりしていくのだろう。こんな状況は儒教が描く理想ではない。人生は良くなっていくべきで、老いていくほど尊敬されるだけでなく、支援も受けられるべきだ。儒教の教えには多くの美点があり、人生の本質を解き明かしている。この教えは人生の道筋として妥当だ。親族関係の身の処し方に関する多世代の義務を説いている。だが、様々な要因によって、このような約束事は今や崩壊している」[36]
だが、必ずしもそうとは断言できない。2013年の高齢者調査によれば、儒教的孝行は全滅したわけではないという興味深い結果が判明した。日常生活に介護が必要な中国人高齢者の89％近くが家族の支援を受けており、子と同居していない高齢者の47％も子から金銭的援助を受けている。この調査報告書では、次のような指摘がある。
「親から子に財産が受け継がれるアメリカなど欧米とは対照的に、中国では逆に子から親に財産が流れている」[37]
ある例では、子は現代的な利便性を用いて孝行の務めを果たす方法を見つけている。中国で散見されるのは、国内では目新しい老人ホームである。北京の老人ホーム「頤養年《いようねん》養老院」を母親と共同経営する女性によれば、このような施設が中国に登場したのは現代の多忙な生活に対応するための自然発生的な結果だ。
「親の世話に時間を割く余裕のない人が多く、親は自宅で独り寂しく暮らすしかない。以前の伝統的文化では、子がいれば、自分の面倒を見ることは子の義務だった。でも、今では息子や娘がいても働いてお金を稼ぐ必要があるため、親の世話まで手が回らない」[38]
頤養年養老院に入居している150人の中には、このような状況を受け入れているように思われる人々もいた。
82歳のある老人は、自宅のアパートや息子の家よりもこの老人ホームで暮らすことを選んだ。エンジニアの息子やジャーナリストの義理の娘には自分の世話をする時間がないことがわかっていた。だが、2012年に妻を亡くしてから、このまま独りで暮らしたくなかった。息子と同居しているわけではないが、伝統の影響は廃れていないようで、儒教の教えはまだ生きていると感じている。何しろ、息子は頻繁に訪れるし、入居中の老人向けに企画されたアメリカ旅行の参加費用も負担してくれる。

「息子は私が幸せになるよう、よく考えてくれている」

この老人によれば、息子は時代の大きな流れを象徴している。今どきの中国の若者は、上の世代より親を大切に考えているように見える。上の世代は、陳独秀のような扇動的作家の過激な反儒教的弁舌に影響を受けていた。

「親を尊敬している奴はいなかった。儒教の教えも粉々になった。だが最近、若い人の間で儒教の教えが復活しつつある。例えば、孝行の教えを大切にするようになってきた。子供は親に忍耐強くなり、面倒見もよくなった。孔子の教えに従う者などいないと思うだろうが、実際にはそうでもない」[39]

前述の老人ホーム経営者によれば、「自分は新しいタイプの孝行娘だと思う」という。母親と老人ホームを共同経営する前は、20代でオーストラリアのシドニーに暮らしていた。現地では免税店の店長を任され、夜は友人とポーカーで遊んだり、カラオケで歌ったりしていた。ところが、母親から戻ってこいと懇願される。

2011年、母親が頤養年養老院を開業すると、娘の力が必要になり、母親の懇願は叱責に変わる。

「いつまでも遊んでいてはいけません！」

オーストラリアの友人の当惑をよそに彼女は荷造りを始め、買ったばかりの車も売り、北京に戻った。

「母は大切な存在で、尊敬もしている。だから、帰ろうと思った」

東アジアに生き残る核心の教え

彼女の母親に対する気持ちを思えば、孝行の本質がわかる。孔子は孝行の再定義をするとき、服従の面に重きを置きすぎたのかもしれない。孔子の後継者はこの美徳を帝国の政治的社会的支配の手段に変えたため、問題を悪化させた。

政府の宣伝活動や階層社会に固執した時代が何世紀も続いたことで失われたものは、孔子の教えにある基本的な思いだ。家族は人生で互いに尊敬し、助け合うべきだという思いがそれだ。小は家庭内から大は社会に至るまで、その心構えは大切にすべきだ。男女が自分の親や子に道徳的責任を確実に果たすよう、孔子は導こうとした。

本書後半部でも説明するが、孔子の教えとほぼ同様、孔子が現代世界と折り合いをつける方法は孔子の教義をなくすことではなく、独善的な再解釈を削り取り、教義の核心、時代を超えた普遍的価値まで掘り下げることだ。

もちろん、「2500年前に生きていた人物の理想を見直すほどの理由は、一体どこにあるの？」と皮肉を言う者もいるだろう。その答えは、ビンセント・ロウとその家族がダイニングルームで示した光景を見ればわかる。

日曜日に祖母と夕食を楽しむこと、兄弟姉妹や親類と家族休暇を過ごすことは、どこか間違っている？　年老いた女家長が愛する家族から世話を受けていることに不安がないのは、何か問題がある？　結局、儒教の孝行という教えが多くの東アジア人の心の中にどうにか生き残っているのは、そういうわけだ。孝行な息子や娘は、グローバル化や経済変動、政治革命が引き起こす問題に直面している。

たとえ儒教的な家族儀式とは対極にあるように見えるこうした人々であっても、儒教の影響を受けているのだ。

その1人が王輝豊だ。両親は広東省汕頭《スワトウ》市からの移民であり、ベトナムのホーチミン市で生まれた。まだ3歳の頃、家族とドイツに移住した。ドイツで成長し、同化した。ドイツ語を学び、ドイツ人の友人もできたが、ある程度までに過ぎなかった。家族は中国人としての自我やそれに伴う儒教的価値観を保っていた。

2011年のある日、王は汕頭に出張中の父から電話をもらった。

「若い女性と知り合いになった。お前の嫁にふさわしい素晴らしい人だ。一度、彼女に電話をしてみてくれ」

西欧の息子たちと同様、王は当初こそ抵抗し、自分の配偶者は自分で見つけたいと父に話した。だが、事はそう簡単ではなかった。その女性は父の友人の娘であり、2人が顔を合わせる前に双方の父親は結婚させようと早くに決めていた。王は自分が困った状態にあることを理解し、単純に断って逃げ出せなくなった。そうすれば、父の面目を潰すことになるが、お節介なお膳立てから何とか逃れるつもりだった。

その後すぐに、王は飛行機で汕頭に向かった。今や父の面目は自分の出方次第なので、女性に電話越しで断るわけにはいかなかったからだ。仕方ないが、直接会って相手を失望させることになる。

だが、意外にも実際に会ってみると、父はなかなかの仲人役であることがわかった。2人は意気投合し、短い交際期間を経て2013年1月に結婚し、上海に転勤になる。この地で、社内の異文化教育担当者として勤務することになった。

王は妻を深く愛しているが、父の仲介に同意したのは親を幸せにするためだったことも認めている。「(彼女と結婚した) 理由の1つは、両親が満足してくれるとわかっていたから。中国人の見方では、結婚は個人同士ではなく、家族同士の結びつき。個人は家族から独立した存在ではない」

しかし、西欧の影響はどうであったか? 西欧では自主性や個人主義を説き勧めているのでは? 王は西欧の価値観が自分のものではないとわかったという。

「両親は子にとって大切な存在だと、中国ではそう教え込まれてきた。親が子を守ってくれる限り、子は親を尊敬し、忠誠を尽くす。今でも、この約束事から外れた選択肢は考えにくい。ご承知のように、人生にはそれぞれの段階に応じた立場というものがある。古風な儒教的孝行だろうが、それでも2000年間、うまく機能してきた[40]」

*

孝は、東アジアの家族を形作った儒教の主要な理想だが、それだけではない。孔子は、親子の絆にとどまらず、家族関係の他の側面にも影響を与え、その影響は今日の社会でも議論の的となっている。その1つが、東アジアの現代家族に対する西洋人の認識を決定づけ、一部の西洋人に自分たちの価値観や家族の伝統に疑問を抱かせることになった。儒教の教育重視である。

第六章
教師としての孔子

君子は博《ひろ》く学びて日に己れを参省すれば
則ち智は明らかにして行にも過《あやま》ち無し。
（『荀子』勧学篇第一）

ガリ勉とタイガー・マザーの起源

父親のオ・ドンジンは娘のために尊い犠牲を払った。娘から7000マイル離れて暮らすことになったのだ。娘のジ・ハエがまだ11歳の頃、彼女とその母親はニューヨークにいるオの義姉と一緒に住むために韓国の首都ソウルにある家を出た。

10年後、彼女たちはまだニューヨークに住んでいる。片や、父親のオはソウルの狭いアパートで1

Chapter Six: Confucius the Teacher

人暮らしを続けており、妻と娘と過ごすのは年に数週間だけだ。父親がこれほど長い歳月を家族と離れて暮らさなくてはならないのはなぜか？

映画評論家のオは、娘の教育にはアメリカの方が良いと考えた。韓国人は、子供が最高の教育を確実に受けられるなら、どんな苦労も惜しまない。オの場合、娘を世界の向こう側に送り出し、10代の彼女との日々をともに暮らすことを諦めた。加えて、生活費を切り詰めて貯蓄し、娘の勉学のために可能な限りの金銭を妻に送金する負担も背負う。オは語る。

「これが犠牲だとは考えたこともありません。両親が子供の教育を最優先に考えることは正しいことだと思う。それは我々のＤＮＡの一部だ」[1]

オも例外ではない。多くの韓国人の父親は、子供が海外、主にアメリカに留学している間、単身で暮らしている父親が非常に多く、彼らは遠く離れた家族を訪ねるために韓国から鳥のように行き来することから、「キロギ（雁）」というニックネームが付けられている。

こうした父親たちはしばしば孤独でストレスの多い生活を送っている。家族の海外での生活費を支払うために膨大な出費を抱えて働きすぎることが多く、長期間家族と離れて暮らすことで深刻な鬱状態に陥ることもある。それでも、彼らは自分の幸福は重要ではなく、子供の教育の質こそが最優先だと信じている。

韓国の電子機器企業の役員であり、キロギの一員であるイ・ベンスはこう語る。

「娘にとって大切なのは、最高の教育を受けることだ。それは韓国の文化に由来している」[2]

韓国の「キロギ」たちは、東アジア全体をとらえている教育への執念の1つの現れに過ぎない。この執念は、孔子から直接受け継がれたものだ。孔子の学問の重要性に関する考えは、儒教の他の教えが攻撃や議論の対象となってきたのに対し、現代までほぼ無傷で残っている唯一の側面かもしれない。それは、その考えが地域に与えた積極的な影響による。

東アジアの一般的に高い技能レベルは、当初は地域の驚異的な経済成長を牽引する投資を呼び込み、豊かになるにつれて、今日の国際貿易に不可欠なテクノロジー産業のための労働力を準備した。現在、東アジアの学生たちは世界の一流大学に殺到し、共通テストでアメリカ人をしばしば上回る成績を収めている。

さらに、儒教の教えに影響された東アジアの各国政府も巨額の費用を投じて一流の教育制度を整え、普通教育を最優先させることで、国民により良い教育機会を提供している。このような教育熱は子供たち自身にも影響を及ぼしている。

アメリカでは教室の最優等生は「ガリ勉野郎」と馬鹿にされ、トイレで煙草を吸う生徒は「格好いい奴」と羨望《せんぼう》の目で見られる。一方、アジアでは教室で最も尊敬されるのは成績最優秀の生徒だ。子供が独力で猛勉強しなければ、アジアの母親は有名な（悪名高いというときもある）「タイガー・マザー（教育ママ）」に変身する。タイガー・マザーとは、教室の内外で他人より秀でるように子供を情け容赦なく叱咤《しった》激励する母親のことだ。

イェール大学法科大学院のエイミー・チュア教授が執筆して国際的に物議を醸した回想録『タイガー・マザー』（齋藤孝訳、朝日出版社）では、彼女が「中国式スパルタ教育」と呼ぶ知識偏重の教育法を詳述している。

「中国の母親は次のような信念を持っています。一、常に学業が最優先、二、Aマイナスは悪い成績である、三、数学で我が子はクラスメートよりも二年分先に進んでいなければならない」[3]

チュア教授の教育法は世界中の東アジア家庭に共通する。だが、彼女の論評はたちまち一大議論を巻き起こした。ある批評家は彼女が子供に加える圧力の凄まじさに震え上がった。その一方で、羨望する欧米の母親の中には、チュアの娘たちも含め、東アジアの成績優秀な生徒の多くを見て納得する向きもあった。自分もタイガー・マザーのようになれば、子供の成績は良くなるに違いないと思ったのだ。

ジャーナリストのアリソン・ピアソンは次のように評している。

「(チュア教授を見ていると)正しいことをしているのは中国人であり、自分たちは正しくないことをしている、と自問させられる瞬間が何度もある。エイミー・チュア教授の教育法は過酷かもしれないが、ぜひ自分に問いかけてほしい。『彼女の教育法は、果たして子供の好きなようにさせる無関心さやテレビに子守りをさせる最近の育児よりも厳しいのか?』と。タイガー・マザーのような教育法を使えば、成績不振に悩む何百万人もの英国の子供を救えるかもしれない」[4]

学問は善政の基礎

学習は、自身と社会を良きものにするために孔子が考えた教義の中核だ。君子は善導されなければ、君子足り得ない。孔子の弟子の1人が『論語』でこう説く。

子夏曰《しかいわ》く、百工《ひゃくこう》は肆《みせ》に居《い》て、以《もっ》て其《そ》の事《こと》を成《な》す。
君子《くんし》は学《まな》びて、以《もっ》て其《そ》の道《みち》を致《いた》す。（子張19－7）

訳：子夏は言った。「職人は仕事場で働いてこそ、まともな仕事ができる。君子は学問をしてこそ、その道を究めることができる」。

知識は誰にとっても道徳的資質を磨く上で重要な意味を持つ。教育は君子が善悪を判断し、最善の行動を見極めるのに役立つ指針となる。学ぶことで自らを鍛えておかなければ、最も大切な儒教の美徳を追い求めても、道に迷う恐れがある。孔子はこう説いている。

仁《じん》を好《この》んで学《がく》を好《この》まず、其《そ》の蔽《へい》や愚《ぐ》。
知《ち》を好《この》んで学《がく》を好《この》まず、其《そ》の蔽《へい》や蕩《とう》。
信《しん》を好《この》んで学《がく》を好《この》まず、其《そ》の蔽《へい》や賊《ぞく》。
直《ちょく》を好《この》んで学《がく》を好《この》まず、其《そ》の蔽《へい》や絞《こう》。
勇《ゆう》を好《この》んで学《がく》を好《この》まず、其《そ》の蔽《へい》や乱《らん》。

剛《ごう》を好《この》んで学《がく》を好《この》まず、其《そ》の蔽《へい》や狂《きょう》。（陽貨17−8）

訳：仁徳を好んで学問を好まなければ、愚か者になる恐れがある。知識を好んで学問を好まなければ、言動に節度がなくなる恐れがある。信義を好んで学問を好まなければ、自他ともに害する恐れがある。正直さを好んで学問を好まなければ、頑固になる恐れがある。勇気を好んで学問を好まなければ、言動が乱暴になる恐れがある。剛毅さを好んで学問を好まなければ、無鉄砲に走る恐れがある。

孟子と荀子は多くの点で論争したかもしれないが、学問が人の道徳性を高め、確実に善行を促すことについては合意している。荀子はこう書いている。

「人の性は生まれつき悪いものなので、師の善導を待たなければならない」

したがって、孔子やその信奉者の教育とは自己修養のための終わりなき作業なのだ。おとなしく学校生活を送り、多少の知識を探求して終わるだけでどうするのか。学ぶべきことはもっとあったはずであり、自分を高める新たな道もあったはずだ。荀子は次のように説く。

君子曰わく、学は已《や》むべからず。（中略）木は縄を受くれば則ち直く、金は礪《といし》に就けば則ち利《するど》く、君子は博《ひろ》く学びて日に己れを参省すれば則ち智は明らかにして行にも過《あやま》ち無し。（勧学篇第一）

訳：君子は言う。「学ぶことを途中で止めてはならない。（中略）木は定規を用いて手を加えれば真っすぐな木材になり、金属は砥石で研げば鋭い道具になる。同じように、君子が広く学んで毎日反省すれば、その智恵は明らかになり、行いに過ちがなくなる」[6]。

孔子の教えで最も重要なのは自己修養であり、学問はその大きな過程の一部である。孔子の教えの中で最も魅力的な面の1つをここで紹介しよう。孔子はまず自分自身に欠点を見つけるほうがよいと説く。

例えば、妻との口論、子供の叱責、新規事業案件に関する上司の説得失敗など物事がうまくいかないとき、相手を批判してはならず、世間の不当な扱いにも怒りを募らせるべきではない。それより、内省して不首尾な点を明らかにし、自らを正すなら、同じ過ちを二度と犯すことはない。孔子も『論語』で指摘している。

子《し》曰《いわ》く、賢《けん》を見《み》ては斉《ひと》しからんことを思《おも》い、不賢《ふけん》を見《み》ては内《うち》に自《みずか》ら省《かえ》りみる也《なり》。（里仁4－17）

訳：先生は言われた。「賢者を見たら、その人のようになりたいと思えばよい。つまらぬ人を見たら、自分はどうかと内省すればよい」。

最大の過ちは、同じ過ちを再び繰り返すことだ。

子《し》曰《いわ》く、誤《あやま》って改《あらた》めざる、是《こ》れを過《あやま》ちと謂《い》う。（衛霊公15－30）

訳：先生は言われた。「過ちを犯していることがわかっているのに改めないこと、これを本当の過ちと言う[7]」。

学問と自己修養も責任を伴う。孔子によれば、学者には社会のためだけでなく、学ぶ機会や能力を持たない人々のためにも知識を用いる責任がある。

実際、学問は善政の基礎である。成功を収めた高潔な支配者になるには、「格物」から始めなければならない。『大学』は、次のように説く。

古《いにしえ》の明徳《めいとく》を天下《てんか》に明《あき》らかにせんと欲《ほっ》する者《もの》は、先《ま》ず其《そ》の国《くに》を治《おさ》む。
その国《くに》を治《おさ》めんと欲《ほっ》する者《もに》は、先《ま》ずその家《いえ》を斉《ととの》う。
その家《いえ》を斉《ととの》えんと欲《ほっ》する者《もの》は、先《ま》ずその身《み》を修《おさ》む。
その身《み》を修《おさ》めんと欲《ほっ》する者《もの》は、先《ま》ずその心《こころ》を正《ただ》しくす。
その心《こころ》を正《ただ》しくせんと欲《ほっ》する者《もの》は、先《ま》ずその意《い》を誠《まこと》にす。
その意《い》を誠《まこと》にせんと欲《ほっ》する者《もの》は、先《ま》ずその知《ち》を致《いた》す。
知《ち》を致《いた》すは物《もの》に格《いた》るに在《あ》り。（経一章）

訳：古き良き時代に偉大な徳を天下に明らかにしようとする者は、まず自分の国を治めた。自分の国を治めようとする者は、まず自分の家を整えた。自分の家を整えようとする者は、まず我が身を修めた。我が身を修めようとする者は、まず自分の心を正した。自分の心を正そうとする者は、まず自分の思いを誠実なものにした。自分の思いを誠実なものにしようとする者は、まず自分の知能を究めた。そのため、物事の道理を追究した。[8]

経書の『中庸』（書き下し文は、金谷治訳注『大学・中庸』岩波文庫に拠った）では、教育が素晴らしい指導者になる秘訣であることを次のように明示している。

斯《こ》の三者（知・仁・勇）を知れば、則ち身を脩むる所以を知る。身を脩むる所以を知れば、則ち人を治むる所以を知る。人を治むる所以を知れば、則ち天下国家を治むる所以を知る。（第八章）

訳：この三つの徳（知、仁、勇）をわきまえたら、我が身を修める方法もわかる。我が身を修める方法がわかれば、人を治める方法がわかるだろう。人を治める方法がわかれば、天下、国、家を統治する方法がわかる。

したがって、教育と自己修養は平和で穏やかな世の中を形成する基盤なのだ。『大学』でもこう指摘している。

天子《てんし》よりもって庶人《しょにん》に至《いた》るまで、壱是《いっし》に皆《みな》修身をもって本《もと》と為《な》す。（経一章）

訳：上は天子から下は民衆に至るまで、誰もが自分の身を修めることを基本としなければならない。

このような政府の実務的な問題はさておき、孔子にとって教育はやはり非常に個人的な使命だった。ある面では、孔子にとって学問の探求は悟りの一形態であったとさえ言える。釈迦は菩提樹の下で瞑想しながら人生の答えを見つけたかもしれないが、孔子は詩歌、歴史書、哲学書に涅槃《ねはん》を求めたのだ。

子《し》曰《いわ》く、吾《わ》れ嘗《かつ》て終日《しゅうじつ》食《く》らわず、終夜《しゅうや》寝《い》ねず、以《もっ》て思《おも》う。益《えき》無《な》し。学《まな》ぶに如《し》かざる也《なり》。（衛霊公15－31）

訳：先生は言われた。「かつて、私は一日中食事もしなければ、一晩中眠りもせずに思索に耽ったことがある。だが、そこから得たものは何もなかった。やはり学んで過ごすほうが良かった」。

人生にどのような運命や挫折が訪れようと、人は最終的な目標として名声や財産ではなく、善人になることをめざすべきである。孔子はこうも説いている。

子《し》曰《いわ》く、君子《くんし》は諸《これ》を己《おのれ》に求《もと》め、小人《しょうじん》は諸《これ》を人《ひと》に求《もと》む。（衛霊公15－21）

訳：先生は言われた。「何事であれ、君子はその責任を自分に求め、小人はその責任を他人に求める」[10]。

学問に対する孔子の見解は、彼の人間性に対する考え方を理解するのに役立つ。すなわち、人間は知識を通じて完成すると考えているのだ。学びを続けていれば、誰でも欠点や短所を克服できるし、君子に、時には大聖者にもなれる。孔子はこう説いている。

子曰《しいわ》く、三年学《さんねんまな》びて、穀《こく》に至《いた》らざるは、得易《えやす》からざる也《なり》。（泰伯8－12）

訳：先生は言われた。「三年学問を続けたのに仕官できない者はほとんどいない」[11]。

個性を殺す現代の科挙システム

孔子は自ら、東アジアにおける学問の基準を定めた。彼は生涯にわたる知識の探求に大いなる誇りを持ち、学問に対する不滅の愛は称賛すべき特性であると考えていた。『論語』でも次のように説いている。

子曰《しいわ》く、十室《じっしつ》の邑《ゆう》にも、必《かなら》ず忠信《ちゅうしん》丘《きゅう》の如《ごと》き者有《ものあ》らん。丘《きゅう》の学《がく》を好《この》むに如《し》かざる也《なり》。（公冶長5－28）

訳：先生は言われた。「十戸ほどの小さな村にも、必ずや私ぐらいの律義者はいるだろう。だが、私ぐらい学問を好む人間はそういないはずだ」。

司馬遷によれば、孔子は『易経』の写本を何度も読み返したため、竹簡を綴ったなめし皮の紐が三度も切れた。孔子にとって、学問、読書、弟子との議論は大きな喜びだった。孔子はこう述べる。

子《し》曰《いわ》く、黙《もく》して之《こ》れを識《しる》し、学《まな》んで厭《いと》わず。
人《ひと》に誨《おし》えて倦《う》まず。我《わ》れに於《お》いて何《なに》か有《あ》らんや。（述而7-2）

訳：先生は言われた。「黙って心に刻み、学びを厭わず、飽きることなく人に教える。こんなことは私にとってたいしたことではない[12]」。

おそらく、孔子は当時の人々の中でもかなり向学心に燃えた人だった。その昔、書物は貴重なものであり、大切に扱われていた。中国のように執筆することに相当熱心な社会でもそうだった。その頃の大半の人々に比べると、孔子は歴史や詩歌の書物を利用できる機会が多かったと思われる。また、当時の平均的な人には座学できるような余裕はなかった。一般的な民衆には耕す田畑や扶養家族がいたからだ。その結果、孔子は当時の博識な人物として有名になる。

古代史を読めば、人々は問題が判然としなければ孔子に答えを求め、孔子はその難問を見事に解き明かしていく様子がわかる。

ある例では、隼が陳公の庭先に飛んで来たところ、すでに矢で射抜かれていたためか、力尽きて落ちてきた。そこで、陳公は孔子に使者を遣わし、この不思議な出来事について説明を求めた。すると、孔子は即座に矢の由来を明かした。

「その隼は遠くから飛んで来ています。この矢は粛慎《しゅくしん》氏のものです」

粛慎氏は北方の辺境に居住していた狩猟民族だ。孔子はなぜこのような雑学的な話を正確に知っていたのか？　孔子によれば、粛慎氏は周の武王の要求に応じ、石の鏃《やじり》と楛《こ》という木で矢を作って貢物としたが、この矢はそのときの矢に似ていた。

そこで、陳公が自分の宝物殿に入って探してみると、果たして孔子が説明するような矢が何本も発見された。これらの矢は、随分前に周の武王から贈呈されたものだった[13]。

だが、孔子が持つ知識はとても実用的とは言えないものが大半だった。孔子が高く評価されたのは、歴史、宮廷儀式、古代中国文化の専門家としてだ。これらの知識のおかげで、孔子は教育者として長年にわたり人気を博した。

20世紀の儒教の思想家である馮友蘭《ふうゆうらん》（1895〜1990）は、孔子は中国初の専任教師で、中国史で重要な役割を果たした儒学者の元祖と見ている。例えば、馮友蘭は次のように書いている。

「孔子は教師を職業にした中国最初の人物であり、文化や教育を世に広めた。また、孔子は古代中国の君子階級を作り出したか、少なくとも発展させた人物だ。君子階級とは、農民や職人または商人でもなければ、現役官僚でもなかったが、専門的な教師であり、官僚にもなれる人物だった[14]」

馮友蘭は孔子を過大評価しているが、孔子が教育重視を通じて中国の社会構造に影響を与えたことは否定できない。孔子の後を継ぐように、彼の信奉者は帝政時代を通じて教育の熱心な擁護者となり、政府や社会にいる教養人の役割を高めた。

漢代初頭、儒家は社会を4つの職業階層に分類し、それぞれの徳を順位付けし、社会に対する貢献度を認めた。当然、学問的に優秀な階層であることから学者が先頭に立ち、他の人々を指導する責任を負った。それに続くのは、農民、職人、商人の順である。知識階層には名声が与えられた。このことから、現在の東アジアでは依然として教育を病的なほど重視する理由の一端が理解できる。東アジア社会では、高い地位や成功を確かなものにし、あるいは自分の家族を豊かにするには、一流大学から博士号を取得することが最も確実ということになる。

儒家の最も重要な点としては、本人の素性がどうであれ、誰もが教育とそれに伴う機会を享受する価値があると考えていたことだ。

孔子は民衆に学問をもたらす最前線にいた。当時、学問や知識を得られるのは富裕層に限られていた。富裕層には息子の教育に金銭を投じる余裕があり、息子が農作業や作業場で働かなくとも支障はなかった。

一方、職業階層や所得水準のいかんを問わず、孔子は誰でも講義に迎え入れた。実際、孔子は次のように語っている。

子曰《しいわ》く、束脩《そくしゅう》を行《おこな》う自《よ》り以上《いじょう》は、
吾《わ》れ未《いま》だ嘗《かつ》て誨《おし》うる無《な》くんばあらず。（述而7－7）

訳：先生は言われた。「謝礼として干し肉を一束以上持ってくるなら、誰であろうと教えたものだ」。

より大事なことは、下位の階層に教育の機会を提供することにより、孔子は社会的流動性への道を切り開いたのだ。また、馮友蘭は次のように主張する。

「（孔子が教育に及ぼした影響は）民衆を社会的束縛から解放する真に大きな一歩になった」

こうして、儒家は理想の世の中とは実力社会であると人々に教え込んだ。実力社会では、人々の成功を左右するのは本人の知識や能力であり、古代中国などでは当たり前であった家柄や社会的地位、財産、政治的人脈に依存してはならないと説いた。[15]

孔子は学問を奨励することで、中国の統治のあり方にも影響を与えた。彼が公共政策を最も学識のある者の領域としたことは、知識と道徳的判断力を持って他者を支配する文人官僚の登場に貢献した。これらの儒教の考えは、中国の有名な科挙制度に組み込まれた。

中国の帝政時代の大部分、特に10世紀の宋代以降、官僚になるためには一連の厳しい試験に合格し、学問的な資格を証明する必要があった。この制度が中国社会に与えた影響は計り知れない。

儒教教育が中国の支配層への入り口を決定し、試験は孔子の役割を東アジアで高めるものとなった。歴史を通じて試験は儒教の経典に基づいており、重要な官職を望む者は誰であれ、儒教の教えに深く精通しなければならなかった。科挙制度は、儒教が中国社会に広がる上で重要な役割を果たした。

そのため、帝国の官僚機構全体が儒教的思考を学んだが、そのことはすべての官僚が聖なる儒家であることを意味しない。それでも、孔子の学びと知識が政府の基本的なイデオロギーとなったことを示している。

孔子と官職の関係は、儒教の知識がキャリア向上に最良の道であることを意味した。孔子は学ぶこと自体の価値を信じていたかもしれないが、帝政中国においては、儒教の経典は物質的な向上や社会的地位と結びつけられた。

家族は皆、息子に儒教を学ばせ、官僚機構に送りこんで家族の富と名声を高めることを期待した。明代（1368年～1644年）に編纂された家系図では、一族の人間にこう伝えている。「儒学を家業とする若者は、誠実で勤勉であるべきであり、教師の下で自然に学びを達成するよう努めなければならない。家族に栄光をもたらしたいのであれば、儒教以外の道はない[16]」

科挙制度は社会的地位より実力が優先されるべきだという儒教的な理想に社会における現実的力を与えた。科挙はほぼ例外なく誰でも受験でき（女性だけは受験不可）、成績評価は受験生の社会的地位や社会的人脈を一切考慮せずに行われた。したがって、教育によって中国人男性であれば家柄や出身地に関係なく、誰でも官僚としての名声や財産を得ることができた。優秀な受験生は自分の家族の運命を変える機会を手にした。

だが、科挙制度は支持者が主張するほどに平等主義的だったかといえば、必ずしもそうとは言えない。例えば、ほとんどの貧農には儒教の経書を学ぶための資産がなく、息子に科挙を受験させる余裕もなかった。

しかし、貧しい者にとって、近代になるまで官僚登用試験が富と地位を得る手段であったのは間違いない。換言すれば、封建時代の西欧には通常見られないある種の社会的流動性を確保できた。

伝説には、貧しい若者が優秀な頭脳を用いて科挙に合格し、富や幸運を勝ち取る物語が溢れている。

唐代（618年~907年）の代表的な物語には、黄頗《こうは》と盧肇《ろちょう》という2人の若者が登場する。いずれも郷里は同じだ。2人は科挙を受験するため、試験会場へ出発する。

ちなみに、2人が育った背景は大きく異なっていた。黄頗は裕福な家の出であったが、盧肇は極貧の家に生まれた。そこで、現地の長官は黄頗だけを大切に扱った。

「地元の長官は豪華な餞別《せんべつ》の宴《うたげ》を開いたが、招待されたのは黄頗だけだった。宴会では何杯もの美酒が出され、美しい音楽も奏でられ、盛り上がりも最高潮に達した頃、盧肇は痩せた老馬に乗って宴会場の近くを通り過ぎた」

盧肇は町の境界に到着すると、黄頗が来るのを待った。

翌年、試験結果が出ると、裕福な黄頗ではなく、赤貧の盧肇が「状元《じょうげん》」（首席合格者）の栄誉を得たことがわかる。そこで、地元の役人は盧肇を厚遇しようとしたが、彼のほうは前年の冷たい仕打ちをよく覚えていたため、少し皮肉を言いたくなった。物語は次のように続く。

「あるとき、長官が盧肇を端午節の龍舟競漕に招待すると、盧肇は宴会の席上、次のような詩を披露した」

以前、「私は龍だ」と申し上げたのに
貴方は信じようとしなかった
さて状元の栄誉を手にして戻ってみると、
意外なほどの厚遇が待っていた[17]

科挙の受験戦争は過酷だった。清代（1644年〜1912年）の最難関の試験（進士科）では、競争率が3000倍にもなった。科挙合格のために勉学に励む猛者たちは、青春時代の大半を受験勉強に費やした。

中国史家の宮崎市定は、「科挙のための競争は、少し大げさに言えば子供が生まれる前からもう始まっている」[18]と述べている（宮崎市定『科挙　中国の試験地獄』中公新書）。

妻が妊娠すると、妊婦には詩や経書を読み聞かせる。胎教に良いとされていたからだ。男子が生まれたら、家族は「首席」と刻まれた硬貨を贈答品としてあちこちの役人に配ることがあった。息子に家庭教師を雇うのは3歳前後が多く、正式な学校教育は7歳から始まって8年間続いた。

当時の教育では、ほとんどが『易経』『書経』『詩経』『礼記』『春秋』の五経と『論語』『孟子』を丸暗記することに費やされた。宮崎市定によれば、経書を習得するには、43万1286文字という膨大な量を暗記する必要があった。

言うまでもなく、10代の若者に青春時代の大半を勉学に注ぐことを納得してもらうのは、受験勉強と同じほどに骨の折れる努力だった。教師、両親、著者は、若い受験生に勉学に勤《いそ》しむように説得するために様々な工夫を凝らした。

例えば、ある宋代の皇帝は次のような短い歌を作り、最も勉強した者には巨万の富と魅力的な花嫁が手に入ると約束した。

家族を豊かにしたければ、良い土地はいらぬ
書物を読めば、穀物はいくらでも手に入る

君が結婚したければ、良い仲人役はいらぬ
書物を読めば、翡翠《ひすい》をつけた美女が現れる
大物になりたい若者は、
経書に没頭し、時間の許す限り、学び続ける[19]

東アジアの人々にとって、教育は孔子と深いつながりを持つことが多い。孔子は中国の至高の師かつ究極の賢者と見なされ、2000年に及ぶ学問の守護聖人のようなものだ。

現在でも、孔子の導きを求める生徒は多い。昔の科挙制度はもはや存在しないが、今日の東アジアの生徒は自分の将来を決める極めて重要な大学入試に備えている。帝政時代の科挙と同様、この入試に合格するには厳しい受験勉強が必要であり、その緊張感も変わらない。

このため、生徒の中には漢代以来の受験生が願いを捧げたやり方で孔子に救いを求める者もいる。例えば、北京の6月の晴れた日の午後、高校生の王と趙は合格祈願のために市内の孔子廟を訪れた。趙が15世紀に建てられた廟の本殿で孔子の位牌《いはい》の前に額ずき、王は彼女の脇に立ち、2人は黙して恭しく祈った。試験までにはわずか1週間しかないため、18歳の高校生は勉学の時間を少し犠牲にしても、孔子に受験合格への助力を願ったのだ。

王は孔子廟に来た理由を次のように語った。

「今日ここに来たのは、孔子様のお力添えで一流大学に合格できるように祈るためです。孔子様は偉大なる師であり、文学でも傑出した方です。まるで神様ですから、きっと手を貸してくれるに違いありません」

孔子に入試合格を祈願するために、受験生、父母、祖父母の行列が絶え間なく続き、王と趙はその中の2人に過ぎない。

また、同じく18歳の劉も孔子に願をかけていた。

「どうか、一流大学に合格できる幸運を授けてください」

彼の母親も息子に声をかける。

「お前が信じていれば、必ずそうなるわよ[20]」

劉のような若者には、手に入る幸運ならば何でも必要なのだ。

東アジアの教育制度は儒教に影響を受けた旧時代の試験制度で作られているが、必ずしも良い結果が出るわけではない。現代のアジアの若者はもはや儒教の経書に振り回されることはないが、人生行路が一連の試験結果に左右されることに変わりはない。

成績が良ければ、一流大学に入学でき、高給の大企業や政府に就職する道が開ける。逆に成績が悪ければ、気がつけば人生の底辺をいつまでも歩んでいるかもしれず、地位重視の社会では競争に参加できなくなる恐れがある。

こうした受験戦争は、現代版科挙制度と考えてよいほどに過酷だ。

例えば、韓国の場合、就職に有利なことが約束されている有名大学は4校しかない。しかも、毎年大学入試に挑む10代の若者は約70万人に上るが、この4校に入学できるのは1万人だけ。合格率はわずか1・4%という厳しさであり、帝政中国時代の科挙とさほど変わらない。

その結果、東アジアの若者の学習意欲は精神的圧力に押しつぶされる寸前であり、子供たちはストレスで疲労困憊《こんぱい》し、負担過剰な暗記機械と化している。10代の青春時代は学習本の間に埋もれてしまい、スポーツを楽しみ、社会生活を過ごすための自由な時間はほとんどない。学校の正規授業が終わると、受験に合格したい生徒は韓国語でいう「ハグォン（学習塾）」に高い授業料を負担して通う。合計すれば、韓国の高校生は毎日15時間から16時間も勉強している。

高校2年生のキム・ジョンフンは、毎日の時間割を次のように説明する。

「毎朝午前6時に起床し、通学の準備をしてから午前8時までに学校に到着する。授業は午後5時に終わる。学習塾がある日は、そこで午後6時から9時または10時まで勉強する。その後も、他の勉強をしたり、宿題を片づけたりする」

友人と過ごす機会は、毎月2、3回ぐらいしかない。だが、これだけ努力しても国内の一流大学に合格するにはまだ足りない、と心配は尽きない。

「成績は上位10％から20％だけど、合格圏に届かない大学がいくつかある。僕より下位の高校生はどうやって人生を過ごすのか。皆が勉強しているのは大学入試で好成績を残すためであり、それ以外に目的はないと思う」[21]

それでも、キムによれば、現在の教育制度は韓国文化に深く根付いていることから、これを変えることはまず無理だという。

「社会はそのように動いているのであり、教育制度も同じ。勉強をやめると叫んだところで、とても抵抗できるはずがない。僕にはどうしようもない」

キムが認める通り、あまりの重圧に時には何もかも投げ出したくなる。

「人によって感じ方は異なるだろうが、僕の場合は友人たちからの圧力をより強く感じている。例えば、本当に優秀な生徒は表彰されるし、成績も常にトップクラス。僕にはとても太刀打ちできないので、落ち込んでしまう。でも、親からのストレスはそれ以上だ。両親からは成績を上げろと言われ続け、成績トップの生徒と比較される。親が要求するのは最優秀レベルなので、僕に手が届くわけはなく、悲しくなる。そんなときは、勉強ができなくても死ぬよりはましと自分に言い聞かせる」

親も同じように強い圧力を感じている。帝政中国時代の母親が息子の受験生としての才能によって良否を評価されたように、現在の東アジアの家族も、子供が合格した大学によって評価されることが往々にしてある。

キムの母親チョン・ヨンウンによると、彼女が住んでいるソウル市南部の郊外では、近所の人や友人が互いの子供の成績に強い関心を示し、対抗意識が強くて取り乱すことがある。

「近所の母親が話題にするのは、英語の家庭教師で教え方が一番上手なのは誰か、子供を通わせるべき学習塾はどこか、子供にやらせるべき習い事は何かといったこと。試験期間になると、コーヒーショップやレストランはどこも閑古鳥が鳴いている。確実に子供に勉強させるため、誰も家から出てこない[22]」

多くの金銭や努力を投じ、汗を流したにもかかわらず、今日の東アジアの教育プロセスは、約1000年前の宋代に王安石が科挙に対して行った批判に似た批判に直面している。王はこう不満を述べている。

「教育は科挙のための論文に基づいているが、この種の論文は広範な暗記と厳しい学習なしには学べない……そのように習得した能力では、帝国の統治には役に立たない」

現代の批評家たちは、試験中心の教育が暗記学習に重点を置いているため、今日の経済に必要な創造力や自発的な行動力を備えた人材を育成できないと非難する。

ＴＳＭＣ（台湾セミコンダクター・マニュファクチャリング）創業者の張忠謀（モリス・チャン）は、自社のイノベーションを促進しようとする中で感じた不満について「（教育制度が）独立した思考や創造性をほとんど育んでいない」と訴える。また、「学校が特定の才能に基づいて優れた専門家を育てる専門化の機会を十分に提供していない」[23]とも指摘した。

韓国の教育制度に関する多数の著書を持つコンサルタントのキム・ウンシルは、変わるべきは儒教によって引き起こされた学者の優越性への執着だと述べる。この優先順位はアジアの知識追求を促進する一方で、他の職業に対する評価を貶め、人々が異なる成功の道を選ぶことを難しくする。「世の中には、学問を追求するのに適さない人々もいる。世の中には美容師、バスケットボール選手、芸術家など様々な才能の持ち主がいて、その人々が学問を追求すると否定的な結果をもたらす。韓国の学校には、様々な個人的特質に配慮した代替的な選択肢がない。学校が求めるのは勉強好きな生徒だけで、試験は世間的な成功につながるものばかりだ。この問題を解決するには、学者、農民、職人、商人などの仕切りをなくす必要がある。例えば、生徒は高校を卒業してパン職人になれたら良しとすべきだ。だが、韓国ではそうはいかない。そうなれば、負け組と見なされる。教育制度を変えるには、まずこのような見方を変えなければならない」[24]

皮肉なことに、現在の東アジアの教育は孔子自身から多少学ぶところがある。

孔子は、君子になるために必要な厳しい学問が誰でも可能であるとは思いもしなかった。また、教育過程に過酷な学習を強いることもなかった。孔子は丸暗記を促すどころか、活発な話し合いや議論を通じて教えた。さらに、弟子たちは孔子を優れた師と見ていたが、孔子に問うことを恐れたことはなく、自分の意見を師にぶつけては互いに論じ合った。

実際、孔子は自分の言葉に無分別に従うような弟子には批判的だった。『論語』でも、次のように説いている。

子曰《しいわ》く、憤《ふん》せずんば啓《けい》せず。悱《ひ》せずんば発《はっ》せず。一隅《いちぐう》を挙《あ》げて三隅《さんぐう》を以《もっ》て反《かえ》らざれば、則《すなわ》ち復《ま》たせざる也《なり》。（述而7－8）

訳：先生は言われた。「本人に知りたいという気持ちが湧き上がってこないようであれば、教えるつもりはない。言いたいことが喉元まで出かかっているのでなければ、教え導くつもりはない。道理の一つの隅ぐらいは教えてもよいが、残りの三つの隅を自分で考えて反問してこないようであれば、同じことを繰り返し教えない。[25]」

悲しいことに、このような儒教的教育法は東アジアの大半で忘れ去られてしまった。だからこそ、オ・ドンジンのような父親は少なからぬ犠牲を払い、子供をアジアの学校から遠ざけようとしている。

換言すれば、韓国の「キロギアッパ」（渡り鳥の父親）の存在は、儒教が東アジアの教育に刷り込んだ積極的側面、つまり学問的優秀性に対する信仰を示しているが、一方では儒教の否定的影響の証左でもある。彼は韓国の受験地獄を生き残るためのストレスを娘に受けさせたくなかったのであり、不満を以下のように述べている。

「韓国は極めてエリート主義的な教育だ。ご存じの通り、この国の教育進路は一つしかない。生き残るには、その進路を選ぶしかなく、個性を伸ばすことができない。このような教育制度は子供たちを平凡な人間に育て、個性的な人間になる機会を奪う」

では、どうなれば家族を戻してよいと思うのか？　彼によれば、教育制度の改革だけではなく、その制度を形成している韓国文化も全体的に変わらなければならないという。

「韓国はまったく異なる社会に生まれ変わる必要がある」

危険視される孔子

孔子は依然として東アジアの学校制度全体に影響を与えているのかもしれないが、生徒が在学中に学ぶ内容は孔子とはあまり関係ない。

各国の履修内容を見れば、帝政時代とは正反対だ。帝政時代の教育は儒教の経書中心の内容であり、実務的な教育や他の教科を学ぶ機会はほぼ皆無だった。一方、現在の生徒は数学、読書、科学を叩き込まれ、孔子に関する学習内容は微々たるものだ。『論語』のわずか数節を学ぶだけだ。

もっとも、これは驚くべきことでもない。平均的なアメリカ人は高校で古代ギリシャの哲学者であるプラトンやアリストテレスをどれほど読んだだろう？

だが、儒教の経書がギリシャの古典と異なるのは、経書を教えれば必ず議論を引き起こすことだ。米国の学区でホメロスの叙事詩『イーリアス』が必読書（少なくとも哲学書としてではなく）に指定されても、誰も文句を言わないだろう。

一方、孔子は東アジアの親や教師あるいは生徒から極めて冷たく扱われている。

例えば、2011年、台湾教育部が儒教の経書である『論語』『大学』『中庸』『孟子』の四書を全高校生の必読書に決めると、冷たい仕打ちを受けることになった。同部の官僚は、10代の若者が説得力のある孔子の教えを学べば、現代生活のプレッシャーに対応するのに役立つと考えた。また、儒学を復活させれば、若者の歴史や文化の知識を増やす一助にもなると見ていた。教育部の陳益興次長は、次のように説明する。

「当部は孔子の教えを伝えていくことが重要であると考えている。生徒たちの道徳教育をしっかりと基礎固めするには、四書と儒学を学んでもらうことが重要かつ適切であると思う。というのも、若い世代は文化的根源を失いつつあるからだ。我々が懸念しているのは、次世代が自分たちの中国文化を認識しなくなり、ただ表面的な実践だけに流れてしまうことだ。我が国は幾多の政治的変遷を経てきたが、若者が我々の文化との接点を失うのではないかと心配だ[26]」

だが、このような方針に対する反発が即座に起きた。生徒側は、学習負担がすでに限界を超えているのに、なぜこれ以上の負担を課そうとするのか、と不満を訴えた。

他の批評家は、この方針には政治的な背景が見えると指摘した。中国史を通じて皇帝の多くがそうしてきたように、当時与党の国民党もその立場を固めるために若者に儒教を吹き込もうとする魂胆だと批判した。

政府とは関係のない儒教の支持者でさえ、この方針には疑義を呈した。四書の学習を子供に命じると、思わぬ面倒を招くことになると恐れたのだ。

米ウィリアムズ大学のサム・クレイン教授（政治学）は、次のように主張する。

「若者に経書の学習を強制したところで、そのような書物がまともに読まれるはずもなく、若者を儒教から遠ざけるだけに終わる。生徒たちの記憶に残るのは、悩み多き青春時代に読まされた経書は退屈で難解だったという否定的なものがほとんどのはずだ[27]」

しかし、反対派の主たる批判は孔子の教えが現代社会の道徳観や理想と矛盾しており、現代の若者には不適切であるというものだった。さらに、孔子の存在は不適切どころか、危険視されるようになっていた。

教育部の方針に反対する活動家であるコンピューター・サイエンス担当の高校教師ピーター・ライは、次のように糾弾する。

「現代社会では、四書を理解する必要はない。四書には旧態依然たる部分がある。社会の秩序が乱れているとしても、秩序回復のために古代哲学に戻らなくてもいい[28]」

陳次長によれば、孔子の教えの基礎は今でも通用する。

「儒教は仁愛について語っている。人間関係のあり方を教えている。儒教で大切なことは、務めを果たすことと親身になることだ。孔子はより良い人間になるように自己修養に励むべきことを説いている。その教えは今でも我々とともに生きている」

一方、批判には敏感になっており、陳次長が急いで付け加えたのは、孔子といえども過去と同じようなやり方で教えを説くことはできないということだった。台湾の学校は現代版に更新された孔子を生徒たちに教えており、人権や社会規範に関する現在の考え方に合うように調整されている。

陳次長は「儒教には現代社会に適しない部分がある」と認めている。この点に対処するため、教育部は孔子の教えから不要な部分を削除した特別な教育課程や教師研修計画を立ち上げた。

「当時孔子が説いた見解が今では適切でなければ、我々がそれを修正する。問題があれば、解決する方法を見つけるつもりだ」

儒教の授業に関する賛成派と反対派の双方は、最も早急に修正すべき孔子の教えを指摘した。女性に対する態度であり、陳次長も「偏見に満ちている」と非難する。孔子に対する批判の中でも、「絶望的な女性差別主義者」という糾弾ほど孔子の印象をひどく傷つけるものはない。

第七章

女性差別主義者としての孔子

Chapter Seven: Confucius the **Chauvinist**

子曰《しいわ》く、唯《た》だ女子《じょし》と小人《しょうじん》とは養《やしな》い難《がた》しと為《な》す也《なり》。之《こ》れを近《ちか》づくれば則《すなわ》ち不孫《ふそん》、之《こ》れを遠《とお》ざくれば則《すなわ》ち怨《うら》む。

（『論語』陽貨17―25）

ジェンダー抑圧の根源？

1996年、ジュディ・ぺは韓国の巨大企業LGエレクトロニクスに入社すると、自分が何か変わり者であることに気づいた。それは、彼女が同僚よりも並外れて素晴らしい学歴の持ち主だったからではなく、飛び抜けた高給を得ていたからでもなく、独自の専門技能を持っていたからでもなかった。単に女性だったからだ。

当時、韓国のテレビなどの家電メーカーに勤務する3万人の中で、彼女のように大学卒で仕事人間の女性は100人に満たなかった。職場であるマーケティング部では、彼女が唯一の女性だった。社内には他にも女性はいたが、主に管理部門であり、しかも奇妙なことに旅客機の客室乗務員のような制服を着ていた。

　彼女たちには、お茶くみやコピー取り以外のことは特に期待されておらず、数年も経てば寿退社するものと思われていた。それに比べると、ジュディは男性社員がほとんど見たことのない女性の同僚だった。給仕は担当せず、仕事で男性と同等に競争する専門職の女性だったため、男性社員は彼女との接し方がわからず、当惑するばかりだった。彼女は当時のことを次のように回想する。

「彼らには女性の同僚を受け入れる心構えができていなかった」[1]

まず、彼女は職場に溶け込むことに苦労した。何しろ、女性には仕事は理解できないだろうと言わんばかりに、上から目線で話しかける男性社員が多かった。

「あの人たちは私と意思疎通する方法を知らなかった。『僕の話していることが分かっている？』とでも問いたげな視線を浴びせかけ、まるで子供扱いだった」

　彼女は、職場で成功するには男性社員のように振る舞うことしかないと悟る。職場では奴隷のように長時間働き、仕事の後の付き合いにも顔を出し、会社のために個人的な時間も犠牲にした。仕事にのめり込み、職場の男性の同僚を上回る業績を挙げようと必死になった。

「女性である私は男性に劣っていないと証明する必要があったので、彼らがやることは何でもしようとした。私が男性と異なることは何もなく、彼らができることは私にもできることを示そうとした。その結果、ついたあだ名が200％だった」

だが、やはり本当の意味で男性社員になることはできなかった。韓国企業では、夕食や飲み会に参加することはチーム作りに必要な要素であると考えられている。彼女は歓迎されたが、それでも限界があった。

例えば、彼女の男性同僚は時折ホステスのいるバーに行く。韓国では「ルームサロン」という名称で知られており、女性が露出度の高い服で踊り、時には金銭交渉を経て自由恋愛に移行する。当然ながら、彼女はこのような店には行けず、後に取り残される。

職場でも彼女のような頑張り方は目立つばかりで、他の同僚とうまく調和できない。その証拠に、男性同僚からは「ゴールド・ミス」と呼ばれるようになる。これは「オールド・ミス」に掛けた韓国固有の名称で、仕事に集中し過ぎて伴侶《はんりょ》探しの機会を逸した働く独身女性を意味する。彼女は語る。「周囲は私を見て、『ジュディは仕事中毒だから結婚しないのだろう』と言う。でも、そういう意見は聞きたくない」

一方、社内に勤務する同年代の女性専門職が少なくなっているのは、結婚や子育てのために退社する人が多いからだ。

「1人また1人と脱落していった。彼女たちは『ここでこれ以上働くなんて考えられない。出世できる機会は少なくなるばかりだし、そもそも私は女だから昇進できなかったのよ』と不満を訴える。きっとガラスの天井の存在を感じていたのでしょう。では、私はここであと何年生き残れるか？　そんなことを自問自答していた」

結局、彼女は働き続けた。職場の名誉のために言うと、彼女の上司はその努力を高く評価し、彼女を定期的に昇進させ、しかも出世は他の男性同僚よりも多少早かった。

にもかかわらず、結局彼女はこれ以上出世できない状況を受け入れる。本来ならより上位ポストまで昇進した後、韓国のビジネス界でもっと競争するつもりだったが、ビジネス界の大半は今でも男の世界だった。

「私もガラスの天井があるのを感じた。役員になるためには、20人から30人の男性管理職と出世争いしなければならない。では、私を選んでくれるか？　次の段階はこれまで以上に付き合いの世界になるが、そこは男性の独擅場。残念だが、女性には職場全体の面倒を見る役員に昇進できる可能性はない。私に用意された出世階段はここで行き止まり」

２０１０年、彼女は会社を辞め、アメリカのコンサルティング会社であるアクセンチュアに転職した。出世への道は同社のほうが韓国企業よりも開かれている、と彼女は考えている。

彼女の経験は、東アジアで働く女性たちによって日々共有されている。女性が日本や韓国の大企業に就職するのは珍しいことではないが、女性管理職はあまり見かけない。経済協力開発機構（ＯＥＣＤ）加盟国の中で、管理職の男女比の格差は韓国が最も大きい（その次は日本）。働く女性を見かけるのは、秘書職や出世とほぼ縁のない傍流の職場が大半だ。現在でも多くの女性は寿退社するものとされ、特に子供ができれば辞めるものと思われている。

その結果、役員室は実質的に男性のクラブハウスになっている。２０１２年の国際通貨基金（ＩＭＦ）の調査によれば、日本と韓国の女性管理職比率はわずか9％だったが、米国では43％に達していた[2]（訳注：２０２２年のデータでは、韓国14・6％、日本12・9％、労働政策研究・研修機構調べ）。

不満を抱えた東アジアの女性専門職から見れば、孔子は役員室の鍵を握っているが、女性にはその扉を開放していないように思える。儒教の教えによれば、2000年以上もの間、女性の居場所は家庭であり、ビジネスや公務の分野は男性に限られていた。

このような価値観は今や死に絶えつつある。だが、孔子が職場で健在である限り、多くの女性は男性と同等に扱われることはないと思っている。ジュディはこう語る。

「儒教は女性の社会進出や社会的成功を妨げるのに大きな役割を果たしてきた。人々は、儒教が我が国に役立っているとは考えていない。だから、我々はこのような古い考え方を捨てるべきだと思う」

彼女の指摘は続く。

「問題は男性中心の職場より根深いものがある」

何世紀も経た後では、儒教に定められた両性の役割はあまりに硬直化しているため、出世を求める女性は家庭でも反対される。儒教の慣行では、夫が指導的立場にあり、妻はそれに従うことになっている。このような考え方が一般的なので、東アジアの男性には妻の社会的野心に異議を唱える向きが多い。

「韓国には、『雌鳥が鳴けば家が滅びる』という諺がある。これは家庭内の儒教の教えだ。妻の稼ぎが夫よりも多ければ、夫は不機嫌になる。妻に後れを取ったと感じるからだ。こうなると、妻はもう夫に従わなくなる。これが儒教を捨て去る出発点になる」

このような圧力があるために、東アジアの女性には家庭と仕事のいずれかを選ばなくてはならないと思い込んでいる。ソウルにある広告会社の創業者フィオナ・ペは、会社経営のために結婚や出産を諦めた。

「儒教は女性に男性と同じ仕事を認めない。女性の役割は母と妻であると決めている。この考え方には今も大きな影響力がある。私が真剣に仕事に取り組んでいるのは、これが第一希望の選択肢だから。子を持つのは難しい。二兎追うのは困難だ。何しろ、子の世話をするのは母親だと家族全員が思っている。これは、父親が子供にどれだけの時間を割くべきかという問題とは明らかに違う。それに、たとえ週末だけでも子供の世話を手助けしたいという男性はほとんどいない」[3]

過去1世紀にわたり、他の女性たちが孔子に浴びせた口汚い暴言に比べれば、この女性管理職2人の批判はごく穏やかなものである。

例えば、フェミニスト哲学者のジュリア・クリステヴァは孔子を「女性を食い物にする輩」と糾弾し、中国の女性活動家は孔子の教えを「残忍な教え」と罵倒した。男女を問わず、儒教史が東アジア帝政時代を通じた女性抑圧強化の歴史と同義であると考えている作家は多い。

現代において孔子の評判を何よりひどく傷つけたのは、女性やその人権に対する彼の態度だ。アジアの内外を問わず、孔子が絶望的なほど家父長的で女性を蔑視し、現在でも女性を世の中でふさわしい地位から排除する過去の遺物のような存在だと信じている女性は多い。ハワイ大学のリー・シャン・リサ・ローゼンリー教授（哲学）は、儒教は「中国女性史におけるジェンダー抑圧の根源」[4]に等しいと批判する。

少なくとも何世紀もの間、儒教は東アジア全体で女性を組織的に不当に扱ってきたという非難の一端を負わなければならない。帝政時代の女性が家庭の使用人や奴隷に過ぎず、時には愛人として売買されるという社会を作り出してきたのは孔子の教えだった。

女性は父親や夫の要求に対してほぼ無力であり、台所や寝室に閉じ込められ、家庭外の生活を送る希望はほとんど持てなかった。特に中国では女性の多くは纏足《てんそく》によって歩くこともままならなかったが、この風習は男性を魅了するためのものだった。

女児が産まれると家族は喜ぶどころか、恥辱と悲嘆に暮れた。当時、家督相続や家名継承が可能なのは男子に限られていた。しかも、女子は新たな扶養家族で花嫁持参金を支払うことになるため、経済的負担をもたらすだけの存在と見なされていた。

女子は結婚するものと定められており、働き盛りを嫁ぎ先で全うするため、自分の家族には経済的にほとんど貢献しなかった。そのため、女の子の新生児は容赦なく殺されることが多かった。また、何世紀もの間、女児殺害は東アジア史の汚点であったが、現在では胎児の性別判定可能な超音波検査によってより安易になった。産まれても邪魔になる女児は通常の妊娠期間である9カ月を待たずに堕胎できるのだ。

中国では、「1人っ子政策」が問題を悪化させている。1979年以来実施されてきたこの人口抑制策のため、あまりに多くの夫婦が家族を持つ唯一の機会を「無駄にしない」ことを選択した結果、男子が女子より相当多く産まれ、男女比率の著しい不均衡を招いている。2020年には、男子は女子より約3000万人も多くなると予測されており、重大な社会問題を発生させる恐れがある。

東アジア社会で女性の立場が低いままであることは、孔子の本当に不幸な遺産の最たるものだ。儒教的慣行が東アジア女性に対する過酷な差別を招いたことは、他のどんな問題よりも、現代における孔子の妥当性に疑問を投げかける。

過去1世紀で理想的な男女平等が東アジアに浸透したため、女性の社会的地位に関する儒教の考え方は、親孝行と同様、時代遅れで時代に逆行しているように見える。孔子はグローバル化と対立するが、東アジアで確立していた孔子の絶対的な名声を最も揺るがしているのは女性の権利問題ではないか。だから、孔子が東アジアで影響力を保とうと思うのであれば、女性との関係をどうにかして修復する必要がある。

孔子を窮地に立たせた『論語』の一節

孔子は本当にどうしようもない女性差別主義者なのか？　この問いに答えるのは、意外に難しい。何しろ、孔子は女性観を詳細に語ったことがない。実際、孔子の教えについて最も信頼できる情報源である『論語』を見ても、女性に関する言及はほとんど見当たらない。

おそらく、現代人の多くが考えているほど、孔子は男女を区別していなかったため、この問題に触れることも少なかったのだろう。男女問わず、誰もが適切な規範を守り、仁愛を追い求め、以下の孔子バージョンの黄金律に従うことになっていた。

子《し》曰《いわ》く、其《そ》れ恕《じょ》か。己《おのれ》の欲《ほっ》せざる所《ところ》を、人《ひと》に施《ほどこ》す勿《な》かれ。（衛霊公15－24）

訳：先生は言われた。「自分がしてもらいたくないことを、他人にしてはならない」[5]。

だが、厳しい見方をすれば、女性は孔子の注目に値しなかっただけとも言える。孔子の人生には、女性の姿はほとんど見えない。彼は普通教育を提唱したが、弟子に女性は1人もいない。また、孔子が探した君主や大臣も男性ばかりだった。何世紀もの間で、孔子を扱った書物は無数あるが、わざわざ彼の娘の名前を記録したものはない。孔子の世界は男の世界だった。

孔子が残した女性に関する論評で、少なくとも記録されて伝わっているものは少なく、いずれも好意的ではない。最も悪名高い意見では、女性は男性より劣っており、そう扱うべきだという立場を明らかにしている。『論語』に次のような記述がある。

子曰《しいわ》く、唯《た》だ女子《じょし》と小人《しょうじん》とは養《やしな》い難《がた》しと為《な》す也《なり》。
之《こ》れを近《ちか》づくれば則《すなわ》ち不孫《ふそん》、之《こ》れを遠《とお》ざくれば則《すなわ》ち怨《うら》む。（陽貨17－25）

訳：先生は言われた。「ただ女性と小人だけは何とも扱いに困る。親切にすれば増長するし、遠ざければ恨まれるのだから」[6]。

おそらくこの一節のせいで、孔子は窮地に立たされる。女性と小人を一律に扱ったという事実だけで、現代人の感情を害するのに十分だ。さらに、女性に近づきすぎると、しかるべき立場を超えて調子に乗るので、泣きっ面に蜂の目に遭うぞと諭している。

『論語』にある別の物語では、女性は重要な社会問題に参加するのに相応しくないと思うと説く。かつて周の武王は「私には有能な重臣が10人もいる」と自慢げに語った。これに対し、孔子は次のように説明している。

孔子曰《こうしいわ》く、才難《さいかた》し。其《そ》れ然《しか》らずや。唐虞《とうぐ》の際《さい》、斯《ここ》に於《お》いて盛《さか》んと為《な》す。婦人有《ふじんあ》り。九人《きゅうにん》のみ。（泰伯8–20）

訳：孔子は言われた。「人材を得るのは難しい。確かにその通りだ。例えば、堯・舜・禹の時代以降では、この周朝初期が盛んだった。（武王は有能な重臣が10人いると語っているが）その中の1人は女性なので、有能な男性の側近は9人だけだった」。

孔子が理想とする社会では、政治や行政の分野は男性に限られていた。孔子に関する文献記録に登場する女性は、男性の心を惑わし、正しい道から外れるように誘惑する女として描かれていることが非常に多い。

例えば、君主が政務に励むより、若い美女たちとの戯れに心を奪われたことから、孔子は魯の大臣を辞したという事例を思い出してほしい。『論語』で最も有名な女性は、男性を手玉に取った奔放な南子《なんし》だろう。彼女には、衛の君主を堕落させた責任がある。

孔子は、女性に魅了されると有徳の行いを追求する妨げになると考えていた。『論語』でも次のように嘆く。

子《し》曰《いわ》く、吾《わ》れ未《いま》だ徳《とく》を好《この》むこと　色《いろ》を好《この》むが如《ごと》くする者《もの》を見《み》ざる也《なり》。

（子罕9−18）

訳：先生は言われた。「私は美女を愛するように、徳を愛する者をいまだ目にしたことがない」。

孔子が懸念したのは、魅力的な妖精セイレーンのように、女性は男性を破滅に導く恐れがあることだ（もちろん、このような女性の性格描写は儒教だけに限ったことではない。キリスト教のイブの存在を思い出していただきたい。彼女はアダムに善悪の智恵の木から禁断の果実を食べるように勧めている）[8]。

だが、中国における女性差別は孔子に由来するものではない。能力主義による出世を遂げたことで、孔子は時代に先駆けていたが、男女平等についてはそうではなかった。孔子の女性観は、当時の中国ではごく平均的だ。孔子が登場するまで、中国は家父長制社会の時代が長く続いた。

何世代にもわたり、中国の支配階級は男系祖先だけを崇拝してきた。血統は父から息子、そして孫息子へと伝わるが、女性は夫の一族の名前を保ち続けるために息子を産む役割を担うものと考えられていた。

孔子の目標は、穏やかな社会の基礎として家族の絆を伝統的社会規範で強化することであり、革命的思想を擁護したり、社会秩序を破壊したりすることではなかった。

また、『論語』では、孔子が男女関係や夫婦関係に関して具体的な意見を表明していないことは注目に値する。孔子のものとされている後世の書物も容易に信用できない。当時、孔子が語ったとされる言葉にも解釈の余地がある。『礼記《らいき》』では、孔子が次のように説いている。

「人の行うべき正しい道とは何か？　父は子を慈しみ、子は父に孝行を尽くす。兄は弟を善導し、弟は兄によく従う。夫は道義を重んじて妻を導き、妻は夫に従順に仕える。年長者は年少者を愛護し、年少者は年長者を敬い従う。君主は臣下に仁愛の心で接し、臣下は君主に忠誠を誓う[9]」

これを見ると、「従順」という言葉が目立つ。孔子は女性が男性に従属する立場にあると見ている証拠だ。

だが、孔子の言葉を十分に読み解くことも大切だ。孔子が考える理想の関係は必ずしも完全な平等ではなかったかもしれないが、虐待的または不当な関係を意味したわけではない。父と子の関係と同じように、夫婦関係も相互的かつ補完的な関係であると考えられていた。ここで孔子が説きたかったのは、女性は従順であるべきだが、夫もまた正しい道義を踏まえた言動が求められているということだ。この関係における責任は双方にある。

さらに、儒家は女性に与えられた立場や義務は極めて重要と考えていた。夫と妻の役割は別々でも同じように大切であると強調することで、孟子は「五倫」として知られるようになる次のような考え方を支持した。

教うるに人倫《じんりん》を以てし、父子親《しん》あり、君臣義有り、夫婦別《べつ》有り、長幼叙《じょ》有り、朋友信あらしむ。（『孟子』滕文公章句上）

訳：人民に道を教えることで、父子の間には親愛があり、君臣の間には礼儀があり、夫婦の間には区別があり、長幼の間には順序があり、朋友の間には信義があるようになった。[10]

孟子はこのような表現を通じて賢明な社会的分業に関する見解を示したのであり、圧制的な支配層を擁護するつもりはなかった。賢君なら自分の食べ物を自分で耕すほどに謙虚であるべしと主張する人に対し、孟子は「愚かしい考えだ。何でもすべて自分でやるというのは、世の中の誰にとっても無駄であり、非生産的である」と反駁した。

人々は自分の能力や立場に基づいて社会的役割を果たせばよいのだ。賢君は農作業ではなく、政治を担うべきだ。農作業は農業に精通している農民に任すべきだ。同じことは夫婦にも当てはまる。夫婦それぞれが世の中で特有の役割を持っている。だからこそ、夫婦の正しい関係には「両者の別々の役割への配慮」が必要になる。

これらの「特別な役割」は、男女が社会に貢献する内容を定義している。儒教の世界では、男性と女性は異なる領域を占めるべきだとされた。公共の事柄、国家運営、商業は男性が担い、家庭を維持し、子供を産み育てるのは女性の役割とされた。『礼記』には、こう記されている。

「男子は内の事を語らず、女子は外の事を語らず」

さらに、別の経書である『詩経』では、より率直に「女子は公務に関わるべきではなく、養蚕と織物に専念すべきだ[11]」と宣言している。

現代人には「女性は家の中にいて、子供を産め」との策略のように聞こえるだろうし、ある程度はその通りだ。誰かが子供の世話をし、食事を作り、掃除をし、縫物をし、老父母を介護し、裕福な家であれば、使用人を管理する必要があった。

孔子の「正名《せいめい》」や「孝行」という考え方のように、平和な世の中になるかどうかを左右するのは、男女を問わず誰もが自分の責任を果たすことであり、（女性を含め）個人的な選択肢を追求することではない。

だが、男女それぞれの分野において権限を行使するものとされ、『礼記』で示しているように、男子は家庭内のことに「口を出してはならない」。家庭内では妻が最上位に君臨している。

胡適《こてき》（１８９１〜１９６２）は、「中国の女性は常に家庭の専制君主であり……世界中を見渡しても、中国ほど恐妻家の国はない」と言う[12]。

妻や母親がその役割を果たさないと、「よく整った」家庭もうまく立ちゆかない。ということは、孝行息子や賢君あるいは忠実な大臣に劣らず、良妻は世の中の安定と繁栄に重要な機能を果たしていることになる。

独裁的、家父長的、長老支配的、男性優越主義的な「三綱」

しかし、後世の儒家は孔子の教えの中から女性を低い地位に貶める言葉だけを選び出すことに注力した。儒学者は、女性とは男性に従い、結婚や夫および世の中でも従属的な地位に甘んじるものだと当然のように強調した。温和な孟子でさえ、この主張に与《くみ》し、次のように説いている。

「女子が嫁ぐときには母親は門まで見送り、こう諭すものだ。『嫁ぎ先に行ったなら、礼儀正しく振舞い、自らを戒めなさい。旦那様に逆らってはいけません』。嫁ぎ先に従順であることを正しいと考えることが婦女子の道である」[13]

女性は実質的に助手へと格下げとなった。助手の仕事は、より広い世界でより重要な仕事に取り組む男性を支援することになり、女性はそのような仕事に取り組む機会を追求することから締め出された。

男性は大臣、学者、官僚になれるが、女性には（一部の例外を除き）その可能性はない。その代わりに、女性は家事を担当することになり、男性はそのような俗事から解放された。

男性は教養を習得して君子になれるが、女性はこの儒教的最終目標（君子）の境地に到達することはできない。女性はどのような場面でも行動の自主性はほとんどなく、程度問題であるが、自我を持つこともない。女性は必ず誰かの娘、妻、母親であり、常に従うべき主人や仕える相手がいる。『礼記』では次のような指示がある。

「（男子は嫁を迎えるに際し）（女子の家の）正門を出てから先に立つ。男子（新郎）が先を行き、女子（新婦）がこれに従う。夫婦の正しい関係はここから始まる。『婦人は人に従う』ものであり、幼いときは父兄に従い、嫁《か》しては夫に従い、夫が死ねば子に従う」[14]

そのうちに、儒家は孔子の模範的関係にある互恵の側面を徐々に脇に追いやり、その代わりにヒエラルキー的な役割を重視するようになる。

漢代に、孟子の「五倫」は「三綱《さんこう》」に要約された。この新たな考え方は単なる簡略化ではない。孟子が考えていた当初の意図から相当に乖離《かいり》した内容になった。「三綱」は多作な儒学者である董仲舒が提唱し、二者の上下関係に注目したものだ。

『中国哲学選集』の中で哲学者の陳栄捷《ちんえいしょう》が次のように説明している。

「儒教の五倫は相互の倫理的責任に基づいて成立しているが、その考え方は、君、父、夫が臣、子、妻よりも優位にあるという儒教秩序固有のものでもあった。この特徴は董仲舒によって強められた。この三綱によって、これらは単なる関係ではなく、規範としての意味を持つようになった」[15]

後漢（25年～220年）までに、「三綱」は儒教思想において確固たる地位を占めるようになる。広大な人脈を繋《つな》ぐ結び目のように、安定した社会を形成する人間関係の広大な社会的ネットワークの中心を占めた。

この体制は『白虎通義《びゃっこつうぎ》』に概説されている。この書物は、紀元1世紀に後漢の学者を集め、儒教経書の解釈を議論させた結果をまとめたものだ。「三綱」には、次のような記述がある。

「大きな綱によって細かな網目が整うように、上位者（綱）が下位者（網目）を支える責任を説いたものが上下関係である。人は皆五常（仁、義、礼、智、信）の素質や親愛の心を持っているが、これらは三綱によって発現する……『綱』としての為政者がしっかりと責務を果たしていれば、『網』である民衆は為政者に従い、秩序が保たれる」

また、この議論では結婚を通じて担うことになった夫婦の主要な責務を定義する。『夫』と『妻』はどういう意味か？『夫』は［養う］。夫は正しい道によって妻を養う。『妻』は［従う］[16]

さらに、董仲舒は中国の陰陽説を儒教に導入することにより、秩序的な拘束力のようなものを三綱の不平等性に与えた。陰陽は2つの補完的な力であり、その間に生じる相互作用によって世界に変化をもたらす。例えば、季節の移り変わりや生死の有り様などだ。

陽は強めの要素である。より積極的で活動的であり、明るさや自信満々な態度を意味する。陰は弱めの要素である。受動的で否定的であり、暗さや屈服した態度を示す。

董仲舒はこの2つの要素に人間の性別を当てはめた。陽は男性で支配的勢力、陰は女性で従属的勢力である。陰陽はいずれも重要であり、世の中は、この2つがなければうまく機能しない。だが、董仲舒は人間関係に陰陽思想と儒教を導入し、男性の優位性と女性の劣位性を春秋や光陰の特徴に合わせた。

三綱は中国の思想や社会にとってあまりにも重要になってきたことから、この考えは中国の自己像と見なされるようになる。三綱の上下関係を援用すれば、中国と周囲の「蛮族」を区別できると考えた。

だが、三綱の考え方は社会統制の手法でもあった。帝国を安定させるため、父親に対する孝行と君主に対する忠義を同一視し、儒家は政治分野に家族関係を持ち込もうとした。結婚において支配と従属の関係を重視することによって平和な社会を築く、という考え方を促進しようとしたのだ。

一方、儒教に女性蔑視や不公平という悪評が立ったのは、主に三綱固有の不平等性のせいでもあった。20世紀の著名な儒学者杜維明《といめい》・北京大学高等人文研究所所長は次のように指摘している。

「現代の平等主義や進歩主義の見地から見れば、儒教倫理の中で最も正当化し難い部分は、いわゆる三綱だ。三綱は独裁的、家父長的、長老支配的、男性優越主義的と非難されてきた。屈従と儒教倫理の三形態として表現されてきたからだ[17]」

杜所長は、儒教が帝政体制における政治的影響を勘案して三綱を編み出したことを批判する。以前の儒家は宮廷内でおとなしくしていたが、今や宮廷内の自分の立場を強め、政府の利益に役立つ政策を作り出す必要があると考えるようになった。

三綱の定式化は、儒教の支持者が書斎から宮廷に移った瞬間から始まった儒教内の対立を表している。教養の理想的なルーツと国家管理や皇帝に対する影響力の保持という政治的特権との緊張関係である。杜所長によれば、このような衝突が続いた結果、儒教と孔子のあるべき姿は極端に変わってしまった。

「ここで用いる『儒家』という言葉は、新しい意味を持つようになる。もはや孔子やその弟子の教えを伝える人ではない。正確には、漢代の著名な学者として三綱の考え方を提唱し、政治的信条を説く思想家だった。皇帝に招聘《しょうへい》され、国家が直面する重要な宇宙論的問題や倫理的課題について国論を統一する役目を担うようになった[18]」

『女誡』と『女論語』

儒家は女性に、社会における彼女たちの適正な立場についてすぐに教え込んだ。実際、このような洗脳は出産からわずか数時間後に開始された。後漢の女性歴史家である班昭《はんしょう》は、自著『女誡《じょかい》』で次のように説明する。

「女児が産まれると、3日目には床下に寝かせ、瓦の破片を与えて遊ばせ、潔斎《けっさい》して先祖に報告した。床下に寝かせるのは、自分は虚弱なので周囲に控えめな態度を取るべきことを意味した。瓦の破片で遊ばせるのは、激務に慣れ、勤勉であるべきことを示したものだ」

　男子は古典を学ぶために学校に行き、女子は家にいて幼い頃から家事を教わる。

　ちなみに、女性の心得を説いたもう1つの重要な手引書『女論語』は、唐朝の儒学者で宮廷の「女学士」として尊敬された宋若莘《そうじゃくしん》が書き、妹の宋若昭《そうじゃくしょう》が注釈したものだ。この『女論語』には次のような指示がある。

「娘たちは女性の部屋に留まり、よほどのことがなければ、外出は許されるべきではない。娘たちには裁縫、料理、礼儀作法を教えよ。外出を許してはならない。醜聞で娘たちの評判を落としてはならないからだ」

　このような訓練を習得すれば、残りの人生で直面する重労働への覚悟が整う。

「勤勉さとは、夜は遅くまで、朝は早くから起きることであり、朝夕を問わず、決して怠けたり、家事を拒んだりしてはならず、やるべきことはすべてきちんと丁寧にやり終えなければならない」と班昭は説く。[19]

　儒教の礼儀に関する書物を読めば、息苦しくなるほど、女性の責任や規則を暮らしの細部にわたって定めている。『女論語』では、「婦道《ふどう》」について詳述している。

「一人前の女性になるには、女性としての務めを詳しく学ばねばならない。例えば、麻などの繊維から織物を作る方法を習得せよ。細い繊維と粗い繊維を混ぜるな。織機の杼《ひ》の動きが速すぎると、糸が切れたりするので注意せよ。靴や靴下の作り方を学べ。裁縫の仕方も覚えよ。刺繍、補修、修繕のやり方も学んでおくこと」

良妻は早朝に起床すると、すぐに家事に取り掛かる。

「まず台所に行き、火をおこし、朝食を作り始める。鍋や食器を洗い、お茶用の湯を沸かし、粥《かゆ》を作る。家庭にある食材や旬の物を考えて食事を組み立てる。香り豊かで美味な味付けを心がけ、適量の料理を見栄えよく食器に盛り付けて食卓に並べる。これらを早めに用意できれば、1日のうちにやり残すものはなくなる[20]」

男女で異なるのは仕事だけでなく、互いに少し離れている必要があった。両性の区別を定めている規則の驚くほどの複雑さは、古代の礼儀を説いた書物に匹敵する。儒教が定める堅苦しい道徳規範では、両性は相手に家庭の内外を問わず、関係を持つべきではないとしている。

例えば、『礼記』は次のように説く。

「男女は席を同じくせず、衣紋《えもん》掛けを共有せず、同じ手拭いや櫛《くし》を用いてはならず、手渡しもしてはならない。また、男女は、仲人の仲介なく、相手の素性を調べてはならない。結納の品を受け取らない限り、親交を始めてはならない」

実際、女性は親戚以外の目に晒されないように隠されるべきであると説かれていた。『女論語』も次のように主張している。

「表の間と奥の間を区別し、男女を隔離しておくべきだ。外壁越しに内側を覗いたり、外庭を越えたりしてはならない。女性が外出する際には、顔を隠しておかねばならない[21]」

女性が関係を持つことを許されるのは、父親が選んだ男性だけだ。娘には自分の配偶者の選択への発言権はほとんどない。新郎新婦双方に関するお膳立てはすべて両親が行う。

帝政中国における結婚の考え方は、現代の西洋とはまったく異なる。個人同士の結びつきよりも、両家の関係に重きが置かれていた。夫婦間の個人的感情はせいぜい二義的なものだった。

結婚が成立すると、新婦は家を離れ、新郎一族の家庭に入る。このとき以降、彼女は義父母の新たな絶対権力に従って、実質的な召使いとして働くことが期待される。

義父母に対する嫁の所作を定める規範は数多く、厳格で高圧的だった。『礼記』は次のように説明する。

「息子の嫁たる者は、下がってよいと言われない限り、自分の部屋に戻ってはならない。何かすることがあれば、必ず義父母に許しを願い、勝手に動いてはならない。誰かから飲食物、衣服、織物、飾り物や手拭い、蘭や菖蒲《しょうぶ》などを頂戴するときには、それを受け取った後、すぐに義父母に手渡さなければならない。義父母がこれを受け取れば、嫁も改めて自分が受け取ったかのように喜ぶことだ。義父母がこれを嫁に返すときには、嫁は辞退する。義父母が辞退を許さなければ、嫁は下され物としてこれを受け取り、義父母が改めて求めるまで保管しておく」

『女論語』は、より厳しい制約を詳述している。

「謹んで義父に仕えよ。(義父から話しかけられても)義父を直視してはならない……義父と会話してはならない。義父から何かを命じられたときには、その指示を聞いて従うことだ。義母が座っているときには、息子の嫁たる者は立っておくべし。義母から何かを命じられたときには、直ちにその指示を実行すべし[22]」

息子の嫁が義父母に仕えないとき、彼女の主たる務めは出産と子育てだ。子を産むことは儒教の掟《おきて》であり、跡継ぎが産まれないことは孝行に対する最悪の背徳だった。孟子は、こう説いている。

孟子曰く、不孝に三あり。後《のち》なきを大なりとなす（離婁章句上）

訳：孟子が言われた。親不孝には三つの種類があり、なかでも、妻を娶らず跡継ぎがいないことが一番の不孝である。[23]

その結果、女性は生涯のうちに10回以上も懐妊することが多かった。だが、懐妊だけでは十分ではない。男児を産まないと、妻は夫に対する義務を果たしたことにはならなかった。女児は跡継ぎにはなれなかったからだ。

道徳の守護神としての女性

夫や義理の親に翻弄《ほんろう》され、台所で汗を流し、赤ん坊を産むという生活は、息苦しく、卑屈で、卑劣なものに聞こえるかもしれない。だが、儒教が理想とする女性像を21世紀の我々のレンズを通して見るのは誤解を招く。

ほとんどの女性は、儒教的社会システムによって自己成長の可能性が潰されたと気づいたが、それでも社会の道徳の守護神に他ならなかった。

子供たち、さらに夫に家庭内の正しい振る舞いのルールを教えるという重大な責任を負っていた女性は、君子の育成者であり、息子や夫が世を治めるために必要な道徳を植え付ける無私の指導者だった。

孔子は、男性が一人前の君子になるために必要なことはすべて家庭内で学べると考えていた。妻や母親はその教師役であると見ていた。

この点は『女孝経』が明確に説明している。この書物は種本の『孝経』の原典とよく似た形で、唐代の役人である侯莫陳邈《こうばくちんばく》の妻の鄭氏《ていし》がまとめたものだ。

この書物は後漢の女性歴史家班昭と女官との問答を記録したものだ。知識の宝庫である孔子の代役である班昭と、女性としての正しい所作について助言を求める熱心だが未熟な女官との記録であるとされる。班昭は彼女たちに対し、女性自身が高潔であることで、どのように社会を変革できるかを説明する。

「尊敬と愛情をもって導けば、貴女の夫は親孝行の気持ちを忘れることはない。高潔な行いの手本を示せば、彼はどのような行いが許されないかを理解するでしょう」

班昭は底本『孝経』の文章をほぼ踏襲したが、女性的な美徳とは絶対的な服従であると説いていると思われると、本人は動揺するだろう。そうではなく、悪事を正すためには、女性も息子のように声を上げる義務があった。女官が次のように問うとする。

「思い切ってお聞きいたしますが、夫の言うことなら何でも従うことが美徳と呼べるのでしょうか？」

これに対し、班昭は驚いてこう叫ぶだろう。

「何を馬鹿なことを、そんなことがあるものですか！　いいですか、意見を言う妻であれば、夫が悪の道に入ることはないのです[24]」

つまり、儒教の見方からすれば、女性はほとんど高潔な人物、従順ではあるが、より気高い志も持ち合わせているのだ。女性は家族や世の中のために自らを犠牲にする。班昭は次のように説く。

「女性は他者に謙虚に従うこと、他者に敬意を払うこと。他者を最優先し、自らは最後とすること。落ち着いた態度を保ち、直立した姿勢で夫に仕えること」

大多数の女性は家事中心の服従的な生活を受け身的に耐え忍び、父親や夫および義理の両親に進んで従う。これらはいずれも儒教的理想の女性像を忠実に守るためである。

現在では、多くの人が当時の女性には他に選択肢がなかったからだという。だが、彼女たちはその頃高く評価されていた一連の社会規範に対応していた。要するに、すでに疑う余地がなくなった当時の道徳基準を支持していたのである。

イリノイ大学のパトリシア・エブリー教授（中国女性史）は次のように説明している。

「母親は……優しくて愛想が良く、恭しくて控えめな性格になるように娘を躾けることが正しいことだと信じていた。このような躾けが女性抑圧に伴うものであるとは思っていなかった。むしろ、周囲から美しくて女性らしいと称賛される娘に育てることが誇りだった」

1632年、詩人で賢母の顧若璞《こじゃくはく》は息子への手紙でこのような気持ちを表現した。

「私は様々な苦しみや試練を味わってきた。不安を覚えつつ、あらゆることに気を遣い、日々早起きし、夜遅くまで働いた。考えることといえば、ご先祖様からの言いつけに背かず、両親の心労も無駄にならないように、どんな粗相もしないことだった。それを喜びとしたから、どんな困難にも耐えられたのだと思うか？……この家族が保有している布地や穀物は、どれも私が数十年間流した汗と涙の結果だ。2人の息子に期待しているのは、これらを保存するだけでなく、さらに増やしてもらうことだ[25]」

儒教は女性自身やその周囲に模範的女性像を作らせることにより、これほど従順な女性を育成することに成功した。より効果的な教化には、家の居間や各村の中庭で繰り返し語られた庶民的な物語を用いたものがある。

『二十四孝』の物語が子供に忠実な態度を教え込むことを目的としたように、『列女伝《れつじょでん》』も女性向けに同じ趣旨のことを狙ったものだ。これは儒家が考える理想の女性像を際立たせるために、紀元前1世紀の漢代の学者劉向《りゅうきょう》が昔の女性史伝を編纂した書物だ。慈愛に満ち、従順で申し分なく謙虚かつ貞淑な良妻賢母である素晴らしい女性たちの物語集である（ちなみに、保守的な儒家は偏狭な学校長のように女性の貞操にこだわった）。

例えば、代表的な物語には孟母《もうぼ》の史伝がある。

史伝によれば、孟子の母親は子（孟子）を劣悪な環境（墓地と市場）から守るために家を2度引っ越し、最終的には学校の近く、教育熱心な母親には理想的な場所に落ち着いた（孟母三遷）。

また、孟子から勉学に身が入らないと聞くと、母親は急に鋏《はさみ》を取り出し、それまで一生懸命に機織りをしていた布をばっさり切り裂いてしまった。

「学問を怠れば、今私が織りかけの布を切り裂いたように、そなたが今まで積み重ねてきた努力も水の泡になるのです」

これを聞いた孟子は、たちまち身が引き締まる思いがした。史伝ではこう説いている。

「以来、（孟子は）朝から夕方まで休むことなく、熱心に勉学に励むようになった。その結果、全国で最も有名な学者になったのである」

すべては母親による時宜を得た指導の賜物だった（孟母断機《もうぼだんき》）。

孟母が年老いると、孟子は別の国で仕官の道を探そうとしていたが、思いとどまった。愛する母親を世話することが自分の務めだと考えたのである。孟子の失望や落胆に気づいた母親は、女性のあるべき立場についての教えを伝えようとした。

「女性とは生涯自ら判断を下さず、必ず男性に従う存在です……嫁しては夫に従い、夫の死後は息子に従うものなのです[26]」

孝行物語によくあるように、このような史伝では極端な言動が高く評価されるものだ。

例えば、楚の昭王の王后の悲劇がある。昭王が外遊した際、王后を川岸近くの建物の縁台に残したままだった。昭王が外地にいた間、長江の洪水が迫り、決壊も時間の問題となり、王后は危機的状況に陥る。そこで、昭王は王后を避難させようと使者を迎えに行かせた。ところが、使者が大慌てで出発したため、王の命令を示す割符《わりふ》を忘れてしまい、王后は使者に従うことを拒んだ。

「主上との約束により、割符を持たない者の言葉には従えません」

「そう仰《おっしゃ》っておられる場合ではございません！　ご覧ください、川面は高くなるばかりです。わたくしが割符を取りに戻りますと、間に合わなくなります！」

それでもなお、王后は動こうとしない。生死の瀬戸際に及んでも、忠義立ての大切さを説く書物で教育された影響は強く残っていた。王后は使者に告げた。

「貞淑な女性は約束を破らぬものと教わりました。だから、約束を反故《ほご》にして道理に反するくらいなら、ここで死んだほうがまし」

使者はやむなく急いで割符を取りに戻ったが、水嵩《みずかさ》は増すばかりで、ついに王后は流されてしまう。昭王は王后が心配で仕方なかったが、この顛末《てんまつ》を聞くと、王后を称賛し、「貞姜《ていきょう》（貞淑な姜姓呂氏《きょうせいりょし》の女性)」という名誉称号を授けた。[27]

纏足という風習と貞節

特に宋代(960年~1279年)以降では、儒教的理想の女性像に合わせるために極端な形態を取るようになる。

最も残酷な形態の1つとして、纏足《てんそく》の風習があった。女児が5歳頃から足を布で巻き始め、足の成長を極力抑えるようにしたのだ。足の大きさは成長しても大抵10㎝前後であったが、男性からはその小ささと不安定さが育ちの良い人の証拠であり、官能美を感じると高く評価された。

だが、纏足が完成するまでの過程では拷問のような激痛を伴う。女児は身体的だけでなく、感情的にも我慢を強いられた。嫌悪感、自暴自棄、そして絶望的な悲話が語られ、このような絶え間ない苦痛から必死に逃れようとしても無駄に終わることもあった。

チャンという名前だけ知られている女性の使用人が次のように語っている。

「夜になると両足が熱を持つようになり、腫《は》れて痛むようになった。毎週母親が私の両足の布をほどいては、さらに強く巻き直したので、恐怖心は深まるばかりだった。そこで隣家に身を隠し、両足が縛られることから逃げようとしたが、駄目だった。布の巻き方を緩めると、魅力的な足に見えなくなるわよ、と母親に叱られた……魚の目が目立ち始め、足の皮膚が厚くなってきた……母親は足を縛っていた布を取り、魚の目を針で削る……恐かったが、母親は動かないように私の足をしっかりとつかんでいた」

チャンが9歳になると、隣家の息子と婚約させられ、未来の夫の家に仕えるために送り込まれた。

そして、彼女の運命はさらに悲惨さを増していく。

「義母は実母よりもさらにきつく両足を布で縛った。私の足がまだ一人前に達していないと言うのだ。泣けば、義母から強く殴られた。布の縛り方を緩めると、身体中が傷だらけになるまで叩かれた……足元を見てみると、両足のつま先が炎症を起こして大きく赤く膨れ上がり、状態が悪化していた……布が膿《うみ》や血で固まると、布をほどくために、握りこぶしで足を叩いた。布を緩めるためには、このような無理をする必要があり、その際に皮膚が剝《は》がれ、血が流れ出した。身体の奥深くに激痛を覚え、漂ってくる悪臭もひどいものだった……義母には感情の起伏がなく、足の炎症が早く進行するようにと無表情のまま固い瓦を布の内側に入れてきた。その結果、彼女の足の大きさは8センチにも満たなかった[28]」

国内外を問わず、後世の評者はこのような物語に戦慄を覚えた。20世紀の著名な作家である林語堂は、纏足を「醜悪で倒錯した風習」と非難した。

だが、当時の女性の多くが纏足を自ら選んだという事実には留意すべきだ。それは現在の美容整形手術のような流行の1つであり、女性が良縁を勝ち取る可能性を高めてくれるものだった。

しかし、孔子がこのような非道な慣行を容認していたとはとても考えられない。それどころか、纏足など孝行の道に反するものとして指弾したはずだ。『孝経』によれば、孔子は次のように具体的に触れている。

「肉体と毛髪と皮膚、すなわち身体はすべて父母から頂戴したものだから、これを傷つけないようにすることが孝行の始めである」

したがって、儒家や儒教が纏足を奨励または擁護することはあり得なかった。

一方、学者の中には、儒家が抑圧的な女性の理想像を作り上げ、纏足の実践こそ正しい女性らしさであると圧力をかけることで、纏足の普及に加担したと論難する向きもある。

この主張に立てば、纏足は儒教が社会慣行に影響を及ぼした当然の結果である。自分自身をより動きづらくて従属的な存在にすることによって、女性は儒教の理想像に近づこうとする姿を堂々と示すことができたからだ。

近代の学者は次のように指摘している。

「纏足は、中国で女性が支援を受けて社会に参加する方法であり、先進的とされた新儒教を反映したものだった[29]」

たとえ夫が死んでも、女性は妻の責任から解放されない。儒家は未亡人の再婚には難色を示した。これは夫に対する女性の務めに反するという思想によるものだったが、さらに新儒教の学者は禁忌に対する極端な妄想を引き起こした。

例えば、学者の程頤は、妻の責任放棄という不名誉よりも死が望ましいとする主張を説き、未亡人再婚の反対勢力を結束させた。程頤は次のような質問を受けた。

「未亡人が独り身で、頼る者がいなくて貧しさに苦しむぐらいなら、再婚してもよいのではないか？」

これに対し、程頤は反駁する。

「そのように考えるのは、女性は老いると、凍死や餓死の不安がよぎるからに過ぎない。だが、それは些細《ささい》なことだ。それよりも重大なことは、妻としての誠実さを失うことである[30]」

再婚しない未亡人は国民的ヒロインとして扱われた。明代（１３６８年～１６４４年）では、亡夫に生涯を捧げた女性は地方役人から称賛され、女性らしい美徳の模範として持ち上げられた。

明朝から伝わる福建省の福州史によれば、徐宋潔《じょそうけつ》は子を産む前に夫を亡くした。夫は病床に伏すと、「自分が死んだら、再婚しなさい」と勧めてくれた。だが、夫の死後、彼女は棺《ひつぎ》の上で号泣した後、首を吊って自殺する。役人は「その貞節さに感動を覚えた」と語り、彼女の家の戸口に「孝徳と礼節」と書いた垂れ幕を掲げた。

多数ある中からもう1つの例を挙げると、黄宜婕《きぎしょう》という女性がまだ15歳の頃に婚約者を亡くしたことから、仲人が彼女の知らぬ間に新たな夫を手配した。「（だが、彼女はそれを知ると）身を清め、髪を梳《と》かし、新しい衣装を身にまとう。準備が終わると、刃物を手に取り、喉を切った」

おそらく、一度では成功しなかったのだろう。「翌朝、家族が彼女の遺体を発見した。喉元には3つの切り傷があったという[31]」

東洋的後進性を象徴する「沈黙する女性」

19世紀までに中国と西洋の改革派は黄宜婕のような女性を見習うべき手本としてではなく、救われるべき犠牲者として見なすようになった。キリスト教宣教師や革命家およびフェミニストの視線に晒されたことで、中国人の優越的な自己像の特徴であった儒教的社会慣行や家族の儀式は、制度の悪用や国家的恥辱の源ではないかと認識が変わっていく。

再婚しない未亡人を称賛した多くの新儒教徒とは異なり、「五・四運動」で有名な作家の陳独秀は、孔子は彼女たちの孤独な運命に責任があるとして、次のように批判した。

「再婚しない寡婦には自由がない。毎年のように、将来性豊かな若い寡婦が物質的にも精神的にも尋常ならざる人生を送っている。すべては、儒教が説く形式的礼儀に従った結果なのだ[32]」

男女平等と平等主義という西洋的概念によって吟味すると、中国人女性の人生は、彼女たちが暮らす文明やそれを形成する教義の後進性の象徴のように見えた。

フェミニストは中国人女性を「第二の性」に対する世界的な差別の象徴としてとらえ、儒教を道徳や社会的安定という名の下に女性を抑圧する時代遅れの典型的教義と見た。ジュリア・クリステヴァは、中国人女性について次のように述べている。

「穏当な表現をすれば、女性は沈黙の中で日々を過ごしていた。実際、家の中で隠遁生活を送っており……儒教では、女性は家事と出産だけをするように定められていた[33]」

多くの人にとって、家に引きこもった中国人女性は大きな意味を持ち、東アジア文明が近代に適応することに失敗した証しとなり、西洋文化の東洋文化に対する優位性の証明にもなった。東アジアにおける女性抑圧、そしてその責任は儒教にあるという確信は、孔子とその教え、そして現代世界におけるその価値を広く見直すことを促す重要な要因となった。

中国の若手思想家の多くは西洋思想の影響を大きく受けていることもあり、孔子が現代にはとても合わないように思えた。そこで、東アジアの女性が進歩して自由を得るためには儒教、より正確には儒教が何世紀もかけて作り上げてきたものを家族や社会から追放するしかないという結論に達する。

20世紀初頭の女性無政府主義者である何震《かしん》は、次のように書いている。

「儒教の学問は抑圧的で男性の利己主義を助長させる傾向がある。儒教が一夫多妻制や貞操の大義名分を説き始めたのもそういうことだ。漢代の人々は儒教を学んだため、自分の見解を正当化するために女性に関する古典の意味を自由に援用できると考えた……狡猾な人間どもは自分の都合に合わせて理屈をもっともらしく並べ立てた。愚かな者たちはこのような理屈を少しも疑わずに迷信のように信じ込んだ。このために、私たち女性が何人亡くなったのかわからない……儒教の経書が説く誤った教義を徹底的に排除しない限り、真実の声が彼女たちの耳に二度と届くことはない」[34]

陳独秀らが孝行の徳を中国社会の抑圧的観念であると非難したように、女性の改革派も儒教的家族を女性の哀れな運命に責任を負うべき制度と見ていた。1907年、過激派の漢一（ペンネーム）が自著の中で次のように攻撃している。

「儒教的家族はあらゆる邪悪の根源だ。家族のために女性は男性によって支配されるようになったのであり、家族が存在する限り、女性は堕落した男性によって家の中に閉じ込められ、子孫繁栄の道具として扱われ、男性の性欲に奉仕させられる。だから、家族が解体してしまえば、利己的な人々の代わりに公徳心のある人々が登場し、男性は女性を虐げられなくなる」[35]

ジェンダー論に適応する儒教の教え

しかし、最近の学者には孔子と女性の関係を見直す向きもある。中国で最も重要な賢人を女性差別的存在として単純に追放しても女性は平等にはなれない。それよりも、本来の孔子の教えを再検討し、現代アジアの女性やその願望と孔子の着地点を探ろうとする学者が増えている。

このプロセスは東アジア社会における儒教の将来にとって重要な意義がある。儒教が今日の女性のニーズに適応できなければ、その創始者の影響力は弱体化する恐れがあり、孔子の名声も落ちるばかりだ。

このような学者は儒教を過去の独善的信念ではなく、不安定な世界で変化を続けるニーズに適応できる固有の価値を伴う生きた原理原則と見なす。例えば、ローゼンリー教授は、次のように回想する。「大学院生の頃、ハワイで哲学に関する会議に参加していた。公開討論会の席上、ある西洋の学者が性別均等問題に直面した際の儒教の存続性について論じた。彼の意見によれば、儒教はどうしようもないほど女性蔑視的かつ家父長的な教義なので、ジェンダー問題に関する限り、儒教は不適切であると指摘した。ところが、これを聞いて、私はひどく当惑した。儒教がジェンダー問題に対応できないのであれば、儒教という知的伝統全体が現代生活の役に立たない。ジェンダー問題を扱えないのであれば、それは道徳論とは呼べない[36]」

このようなことがあったので、ローゼンリー教授は孔子の教えが新しい時代のニーズに順応する様子について理論を立てようと考えた。

「現在のジェンダー論に適応する儒教の教えが見つかったとしても、孔子自身がフェミニストであるとか、彼の教えが性別均等問題に多少とも好意的であるというわけではない。

当時、孔子がどのような人々に、どのような意図で何を説いたのかは、私はあまり関心がない。むしろ、哲学に関わる者として、儒家特有の考えにはどのような含意があるのか、その含意は我々の時代にどのように適応できるのかについては大いに興味を掻き立てられる。哲学者なら、時代を問わず、誰でも同じ反応を示すだろう。

私が考えているのは、儒教の伝統を見直し、現在のフェミニスト論（ジェンダー抑圧問題の解決法の探求）に役立つものは何でも取り入れることだ。孔子自身はそのようなことをあまり説いていなかったのかもしれない。でも、西洋の大思想家と同じく、孔子の考えはやはり有益であり、他の人間の偉大な業績と同等の価値を認められるべきだ」

ローゼンリー教授の『儒教と女性』（未邦訳）では、同教授は現代フェミニズムに適合する儒教の原理を探し出そうとしている。より重要なのは、儒教世界の内と外を分けている壁は男性には公的分野で個人的業績の追求を許すが、女性には家事や家族の責任を押し付けるため、破壊する必要があると主張していることだ。

儒教は女性が儒教的君子になることを決して認めず、少なくとも男性と同じ意味で認めることはなかった。同教授の言葉によれば、儒教は女性を「永遠に不完全」かつ「制約のある存在」に押しとどめようとしていた。

だが、女性が君子の立場を得るには、通常は男性に用意された自己修養の機会や期待を女性も利用できるように、儒教の慣行は変わるべきだと提案する。また、本来は相互補完的性格を持つ儒教的男女関係も、より明確に説明されるべきだという。

これらの提案を実行すれば、儒教は教義の主要な内容を捨てることなく、現代女性の要求に合わせることが可能となる。儒教の教義がなければ、本来の自分や自分の暮らし方を特徴づける人間関係が見えなくなり、自分というものも理解できなくなる。ローゼンリー教授は自著でこう指摘する。

「儒教には調整を必要とする教義があるとしても、儒教全体が本質的に性差別主義や反フェミニズムであるという意味ではない。儒教は伝統として息づいており、人々を取り込んで成長を遂げている。その順応性は歴史上で何度も証明されている」[37]

ローゼンリー教授は、董仲舒や朱熹から康有為までの儒教史を通じ、相当数の学者が取り組んできたことを自らも手掛けようとしている。新しい時代のために新しい方法で孔子を再解釈しようというのだ。

同教授の哲学的な仕事は、儒教が作り出した男性中心の東アジアで戦っているジュディ・ぺのような女性の役には立たないかもしれない。少なくとも短期的にはそうだ。だが、最終的には長期的な解決策を提供できる可能性がある。儒教の伝統や道徳観の再評価や再活性化という解決策によって、男女平等や個人の自由を優先する現代に儒教を順応させ、儒教を引き続き東アジア文化の中心に位置付けるのだ。

孔子はそのような柔軟性を何度も示している。だからこそ、幾多の歴史的な誤解や曲解を経ても、孔子は長年にわたって名声を保ち続けているのだ。

董仲舒の折衷主義や朱熹の再構築の例を見てもわかるように、儒教は変遷する時代に適合するために姿を何度も変えた。おそらく、ローゼンリー教授の哲学的新手法は、現代社会における儒教の意味を再解釈することで、最終的には世の中に影響を及ぼすだろう。

同教授が直面している問題は、孔子の再解釈が有意味であることをジュディ・ぺら多くの女性に納得してもらうことだ。

幸い、同教授は1人ではない。1980年代以降、同教授のように役人、学者およびビジネスマンも孔子の哲学を再検討し、現代世界に向けた新たな孔子像を構築している。漢の武帝や宋初期の偉大な皇帝のように、影響力を持つ人々は孔子が有用な存在であることを再発見してきた。

新儒家と自称する者には、利己的な動機のために儒教の理念を損なう向きもある。しかし、激化するグローバル化や何十年にも及ぶ過激な批判にもかかわらず、現在起きていることは、孔子を葬る動きではなく、孔子の人生における新たな章の始まりなのである。

第Ⅲ部 孔子復活

Part Three: The Comeback of Confucius

第八章
ビジネスマンとしての孔子

徳《とく》は本《もと》なり。財《ざい》は末《すえ》なり。

――『大学』伝九章

新孔子と儒教資本主義

山西天下滙宝《かいほう》文化伝媒《でんばい》有限公司の創業者、靳戦勇《きんせんゆう》は疲れ果てていた。同社は山西省の省都太原《たいげん》市で展示やイベントの企画運営を業務とする小さな会社だ。従業員が仕事を怠けたり、口論が頻発しても、靳は自社が傾いていく様子を絶望的な表情で眺めているしかなかった。ついには殴り合いが始まるほど、社内の不和は激しさを増していった。このような大混乱のせいで売り上げが低迷し、経営に大きな打撃を与えた。だが、彼には手の施しようがなく、途方に暮れるばかりだった。

あれこれ考えた末、彼は「孔子」を人事コンサルタントとして採用する。

Chapter Eight: Confucius the **Businessman**

実は、これまで聖人孔子をほとんど知らずに過ごしてきたが、２０１１年に地元の実業家から儒教を紹介されて認識が変わる。紹介者も自社の経営を立て直すために孔子に頼っていた。

まず『論語』を熟読し、紹介者が主催する定期的な会議に参加して刺激を受ける。

「儒教に感銘を受けた。儒教では、人に優しく、人に手を貸し、自分の家族のように接しなさいと説く」

彼は、このような考え方こそ自分の会社に必要だと確信した。孔子が彼の人生を指導してくれるなら、やる気のない従業員にも同じ影響を与えてくれるのではないかと考えたのだ。[1]

そこで、２０１２年後半のある日、彼は毎朝の会議で行う定例議題はひとまず横に置き、『論語』の言葉を紹介するビデオを従業員に見せた。その後も毎朝同じようにビデオを見せ続けた。

そして、彼は従業員に儒教の経書を読んではどうかと勧めた。ご褒美として、孔子の教えを最も覚えた者には報奨金を与えると提案する。

「儒教を採用したのは、従業員の生産性を管理して改善するのに役立つと思ったからだ。うまくいけばいいと期待したが、自信はなかった。ほんの試しにやってみただけだ」

ところが、すぐに驚くほどの効果が現れる。従業員間の不協和音が急に消え、以前より熱心に働き出した。

「彼らは本当に協力して働くようになった。他人に頼ることなく率先して仕事に取り組み、会社に対して積極的に貢献するようになった」

『論語』のビデオを見せてから3カ月も経たないうちに、会社の収益は倍増した。

孔子は、魯明羽《ろめいわ》にも同様の劇的な効果をもたらした。彼は山西省太原市の造園建設会社の共同創業者である。

幼少期から伝統的な中国文化に興味があり、２００５年から従業員に儒教を教え始めた。毎朝の会議で儒教の教義を議論し、毎週専門家を呼んで講義してもらった。

「儒教の思想は従業員の心に染み渡り、行動に変化が起きるようになった。例えば、儒教を取り入れる以前、彼らは午前8時半に仕事を始め、午後5時半きっかりに会社を出た。職場には1分たりとも残りたくなかったのだ。それが今では、自主的に残業するようなった。時には、私が職場から追い出すことさえある」

魯はこの不可思議な力を孔子の言葉のおかげと考えている。２０１０年、彼は建設現場でストライキに突入した怒れる労働者数百人と対峙した。彼らの前に立ち、『論語』の言葉をいくつか暗唱してみるよう勧めた。すると、「まもなく、全員が自分の道具を拾い上げ、仕事に戻って行った」[2]という。

加えて、儒教を学ぶことで自社の経営慣行も改善できた。

「以前の私の関心は、私のために従業員がどれほど稼いでくれるかだけだった。今では、彼らのために良い仕事を与えたいと考えている。彼らは家族同然で、大事にしたい。収益を上げるだけでなく、自分や彼らの精神面を高めることも重視している。儒教を学び、自らを高めていけば、利益も自然についてくる、と従業員に説いている」

魯によれば儒教は職場を健全に発展させているだけでなく、従来以上の収益も生み出している。

東アジアの経営者は、孔子に経営的アドバイスを求めることを日課としている。

例えば、「ユニクロ」を世界的に展開するファーストリテイリングの柳井正代表取締役会長兼社長によれば、儒教は従業員の採用方法や昇進の仕組みに影響を及ぼしており、自分も各人の学歴や技能だけでなく、道徳的資質にも注目するようになったという。
「当社では、どれほど頭が良くても、周囲から人として尊敬されず、心からの信頼を得られなければ、出世の望みはない。当社の文化を理解できなければ、就職希望者がどれほど賢くても採用されることはない」

西洋では、孔子のビジネス感覚が注目されたことはないが、1936年初版の自己啓発書の元祖『人を動かす』（山口博訳、創元社）の著者デール・カーネギーは、冒頭で孔子の言葉を引用している。「他人の欠点を直してやろうという気持ちは、たしかに立派であり賞賛に価する。だが、どうしてまず自分の欠点を改めようとしないのだろう？……自分の家の玄関がよごれているのに、隣家の屋根の雪に文句をつけるなと教えたのは、東洋の賢人孔子である」[3]

多くのアジア専門家にとっては、経済やビジネスに対する孔子の影響は一部の従業員を幸せにすることより遥かに大きい。ここ数十年、中国、日本、韓国、シンガポールなど東アジア諸国が相次いで工業化を果たしたが、大躍進の背景には孔子の存在があると指摘する経済学者もいる。孔子は急成長を可能にした東アジア社会の文化的基礎であると主張している。

考えてみれば、これは大きな皮肉だ。過去150年間の大半で、東西を問わず、孔子の批判者は孔子こそ東アジアの弱さの原点で、近代化を阻害する主な要因と指摘した。

ところが、これらの国々が経済成長の劣等生から優等生に一変する。すると、孔子の地位も東アジアの輸出、経済成長率、家計収入の上昇に伴って高まってきた。アジア没落の要因として指弾された文化的伝統が一転、アジア復興の背景として歓迎されるようになる。数世紀前から孔子に対する態度は変遷を重ねてきたが、その基準から見ても、これほどの評価の逆転劇はかつてなかった。

現代社会における孔子の役割を再検討すると、その零落した身に新たな生命が吹き込まれる。孔子は、もはや古色蒼然《そうぜん》たる過去の残滓《ざんし》ではない。これまでは、東アジアを政治的、経済的、社会的に前進させるためには、孔子の影響力を消す必要があった。

ところが、東アジアの経済的興隆に照らすと、儒教思想の中には改めて真価を示すようになったものもありそうだ。それは近代化を促す触媒の役割を果たし、東アジアの繁栄や国際的影響力を取り戻す新たな黄金時代への道筋を示した。

アジア諸国は、非アジア諸国と同じように西洋化によって近代的で競争力を持てるようになる必要があると考えていた。その数十年後、日本、中国、韓国、シンガポールなどが急成長を遂げたことにより、アジアでも豊かで力強い先進的な国家になれることを証明した。

アジア域内が経済的に急成長したことで生まれたのは、シンガポール国立大学リー・クアンユー・スクールのキショール・マブバニ院長が名付けた「文化的自信」である。

孔子が復活したとはいえ、それは東アジアの帝政時代の孔子ではなかった。宮廷の儀式や君主の追悼に縛られ、古代の理想に固執する原理主義的な孔子は、もはや過去のものだった。代わりに現れた孔子は、ビジネススーツに身を包み、スターバックスのカプチーノを飲みながらiPhoneを操作していた。

彼は昔と変わらぬ孔子であり、秩序ある家庭、仁の力、優れたリーダーシップのあり方について、変わらぬ信念を唱えていた。しかし、彼は新しいグローバル化された文化に適合しやすくなった孔子だった。東洋と西洋の長所が融合したこの東アジアにこそ、この地域の華々しい経済成長を支える魔法があると主張する者もいた。

新孔子は西洋に教えるものを持っているようだ。羨《うらや》ましいほど好調な東アジア経済を見て、経済学者や経営者は自国や企業に導入できる智恵を探るため、現地の政策、社会様式、経営手法、政治指導者、労働者について詳しく調査した。

調査の結果、孔子と自由企業は新しい経済体制「儒教資本主義」を作り出したとの説が浮上する。ある意味で、これは西洋的な経済体制よりも優れている。グローバル経済における西洋の優位性とアダム・スミス的自由市場主義の思想的卓越性に対し、東アジアは「儒教の挑戦」を提示する。

欧米と勃興アジアとの競争という議論が続くなら、前者は儒教資本主義を受け入れざるを得なくなるかもしれない。これはまた驚くべき逆転劇でもある。19世紀半ば以降、東洋は孔子の代わりに西洋思想を持ってくるしかないと考えていた。だが、今では、西洋こそ東洋から孔子を借用する必要があると説く人々も出てきたのだ。

自由市場支持者の先駆

孔子が東アジアの経済的成功に果たしたとされる役割の陰には、もう1つの皮肉がある。孔子は高度な経済政策や商行為を説いたわけではない。他の重要問題と同じように、孔子が残したのは諸問題に関する説明の断片や一般的な見解ぐらいだ。それでも、理想的な儒教社会の全体像を知るには十分であると説いた。実際、孔子が残した教えは現代の経済政策や文化的特質とうまく調和し、東アジアの成長を促したと主張する人もいる。

古典で引用されるように、孔子は経済に対して驚くほど自由放任主義的な意見を持っていた。例えば、彼にとって良い政府とは小さな政府のことだった。巨大で威圧的な国家が民間事業を押し潰し、民衆を無慈悲に搾取し、生産的な動機を損なうなら、最終的には滅亡するしかないと説いた。

要するに、役人が市場を左右し、産業を支配しようとすれば、極めて厄介なことになる。国家が民衆から富を巻き上げるぐらいなら、役人よりも民衆に任せたほうがよい。政府は民衆に重税を課すべきではなく、贅沢な儀式や不必要な軍備または他の権力拡大策に財貨を浪費すべきではない。また、支配者は公共工事や軍役などで民衆に不当な労働を求めるべきではない。このような要求は、自国の農地や家族を養う力を失うだけだ。

このような孔子の見方は、政府は慈悲深くあるべきだという信念の副産物だ。孔子にとって、民衆に重税を課すことは虐待に見えた。人々は家族の幸福を自由に追求する権利があり、労働の果実から適切な利益を得るべきなのだ。

経済運営に関する儒家の基本的な考え方は、孔子バージョンの黄金律である。換言すれば、支配者が利益を得てよいのは民衆が利益を得るときだけであり、民衆を犠牲にして利益を得てはならない。『大学』は、支配者にこう説く。

これを生《しょう》ずる者《もの》衆《おお》くして、これを食《くら》う者《もの》寡《すく》なく、
これを為《な》す者《もの》疾《と》くして、これを用《もち》うる者《もの》舒《ゆる》やかなれば、則《すなわ》ち財《ざい》恒《つね》に足《た》る。

（伝十章）

訳：生産に従事する人が多く、消費する人が少なく、速やかに生産し、緩やかに消費すれば、財政は常に足りて豊かである。[4]

孔子は、『論語』の冒頭でもこの点を明示している。

子《し》曰《いわ》く、千乗《せんじょう》の国《くに》を道《みち》びくに、事《こと》を敬《つつし》みて信《しん》、用《よう》を節《せっ》して人《ひと》を愛《あい》し、民《たみ》を使《つか》うに時《とき》を以《もっ》てす。（学而1-5）

訳：先生は言われた。「兵車千台を擁する大国を統治する秘訣は三つある。第一に、謙虚な姿勢で国政に臨み、民衆の信頼を得ること。第二に、国費を最小限に抑え、民衆を愛すること。第三に、民衆に労役を課す際には、農繁期を避けること。以上の三つである」。

孔子は知識欲旺盛な弟子の1人である子張《しちょう》に、これらの教えについてさらに詳しく説いている。子張が孔子にたずねた。

子張《しちょう》　孔子《こうし》に問《と》いて曰《いわ》く、如何《いか》なれば斯《こ》れ以《もっ》て政《まつりごと》に従《したが》う可《べ》き。子曰《しいわ》く、五美《ごび》を尊《たっと》び、四悪《しあく》を屏《しりぞ》くれば、斯《こ》れ以《もっ》て政《まつりごと》に従《したが》う可《べ》し。子張曰《しちょういわ》く、何《なに》をか五美《ごび》と謂《い》う。子曰《しいわ》く、君子《くんし》は恵《けい》して費《ついや》さず。労《ろう》して怨《うら》まず。欲《ほっ》して貪《むさぼ》らず。泰《ゆた》かにして驕《おご》らず。威《い》あって猛《たけ》からず。

（堯曰20－2）

訳：子張は孔子にたずねた。「どうすれば政治を行うことができますか?」。先生は言われた。「五美を大切にし、四悪を排除すれば、政治に携わることができる」。子張は言った。「五美とは何ですか?」。先生は言われた。「君子は、費用をかけずに恩恵を施す。労役を課しても不満が出ないようにする。求めることはあっても、貪欲ではない。泰然としていても、驕慢《きょうまん》ではない。威厳はあっても、ずうずうしくはない」。

さらに孔子は子張に、良き役人が絶対にやってはならないことを諭した。

子張曰《しちょういわ》く、何《なに》をか四悪《しあく》と謂《い》う。

子《し》曰《いわ》く、教《おし》えずして殺《ころ》す、之《こ》れを虐《ぎゃく》と謂《い》う。戒《いまし》めずして成《な》るを視《み》る、之《こ》れを暴《ぼう》と謂《い》う。令《れい》を慢《みだり》にして期《き》を致《いた》す、之《こ》れを賊《ぞく》と謂《い》う。之《こ》れを猶《ひと》しく人《ひと》に与《あた》うる也《なり》、出納《すいとう》の吝《やぶさ》かなる、之《こ》れを有司《ゆうし》と謂《い》う。（堯曰20－2）

訳：子張は言った。「何を四悪というのですか？」。先生は言われた。「民衆を教育せずして殺す。これを虐という。次に、期限を設けず、抜き打ちで成果を調べる。これを暴という。さらに、命令はいい加減なのに、期限だけは厳しく迫る。これを賊という。最後に、どのみち出すべきものなのに、出し惜しみする。これを有司（財物を管理するせこい役人）という[5]」。

孔子は子貢が政治についてたずねたのに対し、次のように説く。

子《し》曰《いわ》く、食《しょく》を足《た》らしめ、兵《へい》を足《たら》らしめ、民《たみ》之《こ》れを信《しん》ず。（顔淵12－7）

訳：先生は言われた。「（政治の要諦とは、）食糧の充足、十分な軍備、支配者に対する民衆の信頼である」。

また、孔子が衛を訪れたとき、人口の多さに感嘆していると、弟子の1人が尋ねた。

子曰《しいわ》く、庶《おお》き哉《かな》。冉有曰《ぜんゆういわ》く、既《すで》に庶《おお》し。又《ま》た何《なに》をか加《くわ》えん。曰《いわ》く、之《こ》れを富《と》まさん。（子路13−9）

訳：先生は言われた。「人が多いな」。冉有は言った。「人が多いなら、さらに何が必要ですか」。先生は言われた。「人々を豊かにしてやることだ」。

政治の責任とは、経済成長を追い求めることで、国民の幸せを大きくしてやることだ。力強い経済力を確保することが善政の1つである。儒家は、栄養が行き届き、租税負担も軽ければ、国民は君主に忠実になると考えていた。そのような政治を重んじる君主なら、勢力を拡大し、基盤を固めることができる。『大学』では、次のように説いている。

この故《ゆえ》に財《ざい》聚《あつま》れば則《すなわ》ち民《たみ》散《さん》じ、財《ざい》散《さん》ずれば則《すなわ》ち民《たみ》聚《あつま》る。（伝十章）

訳：取り立てを行って財貨が国庫に集中すれば、民心は離れ、恩恵を施して財を市中に散じると、民心は帰服するものだ。[6]

儒家によると、社会の道徳的発達には何よりも経済的繁栄が不可欠である。君主は道を追い求めるために、民衆に十分な食糧や適切な住居を用意し、経済的機会を確保するために必要な状況を作り出す。人が空腹で貧しさに喘いでいたら、どこまで道徳的でいられるだろう？　孟子はある君主にこう説いた。

民の若《ごと》きは則ち恒産無ければ、因《よ》りて恒心無し。
苟《いやしく》も恒心無ければ、放辟邪侈《ほうへいじゃし》、為さざる無し。
（中略）今や民の産を制するや、仰いでは以て父母に事《つこ》うるに足らず、
俯しては以て妻子を畜《やしの》うに足らず。
楽歳にも身を終うるまで苦しみ、凶年には死亡を免れざらしむ。
此惟《かくては》死を救いて贍《た》らざらんことを恐る。
奚《なん》ぞ礼儀を治むるに暇《いとま》あらんや。（『孟子』梁恵王章句上）

訳：庶民は一定の財産がなければ、安定した道徳心は持てないものだ。安定した道徳心がなくなると、わがまま、ひがみ、よこしま、贅沢など、どんな悪事もやってしまう。（中略）（ところが、いまの諸侯は）庶民の暮らしを制限し、上は父母に仕えることも満足にできず、下は妻子を養うことも十分にできない。豊作の年が続いても（重税に）一生苦しみ、凶作の年は餓死してしまう。これでは、死を免れようにも難しいと不安だ。とても礼儀を修める暇はない。[7]

何世紀もの間、孔子の信奉者は君主に対し、儒教の教えを経済政策に吹き込もうとした。その努力は孔子存命の時代から始まっていた。

例えば、『論語』では、魯の哀公《あいこう》が孔子の弟子である有若《ゆうじゃく》に尋ねている。今や凶作に苦しんでいる状況下で哀公は国家が困窮しつつあることを懸念し、有若に解決策を尋ねた。そこで、有若が奏上する。

有若《ゆうじゃく》対《こた》えて曰《いわ》く、盍《なん》ぞ徹《てっ》せざるや。曰《いわ》く、二《に》だに吾《わ》れ猶《な》お足《た》らず。
之《こ》れを如何《いかん》ぞ其《そ》れ徹《てっ》せんや。
対《こた》えて曰《いわ》く、百姓《ひゃくせい》足《た》らば、君《きみ》孰《たれ》と与《とも》にか足《た》らざらん。
百姓《ひゃくせい》足《た》らずんば、君《きみ》孰《たれ》と与《とも》にか足《た》らん。（顔淵12－9）

訳：有若が答えて言った。「どうして収穫の10分の1を取る税法を使わないのですか」。哀公は言われた。「何を言うのか。2割でも不足だというのに、1割など話にならない」。有若が答えて言った。「民衆が満ち足りていれば、君主だけが満ち足りないはずはない。逆に民衆が飢えているのに、君主だけが満ち足りて心安らかでいられるものでしょうか」[8]。

孟子も梁《りょう》の恵王に対し、節約的で控えめな経済政策の長所を詳しく説いた。

「田畑では、農繁期を避けて人々を使役すれば、十分過ぎるほどの食糧を収穫できる。池では、細かすぎる網で乱獲しなければ、食べきれないほどの魚が取れる。山では、伐採時期を制限すれば、木材はいくらでも伐採できる。このように、食糧や魚や木材が十分過ぎるほどに取れるような政策を講じるなら、民衆は家族を養い、立派な葬儀も行うことができる。このような状況を作り出すことこそ、王道の第一歩だ」

人々が困窮して飢えに苦しんでいるのに傍観しているのは人殺しと同じと孟子は恵王に訴えた。「道端で餓死している者がいても、国の食糧庫を開放しなければどうなるか。民衆が死んでも、『わしは悪くない。凶作のせいだ』などと言い逃れるのは、人を刺殺しておきながら、『俺ではない。刃物がやったのだ』と強弁するようなもの[9]」

中国の君主は、孔子や後世の信奉者の助言を無視することが多かった。

例えば、前漢時代は武帝が外征を繰り返したことから軍事費の負担が重くなるばかりだったため、朝廷は収入を増やす必要に迫られた。

そこで、それまで民間の事業者が巨利を得ていた塩、鉄、酒を国家の専売制に変更し、財政を改善させようとした。また、「平準法」と「均輸法」を採用し、国家を大商人に変えた。

だが、儒家はこれらに異議を唱える。例えば、前漢の大思想家である董仲舒は武帝の政策を批判している。このままでは民衆が貧しくなるから、塩と鉄の専売制を廃止し、国家が課す租税や労役の負担を軽減するべきだと訴えた。董仲舒は上奏文にこう書いている。

「古代では、民衆への税は収穫量の10分の1を超えなかったので、国家の要求に応じることは容易だった。このため、内は年長者を養い、親孝行を尽くすに足り、外は上役に仕え、税を納めるに足り、下は家族や愛する者を支えるに足りた。だから、民衆は喜んで君主に従った」[10]

残念ながら、董仲舒は武帝を翻意させることができず、反対した政策は継続された。だが、頑固な儒家は諦めようとしなかった。武帝が崩御すると、紀元前81年、儒家は朝廷の役人と皇帝の経済政策に関する塩鉄会議で白熱した議論を展開した。

これは、経済における国家の適切な役割をめぐる現代的な議論に酷似している。儒家は今日の自由市場支持者の先駆的な姿であり、政府の市場介入は価格を歪《ゆが》め、民間事業者を圧迫し、繁栄を阻害するものだと主張した。董仲舒が訴えた専売制、平準法、均輸法の廃止を改めて説き続けた。

「現在、政府は民衆が持っているものを無視し、持っていないものを要求している。これにより、民衆が政府の求めに応じようとすれば、自分たちの持っているものを安価で売り払わざるを得ない。このようなやり方は、釣り合いが取れているとは言えない。狡猾な商人や汚職役人が商品を安値で買い叩き、高値で売りさばくのを見ていると、政府の政策が公平であるとはとても思えない」

儒家によれば、ともかく国家は商売には向いていない。

「政治を施すとは、悪事や過失を根源から防ぎ、道徳を広め、慈悲深さや公正さに向けて道を切り開くことだと聞く。世俗的な利得が統治の動機に見えるようなことは、絶対にあってはならない」[11]

朝廷の役人は、儒家のことを国家運営の要件が理解できない非現実的な夢想家と批判し、専売制廃止や減税を行えば、蛮族の襲撃から国境を守れなくなると反駁した。また、国家が取引に介入すれば、市場の浮沈から人々を守ることになると主張した。

ある役人は儒家が政策を指導する立場には相応しくない証拠として、彼らの質素な衣服を指差し、次のように嘲笑した。

「ご覧なさい。あの者たちは無価値なものを価値あるものと言い立て、空虚さは豊かさであるなどと詭弁《きべん》を弄している。粗末な衣服に破れた靴といういでたちで、いかにも重々しく歩いたり、何か大事な物を落としたかのように、暗い表情で物思いに耽《ふけ》ったりしている。あのような者では、偉業を達成することも、名声を得ることもできない[12]」

経済政策への影響

儒家の履物がぼろ布のようであるところを見れば、自由市場に対する孔子の情熱には限界があることがわかる。孔子は小さくて効率的な国家を望んでいたのかもしれないが、必ずしも自由な民間経済を支持していたとは限らない。本来、孔子は富の追求に不信感を抱いており、その姿勢は後世の儒家が考える経済観や経済人に対する見方に影響を与えるようになった。

孔子は、インドのヒンズー教のような禁欲主義を説いたわけではないが、貧困の中に高潔さを見出しており、少なくとも貧しさを平然と受け入れていた。孔子によれば、真の君子は金持ちになりたいとは思わないものだ

子《し》曰《いわ》く、君子《くんし》は食《しょく》飽《あ》くを求《もと》むること無《な》く、居《きょ》安《やす》きを求《もと》むること無《な》し。（学而1－14）

訳：先生は言われた。「君子は飽食を求めず、居心地の良い住居も求めない」。

心から慈悲深い行動を起こそうとする者でも、贅沢を望む者なら信頼できない。さらに、孔子はこう説く。

子《し》曰《いわ》く、士《し》道《みち》に志《こころざ》して、而《しか》も悪《あく》衣《い》悪《あく》食《しょく》を恥《は》ずる者《もの》は、未《いま》だ与《とも》に議《はか》るに足《た》らざる也《なり》。（里仁4－9）

訳：先生は言われた。「道に志しているのに粗衣粗食を恥じる者は、ともに語るに足りない[13]」。

このような不信感は、利害優先の考え方が反道徳的であるという孔子の理念に由来する。金持ちになりたいと思うほど、美徳から遠ざかっていく。孔子はこう説いている。

子曰《しいわ》く、君子《くんし》は義《ぎ》に喩《さと》り、小人《しょうじん》は利《り》に喩《さと》る。（里仁4-16）

訳：先生は言われた。「君子は何事も道義で考える。小人は何事も利益で考える」。

孔子は金銭的成功をすべて否定しているわけではない。極めて高潔な行いによって得たのであれば、莫大な蓄財は結構なことだという。

子曰《しいわ》く、富《とみ》と貴《たっと》きとは、是《こ》れ人《ひと》の欲《ほっ》する所也《ところなり》。其《そ》の道《みち》を以《もっ》てせざれば、之《こ》れを得《う》るも処《お》らざる也《なり》。貧《まず》しきと賤《いや》しきとは、是《こ》れ人《ひと》の悪《にく》む所也《ところなり》。其《そ》の道《みち》を以《もっ》てせざれば、之《こ》れを得《う》るも去《さ》らざる也《なり》。（里仁4-5）

訳：先生は言われた。「誰でも豊かになりたいし、高貴な身分にもなりたい。だが、しかるべき方法で手に入れたのでなければ、そこに安住しない。誰でも貧しくなりたいとは思わないし、卑しい身分に落ちたくはない。だが、しかるべき理由もないのにそうなったのであれば、敢えてそこから逃れようと焦ることはない」。

孔子によれば、高潔かつ賢明に生きていれば富裕になる。名君が道に従って統治していれば、自らと領国全体に繁栄をもたらすことになる。『大学』では、こう説いている。

徳《とく》は本《もと》なり。財《ざい》は末《すえ》なり。（伝十章）

訳：徳が根本で、富裕はその結果である。

政治や経済の面では、徳の力のほうが武力よりも強いと孔子は見ていた[14]。

しかし、中国の支配層で正々堂々と豊かになった者は少ないというのが儒家の見方だった。儒家は商業全般に不信の念を抱く向きが強い。また、「二次的な」活動である金融や貿易は、最終的には国全体の幸福を危険に晒すものと見ていた。物資の生産増大に寄与せず、他人が汗と涙を流して作った生産物を売買し、生産過程で生じた利益を不当に搾取するだけの存在に過ぎないと見なしたのだ。

儒者たちは、農民は農作物を生産する「本業」に従事する誠実な働き手と見て、彼らを優遇する経済政策を好んだ。

紀元前81年の塩鉄会議で、儒家は朝廷の役人にこう諭した。

「二次的な末業に携わると、人々は堕落するが、一次的な本業に従事すれば、人々は真面目で誠実になる。人々が誠実になれば、富や物資が足りるようになる。だが、人々が奢侈《しゃし》に流れると、飢饉《ききん》や寒さに苦しむことになる[15]」

儒家は商業に偏見を持っているため、「四民」という考え方を大事にするようになる。四民では、商人を最下層に位置する打算的な寄生的存在とし、士（知識人や官吏）を最上層とした。農民は正直な働き手の見本であり、第2位に位置付けられた。職人は自分の腕で自活する人々であり、第3位とした。

儒家によれば、富を追い求める者は大義の敵であり、大富豪は庶民から巨利を搾取する者だった。このように、国家は経済的公平性を促し、自由な活動の行き過ぎを抑制するために規制する責任があるというのが儒家の考えだった。

董仲舒は漢武帝に提出した批判的な上奏文で、一部の権力者や貪欲な連中の手に富が集中していることは経済的に不健全であると論難した。

「富者は地元に広大な土地を買い占め、貧者には錐《きり》を突き立てるほどの土地も残されていない。庶民には、この抑圧された境遇から脱する手立てがあるのか[16]」

だから、董仲舒やその後に続く多くの儒家は収入の公平性を改善する方策を幾度となく強く求めた。例えば、董仲舒は民衆が均一な広さの土地を持てるような土地所有制を望んだ。これが実現すれば、各農家は自活でき、大地主の食い物にされなくなるからだ。結局、董仲舒は武帝を説得できなかったため、その後何世紀にもわたり、他の儒家がこの提案を訴え続けた。

儒家は必ずしもすべての議論で勝ったわけではないが、それでも経済政策では強い影響力を保持した。数世紀もの間、経済担当の役人が科挙を通じて孔子の教えを吹き込まれたからだ。当然、その教えは政府の意思決定にも浸透していった。

これはコロンビア大学のマデライン・ゼリン教授（中国学）が「儒教政治経済学」と呼ぶものとな

る。武帝の専売制を打破することはできなかったが、儒家が好む自由市場経済は中国史を通じて一般的に優勢だった。帝政時代の大半が民間市場経済だった。

例えば、土地は自由に売買可能であり、商人や職人は自分の仕事をすることが許された。政府の課税体制や支出状況には孔子の影響が色濃く反映された。大抵の場合、役人は民衆に重税を課すことを避けようとした。これにより、領土が拡大しても、税収不足に悩まされ続ける税収上の問題は生じたが、儒教的原則が優先され続けた。[17]

ウェーバーによるピューリタニズムとの比較

孔子が中国経済に与えた影響がどうであったにせよ、中国が世界最大の富裕国であった時代は長かった。オランダ・フローニンゲン大学のアンガス・マディソン名誉教授（経済史）は、中国とインドが西暦紀元の大半で世界の二大経済大国であったと考えている。

だが、19世紀になると、中国の地位は急速に低下していく。

マディソンによれば、1820年、中国は世界生産高の33％を占めていたが、西欧と米国の合計は25％だった。ところが、1950年には中国はわずか4・6％にとどまったのに対し、欧米は57％近くに達していた。[18]

中国は欧米に科学技術面で後れを取っただけでなく、経済面のイノベーションでもかなり後塵《こうじん》を拝した。産業革命は欧米に新たな富と力を与えたが、中国はその恩恵にほとんど与ることがなかったため、ほぼ農業国として20世紀に突入した。また、中国は欧米の実業家、投資家、起業家には、株式市場や近代的企業、あるいは銀行などにおける大規模な機関投資家の活動を認めなかった。その結果、欧米では資本主義が発達したが、中国ではそうではなかった。

この事実は不可解だ。科学がそうであったように、経済でも過去の大半では中国が欧米より遥かに進んでいた。ところが、20世紀の最後の20年になるまで、中国は現代的な資本主義経済を発展させることができなかった。

産業革命は欧米で起きたが、なぜ東洋では起きなかったのかを学者は研究した。欧米資本主義の驚異が世界に知られるようになると、孔子は再び大打撃を受ける。儒教の教義や文化および社会制度が資本主義に抵抗し、中国経済の弱みの中心に位置するとみられた。

このテーマは、1915年、ドイツの社会学者マックス・ウェーバーが『儒教と道教』の中で詳しく説明した。ウェーバーは、著名な論文で資本主義が西欧で誕生したのはプロテスタントが資本主義を起こすのに必要な「精神」を持っていたからだと主張した。

ウェーバーは中国社会を分析すると、儒教にはこのような精神が欠如していたため、中国では資本主義が発達しなかったと結論付けた。儒教は伝統を重視し過ぎ、現状に満足し過ぎていたため、儒教に支配された社会は資本主義が発展する素地に欠けていた、とウェーバーは考えた。

儒教はより大きな利益のために世界を変え、公平なビジネス関係を築き、実践的で専門的な知識を蓄積することを中国人に奨励するのではなく、中国人を堅苦しい社会的慣習や時代遅れの経済行動の中に閉じ込め、東洋で近代資本主義が勃興するのを妨げた。

ウェーバーによれば、儒教が反資本主義的である理由は男性の社会的地位の考え方に見いだせる。儒教では男性に昔から伝わる行動基準や伝統を忠実に守り、社会に浸透している秩序に従う義務があると指摘した。

協調や安定を重んじる儒教は、民衆を現状肯定に導くように仕向けた。そのため、儒教の君子は、変化の追求や擁護よりも、伝統を守るほうに動く。これに対し、プロテスタンティズムは西欧人を反対の方向に導いた。神の意志に基づき、この不完全な世界を変革するために、イノベーションや資本主義精神を促していった。ウェーバーは次のように指摘する。

「儒教の合理主義が合理的な現世順応を意味するのに対し、ピューリタニズムの合理主義は合理的な現世支配を意味した」[19]

儒教に欠けていたのは、中国人に伝統からの脱却と邪悪な世界の是正を迫る死後の世界のビジョンであるとウェーバーは断定する。神に背く罪や永遠の天罰を恐れることなく、儒教徒は日常生活における礼儀作法にのみ関心を寄せていた。善人であることは真の道徳的行為とは無関係であり、社会的行動の慣習的パターンを守るだけで完璧に達することができた。

「彼らの『私は罪を犯しました』は、我々の『ごめんなさい』だ」とウェーバーは皮肉を込めて言う。神からの大いなる召命がないため、儒教徒は一見、逆説的に見えるが、富の獲得を含む、ありふれた事柄に執着するようになった。

ウェーバーは、こう書いている。

「文明国において、物質的幸福が至上の善としてこれほど崇高に扱われた例は他にない。それは、儒教徒が富の価値を道徳的完成の普遍的な手段と認識していたからである」[20]

ヴェーバーによれば、問題はささいな金銭追求が資本主義の適切な商取引に必要な信用を破壊したことだった。

「この不信感は、あらゆる信用とビジネスの運営に支障をきたし、ピューリタンの信頼、とりわけ信仰仲間の揺るぎない、宗教的に決定された正義に対する経済的信頼とは対照的だった。儒教徒の言葉は、それ自体が目的の美しく礼儀正しいジェスチャーだったのに対し、ピューリタンの言葉は非個人的でビジネスライクなコミュニケーションであり、短くて絶対に信頼できるものだった[21]」

この問題をさらに悪化させたのは、儒教の孝行への執着だ。儒教徒は家族や親しい人々を他の人々よりも優先するため、現代資本主義の機能に必要な公平で非個人的な経済取引を発展させることができなかった。

ただし、このウェーバーの分析は額面通りに受け取ってはならない。よく調べてみると、ウェーバーは儒教的伝統に対し、真っ当な学者に相応しい公平な見方ではなく、冷笑的な偏見を伴って検証しているような印象を受ける。

儒教が貪欲さや道徳的放逸を促しているという彼の見解は、明らかに孔子の教えをかなり歪曲したものだ。もっとも、中国経済が低迷した原因は、儒教が資本主義とうまく折り合えなかったからだというのが最も一般的な説である。儒教は資本主義的企業家に必要な個人の自立を抑え込んだだけでなく、商人を儒教徒の職業序列で最下位と位置付けたため、商人蔑視を助長したとして批判された。ハーバード大学名誉教授ジョン・キング・フェアバンク（中国近代史）と彼の同僚は次のように指摘する。

「ヨーロッパと中国の経済成長に違いがあるのは、両者における全体的な文化的相違の表れである[22]」

孔子の教えは明確だった。中国の革命家やフェミニストは孔子が中国社会の政治的社会的改革を妨げたと考えているように、学者や歴史家も儒教が中国の経済成長を抑えていたと見ていた。またしても、孔子は近代世界と相容れない存在だと非難されたのだ。

経済成長を支えた「ポスト儒教」

だが、第2次大戦後、戦災に遭った日本では孔子と資本主義の関係の再評価が契機となり、大きな変化が起きる。日本は産業や国富の再建に向けて、急速な経済発展をめざすことに乗り出し、世界中が唖然《あぜん》とするほどの驚異的な成功を果たす。日本経済は、1960年代に毎年平均10％以上という不可能と思われるほどの経済成長率を示し、1967年にはアメリカに次いで世界第2位の経済大国となる。

自動車、鉄鋼、テレビ、船舶、ファックス、半導体などの輸出を手掛けるようになった日本企業は、世界市場シェアの大半を占めるようになり、過去何世紀かで初めて欧米の優位に挑戦するようになる。「1970年代後半には日本が世界第1位の経済大国アメリカを凌駕《りょうが》するかもしれない」との予測が専門家から出ると、欧米は大いに狼狽《ろうばい》した。

ちなみに、急成長を遂げたのは日本だけではない。東アジア全体を通じ、極貧で戦禍に苦しんだ国々も豊かになっていく。「アジアの四小龍」と呼ばれた韓国、台湾、香港、シンガポールは、製造と輸出の拡大によって日本と似たような経済成長を経験した。これには、経済学者も困惑するばかりだった。

20世紀中頃のアジアの植民地時代末期に、先の国・地域はもともと脆弱な経済力をほぼ失い、自然資源は限られ、産業基盤や社会基盤も貧弱だった。彼らに比べれば、他の発展途上国、特にアフリカやラテンアメリカ諸国のほうがよほど可能性に満ちていた。

だが、「アジアの四小龍」は、ほぼ各自の経済政策だけで他の新興国よりも優れた経済成長を遂げた。

他の開発途上国は驚愕し、生真面目な世界銀行さえ、この現象を「奇跡」だと称賛した。

あるアナリストは「アジアの四小龍」の成功が単純な経済理論だけではどうにも説明できず、次のように問うた。

「他の途上国の多くができなかったのに、これら東アジア社会だけが繁栄への道を正しく歩むことができたのはなぜか？」

東アジアの不可解な成功の背景を探ろうと、学者たちが現地に赴いた。その結果、これらの社会には他の発展途上の国・地域より急速な経済発展を可能にする豊かな土壌が生まれる独特で特別な何かがあるはずだと考える者もいた。

アジア専門家が日本や「アジアの四小龍」を観察していると、いずれも重要でおそらく必要不可欠な要因を共通して持っているとわかった。それは孔子である。

専門家の中には、東アジアとそれ以外の世界の間の決定的な違いは孔子の教えであると主張する人もいた。東アジアが並外れた経済的成功を遂げたのは、低迷する他の世界にはない孔子の存在で説明できるとした。

儒教を新たに擁護する学者によれば、日本や「アジアの四小龍」にとっての儒教は、国教として推進された古代王朝時代的なものではない。東アジアの人々には孔子の教えが生き生きとして素晴らしいものと認識されており、彼らの社会生活に深く根付いていた。

こうした社会を表す言葉が生まれた。「ポスト儒教」である。これを唱える観察者たちは、偉大な賢者の教えが東アジアの人々の行動様式や態度に影響を与え、その地域の経済発展の基盤を築いたという。そして、儒教が経済を促進したという証拠は、中国が１９８０年代にまた新たな儒教的経済大国として世界の舞台に登場したことで補強された。

かつて広く受け入れられていた「儒教は資本主義に不利である」という定説は、驚くほど速く完全に覆された。中国専門家のハーバード大学教授ロデリック・マクファーカーは1980年、ウェーバーを批判し、「儒教は東アジアの急成長経済の台頭において、プロテスタントと西洋における資本主義の台頭との結びつきと同じくらい重要である」[23]と主張した。

反論の大半は、儒教的家族が持つ経済力の再評価に基づく。もはや儒教は知的ビジネスや起業家精神にとっての障害ではなく、儒教的家族は東アジアにおける資本主義興隆の原動力となり、民間事業の成功に必要な意欲や人脈、資金を提供した。儒教に触発された強烈な向学心が近代産業に不可欠な熟練労働者を生み出し、儒教的家族で培われた倹約精神が投資に回せる資金の蓄積を促した。

さらに、家族の幸せを増やす親孝行の義務は、東アジアの人々が勤勉に働くことを奨励し、成功への動機付けにもなった。親孝行の精神は個人の意欲を抑え込むことなく、逆に爆発させたのだ。

こう見ると、儒教文化の親族意識が事業活動を不合理に歪めたというウェーバーの主張は間違いであり、実際には効率的な資本主義的活動を後押ししたと考えるのが正しい。

家族や親しい友人の人間関係があれば、ベンチャー企業を成長させる資金や情報の提供先となり、信頼できる共同経営者も見つかる。加えて、家族内で教え込まれた社会常識のおかげで、真っ当な儒教徒も理想的な資本主義者に生まれ変わる。

自立した個人主義的な欧米とは異なり、儒教的価値観を持つ東アジアの経営者や労働者は、自分たちの成功だけでなく、家族や共同体のためにも企業家精神に満ちたエネルギーを発揮した。その結果、東アジア社会全般が経済成長を遂げるのに役立った。

儒教徒の従業員は親の権威に従うことに慣れているため、上司にも素直な態度を示すことから、穏やかな労使関係が育った。さらに、政府に敬意を払うように教えられてきたことで、国策に受容的で、重大改革も円滑に実施できた。

こうして、20世紀の儒教徒は過熱気味の急成長に必要な要素をすべて持っていたのである。すなわち、勤勉で禁欲的な工場労働者、意欲的な企業家、献身的な市民である。彼らは国家の長期的な大義のために、目先の利益追求を控えようとした。マクファーカーは次のように指摘している。

「ポスト儒教的経済人は懸命に働いて買い物もするが、それ以上に貯蓄に励む。また、能力主義と同じように年功序列も認める……自分の成功は共同体の利益と不可分であり、共同体の指導を受け入れる」[24]

儒教に根付いた安定を求める欲求と権威への従順さは、儒教徒を忠実で献身的な従業員にし、より個人主義的な西洋人よりも現代の企業での生活や仕事に適していると、これらの学者たちは主張した。

したがって、孔子の影響はアジア企業が西洋との競争において優位に立つ助けとなった。儒教は、対立の多い西洋では欠けていた経営者と労働者の協調を促し、従業員同士の強い結びつきが、彼らを堅実なチームプレーヤーにした。マクファーカーは、こう推測する。

「もし西洋の個人主義が産業化の草創期に適していたとすれば、ポスト儒教的な『集団主義』は大規模産業化の時代により適しているかもしれない。西洋では『組織人間（オーガニゼーション・マン）』はやや嫌悪される存在だが、日本では『会社人間（カンパニー・マン）』は理想の存在である」[25]

さらに、儒教は東アジアの各政府部内に資本主義精神を呼び起こした。東アジアの役人はもはや堅苦しい儒家ではなく、極めて実践的な資本主義的政策立案者という新しいタイプの実務家に変貌していた。

かつて、孔子はエリート層に政府に奉職せよと勧めたが、それが地域の発展を阻害しているのだと批判された。だが、今では、日本や韓国のエリート学生は経済政策を立案する政府部局に勤務することを奨励されている。欧米では、役人は選挙で選ばれた政治家が定めた政策に従うが、日本など東アジアで経済を差配しているのは専門職の役人である。換言すれば、超優秀な役人が政治家から政策立案に口出しされないようにうまく防いでいるのだ。

実際、東アジアの役人たちは君子の現代版と見なされ、９００年前の宋代の宰相王安石が推進した改革と同じ精神で経済発展を追求し、政策を作り変えようとしていた。

儒教の政府では、伝統的に役人が最高の知識人であるとされた。そのため、君子の現代版である役人は、経済成長を促進するために、より自由な欧米では許されない方法で、自由市場に容易に介入できた。

例えば、日本の役人は特定業界を対象に特別支援策を講じ、新興分野を海外の競争相手から守り、優遇企業に融資をするように銀行を指導し、カルテルを組織させた。官民関係に慎重さを求めるアメリカとは対照的に、日本の役人は金融界と実業界の関係を強化する方向に動き、産業投資について緊密に協力するための政官財体制を発展させた。

専門家によれば、有能な役人は日本、韓国、シンガポールなどの東アジア諸国を世界的競争の上で優位に立つように導いた。エズラ・ヴォーゲルは、アメリカが日本に後れを取らないためには、政府も自国のエリート役人チームを育成する必要があると主張する。１９７９年、ヴォーゲルは次のように書いている。

「アメリカは、日本の優れた計画性、組織力、努力のために、経済競争で敗北したことを認めることに不安を抱いていた。日本はかなり強力な集団志向性を備えており……また、政府主導型の近代化のおかげで、より個人主義的で法律尊重主義的な歴史を持つアメリカでは考えられないような諸問題に対する解決策を発展させてきたのである[26]」

こうした儒教に影響を受けた慣行や政策の多くは、資本主義が理想的に機能する方法に関する西洋の標準的な仮定と矛盾していた。欧米の経済学者にとって、官僚は自由企業の触媒ではなく、危険なお節介者であり、ビジネス取引は個人的なつながりに基づくのではなく、公平でなければ合理的でないとされていた。

しかし、東アジアの紛れもなく華々しい業績は、多くの専門家に資本主義の正統性を疑問視させ、再評価させた。東アジアで台頭しつつあるのは、儒教バージョンの資本主義の形態であり、それは西洋バージョンの資本主義よりも優れていると考える者もいた。

アダム・スミスと孔子のこの偉大な混合は、自由市場原理と政府介入を組み合わせた一種のスーパー資本主義を生み出したと考えられていた。

一般的な見解によれば、資本主義は徹底した個人主義に基づくとされていた。

例えば、買い物をする主婦、リスクを厭わない企業家、肝の据わった経営者はいずれも自らの利益に基づいて決断し、皆に繁栄をもたらそうとした。

一方、儒教資本主義では、決断と資源配分をより集合的かつ協調的な形態で行えば、成長が安定し、競争力のある産業を生み出せると考えている。

弁護士が経済活動を精査し、契約を重んじ、市場の規律に従う欧米と異なり、儒教資本主義では人間関係、役人（現代版君子）と銀行と経営者の関係、同族会社の人脈などが重視される。したがって、アジア経済は欧米経済よりも現在の需要にうまく適応できたのだ。

米サンダーバードグローバル経営大学院の陳閩《ちんびん》教授（経営学）はこう指摘する。

「孔子の教えは、人間関係、自己鍛錬、自己修養、合意形成や協調の中心として、自我を重視した別種の資本主義を育成している。欧米との競争に際し、この総合力が東アジア社会を優位に立たせている[27]」

孔子の政策的処方に従ったシンガポール

東アジアの経済的成功に関する文化的説明の最も積極的な支持者の1人は、当時のシンガポール首相リー・クアンユーだ。彼は半世紀にもわたり、同国の政治に多大なる影響を及ぼしてきた。彼の目から見れば、アジアの経済的奇跡は儒教的価値観が他の社会を大きく凌駕した勝利の凱歌《がいか》と言えた。

1994年、彼は取材で次のように答えている。

「学問、知識、勤勉、倹約、『今日の五十より明日の百』の精神を重視しない文化であれば、（経済成長は）低迷するばかりだ。アジアの奇跡を単純に評価する人は、人間は皆平等であり、世界の人はすべて同じという楽観的前提に基づいている。だが、現実はそうではない。それどころか、様々な人間集団は何千年も個別に発展する間に、互いに異なる特質を発現するようになった。このような問題の研究が偏見を助長するという理由で問題を適当に扱うなら、自らが成長できる機会を失ってしまう[28]」

後に、この首相は「アジア的価値観」として知られる説の有力な唱道者となった。青年になるまで「ハリー」は父親が外資企業に勤務する家庭に生まれ、大英帝国自慢の人間だった。1923年、リー」と呼ばれ、ケンブリッジ大学で法律学を学び、西洋の社会民主主義運動に強い影響を受ける。

1959年、シンガポールの初代首相に就任後、30年にわたってその座を維持した。政策決定の特質は論理的現実主義とされた。だが、シンガポールの驚異的な成功は儒教的価値観のおかげ、と彼は直接的な表現で認めた。1987年には次のように説明している。

「30年以上にわたり、シンガポールの成功を支え続けてきた原動力の1つは個人よりも社会の幸福を大切に考えている多数の人々の存在であり、これが儒教徒の基本的な考え方だ[29]」

リーはシンガポールの経済政策に儒教の考えを取り入れた。実際、同国の経済モデルは儒教に基づいて構築されている。偉大なる聖人が提唱したように、この初代首相は開発計画を策定する際、儒教的家族を頼りにした。高齢者、貧困者、失業者その他の社会的に不遇な人たちの世話は、国ではなく家族に委ねられた。

その結果、福祉支出は最低限に抑えられ、乏しい財源が教育やインフラなど高度成長の基盤となる事業への投資に回されることになった。ヨーロッパ型の福祉プログラムによって政府予算が圧迫されることもなく、リーは孔子の政策処方に従って低税率を維持することができた。

経済学者のハビブラ・カーンは2001年の世界銀行の調査で、シンガポールが政府の福祉政策における「儒教モデル」を発見したと主張した。このモデルは、世界中の政治家が社会サービスにかかる負担を軽減するのに役立つだろう[30]。

リー・クアンユーは、政府補助金の代わりにチャンスを提供した。政治経済学者には、シンガポール政府は「開発主義国家」として知られる。その最優先課題は、雇用を創出して可及的速やかに所得を引き上げ、孔子が説く善き政府の第一責任である人々の安寧の確保を果たすことだ。

そのため、米国の政治家よりも大胆な政府の施策に頼った。省庁の1つである経済開発庁は、海外からの投資を積極的に誘致するために設立された。彼とそのチームは起業家精神を発揮し、国営企業を設立した。1989年、シンガポールのタン・チーファット教授（経営学）は、こう語る。「これは政府に依存する典型的な儒教的考え方であり、シンガポールの経済発展に向けて広く行われている。強力かつ公平で先見性に富んだ政府が明確な方向性を示し、的確な選択肢や優先順位を選び、政策を断固として実施しなければ、これほど驚異的な経済成長を達成することはなかった[31]」

政策は主に現代版君子（役人）の考えをもとに運営される。有能な人間は与党（人民行動党）と文官官僚制度の両方が育成し、その資質は入念に吟味される。その結果、極めて優秀な専門家的指導層が誕生した。

リー・クアンユーはその立場を踏まえ、典型的な儒教の流儀として政府の役人全員が従うべき適切な行動規範を定めるべきだと考え、こう説いた。「第一に、模範を示す必要があった。清廉であるだけでなく、倹約的かつ効率的に行動した。出張費も切り詰め、政府費用を削減した。おかげで、極めて質素な政府運営が可能となった。無駄をなくし、贅沢な接待もせず、大きなオフィスも用意しない。我々が方向性を打ち出し、模範を示したことで、彼ら（役人）も従ってくれた[32]」

縁故資本主義への変質？

しかし、儒教資本主義の支持者は本質的にマックス・ウェーバーと同じ過ちを犯す。従来、社会科学者は西欧の成功とアジアの低迷を考察し、西洋的価値観はアジア的価値観より優れていると考えた。

だが、リー・クアンユーらはその考え方を覆した。東アジアが成功を収めたことで、アジア的価値観が西洋的価値観に比べて優位に立っているという結論に社会科学者は達する。

ウェーバーやマクファーカーらは、過去200年間におけるアジアの世界における地位の浮沈を理解しようとした。答えを追い求めるなかで、アジアの成功を巡る出来事の基礎には孔子の存在があると認める。

興味深いのは、孔子の評価が時代ごとに大きく異なっていることだ。東アジアでは孔子の影響力が支配的かつ日常生活の一部になっているため、どの時代でも毀誉褒貶《きよほうへん》から逃れられない。

1910年代の孔子は旧時代の封建主義者の象徴とされたが、1970年代には積極的な資本主義者の象徴に変わった。自分の経験に基づいて演技をする偉大な俳優のように、孔子も脚本に応じた演技をこなせる。舞台化粧は相当厚く施されるから、孔子本人かどうかは見分けがつかない。

1990年代に東アジア経済が予期せぬ低迷を迎えたとき、経済の魔術師としての孔子の評判も低下したのは驚くことではない。

まず、日本の不動産と株式市場の巨大なバブルが崩壊し、日本の上昇気流がストップした。そして1997年、金融危機が韓国を揺るがし、誇り高き小龍はIMFによる恥ずかしい救済措置を受け入れざるを得なくなった。儒教的価値観が優れた経済モデルを生み出したという考え方は信用を失い、経済学者たちは再び、現代の資本主義における孔子の価値を問い始めた。

多くの批評家から見れば、儒教資本主義が東アジアに圧倒的な強みを与えたと思われた状況は悩みの種になる。儒教資本主義の中核となる人間関係である家族内の関係、君子（役人）と経営者の関係などが、いまや問題の震源地と見なされる。

日本や韓国では役人、銀行、経営者間の関係が親密であることから、健全な信用リスク分析よりも長年の個人的関係に基づいて銀行は懇意な企業に資金を注ぎ込んできた。

儒教的ヒエラルキーの下では、従順な部下、役員、株主から反対されることはなかったため、選択や投資に関する大臣や社長の決定は問題含みのことがあり、時には、それが誇大妄想と思われることもあった。こうして、儒教資本主義は「縁故資本主義《クローニーキャピタリズム》」に堕落し、個人的関係が経済的合理性を損なう腐敗した徒党に成り果てた。

１９９８年、ＵＳニューズ＆ワールド・レポート誌編集長モーティマー・ズッカーマンは、明らかに上機嫌で次のように書いている。

「アジア的価値観はアジアの重荷に成り果てた[33]」

ウェーバーはついに復讐を果たしたのだ。

このような批判は、経済危機が終息した後も長く続いた。儒教は東アジア企業の健全経営を弱体化させる家族の固い絆を生み出したと酷評されたが、このような指摘は真実のように思われた。

韓国大手企業の家族経営者は、他人である専門家よりも自分の息子を経営陣に入れようと特別扱いするのが当然とされる。求職者は職を得たければ、才能よりも人脈を頼りにする。

２０１３年に実施された中国の国営新聞社の世論調査では、まともな仕事を得るためには「実力者」に頼りたいと若年労働者の84％が答えたのに対し、成功への道として努力を重視する人はわずか10％に過ぎなかった[34]。

社内のヒエラルキーが厳しい企業では、若手社員が経営者に意見具申や異議を唱えることは至難の業だ。このような社風では最先端製品の生産や経営者の賢明な意思決定を支援する画期的な提案や開放的な情報交換は難しいから、批判の対象となる。

孔子は様々な問題の責任を取らされ、飛行機墜落事故が起きても孔子のせいだと非難された。もっとも、アジア内外の専門家は、韓国では航空機の操縦室内の上下関係が貧弱な安全記録の背景にあると見ていた。若手パイロットは機長を恐れるあまり、誤りの指摘や質問ができない。だが、それは安全飛行に必要なチームワークの極めて重要な側面なのだ。

実際、1997年にグアムで起きた大韓航空機墜落事故では、その問題の深刻さが顕著に現れ、死者228人の大惨事となった。大韓航空は外国人の教官と役員を雇い入れ、儒教文化を排除し、操縦室内の搭乗員に責任を共有させ、十分な意思疎通ができるように指導することが求められた。[35]

危機時の労使関係に見る東西の差

しかし、世界中の政策立案者や経営者が競争力を高め、雇用を創出する新しい方法を模索している今、儒教的資本主義を頭ごなしに否定するのは間違いだ。

欧米、特にアメリカの企業が東アジアの企業と異なる点の1つは、経営陣の従業員に対する姿勢である。一般的に、アメリカの企業システムは単純な労働対報酬の方程式に基づいている。従業員は、特定の責任を果たす代わりに給料を得る。企業は、自由に雇用・解雇できる権利を、収益性と競争力を維持するための重要な要素と考える傾向がある。

一方、東アジアの企業では儒教の教義が労使関係に浸透している。家族における孝行の徳を重視する教えは、現代企業など他の組織や団体にも波及している。したがって、東アジアの経営者は欧米企業よりも家父長的だ。経営者は従業員に、父親が自分の子供に接するように厳格ながらも面倒をよく見ようとしている。その代わり、従業員の愛社精神は欧米企業よりも深いことが多く、生涯とまではいかなくても、職歴の大半を1社だけに捧げようと考えている。

当然ながら、あくまでもこれは一般論であり、すべての東アジア企業が従業員を厚遇しているわけではない。その証拠に、中国における恥ずべき労働慣行は日常的に報じられている。それでも、東アジアの労使関係は互いに対する責任に関し、アメリカ企業よりもかなり異なった期待感を持ち合わせている。

20世紀後半の大半で、日韓の大企業は正社員に終身雇用を提供していた。この雇用形態は厳しさを増したグローバル競争のために破綻したが、この労使慣行の背景にあった感情は依然として残っている。

日本では、過重労働や福利厚生の欠如など従業員に対する処遇が不当であると世間から見なされた大企業は、「ブラック」企業として不評を買う。アメリカでよく見かける大量の一時解雇は社会的に不適切と考えられるが、日本や韓国ではそれ以上に不祥事に近い出来事とされる。

これは危機的状況においても変わらない。２００８年、ウォール街の金融危機に端を発した不況の最中では、アメリカ企業は大挙して大量の一時解雇に走った。

これに対し、韓国仁川広域市所在の錠前製造業ユニロック・コーポレーション創業者ユ・ミョン・ホは、アメリカの株式市場の大暴落の影響が世界中に広がる様子を慎重に見守っていた。同社の売り上げに甚大な打撃を与えることを十分承知していたが、彼は２００人の従業員にまったく別の行動を取る。ユはこう語っている。

「事態が悪化したとしても、従業員は解雇しないと決めていた」

その代わり、組み立てラインの夜勤を廃した後、夜勤従業員の賃金を減額し、従業員の間で残る勤務時間を分けた。他の従業員は、新製品開発チームに配置転換させるか、研修プログラムに参加させた。経済不況とはいえ、従業員を路上に放り出すのは自分の職務怠慢に当たると考えた。

「従業員は家族同然であり、自分は『家長』。そうであれば、彼らを何としても守る責任がある。我々は従業員を家族の一員と考えている。単に職場に来て、賃金を受け取ればそれで終わりという関係ではない。彼らも家族を持っており、つらい目に遭わせることはできない。彼らには我が社を自分のことのように思ってもらう必要がある。また、彼らには家族のように感じてもらいたい。これが成功の秘訣だ[36]」

ユは業績が悪化しても当初の決断を貫く。2009年の売上高は前年比3分の2まで落ち込んで赤字決算となったが、金策に走って何とか経営を続けた。賃金カットのせいで家庭が困窮に陥っている従業員がいると聞くと、自腹で一時金を支払った。彼はこう語っている。

「危機が到来したら、会長であれば自分の給与を従業員に回す」

アメリカ企業の経営者では同じような犠牲を払う者はほとんどいない。だが、真っ当なビジネスには単に心根の優しさだけではなく、その背景に寛大さがあるべきだと彼は説く。

実は1997年のアジア金融危機でユの会社も業績悪化に陥り、コスト削減のために従業員の一時解雇を実施した。すると残っていた従業員は処遇に不満を抱き、景気が回復すると、他社への転職者が相次いだ。このため、彼は新人の採用業務や研修のコスト負担に悩まされた。

このような経験に鑑み、2008年の不況の際には従業員を雇い続けることで、より良い結果が生まれることを期待したところ、実際にそうなった。今回、残っていた従業員で景気回復後に転職した者はいなかった。従業員は1人も欠けることなく、しかも開発していた新製品のカタログも市場に出す準備が整っていたため、不況が去ると、すぐに業績が回復した。彼はこう述懐する。

「伝統的な儒教文化では、共同体意識は社会の財産です」

多国籍企業レノボの儒教的経営戦略

柳傳志によると、中国的商慣行はユニロック社のような中小企業だけでなく、巨大多国籍企業にも存在し、それは柳個人の経験からも証明できるという。柳は中国のパソコンメーカーであるレノボ・グループの創業者だ。

2005年、柳はIBMのパソコン事業買収を実現させ、中国企業の経営者の枠を超えた。この案件はレノボを真の意味で中国初の多国籍企業に変えた。レノボは世界中に広がる様々な人種、宗教、背景からなる従業員を擁する企業なのだ。

当時、柳は61歳だったが、この新しく生まれ変わった企業を運営する最善の策は若手経営者に託すことだと考えた。さらに重要なのは、候補者を中国人に限らなかったことだ。

というのも、レノボ社内のチームは国内でこそ大成功したが、文化的地理的に多岐にわたる企業を導くのに必要なグローバルな経験を持ち合わせていなかったからだ。そこで、柳はまずCEOの座をIBM社の役員に譲り、次にパソコン業界に精通したアメリカ人ウィリアム・アメリオに委ねた。

だが4年後、世界不況の影響で業績不振に陥り、柳は非常勤から現場に引き戻される。レノボ会長に復帰した柳は、CEOを中国人に任せた。レノボの市場シェアと収益性が徐々に低下したことで、柳の復帰が求められた。彼は次のように語っている。

「レノボは私の人生のすべて。その人生が脅かされると思ったから、これを守るためにもう一肌脱がざるを得なかった[37]」

レノボが経営不振に陥った理由は明らかだった。国際業務の大半を企業向けパソコン販売に向けていたため、急成長中の消費者向け販売機会を逸していたのだ。アメリオを中心とする経営陣は、この消費者市場から利益を得るための業務改革案を策定したが、これを実行するにはかなり無理があるように思われた。

柳によれば、社内上級経営層に文化的衝突が見受けられ、改革案の実行は難しいと見ていた。例えば、アメリオは「標準的MBA式」経営手法を導入したが、これは優位に立つCEOが意思決定を下した後、各事業部門の長と連携して実行に移すやり方だ。だが、柳はこのような手法は中国企業にうまく馴染《なじ》まないと判断した。

「アメリオは極めて複雑な状況に直面していた。経営陣には多様な文化や国の出身者からなる多様なチームが存在していたからだ。標準的な手法では、目標達成のためにチームを集めて意欲を引き出そうとしても、ほぼ無理なことが明白だった」

柳の復帰に伴い、彼が「レノボ流」と名付けたやり方を復活させ、経営体制を刷新した。アメリオの手法ではなく、集団的意思決定に基づく体制を構築したのだ。結束の固い少人数の役員グループの協議を経て、CEOが戦略を定める。この役員グループは定例会議で計画の実行と進捗状況を確認する。柳は次のように説明している。

「『レノボ流』は、標準的な経営手法より慎重かつ綿密だ」

柳は「レノボ流」を「道」と言い換えてもいいと言う。彼は儒教のことをあまり知らないと公言しているが、孔子の特徴がその経営方針の至る所に見られる。特に顕著なのは、協調精神と共同体を重視している点だ。柳は次のように説く。

「強力な経営者チーム構築の最終目標は、第1に共同体の智恵と努力を用いた戦略を開発・研究すること、第2に戦略を確実に実施すること。あくまで仮定の話だが、戦略が経営陣全員の総意によって決定されるとしたら、間違いなく実行に移される。（CEOは命令するだけでなく、他の経営陣が唱える『異論』に耳を傾けることも必要）。

経営陣には、CEOの権力を抑えて均衡を保つ力がある。CEOは、剛腕で積極的な人物が少なくない。しかし、そういう人物こそ異論を公平に扱い、抑制と均衡の原則を前向きに受け入れる心構えが求められる。それができれば、社内全員が当事者意識を持つようになる」

彼は自分の考えを実行に移すために、中国人と外国人の8人で構成された役員会を立ち上げる。

「この措置は、本当に最初の段階で最も重要だった。メンバーの役員は会社の全般的な状況や長期的な展望について議論した。掘り下げた話し合いや白熱した議論を通じ、メンバーは最終的に合意に達し、会社の長期的利益に最も適合した戦略を全員で導き出した」[38]

その結果、彼の考えは間違いないことが明らかになる。数四半期を経過すると、レノボの財務状況は好転し、市場シェアも拡大した。2013年までに、レノボは業績が回復しただけでなく、パソコン市場で世界のトップに輝く。

*

20世紀後半における孔子の再評価は、経済政策や企業戦略の分野に限られたものではなかった。成功に自信をつけた東アジアの政治家たちは、儒教を国内政治に再び導入し始めた。孔子はまだ、中国の帝政時代のように東アジアの「無冠の王」となってはいないものの、東アジアの政府は古代の皇帝たちがそうしたように、正統性を求めて偉大な聖人に目を向けている。

しかし、儒教的価値観が経済やビジネスに果たす役割が激しい議論を引き起こしているように、それがアジアの政治にどのように影響を与えているのか、または与えるべきかという問題は、さらに大きな論争の的となっている。

第九章 政治家としての孔子

其の民を暴《そこな》うこと甚だしければ、則ち身弑《しい》せられ国亡び、

（『孟子』離婁章句上）

独裁の手段か、アジア的価値観の基盤か

リー・シェンロンは繊細な人物だ。ハーバード大学を卒業し、2004年からシンガポールの首相を務めている（訳注　2024年月に首相退任）。彼の成功に疑いはなく、彼の指導の下でこの都市国家は新たな富の高みに上り、競争が激化するアジアで影響力を保ち続けている。しかし、彼の実績や個人的な達成に関わらず、国内外で「彼が間違った理由で首相の座にいるのではないか」という噂が囁《ささや》かれている。

それは、彼が初代首相リー・クアンユーの息子でもあるからだ。息子が首相になった本当の理由は、

Chapter Nine: Confucius the **Politician**

その能力というより血統のおかげだという中傷が絶えない。この指摘に説得力があるのは、シンガポールの政治体制が統制されているからだ。

シンガポールは表向き定期的に選挙が行われる議会制民主主義国家ではあるが、実質的には一党独裁国家だ。１９６５年の独立以来、リー・クアンユーらが共同設立した人民行動党（ＰＡＰ：People's Action Party）によって統治されている。

リー一族とＰＡＰの仲間たちは、反対勢力を弾圧するために国家的手段を駆使することに極めて長けていた。父親のリー・クアンユーは１９９０年に首相の座を降りたが、その後も国政に相当の影響力を保ち続けた（訳注　２０１５年3月死去）。

当然、息子のリー・シェンロンは苦渋の選択の上で支配権を守っている。２０１０年の取材では、アメリカのテレビジャーナリスト、チャーリー・ローズが縁故主義の問題を何度も指摘したとき、息子のリーは思わず孔子を持ち出して弁解に努めた。

「我が国の全体的な体制は、能力主義の基本概念に基づく。私が首相の座にいるのが、最適な能力の持ち主だからではなく、父の世話によると疑うなら、私の信頼性や道徳的権威は跡形もなく消え去る。道徳的に正しくなければ、正しい決断はできない。これは孔子の基本的な教えだ」

続けて、首相に上り詰めたのが経歴より人脈の恩恵なら、天命を失うと説明した。

「全体の体制が本当に見せかけに過ぎないなら、我が国は落ちぶれてしまう。とても持ち堪えられない」[1]

この発言は驚くべきものだ。１００年以上にわたる批判や罵倒を経て、現代の東アジアの指導者の中で、孔子を自らの政府や政策の正統性の根拠として使う勇気を持つ者はほとんどいなかった。しかし、ここで現職の首相が自分は君子、つまり儒教の紳士であり、経験、知識、そして徳による優位性でその地位を得たと主張したのだ。

リーは、シンガポールが君子によって統治される国であり、その政府は最も学識があり有能な者だけが頂点に立つ力強い儒教的メリットクラシー（実力主義）社会であると示唆している。だから、現政権は道徳的に統治する正統性を持っている。

リー首相の考え方は、彼だけにとどまらない。１９８２年、当時のゴー・ケンスイ副首相はシンガポールの経済政策立案者の１人で、次のように述懐している。

「政府が正しい人の手に委ねられなければ、災厄が国中に降りかかる、と孔子は説いた。この点、我が人民行動党もまったく同様に考える」[2]

シンガポールは君子が支配しているという考えは、国家的価値観の一環である。１９９１年、シンガポールの国民性を公的に概説した議会白書では、欧米から借用した政治的価値観より、「儒教的理想のほうがシンガポールに妥当する点が多い」と解説している。

「高潔な男性による政府という概念がある。君子とは人々のために正しいことを行う義務があり、人々の信頼と尊敬を得ている存在だ。我々に相応しいのは君子の政府であり、欧米のように権力を極力制限された政府ではない」[3]

シンガポールの支配層の自己像は、孔子の経歴上の新たな歴史的転機を意味している。孔子は再び東アジア政治の登場人物となったのであり、この事実は東アジアの将来や外の世界との関係に多大なる影響を及ぼすことになるだろう。

リー・クアンユーと彼の「アジア的価値観」説は、儒教復活の最前線に立っている。彼は西洋的代議政治の儒教的代替案を提示した。強調されたのは、アジア社会が西洋由来の哲学的文化的伝統とはまったく異なる儒教的伝統の所産であるという点だ。

西洋の考え方によると、1人1票の個人主義に基づく自由民主主義が人間文明の最善の政治形態であり、歴史、文化、見解のいかんを問わず、あらゆる社会に適用される。「アジア的価値観」説はこれに反駁するものだ。

リー・クアンユーによれば、孔子と西洋民主主義は自然に調和するものではなく、むしろ儒教的政治のほうが優れている。要するに、現代儒教が西洋の基本的な政治的価値観に挑戦しているのだ。

東西両方の民主主義支持者は、リーに辛辣な視線を向ける。例えば、彼の説く儒教はご都合主義であり、自らの独裁支配を覆い隠し、市民の自由剝奪《はくだつ》を正当化するために綿密に脚色された隠れ蓑《みの》であると指弾する声もある。

批判派によれば、リー父子は過酷な刑法、圧制的な法規、異論抑圧を無慈悲に駆使していることから、儒教の君子というより悪名高き秦始皇帝や冷酷な法家の側近に似ている。

米ウィリアムズ大学のサム・クレイン教授は自分の政治ブログで次のように書いている。「シンガポールのエリート層は儒教の君子ではない。彼らは法家の専制君主であり、唯一関心を寄せるのは権力保持に必要なことだ。だから、人民行動党の政治家が使い古しの『儒教的紳士』の話を持ち出したら、『法家の地獄に行け』と面罵してやればいい」[4]

論争はさておき、リー・クアンユーは重要な点を主張している。それは、西洋自由民主主義の最も頑強な支持者でさえ、東アジア社会には完全に別の哲学的基盤である儒教的基盤に基づく別の政治史があると認めざるを得ないことだ。

現在、孔子が直面する問題は、本当に望んでいた基盤とはどういうものだったかということだ。何千年もの間、孔子は中国の上意下達型帝政と関係が深かった。過去150年以上にわたって、こうした儒教政治は人権や民主主義という西洋的考え方から批判されてきた。しかも、孔子はこの戦いにほとんど敗北してきた。革命、抗議行動、民主化の猛攻を受け、東アジアの儒教王朝は世界地図から葬り去られた。

アジアの民主主義支持者の中には、孔子が玉座から追い落とされたことに喝采を送った者もいる。彼らの目には孔子が度し難い独裁者に見えたのであり、アジア人が政治的権利を訴える唯一の道は孔子を政治から排除することだと主張した。

だから、シンガポールのリー父子や他の東アジアの政治家が政治に孔子を復活させようとする動きは、将来的に民衆の政治的自由や公正な政治制度に対する脅威になると懸念された。

だが、グローバル化の時代に、アジア人が孔子の政治信条を解釈する仕方は1つだけではない。他の民主主義支持者は、孔子の言葉には民主主義の萌芽《ほうが》が見えるだけでなく、孔子の教えは独裁政治ではなく、共和政治の土台も作っていると擁護する。孔子と民主主義が完全に相反するとの主張は、リー父子の「アジア的価値観」説と明らかに矛盾する。実際、儒家は「国民のための政府」を西洋よりも早く発展させているではないか。

これは学術的な議論ではない。孔子は民主化、人権、政治的寛容性を後押しする力になるのか、それとも再び専制君主や新たな形態の帝政を正当化する手段として用いられてしまうのか。

「個人より集団、自由より権力、権利より義務」

これらの問いに答えるためには、古代の経典に立ち戻り、孔子の「良き政治」に関する言葉を検証する必要がある。そこから分かるのは、孔子が民主主義者ではなかったということだ。『論語』や他の孔子に直接関連する著作のどこにも、現代西洋の意味での代議制政治を支持する記述はない。彼は選挙や議会を求めたことはなく、諸侯や王たちの情けない振る舞いを嘆いてはいたものの、君主制という統治形態の正統性や有効性を疑ったことはない。孔子の理想の国家は階層制であり、すべての上に王が立つ。権力は下からではなく、上から下へと流れていく。

実際の政府の構造以上に、孔子は民主主義を支える精神そのものにも異議を唱えた。代議制政治は「すべての人は平等に作られており、彼ら自身がリーダーを選ぶことで社会が最も良く運営される」という考え、つまり「一般の人々が自己統治できる」という理念に基づいている。孔子はそのような信念を示すことはなかった。彼は、大衆は自分たちや社会全体のために意思決定を行うための教育や道徳的強さが不足していることを懸念していた。孔子はこう述懐している。

子曰《しいわ》く、民《たみ》は之《こ》れに由《よ》らしむ可《べ》し。之《こ》れに知《し》らしむ可《べ》からず。（泰伯8−9）

訳：先生は言われた。「人民は従わせるべきであり、その理由を知らせるまでもない」。

孔子の世界観によれば、人間は必ずしも平等に生まれたわけではないため、誰もが支配する権利を持っているわけではない。政治は知識人や賢者などの「君子」の分野である。君子は公平かつ仁愛の心で支配するための知識や美徳の持ち主であり、自らを支配できない人々の面倒を見る責任がある。真っ当な為政者は民衆のために無私無欲で奉仕し、自らの富や安寧を犠牲にする。

子《し》曰《いわ》く、禹《う》は吾《わ》れ間然《かんぜん》すること無《な》し。飲食《いんしょく》を菲《うす》くして、孝《こう》を鬼神《きしん》に致《いた》し、衣服《いふく》を悪《あ》しくして、美《び》を黻冕《ふつべん》に致《いた》し、宮室《きゅうしつ》を卑《いや》しくして、力《ちから》を溝洫《こうきょく》に尽《つ》くす。（泰伯8-21）

訳：先生は言われた。「禹は非の打ちどころがない。飲食を切り詰め、神に盛大な供物を捧げ、普段は粗末な衣服を着るが、祭祀の礼装は美しくし、住居も粗末にし、灌漑《かんがい》水路を切り開くことに全力を費やした」。

ここに家父長的な儒教国家の起源を見いだすことができる。要するに、支配者とは民衆を自分の家族と同一視できる人物を意味する。支配者としての主たる責任の1つは、孔子が『中庸』で説くように、「民衆を子として遇し、彼らを善導すること」[5]である。

議論の余地はあるかもしれないが、儒教社会の全体構造は反民主主義的である。どの人間関係も支配従属関係にあるため、社会の誰もが自由意志を持つわけではない。例えば、子は親に従い、妻は夫に従う。これでは政治的選択を自由に行えない。

その結果、人物の素性や社会的地位に応じ、ある人々は他人よりも公的な場面でより大きな権力や影響力を持つ社会になる。だから、五・四運動の作家兼活動家には、儒教は民主主義と両立しないと考えている人が多かった。1916年、陳独秀は次のように書いている。

「儒教は上位者と下位者の位置づけを守り、上下関係を明確にさせる制度である。階級制度の対極は、自由、平等、独立の原則だ。これらの原則は、現代西洋の政治道徳の源である。共和制の立憲主義は自由、平等、独立の原則に基づくものであり、絆や階級の制度とは絶対に共存できない」[6]

このような階級制度の下では、民主的な西洋諸国で考えられているものと同じ権利を人々が持てるとは限らない。また、社会は各人の私欲追求から恩恵を受けると考えられていない。

その代わり、各人は社会での役割とその役割を果たす義務がすでに定められている。だから、孔子が政治について問われると、次のように『論語』で答えている。

孔子《こうし》対《こた》えて曰《いわ》く、君君《きみきみ》たり、臣臣《しんしん》たり、父父《ちちちち》たり、子子《ここ》たり。（顔淵12−11）

訳：孔子は答えて言われた。「君主は君主として、臣下は臣下として、父は父として、子は子として、それぞれの道を尽くせばよいのです」[7]。

このような個人や人間関係に基づく社会では、子のような存在は自分の欲するままの言動が許されない。孔子は西側民主国家では基本的人権とされる市民的自由である表現や結社の自由を支持しなかったと主張する学者もいる。

孔子の世界では、人々はトーマス・ジェファーソンが掲げた「不可侵の権利」ではなく、「不可侵の義務」を負っている。親、夫、君主への儒教的義務を果たさなければ、社会は大混乱に陥ると考えられていた。

要するに、孔子は個人の自由より共同体の利益を優先していた。米国の国際政治学者サミュエル・ハンチントンは次のように書いている。

「(儒教が本質的に) 非民主主義的または反民主的であるのは、個人より集団、自由より権力、権利より義務を重視しているからだ。儒教社会は国家に対する権利の伝統に欠け、個人の権利が存在するのは国家が認める範囲に限られていた[8]」

ゲティスバーグ演説で、リンカーン米大統領は有名な「人民の、人民による、人民のための政治」を訴えた。だが、孔子にとって理想の政治とは、人民のための政治ではあったが、人民による政治ではなかった。

徳による国家統治

だが、孔子が本質的に権威主義者であると断定するのは早計だ。確かに、少なくとも現代西洋の定義による民主主義を提唱してはいなかったかもしれないが、独裁政治を擁護していたわけではない。孔子は物理的な力よりも道徳的な力を重視していた。儒教システムで、支配者は最終的な権威かもしれないが、絶対的権力を与えられたわけではない。このような支配者の言動は、恣意的でも利己的でもあり得ない。

政府に関する儒教の考え方は、権力の抑制がすべてだ。王といえども、礼と徳の規範、すなわち君子の規範に縛られている。王から一介の農民に至るまで、誰もが天から下された「道」に縛られていることに変わりはない。

庶民には言論や行動の自由はなかったかもしれないが、それは王や大臣も同じことだ。支配者が「道」に従わなければ、その言動は正しい方向に戻さなくてはならない。さもなければ、その支配者は権力を剥奪される。

大臣は道を外れた暴虐な君主に「異議を唱える」責任があると孔子が説いていたことを思い出してほしい。大臣が抗議しないと、大臣は自らの責任を放棄していることになり、君主や国家を破滅に追いやってしまう。

魯の君主定公が、一言で国を滅亡させてしまうような言葉はないかと孔子に尋ねた。孔子はこう答える。

言《げん》は以《もっ》て是《か》くの如《ごと》くなる可《べ》からざるも、其《そ》れ幾《ちか》き也《なり》。
人《ひと》の言《げん》に曰《いわ》く、予《わ》れ君《きみ》為《た》るに楽《たの》しむこと無《な》し。
唯《た》だ其《そ》の言《い》いて予《わ》れに違《たが》う莫《な》き也《なり》と。

如《も》し其《そ》れ善《よ》くして之《こ》れに違《たが》うこと莫《な》きは、亦《ま》た善《よ》からずや。如《も》し善《よ》からずして之《こ》れに違《たが》うこと莫《な》きは、一言《いちげん》にして邦《くに》を喪《ほろ》ぼすに幾《ちか》からずや。（子路13－15）

訳：「言葉はそのようなものではありませんが、それに近いものならあります。ある人が語るには、『私は君主になって楽しいことなどない。ただ、私がものを言えば、誰も反対しないことだけが楽しい』と。もし善いことを言って、これに反対する者がいなければ、結構なことです。もし悪いことなのに誰も反対しなければ、その一言は国を滅ぼす言葉に近いのではありませんか」。

儒教徒には、悪政に反対して強欲で高圧的な君主に異議を唱えてきた長い歴史がある。孔子自身がそうであり、当時の王侯や君主による利己的で自滅的な政治を説教することに人生の大半を捧げた。異議を唱えることは民主主義の基礎の1つである。権力の乱用を防ぎ、民衆を保護し、国民のために最善策を生むには、権力者は抗議を認めなければならない。

さらに、孔子は支配者が法律に基づいて適切に行動しないのに、民衆に同じことを期待するのは間違いだと考えた。

子《し》曰《いわ》く、其《そ》の身《み》正《ただ》しければ、令《れい》せずして行《おこな》わる。
其《そ》の身《み》を正《ただ》しからざれば、令《れい》すと雖《いえど》も従《したが》われず。（子路13—6）

訳：先生は言われた。「自分自身が身を正しくすれば、命令しなくても実行される。身を正しくしなければ、どれほど命令しても実行されない」。

加えて、孔子によれば、支配者は大臣や高官に高潔さを求めるべきだと説く。魯の君主哀公（定公の子）が民衆の尊敬を得る方法について孔子に尋ねると、次のような答えが返ってきた。

孔子《こうし》対《こた》えて曰《いわ》く、直《なお》きを挙《あ》げて諸《これ》を枉《まが》れるに錯《お》けば、則《すなわ》ち民服《たみふく》す。
枉《まが》れるを挙《あ》げて諸《これ》を直《なお》きに錯《お》けば、則《すなわ》ち民服《たみふく》せず。（為政2—19）

訳：孔子は答えて言われた。「正しい人を抜擢《ばってき》して不正な人の上に置けば、民衆は従います。逆に、不正な人を抜擢して正しい人の上に置けば、民衆は従いません」[10]。

孔子は、支配者が真の仁政を施すなら法律や牢屋は無用とまで説く。支配者が仁政を行うなら、投獄や罰金などの脅しを用いなくても民衆も同じように正しい道を行い、適切に振る舞うと考えていた。
孔子は次のように語る。

子《し》曰《いわ》く、之《こ》れを道《みち》びくに政《まつりごと》を以《もっ》てし、
之《こ》れを斉《ととの》うるに刑《けい》を以《もっ》てせば、民《たみ》免《まぬか》れて恥《はじ》無《な》し。
之《こ》れを道《みち》びくに徳《とく》を以《もっ》てし、
之《こ》れを斉《ととの》うるに礼《れい》を以《もっ》てせば、恥《はじ》有《あ》りて且《か》つ格《いた》る。（為政2-3）

訳：先生は言われた。「法律だけで民衆を指導し、刑罰だけで従わせようとしても、民衆は法律の抜け穴を探して刑罰から逃れようとするだけで、それを恥じることもない。一方、徳によって民衆を指導し、礼によって従うようにすれば、彼らも恥を知り、正しい道を行うようになる」。

孔子によると、国家統治には徳を用いるしかない。『中庸』には、次のような言葉がある。

子曰く、「声《せい》色《しょく》の以て民を化するに於《お》けるは、末《すえ》なり」と。（第十九章）

訳：先生は言われた。「口に出したり威光によったりするのは、民衆教化の根本ではなく、徳によるのが基本だ」。

孟子も、似たような意見を表明している。

力を以て人を服する者は、心服せしむるに非《あら》ざるなり、力贍《た》らざればなり。徳を以て人を服せしむる者は、中心より悦びて誠に服せしむるなり。（『孟子』公孫丑章句上）

訳：武力で人を服従させても、心から従っているわけではない。抵抗する力が足りなくて、従っているだけだ。だが、徳で人を服従させれば、喜んで心から従うだろう。

支配者が武力に訴えて民衆を支配しようというのは、自らの力不足の証拠だ。ある高官が、「道」に従わぬ者をすべて死刑にするのはどうか、と孔子に尋ねる。孔子は、支配者が「道」に基づいた政治を施していれば、そんな過激な措置はまったく無用と答える。

孔子《こうし》対《こた》えて曰《いわ》く、子《し》　政《まつりごと》を為《な》すに、焉《いず》くんぞ殺《さつ》を用《もち》いん。
子《し》　善《ぜん》を欲《ほっ》すれば民《たみ》　善《ぜん》なり。（顔淵12－19）

訳：孔子は答えて言われた。「政治を行っているのに、どうして死刑を用いられるのですか。あなたが善いことをしたいなら、民衆も善くなります」。

『論語』では、孔子は死刑に断固反対していたことが記録されている。

子《し》曰《いわ》く、教《おし》えずして殺《ころ》す、之《こ》れを虐《ぎゃく》と謂《い》う。（堯曰20－2）

訳：先生は言われた。「民衆を教育しないで殺す。これを残虐という[11]」。

孔子にはもっと素晴らしい言葉がある。権力は肩書や位階に伴うものではなく、善行や道徳的行為を通じて得られる。さらに重要なのは、武力によって無理に従わされるものでもない。いわゆる独裁政権は暴動鎮圧部隊、いかさま裁判、恣意《しい》的な規則、厳罰などを駆使した治安維持など高圧的だ。だが、孔子は強制力を伴わずに実現される権力こそ本物であるという。支配者が徳行という明確な基準を守るなら、民衆は喜んで服従すべきだと説いた。

さらに、孔子によれば、国家は社会の支配層の自由に任されるべきではない。父親の盗みを密告した息子の逸話を思い出してほしい。この話では、家族の絆は国法に優先すると説く。孔子が権力に唯々諾々と従うことに反対しているのは明らかだ。

韓非子のような法家は、孔子の教えが国家権力の強化ではなく、弱体化につながると考えた。だが、孔子から見れば、安定的かつ繁栄する社会の基礎は政府ではなく、家族にある。アメリカの政治学者フランシス・フクヤマは、「儒教は上意下達よりも下意上達を通じて、よく整った社会を立ち上げている」[12]と指摘する。

天の名による民衆の決起

現代の孔子擁護派はこの議論をさらに進める。彼らによれば、孔子は実に熱心な民主主義者だった。過去1世紀にわたり、西洋の政治思想が中国や韓国などアジア諸国に浸透してきたため、アジアの思想家や政治家の中には、孔子やその信奉者が説いてきた教義こそ東アジアにおける民主主義の基礎であると断言する向きもある。

例えば、最も影響力のある政治家の1人である孫文《そんぶん》（1866〜1925）は、共産主義者とその敵側の双方から国父として尊敬されている。

清帝国崩壊後の1912年、孫文は中国では史上初の共和制国家である中華民国の建国者として初代臨時大総統に就任する。また、国民党の共同創立者であり、同党は現在でも台湾の有力な政治勢力だ。

孫文は、近代民主主義の種が蒔《ま》かれたのは西欧ではなく、古代中国の賢人によってであると固く信じていた。彼は著書に次のように書く。

「中国はヨーロッパやアメリカよりずっと前に進歩し、何千年も前に民主主義について議論していた。民主主義は2000年前に中国で論じられたが、西洋ではわずか150年の間にそれは達成された事実となった」

孫文は特に、孔子と孟子が「2000年前に人民の権利について語った」と述べている。[13]

現代の孔子擁護派は、主権は民衆にありとの考えの根拠が儒教にあると見ている。エリート主義やヒエラルキーを説く哲学から、このような推論をするのは奇妙に思えるかもしれない。しかし、孔子には、統治者は民衆の同意によってのみ統治でき、最終的に自らの政府を選ぶ権利があるのは民衆だけであることを示唆する記述がある。

『論語』の中で孔子は、民衆の役割は政府を牽制し、政府が健全な政策に従うようにすることだと示唆している。

斯《こ》の民《たみ》や、三代《さんだい》の直道《ちょくどう》にして行《おこな》う所以《ゆえんなり》也。（衛霊公15－25）

訳：これら庶民は、夏、殷、周の三代がまっすぐな道を歩む試金石なのだ。

他の箇所では、政府の正統性と民衆の同意の関係をさらにずばり説いている。『大学』では、次のように諭す。

衆《しゅう》を得《う》れば則《すなわ》ち国《くに》を得《え》、衆《しゅう》を失《うしな》えば則《すなわ》ち国《くに》を失《うしな》うを道《い》う。（伝十章）

訳：民衆の心を得られたら、国家を統治できる。民衆の心を失えば、国家は滅亡するといわれる。[14]

『孟子』には最も有力な証拠が示されている。それは、支配者と被支配者の関係に関する内容である。支配者となる唯一の道は民衆の支持を得ることだと次のように説いている。

孟子曰く、民《たみ》を貴《たっと》しとなし、社稷之《しゃしょくこれ》に次《つ》ぎ、君《きみ》を軽《かろ》しとなす。是《こ》の故《ゆえ》に丘民《きゅうみん》に得られて天子となり、（尽心章句下）

訳：孟子が言われた。「国家においては民衆がなによりも貴重で、社稷の神に象徴される国土が続き、君主が最も軽い。だから、民衆の支持を得てはじめて天子になるのだ」。

また、ある君主から国内を統一する方法を問われ、孟子はこう答える。

対《こた》えて曰く、人を殺すを嗜《たしな》まざる者、能く之を一にせん。

……天下与《くみ》せざる［者］なきなり。（梁恵王章句上）

訳：孟子はこう答えた。「人を殺すことの嫌いな仁者であってこそ統一できます。
……天下の誰もが味方するでしょう」[15]。

孟子はこうも説く。天子は自分の後継者を選べない。天が天子を指名するのであり、天が民衆の支持を集める人物を選ぶのだ。

「天子は人物を天に推薦することはできるが、天下を誰かに与えるように天に強いることはできない」

加えて、古代における天下の譲渡については、こう説明する。

「世の中がよく統治されたので、民衆は（その人物を）信頼した。民衆はその人物を受け入れた。言い換えると、天が天子の位を与え、民衆が天子の位を与えたのだ」

孟子によれば、民衆を不当に扱う支配者は民衆からの支持を維持できず、早晩失脚する。そこで、孟子はこう警告する。

其の民を暴《そこな》うこと甚だしければ、則ち身弑《しい》せられ国亡び、（離婁章句上）

訳：民衆をひどく抑圧する支配者は結局殺され、国は滅亡する[16]。

孟子は民衆が自らの政府を選択できると示唆したが、その権利の行使方法については、残念ながら経書を調べてもよくわからない。民衆は受け身的な役割なのか、もっと積極的な役割なのか。民衆は支配者を任命したり、失脚させたりできるのか。

孔子は既存の政治秩序への抵抗勢力に参加する機会を避けた。民衆は現行政府や政治形態を改善し、邪悪な君主より善き君主を支持することはできるが、君主を取り換えるような積極的行動はできない、と孔子は考えていた。

一方、孟子はより強硬派だ。彼の目から見れば、邪悪な支配者はすでにその地位を失っている。したがって、支配者の追放や弑逆《しいぎゃく》は反乱ではなく、世界から犯罪者を駆逐することだ。

斉の宣王から「臣下が君主を弑逆することはできるのか」と問われ、孟子は明確に答えた。

仁を賊《そこの》う者之を賊《ぞく》と謂《い》い、義《ぎ》を賊《そこの》う者之を残《ざん》と謂《い》う、残賊《ざんぞく》の人は、之を一夫《いっぷ》と謂《い》う、一夫《いっぷ》紂《ちゅう》を誅《ちゅう》せるを聞けるも、未《いま》だ［其の］君を弑《しい》せるを聞かざるなり。（梁恵王章句下）

訳：仁を損なう者は賊と言い、義を損なう者を残と言います。残賊の人はもはや主君ではなく、普通の人。だから、もはや普通の人の紂《ちゅう》が周の武王に誅《ちゅう》された話は聞いたことがありますが、主君が臣下に弑逆されたという話は聞いたことがありません。[17]

孫文によると、儒教徒は悪辣な政府を打倒し、暴虐な支配者を退位させる権利が民衆にはある、と考える。この考えは西洋の類似概念の発展より以前に存在していた、と孫文は言う。

「(孟子によれば)支配者は必ずしも必要とは限らず、永遠に存在するわけでもない。孟子は民衆に幸福をもたらしてくれる人物を聖君と呼ぶが、暴虐や無節操な人物は皆で反抗すべき個人主義者と呼ぶ。このように、2000年以上もの間、中国は民主主義の思想について考察してきたが、実行に移すまでには至らなかった」

1994年、韓国の民主活動家で元大統領の金大中(キム・デジュン)も孫文の主張に賛同して、こう発言している。

「イギリスのジョン・ロックの約2000年前に、中国の孟子も同じような思想を説いた。君主は『天子』であり、天が天子に善政を施すよう命を下した。だが、天子が正しく統治しないと、民衆は天の名において決起し、政府を転覆させる権利がある、とした[18]」

儒家の理想と現実

このような議論から何か決定的なことがわかるとすれば、それは民主主義に対する孔子の見解について明確な意見を述べることが不可能に近いということだ。

だが、19世紀まで儒教はほぼ例外なく権威主義と同一視され、専制的な皇帝支配と不可分の関係にあると見られてきた。民主主義擁護派が無視できないのは、儒教徒には中国の専制国家の形成に積極的に関与してきた歴史があるだけでなく、そのような思想を生み出し、かつ正当化する書物を書いてきたことだ。

始まりは紀元前2世紀の漢武帝や董仲舒まで遡《さかのぼ》り、第2千年紀の宋以降の諸王朝に勢力を強め、主流派の儒家は自ら進んで国家の手先となり、政権運営に積極的に参画し、宮廷でも中央集権的かつ圧政的な性格を強めた。

もちろん、儒家も冷酷な役人や佞臣《ねいしん》ばかりではない。孔子のように、影響力を駆使して皇帝に異議を唱えた者も少なくない。その結果、多大な犠牲を払う者も出たため、大半は急進的な政変には賛同しなかった。儒家は聖賢孔子を尊敬する政治との協力関係を続けたが、実際の帝政ではその教えが軽んじられることが多かった。

本書では、後世の信奉者が孔子の名の下に行ったことへの一切の責任から孔子を解放したい誘惑に駆られる。だが、ある面で、孔子自身の教えや個人的出来事が多くの信奉者に権力者と協力するように仕向けてもいる。

公務に携わることは、教育を受けた儒家である君子の道徳的義務だった。この義務のため、君子は常に皇帝の寵愛《ちょうあい》と孔子の教えの間で綱渡りを余儀なくされた。孔子自身が選択したように、儒家は体制内改革に励もうとするのが一般的だった。

だが、孔子と後世の儒家の間には大きな違いがある。孔子が生涯を通じて宮廷での政治的影響力を求めていたのは確かだが、職を得るために自分の教義を曲げることは拒否した。一方、後世の儒家はそのような不屈の精神を持ち合わせてはおらず、皇帝の歓心を得るために孔子の教えに脚色を加えた。その結果、宮廷で権力を持つようになると、それを維持することに懸命になった。

年々、儒家は厳しい選択を迫られた。自分の政治力を維持するために、儒教の理想から逸脱しても国家に仕えるべきか、あるいは公憤のために政権から身を引き、職や収入、時には命も失うことを選ぶべきか。

初期の徳川幕府に仕えた儒学者林羅山が1613年に認めた書状には、この難問が要約されている。彼は将軍を盾にした権力と与えられた特権によって充実した日々を送っていたはずだが、本心はそうではなかった。彼は書状の中で心中を吐露する。

「私の力量や大志に理解のない者どもと調子を合わせることを余儀なくされている。さらに愚かしいことに、私自身が妥協している。本当は儒教の諸賢に従いたい。そうすれば、私は信念に従った動きができる。だが、実際には無理だ。そのせいで、すっかり疲れ果ててしまった」

孔子が公務という責任に良心を持てと説いたのはわかっているが、とても現実的ではないと、林羅山は告白する。

「これまで、儒教の経書など様々な古典を読破してきた。だから、古代の聖賢が説くところは承知しているが、私には耐えられない。親を養いたい気持ちと友人や兄弟に対する義務を思えば、私に選択肢は残されていない。今ではこの体たらくだ[19]」

中国、韓国、日本の政権に仕える熱心な儒家が同様の内的葛藤に苦しんでいるのは想像に難くない。儒家が政権内で出世するほど儒教は職業的性格を強め、生活と道徳の間の綱渡りが難しくなる。

しかし、儒家は役人として単に道徳的な葛藤を覚えていたわけではない。彼らは権力主義的な活動を支えつつ、理想と現実の間をうまく調整しようとして、徐々に自らの信条を曲げていく。このような対応を続けたため、ますます自分の首を絞めることになった。だが、彼らはそうした綱渡りは孔子自身もやっていたことではないか、と言う。

宋代で儒教が復活する。朱熹が儒教を大統合して新しい政治思想（新儒教）を導入し、20世紀初頭の帝政末期まで王朝形成に貢献した。政治理論を準備する際、新儒教の動機は孔子と同じだった。混乱した社会から秩序や安定を取り戻し、道徳的改革を通じた善政をもたらすことだ。

ところが、新儒教の教義は政治権力の中央集権化を求める皇帝のために思想的口実を用意するものだった。彼らの歴史を読み解けば、新儒教は秩序と繁栄の時代を強大な皇帝と同一視し、中央権力が崩壊すれば苦悩と腐敗の時代が到来すると訴えた。彼らによれば、帝政が破綻するのは皇帝が実際の権力やそれを行使する法律が未整備だったからではなく、支配者側の道徳的弛緩《しかん》に起因する。したがって、安定した社会の復活には道徳的再生が必須だった。

だが、このように考えた結果、新儒教徒は皇帝を高く称賛し、平和の招来や宇宙の摂理において特別な役割をあてがうようになる。このような高い立場には途方もなく大きな責任が伴う。新儒教を信奉する皇帝は歴史の進路を決定できる存在になる。要するに、皇帝が有徳者なら平和と善良さの時代を導けるが、野心家や権力亡者なら、世界は最悪の事態に陥ってしまう。朱熹はこう説く。

「世の中のあらゆることは1人の人間に依拠する。その人間には心の中に主人がいる。かくして、民衆の支配者の心が正しければ、世の中もすべて正しくなる。だが、支配者の心が正しくなければ、世の中もすべて正しくなくなる」

また、朱熹はある学者に次のような内容を書き送っている。誰もが心の中で利己的な「人心」と無私無欲な「道心」との間で葛藤を起こす。支配者も例外ではない。人間行動はどちらの「心」に支配されるかで変わる。これが皇帝の心の中で起きれば、その影響は世の中全体に及ぶ。結果次第で、「世の中は善政または悪政のいずれか、平和または争乱のいずれか」になる。[20]

このような堂々たる主張によって、新儒教徒は、かくも素晴らしい皇帝を崇拝して従うよう民衆に説く。そうするのは、平和な世の中を確実にもたらすために不可欠な条件だという。

有力な新儒教徒の程頤《ていい》は「皇帝は太陽なり」と称賛し、「民衆を保護したければ、皇帝崇敬を第一とする原則に従うことだ」と説いた。

程頤の弟子の1人は、さらに極端な説を唱えた。

「支配者と天は同じ徳を持つ。行動で、どちらも同じ『道』を共有しているからだ。国家を守りたければ、天を崇拝しなければならない。天を崇拝したければ、支配者を賛美しなければならない」

このように書いたのは胡安国《こあんこく》で、『春秋』に注釈を施した『春秋胡氏伝』という名著を完成させた。この著作では、政治に関する「国論を統一」し、民衆は「君主のために政権に敬意を払い、高官の間の権力分割を嘆くべきである」と主張している。また、孔子も聖君を信頼したが、単なる支配者を崇拝することはなかったという。[21]

後世の学者はさらに一歩踏み込んだ学説を唱える。

例えば、明代（1368年~1644年）初期の儒学者である劉基《りゅうき》は「救世政治」を立ち上げ、「真の君主の到来を見越し、法規や儀式、音楽を整備する」ことが自分の役目であると書いた。このような君主は新たな黄金時代の先導役を務めるため、国・社会の抜本的な改革を指導する。

「聖人は人々の潜在的な善性をうまく引き出し、しかも伸びるように道徳規範を定める。聖人の思いやりは人々を感動させ、育成する。天と地と親は人々を誕生させ、君師は彼らを真っ当な人間に仕上げる」

強制力に不快感を示す他の儒家とは異なり、劉基は古代中国の聖王が智恵や徳性だけで国を支配したと考えるのは非現実的と考えた。支配者が悪人を倒し、民衆を救おうとすれば、武力の行使は避けられない。というのも、民衆があまりに堕落し、愚鈍で身勝手なら、武力を行使しない限り、彼らが正しき道を見いだすことはできないからだ。

同様の考えを持つ儒学者に宋濂《そうれん》がいる。彼は「邪悪かつ無謀で無知」な人間に悩まされているのなら、必要な手段を用いてその人間を排除する必要があると考えた。

彼は役人の腐敗や利益最優先の人間を激しく非難した。著作では、宮廷役人たちが皇帝の歓心を買うために質素な生活を装っていたが、後に美食三昧しているところを皇帝に見つかり、全員処刑された話を肯定的に書いている。[22]

このような考え方は独裁政治の擁護者と見なされ、儒教の名声を汚し続けて久しい。現代政治史家の傅正元《でんしょうげん》は、こう主張する。

「（宋代の新儒教では）支配者への従属は、絶対かつ無条件でなければならないとされた。そのため、宋代以後強化された専制主義と新儒教はほぼ不可分の関係になっていた」

一方、劉基や宋濂の著作では、「明朝までに、儒教が専制政治と絡み合う運命にあったことは明らか」と指摘している。

もっとも、必ずしもすべての儒学者がこの見解に賛同しているわけではない。

例えば、歴史家のA・T・ウッドによれば、新儒教徒は政治権力の中央集権化を支持していたが、帝政中国の専制化をめざしたことはないと異議を唱える。要するに、道徳的強制力は皇帝に従うことを民衆に求めていたが、その強制力は皇帝権力を抑え込むことも意味していた。[23]

ともかく、新儒教徒は権力の行使や悪用には、驚くほど考えが甘い。ひとたび皇帝に権力を任せたら、皇帝に服従するようにと民衆に命じるだけだった。実際、民衆が皇帝を支配したり、皇帝に儒教的な道徳を守らせたりすることなどは無理だった。新儒教の思想的欠点は、孔子自身から直接受け継がれたものだ。新儒教徒は皇帝が然るべき知性や能力、意志、公正さを持ち合わせていると愚かにも勘違いし、民衆のために良かれと思い、強大な権力を皇帝に委ねよと諭した。

中国の支配者は儒教的教義が価値のないものであることを何度となく示して見せた。儒教の教えを頻繁に悪用して、自らの権力欲を正当化してきたのだ。

新儒教徒がそれに気づいたのは、1368年の明建国後だ。明の始祖・朱元璋《しゅげんしょう》（または太祖《たいそ》）は、秦の始皇帝や毛沢東と同じように、中国史上最も残虐で専制的な暴君だった。

太祖が処刑し、身体を切断し、あるいは投獄した民衆は数知れない。罪人と見なされた者は手足を切断され、鼻を削ぎ落とされ、時には子や孫も処刑された。儒家も例外ではない。高官でも寵愛を失えば、鞭《むち》打ちや斬首刑に処された。しかも、刑罰の軽重は恣意的だった。

例えば、雨の中で靴を履いて歩いている2人の宦官に気づくと、即刻靴を脱げと命じた。太祖は「靴を雨に濡らすなどの粗末な扱いようは、富を誇示しようとする兆候」として、左右に命じて2人を棒叩きの刑に処した。また、ある宦官が太祖に上奏文を提出したが、あまりにも長文過ぎると怒りを買い、同じ目に遭わされた。

太祖はこのような横暴な行為を重ねる一方、自分こそ儒教の典型的な聖王であり、天から命じられた使命を果たし、民衆の倫理を高め、国土に平和をもたらしていると主張した。1382年、太祖は次のように宣言した。

「支配と公正の道は、儒教にすべて盛り込まれている」

同年、太学の学生にも、太祖は以下のように演説した。

「諸君に断言しておくが、朕の望みは孔子の道に従う君子を育てることだ[24]」

だが、孔子の信奉者が著しく道を踏み外していたことは明らかだった。何しろ、暴君は孔子の言葉を用い、民衆に対する横暴な振る舞いを正当化していた。

明建国前後では、劉基と宋濂は太祖の最側近だったが、どれほどの影響力を持っていたかは定かではない。だが、太祖の言動には「儒教における聖王の任務とは、必要ならどのような手段に訴えても悪を撲滅し、道徳を広めることにある」という認識があり、これは2人の意見に従ったものだ。

実際、カンザス大学のジョン・ダーデス名誉教授（歴史学）は、明朝の儒教研究について、次のような説を唱える。

「（太祖の専制政治が）儒教思想を真摯《しんし》に具体化した結果であることは十分に理解できる。太祖は儒教思想に明らかな影響力があるとわかっていたからだ[25]」

太祖の言葉には、新儒教の思想と思わせるものが極めて多い。太祖は早くに親を亡くし、無学の身であったが、無慈悲な反乱軍の指導者となり、ついには帝国を我が物とした。だが、皇帝になる頃には儒教の経書を読破し、ある程度の教養を独学で身につけていた。

太祖は多くの論文や全集を世に出した。これは自らを「血に飢えた暴君」としてではなく、「世界を救う責任を委ねられ、民衆を（太祖が考える）正しい『道』に導く君主」として世に知らしめるためだ。太祖は朱熹のような冷酷さで、以下のように説明する。

「君主は帝国を支配し、正しき者と見掛け倒しの者を区別し、善悪のいずれかを調べ上げるが、すべての判断は君主の心次第だ。心が正しくなければ、あらゆる判断をすべて誤る。したがって、心を正す働きを軽んじてはならない」

支配者がこの責任を逃れるなら、国家は滅びてしまう。太祖はある著作にこうも書いている。「天が民衆を育てる天子を選ばなかったら、民衆は絶対に生き残れなかったはずだ。天子が現状や人間関係を保てず、善人に安心感を与えられなければ、彼らは不安になって混乱する。邪悪な者が罰せられない限り、民衆を育成することはできない。だからこそ、天子は刑罰で支配し、階級制度を通じて民衆を従わせるのだ」

これほどありがたい天子の働きの見返りとして、太祖は民衆に自分の「教え」に服従するよう求めた。

「臣民の道とは、朕にひたすら忠誠を尽くすことにある」[26]。

後世の儒家が最も罪悪感を覚えたのは、従うべき孔子の教えの内容を恣意的に選択したことだ。考えてみれば、太祖のような無慈悲な虐殺者と聖人孔子の間に共通項があると想像するのは難しい。その生涯を見ると、「道」に従うことにはならないと思えば、孔子は宮廷への仕官よりも困窮の道を選ぶ人物だった。ところが、明朝の儒家は家族を養うことや自らの保身に汲々《きゅうきゅう》とする者が大半で、孔子とは真逆の処世の道を歩く。孔子が14世紀後半に生きていたら、同じ儒家の仲間に失望し、弟子たちには次の教えを改めて説き聞かせただろう。

天下《てんか》　道《みち》有《あ》れば則《すなわ》ち見《あらわ》れ、道《みち》無《な》ければ則《すなわ》ち隠《かく》る。（泰伯8－13）

訳：天下が治まっているなら、世に出て活動する。天下が乱れているなら、世の中から身を隠す。[27]

シンガポールは君子が統治する？

さて、現代のシンガポールに話を戻す。リー・クアンユーや儒教的君子である同国支配層は、儒教教義に根差した「アジア的価値観」で統治しているのだろうか。いくつかの点で、リーが儒教の教えを守っているのは確かだ。民衆の経済的幸福のために、大方は儒教の教えに従っており、模範を示して指導するうえで儒教の教訓に揺るぎない信念を持っている。彼はこれらの教義をある程度実践し、勤勉で清廉な政治を立ち上げ、公益に尽力する形で運営している。

だが、孔子は政府の指導者に単なる有能さ以上のものを求めた。政策目標に注目しただけでなく、その方法も重視した。国の運営方法は達成目標と同様、大切であると説いた。

孔子によれば、善政は徳性の上に築かれるもので、真の儒教的指導者は強制力ではなく、仁愛の力で統治する。シンガポールの支配層がこの孔子の厳しい要請を満たしているかどうかを判断するには、政府の内部事情やリー・クアンユーの統治を擁護する価値体系を深く掘り下げ、政治と人権に関する孔子の考え方と比較する必要がある。

リーはケンブリッジ大学から帰国した後、勢力拡大中の共産主義者が華僑・華人社会へ浸透することに不安を覚える知識層の同志とともに、人民行動党（ＰＡＰ）を結成する。

１９５９年、新党ＰＡＰは英国がシンガポールに一定の自治を認めた後に実施された総選挙で激戦の末に政権を奪取し、リーは初代首相に就任する。

１９６５年、シンガポールは完全な独立国家となる。１９６０年代後半までにリーは野党勢力をほぼ排除する。選挙はその後も定期的に実施されるが、ＰＡＰは安泰であり、大抵は国会のほぼ全議席を占めた。

さらに、リーとＰＡＰの同僚議員は国家機構の支配権を駆使して、与党優位に対する異議申し立てを抑え込んだ。言論、集会、報道の自由が統制されているため、反対勢力はリー以下の与党を批判する力を削がれた。したがって、反対勢力が国会議席を争う選挙活動に携わることはほぼ不可能だ。ジャーナリストの権利を守る国際組織「国境なき記者団」によれば、２０１３年の「世界報道自由度ランキング」で、シンガポールは１７９カ国中１４９位という恥ずかしい位置にあり、あのウラジーミル・プーチン大統領のロシアやロバート・ムガベ大統領のジンバブエの後塵を拝している（訳注　最新の２０２４年ランキングでは、シンガポールは１８０カ国中１２６位に上昇している）。

議論の余地はあるが、ＰＡＰの支配の後ろ盾になっているのは先進国で最も厳しい刑法である。例えば、軽犯罪でも鞭打ちの刑に処されるのは、ごく日常的な風景だ。また、シンガポールは死刑に対する世界で最も積極的な支持国の1つでもある。

２００９年、国連の報告書によれば、シンガポールは1人当たり死刑者数で世界第5位であり、北朝鮮と中国に挟まれた不面目な位置を占めている。[28]

リー・クアンユーは、これらの政策に対する非難に絶えず直面してきた。金大中は、かつて次のように批判したことがある。

「（シンガポールは）ほぼ全体主義的警察国家であり、個人の行動を厳重に管理し……まるで（悲惨な全体主義的未来を書いた作家）ジョージ・オーウェル風の極端なソーシャルエンジニアリングを実施している」

だが、リーは謝罪したことはない。彼の目から見れば、強硬策の背景には慈悲深い目的があったからだ。強硬姿勢を貫かなければ、シンガポールは彼の指導の下で見られた偉大な公共福祉を達成できなかったはずだ。自由な民主主義を認めていたら、急成長に必要な政策の方向付けや実施は無理、と彼は主張している。

1992年の演説では、彼はこう述べている。

「いくつかの例外を除けば、民主主義は新興の発展途上国で善政を実現していない。民主主義は発展に役立っていない。政府が発展に必要とされる安定や規律を確立しなかったからだ」

さらに、西洋民主主義の根本的な基礎は誤りであると批判を続けた。

「すべての男女は平等であるか、平等であるべしということを前提としている。だが、その前提は現実的だろうか。そうでなければ、平等性を主張することは逆行につながる。民主主義の弱点は、人間が皆平等であり、公益に対して平等に貢献できるという前提に不備があるということだ」

リーは、アメリカ民主主義の基本的教義である「すべての人が不可侵の権利を持つ」ことさえ問題視する。個人の権利が最優先されるなら、個人より大きな共同体は不利益を被ることになるという。言い換えると、個人の生命、自由、幸福を追求し続ければ、道徳的退廃や身勝手さに堕してしまい、アメリカの病理の原因にもなっている、と主張する。

1994年には、次のように指摘している。

「アメリカ社会のある部分は、まったく容認できない。例えば、銃器、薬物、暴力犯罪、路上生活者問題、公の場での不適切な振る舞いなどだ。要するに、市民社会が破綻している。無作法か否かを問わず、自分の好きなように振る舞う権利が拡大したことで、秩序ある社会が犠牲にされた[29]」

そうではなく、政府が君子の手で運営されるなら、より素晴らしい結果が出る、とリーは考える。

君子とはエリート層であり、国事を適切に運営する知識と智恵を持ち合わせる（リー本人のような）教養人の集まりだ。彼の考えによれば、政治的成功は政府機構や行政手続きではなく、政府を運営する各人の力量に左右される。

１９９４年の国会演説では、議員に対して次のように大げさに問い掛けた。

「アメリカのリベラル派は、諸君にはできると主張する。何の話かと申せば、適切な三権分立があれば、統治制度は十分に機能を発揮できるそうだ。選挙に勝利して実権を握りさえすれば、君子ではない無能な人間でも善政を施せるという。しかし、アジアで得た私の経験では、そのような楽観論とは異なる。善政を実現するには、君子に政権を担当させなければならない」

リーの意見では、君子たる者は社会の大義を推進するため、他者にとって何が最善かを決定すべきだ。かつてリーは、こう述懐している。

「少しの後悔もなく申し上げるが、極めて私事にわたる問題、例えば、隣人は誰か、どう暮らすのか、どんな騒音を立てるのか、どこで唾《つば》を吐くか、話す言語は何か。こういうことに介入しないと、我々は経済成長を達成できず、政権与党にもなれなかった。これからも、何が正しいかは我々が決める。人々の事情は斟酌《しんしゃく》しない[30]」

さらに、儒教によって東アジア人は西洋が広めた複数政党制民主主義よりシンガポールのような非自由主義的政治体制を好むと主張した。アジアの文化的価値観から、東アジアでは個人より共同体の利益が優先されるため、個人の権利以上に国の平和と秩序が重視されるという。

「東洋では、一番の目的は秩序ある社会を保つことだ。これによって、誰もが自由を最大限享受できる。自由が存在するのは治安の良い社会だけであり、争いや混乱に満ちた自然状態の社会では期待できない」

つまり、西洋型民主国家は儒教社会には馴染まないのだ。1991年の演説では、次のように述べている。

「米英など西洋の気質に基づく制度を単純にまねようとしても、アジアではうまく構築できない。アジアの民衆は治安の良い社会で高い生活水準の暮らしを望んでいる。多様な生活様式や政治的自由と共同体の利益を両立させたいと考える。シンガポールの指導者には、安定や穏やかな発展への現実的要求以上に政治理論を優先できる人はいない。この点は、大半のアジア人の声を代弁している。アジアが西洋の政治モデルや社会制度をまねようとしても、社会の腐敗や崩壊を招く」

加えて、1988年にはこう指摘している。

「将来起きることに気を留めず、西洋化の進展を野放しにして浸透を許したら、対処すべき問題は肥大化するばかりだ[31]」

失敗に終わった上からの儒教化

リー元首相の哲学は、東アジアの内外に多大なる政治的影響を及ぼしている。彼は、西洋の議会制民主主義より優れた統治形態かつ社会組織の代替案として儒教思想を支持する傑出したアジア指導者の1人である。彼の立場を援護するのは、シンガポールの奇跡的な経済的成功だった。彼が推進した儒教的制度のおかげで、政治的社会的に安定した状況下で人々の幸福を拡大することができた。

現在、リーの主張は特に中国で少なからぬ共感を呼んでいる。中国政府部内の支持者の一部は彼の考え方を手本とし、中国では民主主義より一党独裁制のほうがより良く統治できると主張している。

投資家のエリック・リーは最近、次のような論を展開する。

「中国的伝統では、政治支配の目的は孔子が定義して久しい。一方、現代では、その目的は公正な法秩序に裏打ちされた全般的な平和と繁栄および公正な道徳基盤の上に築かれた社会をめざすことだと説明できる。孔子が定めた『目的』によると、これまでのところ、現在の一党独裁モデルは中国に良い結果をもたらしている[32]」

リー・クアンユーの批判者から見れば、漢の武帝以降の多くの支配者や役人と同じように、リーも孔子の教えを悪用し、その独裁支配を見せ掛けの儒教的仁愛で偽装している。クリス・パッテン元香港総督は、自著でこう指摘する。

「最近、アジア的価値観はアジアの各政府が望んでいることや実施中のことを正当化する万能薬として用いられることが増えている。例えば、政権内で権力を保持し続けたい老人、すなわち選挙による審判を恐れる旧体制は、東西両陣営を隔てていた鉄のカーテンを引きずり下ろしたのは自分たちの成果であると主張する。また、旧政府の政策は古代文化の祝福を受けており、東洋の謎めいた人物（孔子）からも認められていると説く」

1995年、フランシス・フクヤマも同様の批判的な評価を下している。

「儒教は独裁的な政治体制に対し、決して権力を与えたわけではない。シンガポールでは、現在の政治指導者が儒教文化に訴え、強制的で過度に家父長的な政治体制を正当化しているが、これは些か不誠実な態度だ[33]」

では、誰が正しいのか。リーのアジア的価値観には孔子の響きがある。なかでも注目すべきは、民衆の自治能力に対する不信と共同体の利益が個人の自由に優先するという考え方を重視していることだ。善政には政治を運営する君子が必要であると聞けば、宋代の王安石を想起させる。

だが、以前にもいた多くの自称儒家と同じように、リーも孔子の教義のうちで役に立つ部分は用いたが、役に立たない部分は切り捨てる。孔子の教えを思い出してほしい。道徳的力は物理的力を上回り、真の聖王は統治に厳しい法や刑罰は不要と説いたのではなかったか。

孔子から見れば、リー・クアンユーは権力保持のために死刑などの強制措置を用いる必要はない。儒教的支配者なら、反対勢力を恐れてどうするのか。「抗議」は善政に不可欠な要素ではなかったか。

死刑や鞭打ちで反対勢力や言論を弾圧する彼の統治体制を見たら、孔子はおそらく不満そうに首を振るはずだ。シンガポールの建国者が真の儒教的君子なら、死刑も鞭打ちも必要ない。リーが強制力によってシンガポールの支配を維持している事実を見れば、彼が「道」を踏み外しているのは明らかだ。

民衆がどれほど儒教を信奉しているか、リーの批判者は不審に思う。リーは「国内には儒教的価値観が健在だから、西洋民主主義には文化的抵抗感がある」と断言し、民衆は依然その価値観（または、彼の解釈する価値観）を忠実に守っているという。

しかし、彼自身の政策を見れば、必ずしも民衆を儒教徒と考えているわけではないことがわかる。というのも、政府が1982年から本格的に儒教による民衆教化運動に着手したからだ。遥か昔の帝政中国以降、儒教をこれほど必死に広めようとした政府はない。

リーが教化運動を始めた理由はいくつかある。シンガポールが飛躍的な成長を果たすと、国に結束と目的をもたらしたスローガン「必死に努力して貧困から脱出する」が古臭くなる。そこで、彼は政府の正統性を担保するだけでなく、国民に方向性も与えてくれる新たな原則が必要であると気づく。

さらに、海外の資金や技術の流入に伴い、何か潜在的に不吉なものが押し寄せているという懸念も高まっていた。外来思想がこの小さな都市国家に浸透してきているのだ。

清代の保守的な儒家の大半がそうだったように、リーもシンガポールの急速な西洋化が孝行の徳や共同体への貢献という儒教の徳性を損なうことを危惧した。国の儒教化を推進すれば、グローバル化の負の部分に対する防波堤として機能すると期待した。

加えて、このような邪悪さへの最善の防止策は儒教家族制度の強化だと考える。1982年2月の演説では、伝統（=儒教的価値観）崩壊を防止するため、「道徳教育（儒教教育）」の必要性を訴えた。「米英のテレビ番組があらゆる方面に与える悪影響によって、伝統が崩壊するのをどう防ぐか。これらの番組は我々とまったく異なる生き方を喧伝する。儒教的伝統の下で育てられた者なら、年老いた親に孤独で惨めな独り暮らしをさせていることに罪悪感を覚える。しかし、若者はテレビや海外旅行によって、親の独り暮らしはごく普通のことであると考えるようになった。我々の任務は、彼らの心がまだ若くて受容力があるうちに伝統的な価値観を教え込むことだ。10代を過ぎてしまうと、思考が硬直化して生涯を終えることになる[34]」

儒教による国民教化運動の西洋的価値観への反撃は、シンガポールの学校で行われた。1979年、ゴー・ケンスイ副首相兼教育相（当時）が公立学校での義務的な「道徳教育」プログラムの開始案を示した。儒教は本来授業科目にはなかったが、1982年にゴー副首相がリー・クアンユーの提言に応じる形で、儒教道徳の科目を導入した。

ゴー副首相によれば、リー首相の要請を受けて科目内容を熟考し、何日も眠れない夜が続いた。だが、国民教化運動には儒教の授業が追加的に必要であるとの結論に達する。当時、次のように述べた。

「難しい問題だが、試しにやってみる価値はあると思った」

シンガポールが多文化国家であることを考慮して、子供やその親はゴー副首相が定めた道徳教育の要件を満たすため、他の伝統を勉強する選択肢、仏教、イスラム教、キリスト教の科目もあったものの、リー首相に明確な方針があったことは次の言葉でわかる。

「中国人生徒の場合、ほとんどの親御さんが子供に学んでもらいたいのは、仏教ではなく儒教だ」[35]

政府も国民に儒教を喧伝する組織が必要であると決断する。ゴー副首相は以下のように勧告する。

「変化する時代に合わせ、儒教を解釈する専門学校を設立してはどうか。我が国は儒教研究の中心として発展できるのではないか」

この提案は、まるで漢の董仲舒が武帝に上奏したようだった。[36] これが1983年の国立東アジア哲学研究所設立につながる。研究所は、セミナー、会議、報告などによって儒教を伝える役割を持つ。

研究所の業務は、シンガポール人の儒教化をめざした広範な宣伝活動の一環に過ぎない。ゴー副首相はこう説明した。

「我が国における儒教は教室の中だけの話ではない。現代シンガポールの個人的行動規範として再解釈される」

国民は、儒教の徳性やシンガポールにとっての有益性を賛美する報道記事やテレビ番組を大量に目にした。例えば、同国最大の新聞ザ・ストレーツ・タイムズ紙の「儒教は我が国にとって重要か?」という典型的な記事は、次のように謳った。

「(西洋の教育は科学や経済には有用かもしれないが、)儒教倫理観の大半から切り離されており、取り返しのつかない損失を被る。一方、儒教の普遍的価値観は『理想的なシンガポールの教養人』を形成するのに役立つ[37]」

リー・クアンユーによる儒教化運動は、国民を唖然とさせる。シンガポールの学者陳水華（タン・チーファット）は、次のように打ち明けた。

「観測筋の多くは儒教の復活に当惑している。彼らもシンガポールの平均的な国民だが、多くは英語教育を受けている[38]」

すぐに明らかになったのは、シンガポール人が儒教についてほとんど何も知らなかったことだ。皮肉なことに、新しい儒教教育プログラムの教育過程を作成するのに、政府の役人は建前上文化的に劣位にあるはずの西洋の学者に頼らざるを得なかった。例えば、アメリカを拠点とする何人かの学者がシンガポールに招聘され、儒教の教義に関して国民を教育するために講義を行い、論文を執筆した。

結局、儒教普及活動に投じられた潤沢な資金や熱心な広報活動にもかかわらず、成果はほとんど上がらなかった。具体的には、儒教を猛烈に喧伝したため、都市部にいるマレー人やインド人らの少数民族を遠ざけてしまい、中国系国民の教化にも失敗した。ゴー副首相が推進した道徳教育プログラムでは、儒教よりも仏教や聖書の研究を選ぶ生徒のほうが多くなるという惨憺《さんたん》たる結果だった。

１９８９年10月、政府は方針を変更し、儒教などの宗教に関する授業をシンガポールの生徒の必須科目から外すことにした。東アジア哲学研究所も大改革を実施して調査範囲を現代のアジア政治経済研究にまで拡大し、東アジア政治経済研究所に改称した（現・シンガポール国立大学東アジア研究所）。

ところが、リー首相以下の閣僚には失敗を認める覚悟ができていなかった。そこで、新たな課題に移行する。シンガポールの「国民性」の形成である。

１９８９年、ウィー・キムウィー大統領が国会演説でこの課題を掲げた。

「我々が進路を間違えていないのであれば、各共同体の文化遺産を保護すべきであり、シンガポール人の本質を捉える何らかの共通の価値観を守る必要がある」

では、この価値観とは何か。2年後、政府は「共通の価値観に関する白書」の中で5つの価値観を定める。白書では、これらの価値観は必ずしも儒教的ではないと次のように明示している。

「(政府は)非中国人に対し、儒教を押し付けることはできない」

だが、少なくとも、5つの価値観のうちのいくつかは極めて儒教的だ。特に、「家族は社会の基本単位である」は、事実上『論語』からの盗用と思われる。また、「個人より社会を、共同体より国家を優先する」という価値観は、儒教徒にはお馴染みの考え方だ。[39]

さらに白書で明らかなことは、西洋の「市民の自由」という概念とは一般に矛盾するが、シンガポールの「国民性」形成を通じた「共通の価値観」により、リー首相の持論であるアジア的価値観の補強をめざしたことだ。白書では以下のように指摘している。

「東西の価値観における主要な相違点は、個人と共同体のバランスの取り方である。全体として、アジア社会では共同体の利益を重視するが、西洋社会では個人の権利を強く主張する」

シンガポールの将来は、今後も共同体の利益を確実に優先できるかどうかに左右される。白書の説明は続く。

「シンガポールはアジア社会である。集団の利益は個人の利益よりも常に優先されてきた。我々はこの価値観を守るだけでなく、さらに強化すべきである」

なぜなら、アジア的価値観は西洋的価値観よりも優れていると考えられているから、前者が損なわれると、シンガポールの持つ世界的競争力も弱体化するからだ。

「西洋社会を手本にして成功したアジア社会はどこにもない。シンガポール人は英語が話せるし、洋服も着ているが、米国人やアングロサクソン人ではない。長期的に見て、シンガポール人がアメリカ人、英国人、オーストラリア人と区別がつかなくなるか、もっと悪ければ、その劣化版と変わらないようになれば、我々は国際性を保てなくなり、西洋社会に対する優位性を失う[40]」

*

リー・クアンユーの「アジア的価値観」に対する最も決定的な反論は、おそらくこの地域の最近の歴史に見いだすことができる。１９８０年代以降、東アジアは以前よりもはるかに民主的な場所になった。20世紀初頭、「儒教的」アジアの多くは、独裁政権（韓国、台湾、中国）か、事実上の一党独裁国家（日本、シンガポール）によって統治されていた。

しかし、現在はそうではない。韓国と台湾は活気に満ちた健全な民主主義国家に生まれ変わった。日本の一党支配は終わりを告げ、政治に競争が働き、野党が力を持つようになった。１９９７年に英国が香港を中国に返還して以降、香港市民は市民的自由を守るために定期的に街頭に出ている。多くの市民は、香港の政治体制が完全に民主化されることを望んでいる。

これらの社会における儒教の影響は、間違いなく多文化国家のシンガポールよりも強い。だが、こうした儒教的な東アジア人は、大きな熱意と献身をもって民主主義に取り組み、場合によっては民主的権利を勝ち取るために大きな危険を冒した。韓国では、金大中が権威主義的支配に対する「正義の反乱」を奨励した。１９８７年、大規模な街頭抗議行動により、軍事独裁政権は自由選挙に同意せざるを得なくなった。多くの人が予想していたように、孔子がアジアの資本主義的富の追求の妨げにならなかったと同様、孔子は民主化の障害ではない。

リー・クアンユーの主張に反し、孔子と民主主義は極めて相性が良い。孔子によれば、政府の最優先課題は民衆に尽くすことだった。そのような政府の形態がどうあるべきかは、二の次の問題だ。

リーのように儒教を民主主義の代替案として提案するより、民主主義に至る別の手段として提示すべきだ。西洋から借用した思想ではなく、アジアの哲学的文化的基盤に基づく思想であると説けばよかった。そうすれば、儒教がグローバル化と相互作用を起こし、歴史的条件や地理的制約に関係なく、民主主義は真に普遍的であることが証明される。

だが、リー・クアンユーの主張はまだ十分に生きている。というのも、東アジア諸国の中で最も強大な国家である中国において、彼の言説はしっかりと根を下ろしているからだ。

第十章 共産主義者としての孔子

中国を未来に導いてくれるのは孔子ですよ
――ホテル支配人ジェン・ワンロン

専制国家の太鼓持ちか、反対勢力の象徴か

「礼拝！」

進行役が命じると、孔衆（リチャード・コン）も「礼拝！」と繰り返し、頭を下げてこれに従う。リチャードは孔子の78代目子孫にあたる実業家であり、2011年9月の暖かい朝、北京孔子廟で開催された孔子生誕2562周年を祝うために参加した。廟の本殿内に安置された位牌には孔子の称号が刻まれ、リチャードはその前で深々とお辞儀した。その後、黄色い絹で包まれた小包を慎重に頭上に持ち上げて廟の前に置き、高名な先祖の御霊が安らかに鎮まるよう祈った。

Chapter Ten: Confucius the Communist

数千年の間、何百万という中国人が全国各地の孔子廟でこのような儀式を行ってきた。だが、この生誕祭は特別な意味を持っていた。ほんの数年前まで、リチャードが中国大陸で孔子を祭ることはできなかったからだ。少なくとも、公然と祭祀を行うことは無理だった。

毛沢東が孔子を猛烈に批判していた頃、リチャードが孔子を祭れば、刑務所送りか、それよりひどい目に遭ったはずだ。北京の孔子廟は皇帝が孔子を崇拝していた場所で、文化大革命当時は厳重に閉鎖されていた。

だが、今やリチャードは首都の中心で古代儀式を挙行できただけではない。驚くべきことに、これは北京共産党幹部の招待、というよりも、執拗な要請を受けてのことだった。このことは、中国の将来に極めて重要な何かを示唆していた。

そう、孔子復活である。

おそらく、長くて紆余曲折の多い孔子の生涯の中で、現在ほど予想もできない時代はない。帝政時代の「無冠の王」孔子が、中国の王位に返り咲いたのだ。冷笑と愚弄《ぐろう》の世紀を経た後、不老不死の聖人孔子は、漢の武帝以来の宮廷とほぼ同じ要領で中国政府に受け入れられた。

学校の生徒は毛沢東の言葉と併せ、『論語』の格言も朗読する。孔子廟は修理を施され、国営の報道機関も国内で挙行される儀式を定期的に報じる。リチャードが挙行した孔子生誕祭は、1世紀以上の中断を経て2008年に北京の孔子廟で再開された。2010年には、政府が香港人俳優チョウ・ユンファ主演の孔子の生涯を描いた映画を宣伝する一方で、大ヒット中のアメリカ映画「アバター」の上映館を制限した。これは、孔子の映画に観客を呼び込もうという魂胆に違いない、と指摘する中国の映画ファンもいた。

共産党幹部は、孔子を非難するより孔子を仲間に引き入れるほうが得策と判断している。2013年、1000年前の宋の皇帝のように習近平国家主席が孔子の故郷・山東省曲阜市に巡礼し、直系子孫とその家族が住んだ邸宅である孔府を訪れた。ここは1960年代には紅衛兵に荒らされた場所だ。習は、孔子を至聖の人物と絶賛した。国営新華社通信は、彼の言葉を忠実に報じた。「中国人が美しく気高い道徳的世界の追求を何世代にもわたって続ける限り、我ら人民は希望に満ち溢れているだろう」[1]

北京での孔子生誕祭は、リチャードにとって家族の祭祀とは程遠い盛大なものだった。地元政府高官や他の要人も、リチャードと同じように孔子廟の前で次々に礼拝した。参加者の行列は超現実的な光景を生み出した。文化大革命当時の当事者は伝統的社会規範を軽蔑し、マルクスの過激思想だけに従っていたが、今では孔子を帝政時代の宦官のような憎悪の対象から一転、崇拝対象として祭る。

共産党の心変わりは、実際には絶望の表れだ。現代中国の指導者は、マルクス主義の代わりに、彼らが「中国的特色を持った社会主義」という表現で呼ぶことを好む資本主義を選んだのに、今は別の統治思想を必死で模索し、支配を正当化しようとしている。

共産党幹部は、西洋的自由主義と民主主義的理想の影響が浸透するのを恐れた。自分たちの支配に脅威が及ぶことを懸念したからだ。そこで、国家を危機に陥れかねない輸入物の思想を撃退できる真の民族思想を探し求めた結果、ある時期には破壊しようとした儒教を改めて導入することにした。

それでも、孔子の生誕祭に臨んだとき、政府の代表者は居心地の悪さを感じたようだ。彼らはきつめのダークスーツを身に着けていたが、儀式の進行に当惑している様子が明らかだった。どう動けばよいのかわからず、緊張した面持ちで進行役の指示に従っていた。この戸惑いは、国の方針にも顕著に表れている。

例えば、2012年、突如として孔子の巨大像が北京の天安門広場近くに登場した。ところが、4カ月後には急に姿を消し、次に国家博物館内に控えめに再登場した。この孔子像の奇妙な動静は象徴的だ。

現在、共産党は孔子を復活させたが、体制内での位置付けは定まっていない。彼らの希望は、孔子に現状維持に役立ってもらい、共産党政権を確実に維持したいのだ。

こんなやり方は、漢の武帝や明の太祖と何ら変わりがない。どちらも孔子を広報担当官に採用した。智恵や徳行に秀でた孔子の印象を活用（「悪用」という人も）し、自らを仁愛に満ちた王朝の慈悲深い立派な支配者として表現しようと考えた。

だが、彼らは孔子を擁護することで、孔子が示した高潔な統治基準と自分たちの慣行、政策、振る舞いを比較される状況を招いた。歴史上、儒家の多くが妥協して独裁的な皇帝の臣下になったが、大切な道義を守れなくなると支配者に抵抗する者もいた。国家の象徴として孔子を再利用することは、共産党にとって気まずいはずだ。

孔子は復活して専制国家の太鼓持ちになり、含蓄あるスローガンで残酷な統治を隠そうとするのか。それとも、抑圧的な政治体制に対する反対勢力の象徴として、孔子は共産党政権に対する脅威であることを示すのか。

現在の支配者が孔子を政治社会の中心にしっかり位置付けるかどうかは、まだわからない。その答えによっては、中国の将来や世界的地位に何らかの影響を及ぼすことになる。

党の思想的正統性を補う

リチャード・コンは、孔子の現代史における紆余曲折を生きてきた。家族の中でさえ、その血筋は論争の的だった。幼い頃、リチャードの両親は彼に輝かしい血筋を隠していた。孔一族であることは、共産主義の中国では命にかかわることだったからだ。

2000年前から孔子の子孫は宮廷で高貴な地位を認められており、代々の皇帝は孔氏一族を寵愛してきた。宮廷から土地を下賜《かし》されたこともあり、清代（1644年~1912年）の中期までに、孔家は246平方マイル（637平方キロメートル）を領地として所有していた。曲阜の孔府は国費で建てられた。だから、孔家が「中国の名家」[2]を自称したのも当然だ。

だが、地主は毛沢東の農民革命の主要な標的となり、孔家は没落する。毛沢東の共産党が曲阜地域を制圧した後、孔家の土地を収奪したため、孔家は離散する。孔家の一部は敗走する国民党軍とともに台湾に渡った。一方、リチャードの家族など他の者は新中国で新しい生活を始めた。

当初、リチャードの肉親は特段の問題もなく暮らしていたが、国共内戦が激化すると、父の孔徳墉は曲阜の地から離れ、北京で音楽を学んだ。1949年、毛沢東が中華人民共和国を建国した後、孔徳墉は文化部傘下の音楽研究所に職を得る。

だが、1960年代に文化大革命が先鋭化するに伴い、彼の立場は悪い結果をもたらす。リチャードは述懐している。

「紅衛兵は『中国最大の地主を打倒せよ』と叫んだが、地主とは私の父親のことだった」

1968年、彼の叔母が紅衛兵に対し、孔家は財産を隠し持っていると密告したため、紅衛兵が北京の家に殺到して家中を荒らし回った。母は宝石を布袋の中に必死で押し込み、柔らかい椅子のクッションのばねの隙間に隠した。だが、クッションがうまく閉じられておらず、布袋がこぼれ落ちたところを紅衛兵に見つかり、結局残らず押収される。[3]

家族は離れ離れとなった。父は湖北省の労働改造所に送られた。リチャードと母および2人の妹は江西省に船で送られ、１９６９年から１９７１年まで過ごす。労働改造所は、共産党が知識人や都会人など「反革命主義者」と見なす人間を重労働で「再教育」するための文化大革命時代の施設だった。

母は労働改造所の田んぼで長時間労働し、リチャードは妹たちと小屋に放置された。

「当時6歳だった。私たちを世話してくれる大人は誰もいない。母は朝早くから働きに出かけ、夜遅く帰ってきた。学校がないので、学校とはしばらく縁がなかった」

結局、家族が北京で再会することは認められたが、共産中国にはうんざりしていた。そこで、１９７９年、両親が香港に移住すると、その数カ月後には彼と妹たちも合流した。

リチャードがようやく自分の本当の先祖について学んだのは、それ以降のことだ。１９８２年、父は北京に戻ると、当時、シンガポールの首相だったリー・クアンユーや北京市長と面談した。父の北京帰還は、孔子に対する中国政府の姿勢が変化する予兆だった。リチャードは回想している。

「北京に戻ったとき、父は非常に興奮していた」

その後、父親はリチャードに一族の秘密を打ち明ける。

「父は私たちに先祖の話を少しずつ明かした。でも、当初は多くを語ろうとしなかった。他の人々も本音で話すことを恐れていた。それに、当時はまだ感情的に落ち着いておらず、現在でも誇らしげに語ることは一切ない。それほど、先祖のことは今も私たちに大きな影を落としている」

リチャードは文化大革命ならではの説得力ある言葉で洗脳されていたから、自分が孔子と関係があるという話を聞かされても嬉しくなかった。

「周囲からはもっと誇りに思って然るべきだと言われたが、『とんでもない。却《かえ》って恥ずかしいぐらいだ』と答えた。孔子は封建制度の代表であると考えていたからだ」

彼が孔子に本当に関心を持ったのは、さらに何年も後のことだ。当時はまだ英国統治下だった香港で成長したことから、西洋文化に熱中したのは自然の流れだ。中国の歴史や社会とは無縁であり、そこから学ぶことはほとんどないと感じていた。

それが変わったのは、家業を手伝うために中国に戻ってからだ。2001年、上海に定住し、今ではこの地で製薬会社を経営する。次第に母国に対する彼の態度は変わり始める。

「地元の中国人と付き合い始めると、徐々に中国文化に少なからず影響を受けるようになった。何か真っ当なものを学べるようになった。実際、芸術や教育の分野で数多くの人に出会った。彼らが私に文化というものを教えてくれた」

彼は興味を覚え、中国の過去に関する知識を求めるようになる。中国の歴史や哲学を専門とする大学教授との面談を予約し、北京大学で伝統文化の受講を申し込み、土曜日の午後には上海にいる他の親族と一緒に儒教の経書の研究会に参加するようになった。

「一族が受け継いだものを理解するに従い、自分は変わっていった。以前は事業に夢中で、常に成果を求め、部下を戦場の兵士に見立てていた。でも、今は違う。それほど利己的には考えなくなった。ソファを多く持っていたとして、それが何になるでしょう。座れるのは1つだけ。貪欲さも薄れてきた。現在持っているものだけで幸せだ。それに、私に関する他人の評判も気にならなくなった。ようやく今になって、人生の大切さを理解できる」

有名な彼の先祖や孟子から董仲舒、朱熹に至るまでの儒教の信奉者の多くと同じように、彼も中国の現政権が孔子の言葉に耳を傾け、民衆にも広範に伝えてくれることを望んでいる。

「(中国史上) 今が極めて大事な時期だと思う。今日の問題は、どうすれば儒教を正しく理解できるかということで、これが重要だ。説明の仕方は様々だが、中国政府は若い世代に自国の文化や歴史、真の歴史を理解させることがどれほど重要であるかを真剣に考える必要がある」

孔子なくしては、中国は間違った道を歩む恐れがある、とリチャードは考える。

「国全体が実利主義になっているからこそ、中国は世界第2位の大国に成長した。人々は生活の質を高めようとしているが、これらは何も悪いことではない。しかし、この方向だけに突き進んでしまい、精神的なものを一切気にしなくなると、自分自身を見失ってしまう」

中国政府はこの見解に進んで賛同している。孔子に対する共産党の態度は、1976年の毛の死去と激動の文化大革命終焉から驚くほどの速さで変化を見せた。

毛の部下だった鄧小平は党内権力闘争を経て国家最高指導者になったが、彼は毛より現実的で思想性の薄い人物だった。そのため、鄧は文化大革命で酷《ひど》い仕打ちを受けた。北京の自宅で紅衛兵から辱めを受けた後、妻と共に北京から遠く離れた村に追放された。村では、トラックの修理に明け暮れる日々だった。

だが、鄧は久しく共産党の中で最も尊敬されていた指導者の1人であり、抜群のカリスマ性を誇っていたから、いつの日か復活するものとみられていた。実際、1973年には党中枢に復権し、次の5年間で党内を巧みにまとめ上げ、国内の支配権を固めることができた。

鄧は絶望的に荒廃した中国を引き継いだ。国内は文化大革命による大混乱のために疲弊して困窮していたことから、共産党が新たな革命の犠牲になることを避けるために、思い切った新たな進路を進む必要があることを自覚していた。

そこで、毛の思想を切り捨て、抜本的改革を党内だけでなく、さらに重要な経済面でも実施した。対外開放政策を採用し、自由企業経済を推進することにより、見事な経済的奇跡の火付け役となる。毛沢東時代に横行した凡庸なマルクス主義者の大言壮語は過去のものとなり、現代経済の構築と富裕化に向けた極めて現実的な政策の時代が到来する。

鄧の改革運動のおかげで、貧しくて孤立した毛沢東の中国は前途有望な超大国へと変貌する。一方で、中国が経済的に成功したことで、鄧や改革推進者に重大な政治問題をもたらした。

毛沢東は新中国にマルクス主義を新たな思想として植え付けるのに数十年を費やした。ところが、鄧小平が資本主義に鞍替《くらが》えすると、あっという間にマルクス主義は中国人が忘れたい過去の遺物のような教義と化した。

批判的に言うと、中国政府は存在の思想的正統性を失った。言い換えると、その正統性は国家の経済力、つまり雇用創出や高所得を可能にする力に全面的に依存するようになる。

だが、北京の指導者は、共産党支配の将来を確保するには経済的成功だけでは足りないと考えた。そのため、共産党は厄介な問題に直面する。現体制の思想的基盤として、マルクス主義に取って代わるものを探す必要に迫られた。

鄧小平やその後継者は孔子の中にその答えを見いだす。孔子は、中国にとって何か不都合なことがあればすべてその責任を負わされてきた。今度は、その同じ人物が中国を輝かしい未来に導く案内役として紹介される。奇跡的な再評価だった。約２０００年前の漢の武帝のように、共産党は新国家の建設に有用な手段として孔子を発見する。圧政的かつ固定化したイメージはあるが、温和な人物像も兼ね備えており、中国で最も崇拝されている聖人であることは間違いない。

孔子復活は鄧が経済改革に着手すると同時に始まった。その取り組みは１９７８年に開始された。その年、曲阜がある山東省の山東大学が孔子の教えを見直す講座を主催している。その２年後の１９８０年、儒学研究所が曲阜に設立される。１９８４年、政府が中国孔子基金会を設立し、内外での儒教普及に努めるようになる。

党の理論家は、孔子の教えを中国社会に円滑に再導入するため、孔子への敵対的な態度を改めるようになる。

例えば、１９８０年代初頭、中国社会科学院哲学研究所の李沢厚は中国史における孔子の役割を再評価し、最終的に孔子はそれほど悪い人物ではなかったと結論付ける。彼の見方では、孔子は共産党が以前に主張していたような農民圧政に加担した邪悪なエリート主義者ではなく、凡庸な擁護者に過ぎなかった。１９８０年、李はこう書いている。

「孔子は無慈悲な迫害や搾取には反対したが、古代氏族支配を比較的穏健に擁護した。これは、彼の考え方に民主的で庶民的な側面があったことを示している。彼の教えには傾聴に値するものもあり、抑圧を説いたとまでは言えない。儒教では、前向きで積極的な生活態度、合理主義に従うこと、議論よりも現実性を優先することを奨励している。また、儒教は人間集団を調和させ、欲望や情熱の合理的かつ適度な充足を認め、狂信や無条件服従を防ぐ。したがって、儒教は中国文化とほぼ同義と考えてよい[4]」

1980年代後半になると、党の高級幹部は孔子を称賛するようになる。1989年、北京で開催された孔子生誕2540周年で、鄧小平の最側近で有力指導者の人民政治協商会議副主席谷牧《こくぼく》は、孔子に対する共産党の新方針を明らかにした。もはや、孔子や伝統文化が中国の弱点の根源として批判されることはなくなった。谷牧は次のように誇らしく語った。

「人間の長い歴史において、主流の孔子学派を擁する中国文化は鮮やかな色彩に富んだ輝きを放っている。現代中国が孔子の過去から学ぶことができれば、将来偉大な功績を達成するのに役立つだろう。孔子の教えは古代中国社会の繁栄に大きく貢献しただけでなく、現在の人類の生存や発展にとっても多大なる実際的意義を有する。そこで、我々は孔子の思想の要素を現代中国社会に溶け込ませ、国家の発展に寄与させたいと考えている。中国人は、社会主義現代化建設と豊かで力強い社会主義国の実現という目標に向けて懸命に働いている。この目標を達成するためには、新たな文化を発展かつ高めなければならない。だからこそ、我が国の伝統文化を継承し、刷新していくことが求められている」[5]

共産党による孔子の喧伝は、21世紀に入って一段と熱気を帯びていく。孔子とその教えは学会や孔子基金会だけでなく、今や一般民衆にも日常的に押し付けられている。孔子の言葉と引用は最高指導層の演説だけでなく、国営報道機関の記事にも登場する。また、孔子の儀式が全国各地で復活している。要するに、孔子は政府の宣伝組織に不可分の一部となったのだ。

現体制を支える儒教的「調和」

だが、大きな懸念がある。何世紀にもわたって様々な孔子像が呼び戻されてきたが、現在の共産党政府が復活させたい孔子像はどれなのか。谷牧は1989年の演説でその答えの片鱗《へんりん》を示した。すなわち、孔子の全面復活には必ずしも前向きでないのは明らかだ。

「過去に無関心でいることも、過去や伝統を捨て去ることも得策ではない。正しい態度は、その本質を継承する一方、残滓を破棄することだ。では、今日の中国にとって儒教のどの部分に価値があるのか。皆さんご承知の通り、調和の精神は中国伝統文化の重要な要素である。3000年前の西周末期、当時の学者が『調和は繁栄をもたらす』という素晴らしい思想を明らかにした。その後、孔子や儒家も『何よりも大切なのは調和の精神』という見解を示した」[6]

孔子の「調和」という思想は、中国支配層が繰り返し問うてきた論題であり、現在も報道や他の宣伝活動で何度も強調されている。2005年、胡錦濤総書記（当時）は党の同志に向けて、次のような演説を行った。

「孔子は『和を以《もっ》て貴《とうと》しと為《な》す』[7]と言った」

表面的には、「調和」の精神は、新たな繁栄と国際問題で平和的な役割を果たすという中国社会の約束を示すものだ。だが、中国政府の批判者によれば、共産党の用いる「調和（和諧）」という言葉は、その響きほどには健全なものではないと懸念する。要するに、共産党にとっては、現体制を維持するための婉曲《えんきょく》的表現であるという。換言すれば、共産党が求める「調和（和諧）」は、国内で独裁支配に対する抵抗が起きないことであり、国家から強制された「調和（和諧）」なのだ。

シンガポールのリー・クアンユーやその後継者と同様の理由で、中国の指導層も儒教に魅力を感じている。シンガポールの政治家は中国政府の孔子に対する見方に多大な影響を及ぼしている。中国共産党はリーがシンガポールで実現したことを自国でも再現したいと切望しているように思われる。具体的には、現代的な自由経済と非自由主義的政治体制をうまく融合させ、自由や人権という西洋的概念の代案として儒教思想の力を借りたいと考えているのだ。

「政府は、西洋の歴史理論に依存しない近代的で権威主義的な中国を正当化するために、このような儒教の復活を許し、奨励さえしてきた」と、フランシス・フクヤマは書いている。これらの新しい儒者は、「中国は民主主義のまがい物ではなく、西洋とは異なるが、同様に有効な原理に基づいて成立した別個の文明であると主張している」[8]。共産党はかつて、孔子を地主や皇帝が大衆を抑圧するために悪用した道具だと非難していたが、いまでは孔子をまさにその目的のために利用している。

経済成長で弱体化した社会の道徳的基盤

中国指導層による孔子礼賛は単なる宣伝道具以上の意味がある、と指摘する論者がいる。政府は自らの正統性を担保する孔子の言動を政治体制に組み込もうとしているという見方だ。

2012年、儒学者のダニエル・ベル（貝淡寧）と投資家のエリック・リーはこう書いている。

「中国は再び儒教型『実力社会』になった。これは最優秀の人物だけが出世できる社会だ。過去約30年かけて、中国共産党は革命党から実力主義の組織へと徐々に変貌を遂げていった」

この社会では、教育制度の一環である過酷な試験を経た最優秀な学生だけが官僚職（古代王朝の宮廷官僚と同じ）に奉ずることができ、ひとたび共産党や官僚組織に入れば、さらなる試験を経て出世階段を駆け上がる。両氏は次のように結論を下す。

「この試験制度の結果、賢明な政策の策定と実施の面で独裁国家中国は西洋の民主国家より効果的に運営できている。民主国家では、有権者が自己の利益だけに基づいて投票する。一方、中国では高等教育を受けた官僚（帝政時代の君子の現代版）が全体の利益のために国家を運営している。中国型能力主義の長所は明らかだ。中国の文化や歴史に合致し、現在の状況にも適した政治支配者を選択するに際し、中国政府は優れた手段を開発した。中国の支配者選択は西洋型の民主主義ではなく、このような手段に基づいて改善されるべきなのだ[9]」

復旦大学中国研究院院長の張維為は、さらに一歩踏み込んでこう指摘している。

「中国政府が指導教義として孔子の協調精神を推進しているのは、国家統治手法として自由な民主主義よりも優れているからだ。だからこそ、大規模で複雑な社会のために、この古代の聖人孔子の理想を復活させた」

また、張院長は次のように付け加えた。

「中国政府は西洋型の敵対政治を認めない。その代わりに、様々な集団利益の共通項を重視し、急速な変化に伴う社会的緊張を和らげることに注力している。中国は、西洋型自由民主主義を受け入れるより、我が国独自の思想に基づく発展を続ける可能性が高い。なぜなら、この思想はうまく機能しているように見えるからだ。実際、何千年もの歴史の所産である中国的政治文化と良識を一体化させることにかなり成功している。ちなみに、その歴史には20前後の王朝が含まれ、そのうちの7つの王朝はアメリカ全史よりも長く続いている[10]」

しかし、ダニエル・ベル、エリック・リー、張維為の3人は現代中国の現実を無視している。中国政府が孔子の協調精神を奨励する運動は、反抗的な人々を落ち着かせるまでに至っていない。

例えば、農民、労働者、少数民族など自らを現政権の犠牲者と考えている人々は、絶えず不安な状況に置かれている。彼らは抗議行動や暴動を起こして不平不満を爆発させ、一部は暴徒化している。

中国政府自身は、お膝元の官僚や党幹部が公平かつ高潔な君子には程遠いことを知っている。ベルヤリーが想像する君子は、現実の官僚と雲泥の差がある。汚職は中国特有の病癖であり、不満を募らせる民衆の憤怒の原因になっている。現代中国に蔓延している汚職問題は、社会全体に見られる道徳的退廃の象徴だ。中国の新たな最高神は実利主義となった。その結果が、詐欺や不祥事の終わりなき繰り返しである。

2008年、酪農家が規制から逃れようとして、牛乳の中に有毒化学物質を故意に流し込み、全国の乳幼児が病気になった。

同年、四川大地震のために学校の校舎が倒壊し、多数の生徒が犠牲となった。この校舎が手抜き工事の違法建築であったとして、担当した建設会社は未必の故意に問われる事態となった。

2011年、国内を震撼《しんかん》させる事件が起きた。広東省仏山市の路上で、2歳の女児が別々の車に2度も轢《ひ》かれる事件が起きた。その間、18人もの通行人が女児の横を通り過ぎたが、誰ひとり瀕死《ひんし》の女児を助けようとしなかった。

孔子に対する毛沢東の攻撃は批判されるべきだろう。孔子とその教えを傷つけることで、毛沢東支配下の共産党は社会の道徳的基盤を弱体化させた。考えてみれば、2000年もの間、孔子は道徳的行動の基準であり、その教えは本当の紳士にとって理想的行動規範であった。にもかかわらず、共産党が孔子の影響力を奪ったため、正しい社会的行動に関する社会規範も雲散霧消してしまった。

この点は、共産党が孔子を復活させたもう1つの理由だ。政府は孔子を社会に再登場させれば、国民の道徳的指針として再び役立つのではないかと期待している。また、最高指導層は、多少更新した孔子の教えがあれば、横行する官僚の汚職や特権乱用の撲滅に役立つのではないかと考えている。

2007年、国営英字紙チャイナ・デイリーは次のように諭している。

「伝統的な儒教の教えによれば、個人的道徳観を向上させることは、誠実な官僚にとって最も基本的な資質とされている。公正、謙虚、勤勉、質素、正直という品性は、胡錦濤総書記が官僚に対して仕事や生活に組み込むように奨励しており、伝統文化における良識人の道徳観とまったく同じである」

似たような論説はビジネス界にも向けられている。２００６年の同紙には、次のような記事が掲載されている。

「道徳的基礎のない経済を構築できる社会は存在しない、また、儒教は時代遅れでも無意味でもないことは注目に値する。『論語』で指摘されている通り、他人との交渉で信用を落としたか、あるいは筋を通せなかったとき、自己批判するのが高潔の人である。道徳体系は経済に大きく貢献する。法の支配が脆弱なだけでなく、計画経済時代の規則も多くが陳腐化していることから、伝統的教養に回帰することは多くの人々にとって自然な選択である。[11]」

孔子は現代中国の救世主

柳河東は、中国人の友人を儒教徒に引き入れる任務を引き受けている。彼は元政府官僚であり、国家から一部資金援助を受けている非営利団体の北京儒学精舎書院の院長を務める。この学院は講義とインターネットによる教育プログラムであり、孔子の存在を社会に浸透させることに注力している。主たる対象は中国企業だ。孔子の教義を全国に広めるには、中国企業の従業員を教化することが早道であると考えているからだ。

学院は、北京の孔子廟の本殿の外で運営されている。道路の向こう側にある建物に「５つ星」クラスの教室その他の施設があり、学院は今後各地の主要都市に建てられるべき「模範校」であるという。

彼によれば、孔子こそ現代中国社会の救世主であり、その教えは中国の急速な経済成長や改革開放政策の副作用である邪悪さを吹き飛ばす効果があるとして、次のように指摘する。

「市場経済が引き起こした問題は数多い。経済的利益だけを重視する風潮が不道徳な価値観や環境悪化を招いている。だからこそ、政府は孔子を復活させようとしている」

現在、彼は経済改革に起因する悪徳を撃退すべく、現代中国社会を善導するための長々とした孔子の美徳リストを作成している。

儒教は「慈悲深さ、高潔、良識」を奨励し、「自らを律し、他人を愛し、常に勤勉に努め、立派な心構えを保ち、寛容さを高め、自らを犠牲にすること」を人々に説く。さらに、「儒教では、我々は今の時代だけでなく、長期的および次世代の要請も考えるべきであると主張する。目的はより良い人間になることを学ぶことだ。そうすれば、世の中を大切に思い、他人を大事に考え、何か将来の世代のためになることを残せるはずだ」[12]

さらに、彼は次のように語る。

「改革開放から30年経過したが、中国社会に欠けているものはこのような核心的価値観である。我が国は骨や筋肉の成長が早すぎる若者のように、精神性の向上が肉体の成長に追いついていない。あまりにも早く豊かになったが、教養に欠けている。改革開放は筋肉を強化した。次は核心的価値観が回復すれば、精神が強くなるはずだ。孔子復活の目的は、中国人民がより洗練された態度を示す教養人となることだ。要するに、金銭や大量消費だけを重んじる人々とは対照的な人々のことだ」

政府が孔子に再び関心を寄せたのは政治的現状を維持する試みではないかという懸念について問われた柳はこう語る。

「このような民衆の不安には理由がある。彼らは政府が儒教を（国家の）宗教にするのではないかと心配なのだ。だが、それは儒教が支配政党と別物であることをよく理解していないからだ。指導者は一時的な存在なので、彼らも将来のことを考えておく必要がある。儒教の良い点は、処世において様々な選択肢を提供してくれることだ。私の任務は政府の官僚を道徳的に助けることだ。そうすれば、官僚は経済界や民衆との間に信頼関係を築くことができる」

さらに、儒教教育の強化がもたらす中国の精神的な復活について語っている。

「最終的な目的は、我々の世代で儒教を復活させ、国と世界に貢献することだ」

ソフトパワー戦略としての「孔子学院」

中国政府は国際関係でも孔子を広告塔に採用している。中国の国富が増大していることから、多くの国は中国の政治的影響力、軍事力、地政学的野心の増大を懸念するようになった。

北京は孔子に頼って、諸外国との関係を円滑に運ぼうとしている。換言すると、西洋で智恵と平和の象徴のように受け取られている孔子の名声を利用し、他国への威圧感を和らげたいと期待し、孔子を国家の象徴として利用したいのだ。香港大学文学院元院長の雷金慶（カム・ルイ）はこう指摘する。

「孔子と儒教は中国の『ブランド』になった[13]」

中国政府の真意は、利他主義より国際地政学に関係するのかもしれない。指導部は、孔子が文化的社会的影響力、「ソフトパワー」を強化する大使の役割を果たせるとみている。何世紀もの間、儒教が東アジア各地に伝播《でんぱ》するに伴い、中華帝国の影響力も広がった。

指導部は孔子の国際的名声に便乗し、その影響力を世界的規模で復活させようと目論む。この構想で最も注目すべきは、孔子学院という世界的研究センター網を通じ、中国の文化や言葉を宣伝する積極的な国家計画だ。

孔子学院本部と呼ばれる政府組織は中国教育部と連携し、各学院を監督するだけでなく、学院を設立するために各国の大学に初期資金を提供する。２００４年の計画開始後、数百という孔子学院が各国に姿を現した。設立した国はアフガニスタンからジンバブエにも及び、米国内に至ってはカリフォルニア州のスタンフォード大学やカリフォルニア大学など数十カ所に及ぶ。

ところが、孔子学院は儒教や孔子の教えの研究にはほとんど無関係だ。大半は中国語の授業に重点を置いている。この構想は物議を醸しているだけでなく、多少皮肉な側面もある。

かつて、中国共産党は革命を輸出することで世界情勢に影響を与えようとした。今では、かなり伝統的な孔子を活用することで中国の経済力を文化的影響力に見せ掛けている。中国政府の公表によれば、孔子学院の使命は表向きは純粋に教育的なものだ。孔子学院本部のウェブサイトでは次のように誇っている。

「(当学院は) 世界中の人々に中国の言語や文化を学習する機会を提供する。また、中国と海外との間の友情や協力関係を強化する架け橋としての (役目を果たす)」

だが、一部の中国専門家や教育者は、孔子学院には中国問題に関する世界的な言説に影響を及ぼしたいという政府の狙いがあるとみる。ウェブサイトで公表されている規則では、政府が教育課程を次のように厳しく干渉すると定める。

「(当学院は) 中国の法令に……違反してはならない。(また、当学院の使命に) 合致しないいかなる活動にも参加せず、関与もしない」

アメリカの研究機関、人口問題研究所のスティーブン・モッシャー所長は、連邦議会の聴聞会での証言で、孔子学院を「中国的特色を持ったトロイの木馬」と呼んだ。「(孔子学院の)無害と思われる目的の裏側には、海外における中国のイメージの不適切な部分を除去し、また、共産主義独裁政権に友好的な新世代の中国専門家を生み出したいという狙いがあるように思える[14]」

学会も、北京が孔子学院を介して世界中の大学の中国に関する講義内容を統制しようとする動きに懸念を強めている。2014年、全米大学教授職協会(AAUP)は以下の警告を出した。「(孔子学院は)中国国家の手先として機能しており、学問の自由を無視することを認めている。孔子学院設立契約の大半は、中国政府の政治的な目的や慣行に関する秘密保持条項や容認できない譲歩条項が特徴である。北米の大学は孔子学院に対し、教育課程の選定、大学職員の採用や管理、討論の制限などに関して中国政府の意向に沿った活動を認めている」

AAUPは米国の大学に対し、孔子学院の活動に対する完全な管理権限が与えられない限り、彼らとの関与を中止するように勧告した。

2014年、孔子学院が学問の自由に反する運営条件を定めているとして、100人を超すシカゴ大学の教授が大学側に同学院との関係解除を求める請願書に署名した。その年の後半、同大学が孔子学院との関係を打ち切る決断をして、米国における中国側の計画推進に深刻な打撃を与えた。数日後、ペンシルベニア州立大学も孔子学院との提携中止を発表した。

このように、中国政府は孔子のイメージを利用して「ソフトパワー」を強化しようとしているが、政府の目的や目標を信用しない学界などから上がる反対の声は高まるばかりだ。

支配の正統性と道徳的危機

孔子復活計画は、海外より中国国内のほうが成功しているのだろうか。現在までのところ、儒教再導入という政府の努力は表面的なものに留まっている。孔子の教えでは、浅薄としか言えない教育を提供しているだけの学校が大半だ。

官僚も時折、孔子の言葉を1つか2つ挙げてみたり、慎重に選ばれた儒教宣伝スローガンをいくつか提示したりするかもしれないが、儒教的な教育や慣行に徹底的に回帰するつもりはないように見える。

これらは、依然として体制内にある孔子への不安、結局、孔子復活が共産党支配に及ぼす影響がどのようなものかが不明なために生じる不安に由来する。

谷牧は「本質を受け継ぎ、残滓を捨てるべきだ」と発言した。共産党は現政治体制を支持するような孔子の教義（より正確には、その解釈）を復活させたいが、現体制への脅威となる教義は都合よく無視するということだ。

だが、孔子復活の過程では、新たな孔子像は中国指導層の期待通りにならない恐れがある。要するに、伝統文化に再び目覚めた中国人民は、歴史上の様々な孔子像を発見するかもしれない。例えば、支配者に「抗議した」孔子もいれば、支配者が仁政にあるべき高潔な道理を守るように主張する孔子などだ。

孔子復活によって、政府は大きなリスクを背負うことになる。共産党は、党の高級幹部に高過ぎる道徳基準を要求しているのかもしれない。党指導層が直面している問題は、儒教の普及が現体制支持に繋がるのか、それとも体制への抵抗の根拠を強化することになるのか予測がつかないことだ。

儒教擁護派の全員が現在の政治体制に満足している、あるいは孔子を現状の支柱にすべきだと考えていると思うのは間違いだ。中国には孔子を中国の将来にとって重要な役割を担うとみている者もいるが、共産党が推進する孔子とは違う。

儒教の文人である蔣慶《しょうけい》（１９５３〜）は、新しいタイプの儒教的政治秩序を編み出し、中国の経済的奇跡が始まった工業地帯の深圳《しんせん》にあるモダンなビルにある本を詰め込んだアパートの一室から、ふさわしい方法でそれを売り込んでいる。

鄧小平の経済改革が「中国の特色ある社会主義」を打ち出すために、西洋やアジアの他地域から政策を借用したように、蔣慶の儒教は、最高聖人の哲学に西洋の政治制度、信念、実践を注入し、蔣慶が現代中国にとって最良の選択肢だと信じる改革された統治システムを構築する。「世界は変化している。儒家も時代の変化に適応しなければならない」と語る。[15]

その解決策は、古いものと新しいもの、中国的なものと外国のもののバランスを注意深くとることだと蔣慶は考える。彼の考えでは、中国が西洋諸国の政府や社会に対する考えを全面的に採用するのは悲惨な結果となる。中国の儒教文化に合わないからだ。

「儒教は中国文明だ。唯一の道は儒教を復活させることだ」

だが、儒教徒も過ぎ去った時代にとらわれるべきではない。

「儒教は、『原理主義』的運動、つまり現代世界の現実を考慮せず、古代の儒教的慣行を再構築する努力では復活できない。儒教の教義を活用しながら、西洋や現代社会から受け入れられる価値観も取り入れるべきだ。この主張は、物議を醸した19世紀の改革派・康有為の説のように聞こえる」

「我々は2つの傾向に反対している。1つは中国文化を世界から切り離すべきだと説き、もう1つは全面的に西洋文化を受け入れることを唱える。一方は完全な拒絶であり、他方は全面受容である。しかし、いずれも好ましくない。我々は儒教の基本的価値観を土台として西洋的価値観を吸収し、新しい儒教を創造する必要がある」

その過程で生まれるのが、蔣慶が説く「仁義道」に基づく「立憲儒教政治体制」だ。この政治制度は三院の立法府に重点が置かれる。

1つ目は「通儒院」(House of Exemplary Persons) である。議長は著名な学者が担当し、経書に精通した知識人によって指名された人々が職務を担当する。帝政時代のように、院の構成員は科挙のような厳格な試験を経て優れた能力を証明し、何年もの間、政府内の職責を果たす。

2つ目は「国体院」(House of the Nation) だ。議長は孔子の子孫が務め、他は儒教以外の著名学派の縁者や官僚で構成される。

3つ目は「庶民院」(House of the People) で、構成員は直接公選制や職能団体選挙を通じて選ばれる。

蔣慶は、このような構造はアメリカの民主主義システムのチェック・アンド・バランスから恩恵を受けると考えているが、重要な違いがある。儒教の常として、蔣慶は庶民が一貫して国家のために正しい決定を下すことを信用していない。かつて、次のように指摘している。

「実際、民主主義には欠陥がある。政治的選択は有権者の欲望と利害に左右される。このため、2つの問題が生じる。第一に、多数派の意思は必ずしも道徳的とは限らない。人種差別、帝国主義、ファシズムを支持するかもしれない。第二に、地球温暖化のように、民衆の短期的利益と人類の長期的利益との間に衝突がある場合、政治的に優先されるのは短期的利益だ」[16]

だが、このような不備は、「立憲儒教政治体制」で社会で最も教養深く高潔な人々による管理を認めながら、政治への発言権を庶民に与えれば回避できる。通儒院は、他の2院による決定に拒否権を持つ。こうすることで、学識ある人々は、民衆に選ばれた役人による賢明でない選択に対抗することができる。

この政体であれば、現在の中国の支配者に欠けている正統性が手に入る。漢の武帝と現在の指導層を比較すると、前者も統治体制を強化する政策を探し求めた結果、孔子を容認することになった。「中国共産党は支配の正統性を求めているから、新しい理論が必要だ。党は民主主義や自由を受け入れない。だから、指導層は儒教文化を認める必要があり、それを基盤として利用することになった。さもないと、中国を支配できない。長期間にわたって中国を支配したければ、儒教文化を利用することだ。（孔子に対する政府の劇的な方針転換は）政権与党の正統性がどれほど危うくなっているかを示している。国の支配には、軍隊、警察、刑務所だけでは十分ではない。文化的基盤も不可欠なのだ」

蔣慶によれば、中国が現在の問題を克服するには、復活する孔子に影響力を持たせ、人民と孔子を改めて結びつけなければならない。このためには、康有為から智恵を借り、儒教を「国教」として定めたほうがいいと提言する。国教化は、西洋のキリスト教会に範を取った孔子廟を通じ、国家組織によって積極的に推進できる。

「問題は、人民の次元で政治的体制や基盤をどう再構築するかだ。西洋で同じ信仰を持つ人々が集まる教会は宗教組織だ。政府は、人民の間に文化的基盤を復活させる条件を作り出すことはできるが、宗教活動を行えない」

蒋慶は、大規模な儒教復活運動がなければ、中国は崩壊するという。

「中国人の生活や文化は、かつてないほどの危機に瀕している。中国が改革開放政策を導入したことで経済は発展したが、中国文化は依然として空虚なままだ。換言すれば、中国は自国文化と真逆な近代化を達成した唯一の国家だ。道徳基準は失われた。西洋では神が人々の道徳基準を定めているが、中国に神はいない。人民の行状に対する道徳的抑制がない。西洋の人々が神を信じなくなったらどうなるか想像できるだろうか。中国では、史上最悪な道徳的危機が迫っている」

今もなお、蒋慶は自分の話が世の中に理解されていると思うほど楽観的にはなれない。

「次の20年か30年を見ても、私の理想が実現しているとは思えない。儒教の立て直しが依然としてごく表面的なものにとどまっているからだ。思想が立ち上がるには何世代も要する。儒教の復活は、巨大ビルを再建するほどの難しい作業だ。残念なことに、現在、このビルは崩壊している。今、私が手掛けているのは全体像の設計図を作る作業だ。新たな設計図を完成させ、人々を納得させるのは至難の業だ。儒教復活は1人だけで実現できるほど簡単な話ではない」

道徳不在社会の救世主

しかし、蒋慶は1人ではない。孔子の新たな影響力は単なる政府の広告塔や学術誌の範囲に収まらない。孔子が共産党最高幹部の間で徐々に認められていることから、建国以来、古代中国の思想や宗教もかつてないほど寛容な態度で受け止められている。その結果、中国人の一部、リチャード・コンのような孔子の末裔は孔子の意義を再発見している。

明確な方向性が容易に見えない流動的な社会は、蒋慶が説くように道徳的危機に直面している。そのため、中国人は指針や心の糧《かて》を求めようとして西洋よりも自国の歴史や伝統に立ち返りつつある。そこで、孔子が改めて姿を見せるのは必然的な流れだ。

孔子再発見の作業は、北京郊外の四海孔子書院で盛んに行われている。同書院の馮哲・創設者兼院長は、130人の3歳から13歳までの生徒に厳格な昔風の儒教教育の日々を経験させている。毎朝。夜が明けると、生徒たちは壁に誇らしげに掛けられている孔子像の前に集合し、恭しく礼拝する。その後、すぐに3時間に及ぶ経書の集中授業が待っている。特に『論語』『孟子』『孝経』を1字1句完璧に暗記するまで何度も読むが、教師の要求は300回だ。失われた科挙の日々を彷彿とさせる徹底した儒教教育は、共産党が中国全土を制覇して以降、消え去っていた。

馮院長は古代中国文化への探求心を満たすため、書院を創設した。大学を3年で中退した後、カント、ヘーゲルなど海外哲学者の中国語翻訳本を刊行する出版社を設立した。

1999年頃、彼の心に疑問が湧く。なぜ自分の出版社の取り扱うものがすべて西洋哲学者の著作で、中国の哲学者のものはないのか。当時、中国古典の重要な知識を知る中国人はごく限られていた。結局、何十年もの間、自国の古典に深い関心を寄せる人はほとんどいなかった。

彼は古代の哲学を教授してくれる数少ない老齢の学者を探し、その講義内容を印刷するようになる。中には儒教でも最重要な経書が含まれており、最初は中国語で、次に英語で印刷した。授業でも中国の伝統を新たに取り上げることで、学校経営はかなり健全化した。中国古典を読破したことにより、現代中国が直面している問題の答えはその中にあると確信するようになる。というのも、中国の伝統、具体的には儒教的伝統が道徳的基盤を欠いた中国社会に倫理行動や秩序をもたらす様子を目撃してきたからだ。

「中国を救うには、文化の再興から始める必要がある。道徳的に行動しない人民があまりに多く、信頼が存在しない。儒教で最も大切な点は、他の人々にどう対処するかを習得することだ。中国を強国化するには、儒教に基づく和諧社会を築かなくてはならない。２００６年、古典を出版するだけでは足りないと悟り、書院の創設を決断した。人民の文化再興における重要な部分だから、生徒がまだ幼いうちに教育したい[17]」

子弟を四海孔子書院に入学させる保護者は、社会への懸念と問題を解決してくれるのは孔子しかいない、という確信を馮哲院長と共有している。このような新世代の保護者にとって、孔子はもはや毛沢東主義者が主張するような迫害者ではなく、今日の中国が瀕している危機の救世主なのだ。

例えば、ある母親は10歳の娘を普通の公立学校からこの書院に転校させた。理由は次の通りだ。

「娘には中国古典の基礎を身に付けさせたい。古典を習得すれば、処世の仕方を学べるし、道徳的な人間になる方法も教えてもらえる。立派な人間になる方法を知らなければ、世の中にとって有用な存在にはなれない」

別の母親も6歳の娘を転校させた。儒教は混迷する現代中国への解毒剤であると考えたからだ。

「皆はお金ばかり大切にする。子供への最高の贈り物はお金ではなく、精神的な支えだ。それによって成長した暁には、正しい判断ができるようになる[18]」

このような熱烈な声はともかく、現在の中国が立てる不快な大音量のために、馮院長には世間からの声がほとんど聞こえてこない。彼の試みは珍しいものではない。全国各地に似たような儒教学校が散在するが、古典の授業を受けている子供はごくわずかだ。

だが、自分の努力は中国の文化再興に向けた新しい必然的な動きの一部に過ぎないという。中国が富裕化して自信を持つようになるに伴って、人民は過去の中に未来を見いだすようになると考えている。馮院長はこう断言した。

「孔子の教え、つまり他人との接し方や社会の中の居場所の見つけ方は、中国社会に再び活気を与えるはずだ」

孔子が未来に導く

スティーブン・ルアンと友人は孔子を再評価する。それは政治とは関係なく、子供の教育のためでもなく、汚職撲滅をめざしているわけでもない。全く個人的な理由からだ。

北京の繁華街の王府井にある呉裕泰茶荘では、文化教室が毎月開催される。古代中国の哲学や文学が論じられ、特に孔子やその信奉者が重要な位置を占めている。

ある日曜日の午前中の活動では、多くの参加者が宋代の儒家である范仲淹《はんちゅうえん》（989〜1052）を議論の題材に選び、その著作を交代で朗読した。ある参加者は古代詩人のような大げさな身ぶりを加えて吟唱した。その後、ルアンは范仲淹の生涯や中国哲学に対する彼の貢献について講義した。

范仲淹は儒家の改革派であり、大いなる理想の下に政府を改革しようとした。だが、結局は王安石と同じように、影響力は続かなかった。しかし、その生涯が参加者の共鳴を呼んだのは明らかだ。参加者の1人、レイ・ビンはこう評した。

「今の時代とそっくりだ。改革の議論は山ほどあるが、行動に至ることはほとんどない」

後日、文化教室の指導者の1人は范仲淹から学んだ内容を解説している。

「中国人民は理想主義者であり、立派な考えを持ち、それを実行しようと懸命に働いてきた。それを考えれば、私は自分の人生を無駄に過ごしてきた。范仲淹を学んだことで、何かをめざしたいと思うようになった」

ルアンは金融サービス会社の役員で、レイは自動車会社の取引先で働く従業員だ。２人は以前話し方教室で知り合ったが、中国古典という共通の関心事があるとわかったことから、２００５年、文化教室を立ち上げた。

彼らの動機は、学習を通じた自己啓発のための儒教研究だった。ルアンはこう説明する。

「新しい物事を学び、自分の知識を質量ともに高めることが私にとって重要だ。そうすれば、よりまともな人間になれると思っている。孔子の有名な教えには、『己の欲せざるところ、他に施すことなかれ』という言葉がある。私はこの教えを胸に刻んでいる。これまで、妻と話が合わないと怒鳴り散らした。でも、今では自分を抑えるようになり、妻の求めにはできるだけ応じようと努めている。中国文化のおかげで、私も辛抱強くなった。理性的に振る舞えるようになると、ストレスも減った。このように、新しいことを学ぶことで智恵がつき、問題解決に役立っている」[19]

この2人は、西洋の影響が中国に浸透しても、とても中国伝統の代わりにはなり得ないと考えている。ルアンは次のように指摘する。

「私にとって中国文化は精神的な滋養に富んでいる。各人が自分の気分を良くし、知識を増やしていけば、社会全体も良くなる。その一方で、西洋思想は現代中国の道徳を衰退させるように仕向けている」

レイはこう指摘している。

「今の中国人は他人のことを大切にしていない。思いやりの心がなくなっている。自己修養に励む人もいなくなった。アメリカン・ドリームは中国人に成功を称賛することを教えてくれたが、中国人は夢の本質を学ばなかった。学んだのは、自分が物質的に豊かになることだけだった。道徳的には相当劣化した。西洋の文化的影響を受けたことで、中国は自分を見失った」

あるホテル支配人で文化教室のもう1人の指導者が、中国は西洋と肩を並べようとして自国の伝統を犠牲にしてしまった、と嘆く。

「中国は西洋から学び、技術を導入する必要性に駆られていたが、中国文化は逆に退化するばかりだった。少なくとも、文化的な進展は不十分と言わざるを得ない。失われたものを取り返すには、長い歳月を要する[20]」

だが、この文化教室には希望がある。孔子は、庶民が「道」を追い求めるには豊かでなければならないと考えた。中国が貧困から抜け出した今、ルアンと友人たちはそれが実現する、と信じている。彼らは、中国の伝統と再び繋がる国民的運動の最前線に立っているのだ。レイは語る。

「今では経済が上向き、生活がより豊かになったから、文化に集中する余裕が出てきた。これから文化教室に参加する人が増えるはずだ。文化再興の時代の到来だ」

では、誰が道を示してくれるのか。ホテルの支配人が答えた。

「中国を未来に導いてくれるのは、孔子ですよ」

おわりに　孔子の実像を探して

孔子の故郷である曲阜《きょくふ》（中国山東省）に旅行するのは、かつては少々面倒だった。曲阜はどの大都市からも離れており、20世紀には孔子は人気がなかったから、この地への交通を便利にしようと考える人はいなかった。

だが、今では共産党政権が孔子を喧伝し、党幹部はその存在を称揚する機会を効率的に作るために、曲阜への交通の便をかなり向上させた。例えば、北京と上海を結ぶ高速鉄道は現在、曲阜にも停車するようになり、北京から快適な客車に乗ってわずか2時間で着く。

中国で孔子復活を最も実感できるのは、お洒落《しゃれ》な曲阜駅だろう。

40年前には、北京の紅衛兵が曲阜に殺到し、歴史的建造物である孔子廟を荒らし回った。今日、この地に押し寄せるのは北京の観光客で、落ち着いた廟の中庭に鎮座する孔子像を改めて見学している。

２０１３年夏、私も曲阜を訪れた。現代中国における孔子の意義を探るには、彼の故郷ほど適切な場所はないと考えたからだ。２５００年前、この町で孔子が暮らしながら教えを授けて以来、曲阜は中国の孔子研究の中心地である。前漢時代の熱心な歴史家である司馬遷が調査のためにこの地を訪れたとき、古典に没頭し、孔子の教えを吸収した学者たちの存在を知った。共産党が孔子を攻撃していた時期には、曲阜の儒家も抑圧されたが、孔子が政府から再び公的に認められると、学者たちも蘇る。

著名な学者の1人は段炎平《だんえんぺい》だ。曲阜生まれの段は、人生の大半を独学による孔子研究に充てている。孔子に対する共産党の態度が和らぎ始めた10歳頃、『論語』や他の経書を読むようになり、いつの間にか夢中になった。

「経書の中に見つけた古代中国の智恵のおかげで、私の個人的価値は高まった」

高校生の頃は正規の勉強を無視して、夜遅くまで『孟子』を読み続けた。結局、大学入試に失敗したため、父親の発電機修理会社で技術者になる。だが、孔子に対する政府の方針が好意的になると、彼は好機到来と考えた。

「毛沢東が亡くなる前、敢《あ》えて孔子に言及する者は本当に誰もいなかった。しかし、この閉鎖的な姿勢は庶民の自発的なものではなく、外部から強制されたものだった。毛沢東没後、昔の記憶が蘇るようになり、人々は儒教について再び語り始めるようになった。そこで、儒教文化の拡大を私の目標に定めた」

この目標を達成するために、2009年、曲阜旧市街に再建された城壁のすぐ内側にある古い校舎に曲阜国学院を設立した。学院の目的は、マルクスや毛沢東で育った子供たちに孔子を改めて紹介することだ。

授業は週6日制で、学院に寄宿する30人の生徒は四書の暗記に励む。あたかも、帝政時代の科挙試験のために詰め込み勉強しているようなものだ。また、書道や伝統絵画も学ぶことができる。教室の机は絵筆や毛筆から飛び散った墨で汚れている。古い校舎には収納部屋が1つあり、学院で使用する赤色や黄色の礼服が保管されている。

「目標は、新世代の儒学者を育てることであり、中国に正しい道、儒教の『道』を歩ませることだ。将来、中国は繁栄を拡大かつ発展させるために儒教文化に頼るべきだ。儒教文化には多くの智恵があり、全国民が世界的競争力を強化するのに役立つ。孔子はその地位が向上するのに伴い、政治的発展の指針としてますます重要な役割を果たすようになる」

にもかかわらず、段延平は孔子がこのまま勝利するという確信が持てない。中国が富裕化するほど、社会に対する西洋文化の影響力が日増しに強くなっているからだ。中国人が孔子より西洋を選ぶのなら、中国という国家は没落するかもしれない。彼はこう指摘する。

「米国の民主主義思想は、中国人が長年馴染んできた心理状態と両立しない。リー・クアンユーの言葉に酷似しているかもしれないが、孔子は危険な西洋思想に対する防波堤の役目を担っている。孔子を学べば、グローバル化との協調性を高める見識を磨くことができる」

西洋文化の脅威とは何か、と彼に問うと、次のような答えが返ってきた。

「中国人は道徳や習慣を重んじる。家庭内では父親が権力者であり、国内では皇帝が権力の中心に位置する。儒教は従順と調和を大切にする。したがって、民主主義が登場すれば、この国は大混乱に陥る恐れがある。さらに、物質主義で非調和的な西洋文化は中国の発展に適さない」

では、中国人が西洋自由主義の危険性を回避するためにはどうすべきか、と改めて尋ねた。すると、彼は答えた。

「今は、政府の意見に耳を傾け、官僚に敬意を払う必要がある。儒教は権威主義的な政府を支持する。古来より、儒教とはそういうものだった」

筆者は曲阜国学院の正門を出ると、落胆を覚えながら暗くてぬかるんだ通りを歩いた。段炎平の孔子像は、昔の皇帝が民衆に知らしめたかった孔子だった。つまり、民衆は黙って服従していればよく、皇帝は反抗を抑圧して民衆を支配すべし、と説くような孔子だ。

思うに、中国の長い歴史を生きてきた孔子像の多くは、現在の中国が必要とし、民衆を輝ける未来に導いてくれるのだろうか。段はその通りだと考えているようだ。彼との会話の中で、「政府が何か悪いことをしていると訴える学生にはどのように指導しますか？」と問うと、彼の答えはこうだった。

「勉強に専念し、政治に関わらないように指示する」

翌朝起床すると、この日の面談が気分を良くしてくれることを願った。というのも先方は孔子の第79代末裔の孔垂長だからだ。彼は曲阜の有名な孔子廟の門外にある孔子論語暗唱センターの運営者だ。孔子の子孫の職務としてふさわしい。

センターでは、誰でも任命された官僚の前で『論語』の一節を暗唱して、孔子に関する知識を確認できる。『論語』の文章を30節正確に暗唱できれば、センターが無料で孔子廟に入れてくれる。

筆者は曲阜市人民政府がこのセンターを開設したわずか6週間後に訪問したが、すでに3000人が孔子の知識を確認していた。その8割が孔子廟に無料で入場できたとは驚きだった。

段によれば、中国が孔子を必要としているのは、現代社会の疾患、特に中国人を支配している過剰な物質主義に対する解決策になるという。孔垂長も次のように指摘する。

「現在、人々の考えに落ち着きがないことから、特に儒教思想が求められている。世の中に粗野な振る舞いが見られるのは、人々があまりにも欲望に駆られているからだ。しかし、その欲望を満たすことはできない。儒教が人々に求めるのは、合理性と道徳性に従った態度だ。だからこそ、私たちが儒教思想を提唱するのは大切なことなのだ」

この意見に異論を呈することは難しい。現在の中国では、職務、責任感、思い遣《や》りより金銭が優先されるからだ。

ところが、曲阜、少なくとも彼のセンターに設立資金を提供した市人民政府全体では、彼の主張に理解を示す者はほとんどいない。孔子がいれば、雇用や金銭をもたらしてくれる、と地元の役人が大きな期待を抱いているのは明らかだ。

実際、レストランや雑貨の販売店など観光関連事業が急増している。豪華な「シャングリ・ラ ホテル」も開業している。地元の飲食店では「孔子料理」を宣伝している。これは山東料理系であり、肉汁ソースと胡椒《こしょう》を振りかけた燻製《くんせい》豆腐、ピーナツを全体に散らしたカリカリのパンケーキなどがある。

中国の他の地域と同じように、孔子は一大産業と化していた。孔子は曲阜の物質主義を解決するのではなく、むしろ拍車を掛けている。

著者はこの末裔との面談を続け、「孔子の教えに従う中国人が多くなれば、この国はどうなるのか？」と問うと、次のような答えが返ってきた。

「『論語』は、社会の安定と秩序を保つのに効果がある。法律も役に立つが、社会の秩序を保つには法律だけでは不十分だ。加えて、伝統や文化も必要になる」

結局、段のように孔子の末裔も、孔子が民衆の安寧のために使われることに結局賛成している。彼にしてみれば、これは良かれと思ってのことだ。だが、昔の宮廷官僚も、理想に従わない国家に尽くそうと思えば、孔子の教えにある高尚な理想を妥協するしかなかった。そうであれば、彼らと同じではないか。

通り向こうの孔子廟に戻り、老木に囲まれた静謐《せいひつ》な中庭で安らぎを得たいと思った。木造の建物は彫刻が精巧に施され、屋内は適度に静かであり、1000年前の宋代に建てられた本殿に通じている。

だが、実際に廟を見ても、胸の内に込み上げてくる皮肉な思いは強まるばかりだった。本殿には当時の政権が仕掛けた悪意ある攻撃の爪痕が今も残っているが、その同じ政権が今では孔子を礼賛しているからだ。割れずに残った銘板には、紅衛兵が投げつけたペンキやコンクリート片の跡があり、何が書いてあるのか判読できない。だが、その上に殴り書きされた落書きは少し残っていて、「革命無罪」と読める。

当時の孔子像は紅衛兵が焼き捨ててしまったため、共産党が新たに用意した。その新孔子像は通常想像するような顎鬚《あごひげ》の聖人ではなく、中華帝国の「無冠の王」を思い起こさせるものだった。例えば、孔子が被っている冠は周縁から小さな玉をぶら下げており、かつて古代皇帝が戴いていたものと同型だった。係員が1人、廟の近くに立っており、高圧的な声で「孔子様に礼拝せよ！　皆さんのご先祖様に礼拝せよ！」と叫んでいる。

これが現代中国で官僚たちが孔子に求めているものを要約している。それは礼を尽くすこと、権威に対する礼、現状に対する礼だ。

筆者は結婚式で義理の両親にお辞儀することには同意したが、今でもお辞儀が好きなわけではない。特に、圧制に対する礼は気分が良くない。

これが中国で孔子が復活した本当の背景だ。共産党という名の今日の独裁者は、漢の武帝や明の太祖とまったく同じように孔子の名声を悪用している。つまり、中国最大の賢人が無学の民衆に、「支配者が強いる『調和』には服従かつ従順であるべきであり、受け入れよ」と説いたと信じ込ませようとしている。

改めて指摘するが、圧制的な政府は孔子という名の華やかなマントを身にまとうことで、腐敗や残虐性を隠そうとしている。また、一般の中国人民を騙し、孔子の教えの通り、今の政府は孔子が求めている立派なものだと思い込ませている。

もしこれが今日復活しようとしている孔子なら、むしろ中国は孔子なしの方が良いのではないか？何年も前になるが、著者が独自に孔子の調査に着手する前であれば、おそらくこの問いには「その通り！」と断言した。著者が想像していた孔子は、民主主義者、改革派、フェミニストから嫌われている人物だった。孔子は帝国主義的抑圧者、纏足礼賛者、家父長的独裁者のはずだった。

だが、孔子の言葉を熟読し、その生涯を研究した今となっては、中国人、実際にはすべての人間は、孔子がいないより孔子がいるほうが豊かな社会を享受していると考えている。

長い歳月で培われた教義や信条は、もはや現代社会には合わない思想や慣行を伴っているものだ。例えば、今でも聖書の教えに厳格に従っていたら、依然として奴隷制を続けていただろう。正式なヒンズー教徒の妻なら、昔は夫の火葬用の薪《まき》の山に自らの身を投げ出すことが当然視された。このように、ある時点での教義は、その本質とは明らかに異なる行動でも正当化するのが常だった。過去の例を見ると、十字軍はキリストの名を借りて虐殺を繰り返し、イスラム過激派のウサマ・ビンラディンはアラーの名においてテロ攻撃を仕掛けた。

だが、今でも聖書、コーラン、ヴェーダは投げ捨てられていない。ローマ教皇庁は、歴史の大半で腐敗した貪欲な存在であり、小児性愛者の司祭は罪を免れている。それでも、キリストや福音書は捨て去られてはいない。

儒教も同じだ。確かに、孔子は聖王や従順な弟子を信頼していた。何世紀もの間、彼の教えは独裁政権を正当化するために文章化されてきた。だが、そうだとしても、孔子が現在の我々に何の価値もないというわけではない。

中国は驚異的に急成長している前途有望な世界の大国かもしれないが、目的も精神性もなく漂流している社会でもある。このままでは、中国は内部から腐るようになり、国内を動揺させ、あるいはアジアの平和に脅威を与える攻撃への抵抗力が弱まるだろう。

路上に倒れた2歳の女児を誰も助けようとせず、楽に大儲けしようとして乳幼児に毒入り牛乳を飲ませるのも中国である。あるいは、官僚が巨額の蓄財に励みながら、法の上に君臨しているのも、やはり中国だ。

本書の調査を通じて理解が深まった孔子とは、中国が見失っているものを提供してくれる存在であり、独裁者の手先ではなく、弾圧の手段でもなかった。完璧には程遠いが、それでも限りない慈悲心や揺るぎない決意の代弁者だった。名声、財産、地位のために教義を曲げることを拒んだ人物でもあった。不道徳な支配者や抑圧的な政権の意向に従うことを良しとしなかった。当時の権力者に対し、「主上は間違っておられます」と面と向かって指摘したことも数知れない。貧富や生い立ちでは人を判断せず、相手の誠意や仁愛の深浅で評価した。自分自身を笑い飛ばすこともできた。また、誰もが自分の責任を果たし、自分の家族や所属する共同体に幸福をもたらすような社会を理想とした。利己主義や戦乱のために動揺する世の中を無私無欲で平和な世の中に変えようと懸命に努力した。まず我々自身を向上させれば、社会は理想的な状態になると確信していた。何よりも、時間をかけてより良い人間になろうとする志があれば、誰でも社会を変える力があると考えていた。

孔子の長い人生の中で大いに悲しむべき出来事は、彼の名声が自分の意向とかけ離れていたことだ。不正の擁護者、女性の迫害者、個人的自由の敵、独裁政治の支持者として批判されてきたからだ。

実際、彼の教えには致命的な欠点が見られる。結局、人間性における信頼の置き所を間違った。孔子は内心では性善説を信じ、人間は自己完成をめざし、名誉と品性と見識を伴う行動をするものだと期待していた。そして、この確信を全体的思想の基礎とした。彼自身の人生とそれからの2500年間、人々は孔子に何度も失望した。孔子の悲劇は、彼の展望や使命を支持すると誓った人々からあまりにも多く裏切られたことだ。それは、現在でも見受けられる。

だが、おそらく次世代やそれ以降の中国人が再び『論語』を学べば、孔子廟への無料入場券よりも得られるものは多い。孔子の言葉を読めば、自分だけの孔子像を発見できる。自分だけの意味を持つ孔子が心を開いて姿を見せ、政府のスローガンや狭量な魂胆とは無関係の孔子に出会えるはずだ。新世代のための新たな孔子像が生まれるだろう。

謝辞

本書の刊行に際し、皆さんに感謝申し上げたい。孔子の登場以来、何世紀も彼を論評してきた人々と同じぐらい多くの方々にお世話になった。何よりもまず、『タイム』誌編集者のボビー・ゴーシュ、ゾエール・アブドールカリムの両氏および悲しくも最近亡くなられた故ジム・フレデリック氏には深甚なる謝意を表明申し上げる。彼らの支援がなければ、本書が日の目を見ることはなかった。

次に衷心より感謝の念を捧げなければならないのは、キース・ナップ氏とニール・ワインベルグ氏である。両氏には貴重な時間を割いて拙稿をご高覧いただき、専門家の立場から極めて有益な指導や助言を賜ったことで、本書の価値は大いに高まった。また、ベーシック・ブックス社編集者のララ・ハイマート、ダン・ガースルの両氏からも有意義な見解や提案をいただいた。

さらに、本書に関する出典の調査や研究にご協力いただいたジャーナリストや友人にも御礼申し上げる。中国では、ジャオ・シュエ、ハーザー・ファン、チェン・シァオニ、リン・ヤンの各氏に感謝したい。韓国ではリナ・ユン女史、台湾ではナタリー・ズオ女史とジョイス・ホァン女史にお世話になった。加えて、北京中国学センターのロベルト・リベイロ氏とラッセル・モーゼズ氏には膨大な中国学蔵書の調査を寛大にも許可していただき、感謝の言葉も見つからない。司書のシャン・イェンロン、デービッド・リヨンの両氏には、途方もない忍耐強さで書物の探索にご助力いただいたこと、心から御礼申し上げる。

筆者よりもよほど孔子の歴史に精通された学者諸賢には、本書の課題に智恵や見識を示していただき、深謝申し上げる。特に、ハワイ大学のリー・シャン・リサ・ローゼンリー教授、アラン・ウッド氏、トーマス・ウィルソン氏、ヘルマン・オームス氏、コロンビア大学のマデライン・ゼリン教授、サム・クレイン氏、デービッド・ジョーダン氏、リチア・ディ・ジャチント女史には重ねて感謝したい。

併せて、忍耐強い著作権代理人であるミシェル・テスラー女史にも感謝したい。深刻な不況の只中においても、彼女はいつもの魔法を駆使して本書の販売に注力してくれた。

本書が完成するまでには、他にも数え切れないほどの人々が思索を共有し、調整に力を貸してくれた。とりわけ、サイモン・エレガント、ギャディ・エプスタイン、ティジー・ワン、ジェシー・ジャン、ジェフ・ティンマーマン、スー・キムの諸氏には謝意を申し上げる。

最後に、妻ユーニス・ユンへの感謝を忘れるはずはない。彼女は本書の執筆と出版から来るストレスによく我慢してくれただけでなく、有益な示唆や洞察も数多く提供してくれた。本当にありがたかった。

訳者あとがき

訳者は銀行勤務時代の1985年から北京、香港、広東に通算6年駐在し、一旦帰国した後、1996年から3年間上海に駐在した。その間、満員の電車やバスに高齢者が乗ってくると、近くに座っていた若者がすぐに立ちあがり、座席を譲る場面を何度も目撃した。中国には何かと問題は多いが、社会にはこのような「仁」や「礼」などの儒教精神が健在なのだと感心した覚えがある。

ところが、そうした中国社会の状況が一変する。2006年に人々を震撼させる事件が起きる。南京市の彭宇《ほうう》事件である。当時27歳の彭宇という青年がバス停で転倒した老婦人（64歳）を助け起こし、病院に送り届けて診療費まで立て替えた。本来なら、ちょっとした美談だが、老婦人は「彭宇に突き飛ばされて転倒した」と主張し、賠償金を求める訴えを起こす。実は、骨折して多額の手術費用が必要になったことから、治療費などを彼に負担させようとしたのだ。

裁判所は「老婦人を転倒させせた後ろめたさから病院まで送った」として有罪判決を下し、相当額の賠償を命じた。青年は中級法院に上訴したが、最終的には和解する。世間はこの理不尽な判決に猛批判を浴びせ、全国的にも大騒ぎとなった。

その後も類似の事件が相次ぎ、善行は裁判沙汰になりかねないと警戒した中国の人たちは、善行を控えるようになる。その結果、「仁」や「礼」は急速に衰えを見せる。

この流れをさらに加速したのが、2011年に広東省仏山市で起きた女児ひき逃げ事故だ。本書第10章でもこの事件に触れているが、事故に遭って倒れている女児を通行人18人が見て見ぬふりをしていた事件だ。

孫文による中国革命以降、五・四運動から毛沢東による批林批孔運動などの儒教弾圧を生き延び、市井の人たちの社会道徳を支えてきた孔子の精神は、衣食が足りた現代になって跡形もなく消え去ったのだろうか。本書は、そうした視点を持った米国人ジャーナリストが、ソウルや北京の特派員時代の取材経験などをベースに書き下ろしたユニークな東アジア論だ。

本書には、『論語』をはじめ儒教関係の古典の引用が多数含まれている。読者のために、現代訳と古典の書き下し文を併録したが、書き下し文については、以下の刊行物から引用していることをお断りしておく。『完訳　論語』（井波律子訳、岩波書店）、『孝経・曾子』（末永高康訳注、岩波文庫）、『荘子』（金谷治訳注、同）、『荀子』（金谷治訳注、同）、『大学・中庸』（金谷治訳注、同）、『孟子』（小林勝人訳注、同）、『大学』（宇野哲人全訳注、講談社学術文庫）。各氏に心から感謝したい。現代語訳はさまざまな注釈書や翻訳書などを参考にして、訳者が手がけた。

末尾ながら、日経BPの黒沢正俊氏には多大なるご高配を賜った。ここに改めて深く感謝申し上げる。

2024年9月吉日

漆嶋　稔

原注

はじめに

1 オックスフォード大学教授ジェームズ・レッグ英訳『論語』、『大学』、『中庸』(repr., New York: Cosimo, 2009), 97.

2 D. C. Law, trans., *Analects* (New York: Penguin, 1979), VII: 33.

3 Deborah Sommer, "Images for Iconoclasts: Images of Confucius in the Cultural Revolution," *East West Connections 7,* no.1 (2007).

4 Lionel M. Jensen, *Manufacturing Confucianism: Chinese Traditions and Universal Civilization* (Durham, NC: Duke University Press, 1997), 5, 9.

5 Reginald Fleming Johnston, *Confucianism in Modern China* (Vancouver, BC: Soul Care Publishing, 2008, 59.

6 *Analects,* VII: 21 (Legge translation); XI: 12 (Lau translation)

7 Lee Dian Rainey, *Confucius and Confucianism: The Essentials* (West Sussex, UK: Wiley-Blackwell, 2010), 203; *The Doctrine of Mean,* XXXIII: 2.

8 Legge, trans., *The Confucian Analects, The Great Learning, and The Doctrine of the Mean,* 99; *Analects,* IX: 5, XIV: 35 (Lau translation).

9 Quoted in Wm. Theodore de Bary, ed., *Sources of Chinese Tradition,* vol. 2, 2nd ed. (New York: Columbia University Press, 2001), 578; Analects (Lau translation), 52.

10 Zhang Wei Wei, "Eight Ideas Behind China's Success" *New York Times,* September 30, 2009.

第一章

1 この冒頭の物語は大半が『春秋左氏伝』(定公十年)を参考にしたものである。他の詳細については、司馬遷著『史記』(孔子世家)(『史記』の英訳は楊憲益とグラディス・ヤン)による。ここで述べたものは、「夾谷の会」に関する数ある描写のうちの一例にすぎない。だが、本書の描写は最も現実的であり、信頼に足るものだと思われる。司馬遷によれば、斉の景公は定公を拉致する計画を立てていなかった。そうだとすれば、これは興味深い。『春秋左氏伝』ではこの謀略を呼び物にしているが、『史記』よりも前の作品であり、司馬遷は話を誇張するタイプの語り部だったので、このような英雄譚を貪欲に集めたのだろう。司馬遷独自の物語では、景公による儀式の礼法違反を指摘して恥をかかせただけで、孔子が景公を不利な立場に追い込んだとあるが、これは多少信じがたいところがある。

2 この逸話は司馬遷著『史記』による(以下、特段の断りがない限り、引用はすべて楊憲益とグラディス・ヤンの英訳に基づく)。

3 Ibid., 1.

4 叔梁紇の物語は『春秋左氏伝』の襄公十年と『孔子家語』の本姓解に基づくものである。英文文献は以下を参照のこと。Lionel M. Jensen, "Wise Man of the Wilds: Fatherlessness, Fertility, and the Mythic Exemplar, Kongzi," *Early China* 20 (1995): 417.

5 儒教の考え方については、以下の文献を参照のこと。Robert Eno, "The Background of the Kong Family of LU and The Origins of Ruism," *Early China* 28 (2003): 2. ジェンセンの見方については、他にJensen, "Wise Man of the Wilds."も参照のこと。

6 この話は馮友蘭著Derk Bodde英訳『*A History of Chinese Philosophy* (中国哲学史), vol. 2, The

Period of Classical Learning』(Princeton, NJ: Princeton University Press, 1983), 129.孔子誕生に関わる神話や伝説については、以下の文献を参照のこと。Michael Nylan and Thomas Wilson, *Lives of Confucius: Civilization's Greatest Sage Through the Ages* (New York: Doubleday, 2010), 91-93.

7 Sima Qian, *Records of the Historian,* 1.

8 *Analects,* II: 4 (Lau translation).

9 *Analects, IX*: 46 (Lau translation). Sima Qian, *Records of the Historian,* 2.

10 *Mencius,* translated by James Legge, online at the Chinese Text Project, http://ctext.org/mengzi, II:2.

11 Sima Qian, *Records of the Historian,* 2.

12 Ibid., 3.

13 Ibid., 4.

14 Ibid., 22。*Mencius,* II: 3, See D. C. Lau's translation of *Analects,* p. 196.

15 *Analects,* VI: 3, V: 9, XI: 9 (Lau translation).

16 Ibid., V: 12, 7.

17 Ibid., XVII: 5.

18 Sima Qian, *Records of the Historian,* 8. 孔子が大司寇の職に就いたかもしれない時期については、史料に幾分の混乱があり、学者の間で議論が分かれている。

19 Ibid.

20 孔子と三桓氏の争いの大半は、『春秋左氏伝』(定公十年)を参考にした。孔子が立てた計画の考えられる背景に関する興味深くて詳細な考察については、以下の文献を参照のこと。Annping Chin (金安平)'s *The Authentic Confucius: A Life of Thought and Politics* (New York: Scriber, 2007), esp. 29-31. 概して、この文献の第一章は、当時の魯国政治における孔子の役割に関し、極めて有益な見識をいくつも示している。

21 Sima Qian, *Records of the Historian,* 9. *Analects,* XVIII:4 (Lau translation).

22 *Mencius,* VI: 26.

23 孔子の妻の家族に関する引用は、Lin Yang英訳『*Kongzi Jiayu* (孔子家語)』39章に基づく。娘婿の話は*Analects,* V: 1 (Lau translation) を参考にした。

24 *Analects,* X: 1, 2, 3, 6, 8, 12, 20 (Lau translation).

25 *Analects,* XIV: 43 (Lau translation). *Analects,* XVII: 20 (Legge translation).

26 *Analects,* VII: 16, VII: 19 (Lau translation). XI: 26 (Legge translation).

27 *Analects,* XIX: 24-25 (Legge translation).

28 *Analects,* VII: 3, (Lau translation).

29 *Mencius,* V: 13; Sima Qian, *Records of the Historian,* 19. Annping Chin (金安平) は孔子一行の旅程を解明する上で優れた業績を残している。以下を参照のこと。Annping Chin, *Authentic Confucius,* 85-87.

30 *Analects,* XVII: 7, (Lau translation).

31 Sima Qian, *Records of the Historian,* 10.

32 *Analects,* VI: 28, (Lau translation). Sima Qian, *Records of the Historian,* 11.

33 Sima Qian, *Records of the Historian,* 11.

34 *Analects,* XV: 2, (Lau translation); Sima Qian, *Records of the Historian,* 17.

35 *Analects,* XV: 2, (Lau translation); Quoted in Annping Chin, *Authentic Confucius,* 106.

36 Sima Qian, *Records of the Historian,* 18.

37 Ibid., 19; *Analects,* XVIII: 5, (Lau translation).

38 *Analects,* XVIII: 6, (Lau translation).

39 *Analects,* XVI: 2 (Legge translation).

40 Ibid., XIII: 3.

41 *Analects,* II: 20, (Lau translation).

42 Ibid., XII: 2.

43 Ibid., XVII: 6, XII: 22, VII: 26.

44 Ibid., XIII: 1, XII: 17, II: 1.

45 Ibid., XV: 1, XIII: 20.

46 Sima Qian, *Records of the Historian,* 21.

47 *Zuo Commentary,* Chapter XII; *Analects,* XI: 17, (Lau translation).

48 Annping Chin, *Authentic Confucius,* 138-141.

49 *Analects,* VII: 1, (Lau translation).

50 Sima Qian, *Records of the Historian,* 22.

51 孔子と五経の関係については、以下を参照されたい。Xinzhong Yao, *An Introduction to Confucianism* (New York: Cambridge University Press, 2009), 53-54. 五経自体の歴史に関する簡明な概要については、同書の57～63ページを参照されたい。

52 Sima Qian, *Records of the Historian,* 25-26. 他の内容については、以下の文献を参照した。Nylan and Wilson, *Lives of Confucius,* 1-3.

第二章

1 Sima Qian, *Records of the Historian,* 26; Legge, trans., *The Confucian Analects, The Great Learning, and The Doctrine of the Mean,* 90. 学者によっては、哀公の孔子廟建設などの話はかなり後世になってから歴史に書き込まれたのではないかと考える向きもある。

2 Sima Qian, *Records of the Historian,* 26.

3 *Mencius,* III: 4.

4 *Mencius,* II: 1. Sima Qian, *Records of the Historian,* 70.

5 *Mencius,* II: 22.

6 Ibid., III: 14, II: 15; Sima Qian, *Records of the Historian,* 70.

7 *Mencius,* II: 6.

8 *Mencius,* VI: 7.

9 Fung Yu-lan, *A History of Chinese Philosophy,* vol. 1, *The Period of Philosophers,* translated by Derk Bodde (Princeton NJ: Princeton University Press, 1983), 279.

10 Xunzi, *Xunzi: Basic Writings,* Burton Watson, trans. (New York: Columbia University Press, 2003), 130.

11 Ibid., 161, 162, 163-164.

12 *Mencius,* III: 14.

13 *Mozi*, translated by W. P. Mei, online at http://ctext.org/mozi, Chapter 39, "Anti-Confucianism."

14 *Zhuangzi,* translated by Burton Watson, online at "The Complete Works of Chuang Tzu," Terebess Asia Online, http://terebess.hu/english/chuangtzu.html, Chapter 26, "External

Things."

15 Zhuangzi, "The Robber Zhi" (Legge translation).

16 *Han Feizi,* translated by W. K. Liao, online at University of Virginia website *Traditions of Exemplary Women*, www2.iath.virginia.edu/saxon/servlet/SaxonServlet?source=xwomen/texts/listtexts.xml&style=xwomen/xsl/dynaxml.xsl&chunk.id=d1.1&toc.depth=1&toc.id=0&doc.lang=bilingual, Chapter XLIX, "Five Vermin: A Pathological Analysis of Politics." 筆者はこの英訳を多少修正してわかりやすくした。

17 *Han Feizi,* Chapter XLVII, "Eight Fallacies."

18 Sima Qian, in K. E. Brashier, ed., *The First Emperor: Selections from the Historical Records,* translated by Raymond Dawson (Oxford University Press, 2009), 72-74.

19 Ibid., 29.

20 Ibid., 76-78.

21 Mark Edward Lewis, *The Early Chinese Empires: Qin and Han* (Cambridge, MA: Belknap Press, 2007), 53-54.

22 Sima Qian, in Brashier, ed., 47-49.

23 See Jack L. Dull, "Anti-Qin Rebels: No Peasant Leaders Here," *Modern China* 9, no. 3 (1983): esp. 309.

24 Wm. Theodore de Bary and Irene Bloom, compilers, *Sources of Chinese Tradition,* vol. 1. 2nd ed., (New York: Columbia University Press, 2000), 230.

25 Homer Dubs, *History of Former Han Dynasty,* 2 vols. (Baltimore: Waverly Press, 1944). 引用文は前著の高祖時代に関する序論および第1章とde Bary and Bloom, comps.. Sources, 1: 285.

26 Ibid., 1: 288, 286-287.

27 Sima Qian, in Burton Watson, trans., *Records of the Grand Historian* (New York: Columbia University Press, 1961), 37.

28 Quoted in John K. Shryock, *The Origin and Development of the Cult of Confucius: An Introductory Study* (New York: Paragon, 1966), 40.

29 Sima Qian, in Watson, trans., *Records of the Grand Historian*, 410.

30 Alan T. Wood, *Limits to Autocracy: From Sung Neo-Confucianism to a Doctrine of Political Rights* (Honolulu: University of Hawaii Press, 1995), 55.

31 Fung Yu-lan, *A History of Chinese Philosophy,* 2: 72.

32 De Bary and Bloom, coms., *Sources,* 1: 299.

33 Wing-tsit Chan, *Sourcebook in Chinese Philosophy,* (Princeton, NJ: Princeton University Press, 1989), 276, 285; de Bary and Bloom, comps., *Sources*, 1: 298, 301.

34 Quoted in Shryock, *Cult of Confucius,* 51-53.

35 董仲舒の上奏文は以下から引用した。Fung Yu-lan, *A History of Chinese Philosophy,* 2: 17.

36 Translated in de Bary and Bloom, comps., *Sources*, 1: 311.

37 Fung Yu-lan, *History of Chinese Philosophy,* 2: 17.

38 この数字は以下のアーカンソー大学蔡亮教授の著作から引用した。同教授のご厚意により、後日刊行された書籍の未公開原稿を拝見させていただいた。Cai Liang, *Witchcraft and the Rise of the First Confucian Empire,* published by the State University of New York Press in 2014.

39 Sima Qian, *Records of the Historian,* 26.

40 This is discussed in Keith Nathaniel Knapp, *Selfless Offspring: Filial Children and Social Order in*

Medieval China (Honolulu: University of Hawaii Press, 2005), 22.

41 Fung Yu-lan, *History of Chinese Philosophy,* 2: 17, 2:139; quoted in Keith Nathaniel Knapp, "The Confucian Tradition in China," in *The Wiley-Blackwell Companion to Chinese Religions,* Randall L., Nadeau, ed. (Oxford: Wiley-Blackwell, 2012), 157-158.

第三章

1 De Bary and Bloom, comps., *Sources*, 1: 583-595.

2 Ibid., 1: 570, 572.

3 Ibid., 1: 600.

4 歴史家のディーター・キューンはこれを以下の著作で論証している。*The Age of Confucian Rule: The Song Transformation of China* (Cambridge, MA: Belknap Press, 2009), esp. 29.

5 Quoted in ibid., 31.

6 Ibid., 1, 39.

7 Translation in Shryock, *Cult of Confucius,* 154.

8 De Bary and Bloom, comps., *Sources,* 1: 638; quoted in Wm. Theodore de Bary, *The Trouble with Confucianism* (Cambridge, MA: Harvard University Press, 1996), 51.

9 Kuhn, *The Age of Confucian Rule,* 121; Peter K. Bol, *Neo-Confucianism in History* (Cambridge: Harvard University Press, 2008), 125-126.

10 王安石と司馬光の思想論争に関する詳細な考察については、以下を参照のこと。Peter K. Bol, *"This Culture of Ours": Intellectual Transitions in Tang and Sung China* (Stanford, CA: Stanford University Press, 1992), esp. Chapter 7.

11 De Bary and Bloom, comps., *Sources*, 1: 609.

12 Ibid., 1: 614.

13 Ibid., 1: 613.

14 Patricia Buckley Ebrey, *Chinese Civilization: A Sourcebook,* 2nd ed. (New York: Free Press, 1993), no. 35.

15 De Bary and Bloom, comps., *Sources*, 1: 668.

16 Chan, *Sourcebook in Chinese Philosophy,* 588, 591.

17 Kuhn, *The Age of Confucian Rule,* 103.

18 De Bary and Bloom, comps., *Sources*, 1: 702.

19 Ibid., 1: 729.

20 Ibid., 1: 669.

21 Ibid., 1: 733; quoted in Kuhn, *Age of Confucian Rule,* 105.

22 De Bary and Bloom, comps., *Sources*, 1: 777.

23 Ibid., 1: 778.

24 朝鮮初期の儒教史に関する優れた概要については、以下を参照のこと。Key P. Yang and Gregory Henderson, "An Outline History of Korean Confucianism: Part I. The Early Period and Yi Factionalism," *Journal of Asian Studies* 18, no. 1 (1958).

25 Peter H. Lee and Wm. Theodore de Bary, eds., *Sources of Korean Tradition,* vol. 1, *From Early Times Through the Sixteen Century* (New York: Columbia University Press, 1997), 253.

26 Quoted in Martina Deuchler, *The Confucian Transformation of Korea: A Study of Society and Ideology* (Cambridge, MA: Harvard University Press, 1992), 17.

27 朝鮮の儒教化に関する筆者の概要は、Martina Deuchlerの研究に基づいている。

28 Deuchler, *Confucian Transformation, 128.*

29 Herman Ooms, "Neo-Confucianism and the Formation of Early Tokugawa Ideology: Contours of a Problem," in *Confucianism in Tokugawa Culture,* Peter Nosco, ed.（Honolulu: University of Hawaii Press, 1997）, 28-29.

30 Wm. Theodore de Bary, Carol Gluck, and Arthur E. Tiedemann, eds., *Sources of Japanese Tradition,* vol. 2, *Part One*（New York: Columbia University Press, 2006）, 46.

31 詳細は次を参照のこと。Ooms, "Neo-Confucianism," esp. 32, 59.

32 Kiri Paramore, "The Nationalization of Confucianism: Academism, Examination, and Bureaucratic Governance in the Late Tokugawa State," *Journal of Japanese Studies* 38, no. 1（2012）: 26.

33 Conrad Totman, *Early Modern Japan*（Berkeley: University of California Press, 1993）, 470.

34 この皇帝による儀式の説明は以下から引用した。Legge, trans., *The Confucian Analects, The Great Learning, and The Doctrine of the Mean,* 91-92.

第四章

1 この部分は以下の著作を訳したものである。Teng Ssu-yu and John King Fairbank, *China's Response to the West: A Documentary Survey, 1839-1923*（New York: Atheneum, 1963）, 152-153.

2 Liang Ch'i-ch'ao, *Intellectual Trends in the Ch'ing Period,* translated by Immanuel C. Y. Hsu（Cambridge, MA: Harvard University Press, 1959）, 98.

3 Simon Winchester, *The Man Who Loved China: The Fantastic Story of the Eccentric Scientist Who Unlocked the Mysteries of the Middle Kingdom*（New York: Harper, 2008）, 57.

4 Joseph Needham, *Science and Civilization in China,* vol. 2, *History of Scientific Thought*（Cambridge, UK: Cambridge University Press, 1956）, 1, 15.

5 *Analects,* VII: 21, XIII: 4（Legge translation）.

6 例えば、以下の文献を参照のこと。John K. Fairbank, Alexander Eckstein, and L. S. Yang. "Economic Change in Early Modern China: An Analytic Framework," *Economic Development and Cultural Change 9,* no. 1,（1960）: 6（Part 1）; Lin Justin Yifu. "The Needham Puzzle: Why the Industrial Revolution Did Not Originate in China," *Economic Development and Cultural Change* 43, no. 2（1995）: 269-292.

7 De Bary, ed., *Sources,* 2: 238-239.

8 Ibid., 2: 240.

9 Ibid., 2: 248, 253.

10 Ibid., 2: 261.

11 Ibid.

12 Ibid., 2: 268-269.

13 *Book of Rites,* translated by James Legge, Online at University of Virginia website Traditions of Exemplary Women website, www2.iath.virginia.edu/saxon/servlet/SaxonServlet?source=xwomen/texts/listtexts.xml&style=xwomen/xsl/dynaxml.xsl&chunk.id=d1.1&toc.depth=1&toc.id=0&doc.lang=bilingual; Chan, *Sourcebook in Chinese Philosophy,* 735.

14 De Bary, ed., *Sources,* 2: 273; Chan, *Sourcebook in Chinese Philosophy,* 733.

15 De Bary, ed., *Sources,* 2: 266-67; Liang Ch'i-ch'ao, *Intellectual Trends,* 95.

16 De Bary, ed., *Sources,* 2: 282.
17 Liang Ch'i-ch'ao, *Intellectual Trends,* 94.
18 De Bary, ed., *Sources,* 2: 277-278.
19 Ibid., 2: 278-280.
20 Ibid., 2: 270.
21 Teng and Fairbank, *China's Response,* 177-178.
22 De Bary, ed., *Sources,* 2: 286.
23 Chow Tse-tsung, *The May 4th Movement: Intellectual Revolution in Modern China*（Cambridge, MA: Harvard University Press, 1964）, 300; de Bary, ed., *Sources,* 2: 355-356; quoted in Chow, *May 4tth,* 59; translation from Teng and Fairbank, *China's Response,* 242-244.
24 会話や他の細部はすべて以下の魯迅短編集から引用している。*Selected Stories of Lu Hsun,* translated by Yang Hsien-yi and Gladys Yang（Beijing: Foreign Languages Press, 1972）.
25 Lin Yutang, "Confucius as I Know Him,"*China Critic* 4, no. 1（1931）: 5-9, online at http://www.chinaheritagequarterly.org/features.php?searchterm=030_face.inc&issue=030.
26 Mao Zedong, *On New Democracy,* 1940, online at https://www.marxists.org/reference/archive/mao/selected-works/volume-2/mswv2_26.htm.
27 Hung Kwangszu, "Criticize the Doctrines of Confucius and Mencius to Consolidate the Dictatorship of the Proletariat," *Peking Review,* April 18, 1975.
28 紅衛兵による曲阜攻撃の逸話の大半は、中国人ジャーナリスト王良（Wang Liang）による次の説明を要約したものである。"The Confucian Temple Tragedy of the Cultural Revolution" in Thomas A. Wilson, *On Sacred Grounds: Culture, Society, Politics, and the Formation of the Cult of Confucius*（Cambridge, MA: Harvard University Press, 2003）. また、次の資料も参照した。Joseph Esherick, Paul Pickowics, and Andrew George Walder, *The Cultural Revolution as History*（Stanford, CA: Stanford University Press, 2006）, 84-92.
29 Wang Liang, "Confucian Temple Tragedy," 377-378.
30 Ibid., 378.
31 Ibid., 379.
32 Ibid., 383.
33 Mao Zedong, "Speeches at the Second Session of the Eighth Party Congress: The First Speech, May 8, 1958,"https://www.marxists.org/reference/archive/mao/selected-works/volume-8/mswv8_10.htm.
34 De Bary, *Trouble with Confucianism,* ix.

第五章

1 第II部の見出しは次の内容に関する弊戯曲から引用した。Book XXV of *the Book of Rites, which is called* "Confucius at Home at Ease"（『礼記』第二十五編仲尼燕居）。羅康瑞の資産評価額は『フォーブス』誌2013年3月号による。
2 この言葉は、2013年6月、著者による羅康瑞と息子の羅俊誠との取材から引用した。
3 Lin Yutang, *My Country and My People*（London: William Heinemann, 1936）, 167.
4 Francis L. K. Hsu, *Under the Ancestors' Shadow: Kinship, Personality and Social Mobility in China*（Stanford, CA: Stanford University Press, 1971）, 265.
5 Knapp, *Selfless Offspring,* 3. 孝に関しては、ナップ博士の業績から多大な恩恵を受けており、

本章で示した歴史観も大きな影響を受けている。

6 Kam Louie, *Critiques of Confucius in Contemporary China* (Hong Kong: Chinese University Press, 1980), 8.

7 孝の概念に関する初期の展開史については、以下を参照のこと。Keith Nathaniel Knapp, *"The Ru Reinterpretation of Xiao," Early China* 20 (1995): 195-222. 孔子の引用句は次の英訳から引用した。*Analects,* VI: 7, 6, and 5 (Lau translation).

8 *Classics of Filial Piety,* translated by Lames Legge, online at Chinese Text Project, https://ctext.org/xiao-jing, Chapter X, VI; *Analects,* IV:19 (Lau translation).

9 *Analects,* I:11, XVII: 21 (Lau translation).

10 *Book of Rites,* Chapter X, Section 1.

11 *Twenty-Four Filial Exemplars* (『二十四孝』), translated by David Jordan, http://pages.ucsd.edu/~dkjordan/chin/shiaw/shiaw00.html, 第十四話「楊香、虎を撃退して父親を救う」、第十一話「呉猛、蚊に血を吸わせる」第十六話「庾黔婁、病状を心配して便を舐める」

12 Ibid., 第一話「孝行な舜、天子堯を感動させる」、第十三話「郭巨、母親のためにわが子を埋める」

13 Ibid., 第二十三話「孟宗、泣いて筍を生やす」

14 Ibid., 第六話「董永、わが身を売って父親の葬式を出す」

15 アジアの家族と儒教の展開に関する分析の大半は、次の文献から引用した。Knapp, *Selfless Offspring,* esp. 14-24.

16 De Bary and Bloom, comps., *Sources,* 1:790.

17 *Classics of Filial Piety,* Chapter I, IX.

18 Ibid., Chapter X (p. 30), II (p. 18), I (p.16).

19 Ibid., Chapter V (p. 21), I, XIII.

20 Legge, trans., *The Great Learning, in The Confucian Analects, The Great Learning, and The Doctrine of the Mean,* IX: 3; *Classic of Filial Piety,* Chapter XI; *Analects,* I: 2 (Lau Translation).

21 *Classic of Filial Piety,* Chapter XI (p. 33).

22 *Analects,* VI: 18 (Lau translation); *Book of Rites,* Chapter X, Section I; *Analects,* IV: 26 (Legge translation).

23 *Analects,* XIIII: 18 (Lau translation); Chin, *Authentic Confucius,* 111-112.

24 *Han Feizi,* Book 19, Chapter 49.

25 *Analects,* XV: 24, 37, VI: 30 (Legge translation); *Great Learning,* IX: 1.

26 Bertrand Russell, *The Problem of China* (London: George Allen and Unwin, 1922).

27 Yutang, *My Country and My People*, 167, 172-173.

28 Ibid., 169; De Bary, ed., *Sources,* 2: 353-354.

29 Wesley Yang, "Paper Tigers," *New York Magazine,* May 8, 2011.

30 2013年6月、著者が王豊に取材した際の言葉である。

31 2013年1月、著者がウォルター・ウーンに取材した際の言葉である。

32 この短編ビデオは以下のユーチューブで鑑賞できる。https://www.youtube.com/watch?v=ybxNkpS5q-g

33 2013年5月、著者がリー・フィボクに取材した際の言葉である。

34 "New Filial Piety Law Takes Effect to Much Criticism in China," *South China Morning Post,* July 1, 2013.

35 “A Look Back at China’s Filial Piety Culture,” *People’s Daily,* May 16, 2012.
36 著者が王豊に取材した際の言葉である。
37 “Challenges of Population Aging in China: Evidence from the National Baseline Survey of the China Health and Retirement Longitudinal Study,” May 2013, 11.
38 2013年6月、著者が女性に取材した際の言葉である。
39 2013年6月、著者が老人に取材した際の言葉である。
40 2013年9月、著者が王に取材した際の言葉である。

第六章
1 2013年5月、著者がオ氏に取材した際の言葉である。
2 2013年5月、著者がイ氏に取材した際の言葉である。
3 Amy Chua, *Battle Hymn of the Tiger Mother* (New York: Penguin, 2011), 5.
4 Allison Pearson, “Why We All Need a Tiger Mother,” *Telegraph,* January 13, 2011.
5 *Analects,* XIX: 7, XVII: 8, (Lau translation).
6 Xunzi, *Xunzi, Basic Writings,* Watson, trans., 162, 15.
7 *Analects,* IV: 17, XV: 30, (Lau translation).
8 *Great Learning,* introduction.
9 *Doctrine of the Mean,* XX: 10, *Great Learning,* introduction.
10 *Analects,* XV: 31, 21 (Lau translation).
11 *Analects,* VIII: 12 (Legge translation).
12 *Analects,* V: 28, VII: 2 (Lau translation); Sima Qian, *Records of the Historian,* 22.
13 Sima Qian, *Records of the Historian,* 11-12.
14 Fung Yu-lan, *History of Chinese Philosophy,* 1: 48.
15 *Analects,* VII: 7 (Lau translation); Fung Yu-lan, *History of Chinese Philosophy,* 1: 49.
16 Ebrey, *Chinese Civilization,* No. 54.
17 Ibid., No. 30.
18 Ichisada Miyazaki, *China’s Examination Hell: The Civil examination of Imperial China,* translated by Conrad Schirokauer (New Heaven, CY: Yale University Press. 1981), 13.
19 Ibid., 17.
20 2013年6月、著者が王君、趙さん、劉君と彼の母親に取材した際の言葉である。
21 キム・ジョンフン君の話は、2013年、リナ・ユン女史が本書のために取材した際の言葉である。
22 2013年5月、著者がチョンさんに取材した際の言葉である。
23 De Bary and Bloom, comps., *Sources,* 1: 615; 2009年、著者がモリス氏に取材した際の言葉である。これは2009年7月27日号『タイム』誌「Rebooting the Dragon」に掲載されている。
24 2013年5月、著者がキム・ウンシル女史に取材した際の言葉である。
25 *Analects,* VII: 8 (Lau translation).
26 2011年、著者が陳益興次長に取材した際の言葉である。
27 これは、2011年4月7日付「ウォールストリート・ジャーナル」紙ウェブサイトのブログ記事「台湾における儒教の必修科目化を巡る議論」を台湾の「自由時報」紙が訳出したものである。また、クレーン教授の言葉は彼のブログ「The Useless Tree」20011年4月10日付記事「Confucius in the Schools ……Taiwan Schools,」から引用した。

28 2011年、著者がライ氏に取材した際の言葉である。

第七章

1 2013年5月、著者がペ女史に取材した際の言葉である。

2 Chad Steinberg, "Can Women Save Japan (and Asia Too)?" October 2012, International Monetary Fund, https://www.imf.org/external/pubs/ft/fandd/2012/09/steinberg.htm.

3 2013年5月、著者がペ女史に取材した際の言葉である。

4 Julia Kristeva, *About Chinese Women,* translated by Anita Barrows (New York: Marion Boyars, 1986), 66; de Bary ed., *Sources,* 2: 392; Li-hsiang Lisa Rosenlee, *Confucianism and Women: A Philosophical Interpretation* (Albany: State University of New York Press, 2006), 1.

5 *Analects,* II: 20 (Lau translation).

6 *Analects,* XVII: 25 (from de Bary and Bloom, comps., *Sources,* vol. 1).

7 *Analects,* VIII: 20 (Lau translation).

8 Ibid., IX: 18; XVI: 7 (Lau translation).

9 *Book of Rites,* VII: 18.

10 *Mencius,* III: 4.

11 *Book of Rites,* Book X, Section I; quoted in Patricia Ebrey, "Women in Traditional China," Asia Society, Women in Traditional China | Asia Society.

12 Speech delivered by Hu Shi in 1933 entitled "Social Disintegration and Readjustment," which can be found online at http://csua.berkeley.edu/~mrl/HuShih/.

13 *Mencius,* III: 7.

14 *Book of Rites,* Book IX, Section III.

15 Chan, *Sourcebook in Chinese Philosophy,* 277.

16 *Discussions in White Tiger Pavilion,* translated by Tjan Tjoe Som, published by Hyperion Press, 1973. Online at University of Virginia website Traditions of Exemplary Women website, XWomen TOC (virginia.edu), Chapter XXIX.　文意を明確にするために、筆者は当初の英訳を多少口語調にしている。

17 Tu Wei-Ming, "Probing the 'Three Bonds' and 'Five Relationships' in Confucian Humanism," *Confucianism and the Family,* Walter H. Slote and George A. De Vos, eds. (Albany: State University of New York Press, 1998), 122.

18 Tu, "Probing the 'Three Bonds'"122-123.

19 De Bary and Bloom, comps., *Sources,* 1: 830; Ebrey, *Chinese Civilization,* No. 17.

20 De Bary and Bloom, comps., *Sources,* 1: 828-829.

21 *Book of Rites,* Book I, Section I; de Bary and Bloom, comps., *Sources,* 1: 828.

22 *Book of Rites,* Book X, Section I; de Bary and Bloom, comps., *Sources,* 1: 829.

23 *Mencius,* IV: 26.

24 De Bary and Bloom, comps., *Sources,* 1: 826-827.

25 Ibid., 1: 822; Patricia Buckley Ebrey, *The Inner Quarters: Marriage and the Lives of Chinese Women in the Sung Period* (Berkeley: University of California Press: 1992), 186; Susan Mann and Cheng Yu-yin, eds., *Under Confucian Eyes: Writings on Gender in Chinese History,* (Berkeley: University of California Press: 2001)151-152.　,

26 *Biographies of Exemplary Women,* in Albert Richard O'Hara, *Position of Women in Early China*

(Hong Kong: Orient Publishing, 1946), 39-42.

27 Ibid., 117.

28 Howard S. Levy, *Chinese Footbinding: The History of a Curious Erotic Custom* (New York: Bell, 1967), 225-226. 纏足研究家のハワード・レヴィは、このような恐ろしい逸話を多数紹介している。

29 Lin, *My Country and My People,* 160; *Classic of Filial Piety,* Chapter I; C. Fred Blake, "Foot-Binding in Neo-Confucian China and the Appropriation of Female Labor," *Signs* 19, no. 3 (1994): 695, 708.

30 Ebrey, *Inner Quarters,* No. 199.

31 Ebrey, *Chinese Civilization,* No. 56.

32 De Bary, ed., *Sources,* 2: 354.

33 Kristeva, *About Chinese Women,* 75.

34 De Bary, ed., *Sources,* 2: 392, 394.

35 Ibid., 2: 395.

36 他に注記のない限り、この引用部分はすべて2013年にローゼンリー教授が筆者に送信した電子メールである。

37 Ibid., 154, 149, 159. ローゼンリー教授による分析の全容は、彼女の著書の第七章を参照のこと。

第八章

1 2013年6月、著者がジン氏に取材した際の言葉である。

2 2013年、著者がルー氏に取材した際の言葉である。

3 Dale Carnegie, *How to Win Friends and Influence People* (New York: Pocket Books, 1998), 12.

4 *Great Learning,* X: 19.

5 *Analects,* I: 5, XX: 2 (Legge translation).

6 Ibid., XII: 7, XIII: 9; *Great Learning,* X: 9.

7 *Mencius,* I: 7.

8 *Analects,* XII: 9 (Legge translation).

9 *Mencius,* I: 3.

10 De Bary and Bloom, comps., *Sources,* 1: 357.

11 Ibid., 1: 362, 360.

12 Ibid., 1: 363.

13 *Analects,* I: 14, IV: 9 (Lau translation).

14 Ibid., IV: 16, IV: 5; *Great Learning,* X: 7.

15 De Bary and Bloom, comps., *Sources,* 1: 361.

16 Ibid., 1: 357-358.

17 2013年5月、著者がゼリン教授に取材した際の言葉である。以下も参照のこと。Albert Feuerwerker, "The State and the Economy in Late Imperial China," *Theory and Society* 13. No. 3 (1984): 305, 308.

18 Angus Maddison, "The West and the Rest in the World Economy: 1000-2030: Maddisonian and Malthusian interpretations," *World Economics* 9, no. 4 (2008): 87, 170.

19 Max Weber, *The Religion of China: Confucianism and Daoism,* translated by Hans H. Gerth (New York: Macmillan, 1951), 248. (邦訳は、マックス・ウェーバー『儒教と道教』木全徳雄訳、創

文社）

20 Ibid., 229, 237, 242.

21 Ibid., 244-245.

22 Fairbank et al., "Economic Change in Early Modern China," 15.

23 Roderick MacFarquhar, "The Post-Confucian Challenge," *The Economist*, February 9, 1980, 68.

24 Ibid., 71.

25 Ibid.

26 Ezra F. Vogel, *Japan as Number One: Lessons for America*（Bloomington, IN: iUniverse, 1999; originally published by Harvard University Press, 1979), 226, 254.

27 Min Chen, *Asian Management Systems*（London: Thomson Learning, 2004), 25.

28 Fareed Zakaria, "A Conversation with Lee Kuan Yew," Foreign Affairs, March/April, 1994.

29 Barbara Crossette, "Western Influence Worries Singapore Chief," *New York Times*, January 4, 1987.

30 Habibullah Khan, "Social Policy in Singapore: A Confucius Model?" World Bank, 2001, 20.

31 Tan Chwee Huat, "Confucianism and Nation Building in Singapore," *International Journal of Social Economics* 16, no. 8（1989): 9.

32 Han Fook Kwang, Warren Fernandez, and Sumiko Tan, *Lee Kuan Yew: The Man and His Ideas* (Singapore: Times Editions, 1998), 196.

33 Mortimer Zuckerman, "Japan Inc. Unravels," *U.S. News & World Report*, August 9, 1998.

34 "Poll: 'Young Chinese Use 'Daddies' to Get Ahead," WSJ.com, August 20, 2013.

35 以下を参照。Bruce Stanley, "Korean Air Bucks Tradition to Fix Problems," *Wall Street Journal*, January 9, 2006.

36 2013年5月、著者がユ氏に取材した際の言葉である。

37 2009年12月、注記された部分を除き、著者が柳氏に取材した際の言葉である。また、本章の部分は筆者執筆の次の記事でも読める。*Time* magazine "Lenovo's Legend Returns, May 10, 2010."

38 これらの言葉は、柳伝志氏が著者に送った電子メールの内容である。因みに、文法上の必要性や文意を明確にするために、多少の修正を施している。

第九章

1 この取材の部分は、以下のシンガポール首相のウェブサイトで読める。PMO | Transcript of Prime Minister Lee Hsien Loong's interview with US television journalist Charlie Rose on 14 April 2010 in The United States

2 "Confucian Ethics for Schools," *Straits Times*, February 4, 1982, 1.

3 Government of Singapore, White Paper on Shared Values, 1991, graph 41.

4 "Singapore: A Most Un-Confucian Government," November 28, 2005, *Useless Tree*, http://uselesstree.typepad.com/useless_tree/2005/11/singapore_a_mos.html.

5 *Analects*, VIII: 9, 21（Lau translation); *Doctrine of the Mean*, XX: 12.

6 J. Mason Gentzler, ed., *Changing China: Readings in the History of China from the Opium War to the Present*（New York: Praeger, 1977), 172.

7 *Analects*, XII: 11（Lau translation).

8 Samuel P. Huntington, *The Third Wave: Democratization in the Late Twentieth Century*（Norman:

University of Oklahoma Press, 1993), 300.

9 *Analects,* XIII: 15 (Lau translation).

10 Ibid., XIII: 6, II: 19.

11 *Analects,* II: 3, XII: 19, XX: 2 (Lau translation); *Doctrine of the Mean,* XXXIII: 4; *Mencius,* II: 3.

12 Francis Fukuyama, "Confucianism and Democracy," *Journal of Democracy* 6, no. 2 (1995): 26.

13 Sun Yat-sen, *San Min Chu I*: *The Three Principles of the People,* Frank W.Price trans. L.T.Chen ed.(Shanghai China Committee Institute of Pacific Relations,1927),169,171.

14 *Analects,* XV: 25 (Lau translation); *Great Learning,* X: 5.

15 *Mencius,* VII: 60, I: 6.

16 Ibid., V: 5, IV: 2.

17 Ibid., I: 15.

18 Sun Yat-sen, *San Min Chu I,* 170; Kim Dae Jung, "Is Culture Destiny? The Myth of Asia's Anti-Democratic Values," *Foreign Affairs,* November/December 1994.

19 De Bary et al., *Sources of Japanese Tradition,* 48-49.

20 Bol, *Neo-Confucianism in History,* 133; Fung Yu-lan, *History of Chinese Philosophy,* 2: 565.

21 Wood, *Limits to Autocracy,* 113, 96, 120. 文意を明らかにするために、最初の引用文には修正を多少加えている。

22 劉基と宋濂双方の思想の詳細は、次の著作を参照した。John W. Dardess, *Confucianism and Autocracy: Professional Elites in the Founding of the Ming Dynasty* (Berkeley: University of California Press. 1983), 134-139, 165-166.

23 Zhengyuan Fu, *Autocratic Tradition and Chinese Politics* (Cambridge, UK: Cambridge University Press, 1993), 58-59; Wood, *Limits to Autocracy,* 111.

24 Dardess, *Confucianism and Autocracy,* 216.

25 Ibid., 5, 132-133, 184-185.

26 Ibid., 209, 223, 240.

27 *Analects,* VIII: 13 (Lau translation).

28 United Nations, ""Capital Punishment and Implementation of the Safeguards Guaranteeing Protection of the Rights of Those Facing the Death Penalty, December 2009.

29 Kim Dae Jung, "Is Culture Destiny?; Han Fook Kwang et al., *"Lee Kwang yew,* 380, 383; Zakaria, "A Conversation."

30 Han Fook Kwang et al., *Lee Kwang yew,* 89; "Government's Hard-Nosed Approach Defended," *Straits Times,* April 20, 1987.

31 Zakaria, "A Conversation,"; Han Fook Kwang et al., *Lee Kwang yew,* 147, 407-409.

32 Eric X Li, "Democracy Is Not the Answer," *Huffington Post,* May 16, 2012, Democracy Is Not the Answer | HuffPost.

33 Chris Patten, *East and West: The Last Governor of Hong Kong on Power, Freedom, and the Future* (London: Macmillan, 1998), 155; Fukuyama, "Confucianism and Democracy,"30.

34 Text of speech printed in the *Straits Times,* February 8, 1982, 14.

35 "Confucian Ethics for Schools," *Straits Times,* February 4, 1982, 1; *Straits Times,* February 8, 1982.

36 Eddie C. Y. Kuo, "Confucianism as Political Discourse in Singapore: The Case of an Incomplete Revitalization Movement," in Tu Wei-ming, *Confucian Traditions in East Asian Modernity: Moral*

Education and Economic Culture in Japan and the Four Mini-Dragons（Cambridge, MA: Harvard University Press, 1996）, 300.

37 "Confucianism as Political Discourse in Singapore," 299; *Straits Times,* March 10, 1982, 43.

38 Tan Chwee Huat, "Confucianism and Nation Building," 5

39 Government of Singapore, White Paper on Shared Values, graphs 2, 39.

40 Ibid., graphs 24, 26, 25, 28.

第十章

1 "Xi Underlines Morality During Confucius Site Visits," Xinhua, November 28, 2013.

2 Abigail Lamberton, "The Kongs of Qufu: Power and Privilege in Late Imperial China," in Thomas A. Wilson, *On Sacred Grounds,* 328. ランバートン氏の記事は、帝政時代の孔家の富と影響力に関する極めて詳細な内容を紹介している。

3 孔衆氏の言葉は、いずれも2011年9月に著者が本人に取材した際のものである。

4 De Bary ed., *Sources,* 2: 576, 578.

5 谷牧副主席の演説は以下の資料から抜粋した。Wm. Theodore De Bary, "The New Confucianism in Beijing," *American Scholar* 64, no. 2（1995）: 181-182.

6 Ibid.

7 Daniel A. Bell, "China's Leaders Rediscover Confucianism," *International Herald Tribune,* September 14, 2006.

8 Francis Fukuyama, "China Is Looking to Its Dynastic Past to Shape Its Future," *Financial Times,* July 12, 2011.

9 Daniel A. Bell and Eric Li, "In Defense of How China Picks Its Leaders," *Financial Times,* November 11, 2012.

10 Zhang Weiwei, "Eight Ideas Behind China's Success," *New York Times,* September 30, 2009.

11 "Modern China Needs Some Old Thinking," *China Daily,* July 31, 2006.

12 2013年7月、著者がリュウ院長に取材した際の言葉である。

13 Kam Louie, "Confucius the Chameleon: Dubious Envoy for 'Brand China,'" *Boundary 2* 38, no. 1（2011）: 77-78.

14 Website of Hanban, 中外語言交流合作中心（chinese.cn）. 規則はこのウェブサイト上に公開されている。下院外交委員会の監視・調査小委員会におけるモッシャー所長の証言は、次の資料に記載されている。Steven W. Mosher, "Confucius Institutes: Trojan Horses with Chinese Characteristics," March 28, 2012. Population Research Institute website, Confucius Institutes: Trojan Horses with Chinese Characteristics - PRI（pop.org）.

15 特段の注記がない限り、2012年4月、著者が蒋氏に取材した際の言葉である。

16 Jiang Qing and Daniel A. Bell, "A Confucian Constitution for China," *New York Times,* July 10, 2012.

17 2012年3月、著者が馮院長に取材した際の言葉である。

18 2012年3月、著者がリーさんとミャオさんに取材した際の言葉である。

19 2013年7月、著者がルアン氏とレイ氏に取材した際の言葉である。

20 2013年7月、著者がジェン氏に取材した際の言葉である。

参考文献

古典籍、歴史的文献

『論語』：これは最も著名な儒教文献であり、（孔子自身はこの文献を編纂していないが）おそらく孔子本人の言葉を最も多く盛り込んでいる。筆者はさまざまな訳書から引用した。例えば、最も頻繁に利用した訳書は、香港生まれの中国学者D. C. ラウが翻訳・解説し、ペンギン・ブックス社から1979年に刊行されたものだ。また、西欧における中国学の守護聖人ジェームズ・レッグの訳本も用いた。これは、ニューヨークのコジモ・クラシックス社が『*The Confucian Analects*（論語）』、『*The Great Learning*（大学）』、『*The Doctrine of the Mean*（中庸）』と題した編纂物を2009年に再版した訳書である。さらに、レッグのオンライン翻訳作品は、インターネット上の電子図書館「中国哲学書電子化計画」（The Analects - Chinese Text Project (ctext.org)）で検索できる。

『列女伝』：アルバート・リチャード・オハラは、香港の東方出版社から1946年に刊行された自著『*The Position of Woman in Early China*（古代中国における女性の地位）』の中で『列女伝』の英訳を掲載している。

『礼記』：1885年のジェームズ・レッグの英訳書から引用した。この英訳は、バージニア大学から「*Traditions of Exemplary Women*（列女伝）」に関するウェブサイトへの掲載について快諾を得ている。XWomen TOC（virginia.edu）

『孝経』：極めて影響力のあるこの古典籍に関しては、ジェームズ・レッグの英訳書を引用した。全文は、インターネット上の電子図書館「中国哲学書電子化計画」（Xiao Jing - Chinese Text Project（ctext.org））で検索できる。

『白虎通義』：後漢の書であり、これも前述のバージニア大学ウェブサイトに掲載されている（『礼記』の項目を参照）。原書はインドネシア華人の中国学者曾祖森による英訳書があり、ハイペリオンプレス社から1973年に刊行されている。

『中庸』：筆者が引用したのは、コジモクラシックス社が2009年に再版した訳書である（『論語』の項目を参照）。

『大学』：コジモクラシックス社が2009年に再版した英訳書を引用した（『論語』の項目を参照のこと）。

『韓非子』：1936年、台湾独立運動活動家の廖文奎が英訳した『韓非子全集』から引用した。前述のバージニア大学ウェブサイトに掲載されている（『礼記』の項目を参照）。

『漢書』：これもバージニア大学のご厚意により、同大学ウェブサイトに掲載されている（『礼記』の項目を参照）。オックスフォード大学の中国学者ホーマー・ダブズ教授が英訳したものだ。原書はメリーランド州ボルチモアのウェイバリープレス社から1944年に刊行された。また、このサイトには実録（君主の言行録）に関する説明や概論も掲載されており、極めて有用である。

『孟子』：ジェームズ・レッグの英訳は、インターネット上の電子図書館「中国哲学書電子化計画」（Mengzi - Chinese Text Project（ctext.org））で検索できる。

『墨子』：部分的な英訳は、インターネット上の電子図書館「中国哲学書電子化計画」（Mozi - Chinese Text Project（ctext.org））で検索できる。この英訳は、墨子の研究者である梅貽宝著『*The Ethical and Political Works of Motse*（墨子の倫理と政治の論考集）』（1929）から引用したものである。

『史記』：司馬遷が編纂したこの歴史書には、孔子の生涯を初めて紹介した物語が含まれている。

英訳に際しては、さまざまな訳を混ぜ合わせる必要があった。孔子自身に関する資料の大半は、オックスフォード大学の同級生で著名な翻訳家夫妻の楊憲益と戴乃迭（グラディス・ヤン）による翻訳を用いた。この訳書は香港の商務印書館が1975年に刊行している。秦朝に関する司馬遷の記録は、『*The First Emperor: Selections from the Historical Records*』（K. E. ブラシャイア編、レイモンド・ドーソン訳、オックスフォード大学出版局、2009）から引用した。武帝と漢朝の資料については、英訳の決定版『*Records of the Grand Historian*』（バートン・ワトソン訳、コロンビア大学出版局、1961）から引用した。

『春秋左史伝』：この古典籍は歴史書『春秋』の内容に注釈を加えたものである。引用したのは、ジェームズ・レッグ訳（1872）であり、前述のバージニア大学ウェブサイトに掲載されている（『礼記』の項目を参照）。レッグ訳の翻字も当該サイトに掲載されている（XWomen TOC (virginia.edu)）。

『二十四孝』：この古典籍では、カリフォルニア大学サンディエゴ校デービッド・ジョーダン教授の英訳から引用した。同教授のご厚意により、この訳はウェブサイト（The 24 Filial Exemplars (ucsd.edu)）で検索できる。

『荀子』：荀子の著作の一部は、アメリカの東洋学者バートン・ワトソンによる英訳書がコロンビア大学出版局から2003年に刊行されている。

『荘子』：本書では、その大半をジェームズ・レッグの英訳書（1891）から引用している。これはインターネット上の電子図書館「中国哲学書電子化計画」(Zhuangzi - Chinese Text Project (ctext.org)）で検索できる。また、バートン・ワトソンの英訳書も多少参照した。これは次のウェブサイト（The Complete Works of Chuang Tzu translated by Burton Watson, Terebess Asia Online（TAO）(archive.org)）で検索できる。

原本、英訳書、記録文書

本書では、以下に列挙した中国に関する哲学専門書や歴史文書も参照した。

- Chan, Wing-tsit, trans. *A Sourcebook in Chinese Philosophy*. Princeton, NJ: Princeton University Press, 1989.
- de Bary, Wm. Theodore, ed. *Sources of Chinese Tradition*, vol. 2, 2nd ed. New York: Columbia University Press, 2001.
- de Bary, Wm. Theodore, and Irene Bloom, compilers. *Sources of Chinese Tradition*, vol. 1, 2nd ed. New York: Columbia University Press, 2000.
- Ebrey, Patricia Buckley. *Chinese Civilization: A Sourcebook*, 2nd ed. New York: Free Press, 1993.
- Gardner, Daniel K. *The Four Books: The Basic Teachings of the Late Confucian Tradition*. Indianapolis: Hackett, 2007.
- Gentzler, J. Mason, ed. *Changing China: Readings in the History of China from the Opium War to the Present*. New York: Praeger, 1977.
- Teng Ssu-yu and John King Fairbank. *China's Response to the West: A Documentary Survey, 1839–1923*. New York: Atheneum, 1963.

その他の出典

- Ackerly, Brooke A. "Is Liberalism the Only Way Toward Democracy? Confucianism and Democracy." *Political Theory* 33, no. 4（2005）: 547–576.
- Bell, Daniel A. *China's New Confucianism: Politics and Everyday Life in a Changing Society*.

Princeton, NJ: Princeton University Press, 2008.

- Blake, C. Fred. "Foot-Binding in Neo-Confucian China and the Appropriation of Female Labor." *Signs* 19, no. 3（1994）：676–712.
- Bodde, Derk. "The Idea of Social Classes in Han and Pre-Han China." In W. L. Idema and E. Zurcher, eds., *Thought and Law in Qin and Han China: Studies Dedicated to Anthony Hulsewe on the Occasion of His Eightieth Birthday*. Leiden: E. J. Brill, 1990, 26–41.
- Bol, Peter K. *"This Culture of Ours": Intellectual Transitions in T'ang and Sung China*. Stanford, CA: Stanford University Press, 1992.
- ______. *Neo-Confucianism in History*. Cambridge, MA: Harvard University Press, 2008.
- Chang, Carsun. *The Development of Neo-Confucian Thought*. London: Vision, 1958.
- Chang, Wonsuk, and Leah Kalmanson, eds. *Confucianism in Context: Classic Philosophy and Contemporary Issues, East Asia and Beyond*. Albany: State University of New York Press, 2010.
- Chen, Min. *Asian Management Systems*. London: Thomson Learning, 2004.
- Chin, Annping. *The Authentic Confucius: A Life of Thought and Politics*. New York: Scribner, 2007.
- Chow Tse-tsung. *The May 4th Movement: Intellectual Revolution in Modern China*. Cambridge, MA: Harvard University Press, 1964.
- Chua, Amy. *Battle Hymn of the Tiger Mother*. New York: Penguin, 2011.（エイミー・チュア著『タイガー・マザー』齊藤孝訳、朝日出版社）
- Clements, Jonathan. *Confucius: A Biography*. Stroud, UK: Sutton, 2004.
- Csikszentmihalyi, Mark. "Confucius and the Analects in the Han." In Bryan W. Van Norden, ed., *Confucius and the Analects: New Essays*. New York: Oxford University Press, 2002.
- Dardess, John W. *Confucianism and Autocracy: Professional Elites in the Founding of the Ming Dynasty*. Berkeley, University of California Press, 1983.
- De Bary, Wm. Theodore. "The New Confucianism in Beijing." *American Scholar* 64, no. 2（1995）：175–189.
- ______. *The Trouble with Confucianism*. Cambridge, MA: Harvard University Press, 1996.
- ______. *Asian Values and Human Rights: A Confucian Communitarian Perspective*. Cambridge, MA: Harvard University Press, 2000.
- de Bary, Wm. Theodore, Carol Gluck, and Arthur E. Tiedemann, eds. *Sources of Japanese Tradition*, vol. 2, Part 1. New York: Columbia University Press, 2006.
- Deuchler, Martina. *The Confucian Transformation of Korea: A Study of Society and Ideology*. Cambridge, MA: Harvard University Press, 1992.
- Dotson, John. "The Confucian Revival in the Propaganda Narratives of the Chinese Government." Staff Research Report for the US-China Economic and Security Review Commission, July 2011.
- Dubs, Homer H. "The Victory of Han Confucianism." *Journal of the American Oriental Society* 58, no. 3（1938）：435–449.
- Dull, Jack L. "Anti-Qin Rebels: No Peasant Leaders Here." *Modern China* 9, no. 3（1983）：285–318.
- Ebrey, Patricia Buckley. The Inner Quarters: *Marriage and the Lives of Chinese Women in the Sung Period*. Berkeley: University of California Press, 1992.
- Elman, Benjamin A. *A Cultural History of Civil Examinations in Late Imperial China*. Berkeley:

University of California Press, 2000.

- Elstein, David. "Why Early Confucianism Cannot Generate Democracy." *Dao* 9 (2010) : 427–443.
- Englehart, Neil A. "Rights and Culture in the Asian Values Argument: The Rise and Fall of Confucian Ethics in Singapore." *Human Rights Quarterly* 22, no. 2 (2000) : 548–568.
- Eno, Robert. "The Background of the Kong Family of Lu and the Origins of Ruism." *Early China* 28 (2003). Esherick, Joseph, Paul Pickowicz, and Andrew George Walder. *The Cultural Revolution as History*. Stanford, CA: Stanford University Press, 2006.
- Fairbank, John K., Alexander Eckstein, and L. S. Yang. "Economic Change in Early Modern China: An Analytic Framework," Part 1. *Economic Development and Cultural Change* 9, no. 1 (1960) : 1–26.
- Fairbank, John King, and Liu Kwang-ching, eds. *The Cambridge History of China*, vol. 11, *Late Qing*, 1800–1911, Part 2. Cambridge, UK: Cambridge University Press, 1980.
- Feuerwerker, Albert. "The State and the Economy in Late Imperial China." *Theory and Society* 13, no. 3 (1984) : 297–326.
- Fingarette, Herbert. Confucius: *The Secular as Sacred*. Long Grove, IL: Waveland Press, 1998.
- Fu, Zhengyuan. *Autocratic Tradition and Chinese Politics*. Cambridge, UK: Cambridge University Press, 1993.
- Fukuyama, Francis. "Confucianism and Democracy." *Journal of Democracy* 6, no. 2 (1995) : 20–33.
- Fung Yu-lan. *A History of Chinese Philosophy*, vol. 1, The Period of Philosophers, translated by Derk Bodde. Princeton, NJ: Princeton University Press, 1983.
- ______. *A History of Chinese Philosophy*, vol. 2, The Period of Classical Learning, translated by Derk Bodde. Princeton, NJ: Princeton University Press, 1983.
- Gao, Xiongya. *Pearl S. Buck's Chinese Women Characters*. Cranbury, NJ: Associated University Presses, 2000. Goldin, Paul. R. Confucianism. Berkeley: University of California Press, 2011.
- Goossaert, Vincent. "1898: The Beginning of the End for Chinese Religion?" *Journal of Asian Studies* 65, no. 2 (2006) : 307–336.
- Gregor, A. James. "Confucianism and the Political Thought of Sun Yat-Sen." *Philosophy East and West* 31, no. 1 (1981) : 55–70.
- Han Fook Kwang, Warren Fernandez, and Sumiko Tan. *Lee Kuan Yew: The Man and His Ideas*. Singapore: Times Editions, 1998.
- Harrell, Stevan. "Why Do the Chinese Work So Hard? Reflections on an Entrepreneurial Ethic." *Modern China* 11, no. 2. (1985) : 203–226.
- Hicks, G. L., and S. G. Redding. "The Story of the East Asian 'Economic Miracle': Part 1: Economic Theory Be Damned." *Euro-Asia Business Review* 2, no. 3 (1983). 24–32.
- ______. "The Story of the East Asian 'Economic Miracle': Part 2: The Culture Connection." *Euro-Asia Business Review* 2, no. 4 (1983) : 18–22.
- Hill, John S. "Confucianism and the Art of Chinese Management." *Journal of Asia Business Studies* 1, no.1 (2006).
- Hofstede, Geert, and Michael Harris Bond. "The Confucius Connection: From Cultural Roots to Economic Growth." *Organizational Dynamics* 16, no. 4 (1988) : 5–21.
- Holzman, Donald. "The Place of Filial Piety in Ancient China." *Journal of the American Oriental*

Society 118, no. 2（1998）: 185–199.
- Hsiao, Kung-chuan. *A Modern China and a New World: K'ang Yu-wei, Reformer and Utopian, 1858–1927*. Seattle: University of Washington Press, 1975.
- Hsu, Francis L. K. *Under the Ancestors' Shadow: Kinship, Personality and Social Mobility in China*. Stanford, CA: Stanford University Press, 1971.
- Huang, Chun-chieh. *Taiwan in Transformation: The Challenge of a New Democracy in an Old Civilization*. New Brunswick, NJ: Transaction, 2006.
- Huang, Yong. "Government by Propriety: Why the Political Is Also Personal," in Lin Jianfu, ed., *The Kingly Culture, Social Renovation, and the Sustained Development in a Global Age*. Taipei: National Taiwan University Press, 2013, 101–165.
- Huntington, Samuel P. *The Third Wave: Democratization in the Late Twentieth Century*. Norman: University of Oklahoma Press, 1993.（邦訳は、サミュエル・ハンチントン著『第三の波　20世紀後半の民主化』川中豪訳、白水社）
- Hutton, Eric L. "Han Feizi's Criticism of Confucianism and Its Implications for Virtue Ethics." *Journal of Moral Philosophy* 5（2008）: 423–453.
- James, Harold. "Family Values or Crony Capitalism?" *Capitalism and Society* 3, no. 1（2008）.
- Jensen, Lionel M. "Wise Man of the Wilds: Fatherlessness, Fertility, and the Mythic Exemplar, Kongzi." *Early China* 20（1995）: 407–437.
- ______. *Manufacturing Confucianism: Chinese Traditions and Universal Civilization. Durham*, NC: Duke University Press, 1997.
- Johnston, Reginald Fleming. *Confucianism in Modern China*. Vancouver, BC: Soul Care Publishing, 2008.
- Kahn, Herman. *World Economic Development: 1979 and Beyond*. Boulder: Westview Press, 1979.
- 貝塚茂樹『孔子』（岩波新書、1951年）。英訳は、*Confucius: His Life and Thought*, translated by Geoffrey Bkownas. Mineola, NJ: Dover Publications, 2002.
- Khan, Habibullah. "Social Policy in Singapore: A Confucian Model?" World Bank, 2001.
- Kim Dae Jung. "Is Culture Destiny? The Myth of Asia's Anti-Democratic Values." *Foreign Affairs*, November/December 1994.
- Knapp, Keith Nathaniel. "The Ru Reinterpretation of Xiao." *Early China* 20（1995）: 195–222.
- ______. *Selfless Offspring: Filial Children and Social Order in Medieval China*. Honolulu: University of Hawaii Press, 2005.
- ______. "The Confucian Tradition in China," in Randall L. Nadeau, ed., *The Wiley-Blackwell Companion to Chinese Religions*. Oxford: Wiley-Blackwell Press, 2012, 147–170.
- Kristeva, Julia. *About Chinese Women*, translated by Anita Barrows. New York: Marion Boyars, 1986.（邦訳は、ジュリア・クリステヴァ著『中国の女たち』丸山静他訳、せりか書房）
- Kuhn, Dieter. *The Age of Confucian Rule: The Song Transformation of China*. Cambridge, MA: Belknap Press, 2009.
- Kuhn, Philip A. *Chinese Among Others: Emigration in Modern Times*. Lanham, MD: Rowman and Littlefield, 2009.
- Kwong, Luke S. K. "Chinese Politics at the Crossroads: Reflections on the Hundred Days Reform of 1898." *Modern Asian Studies* 34, no. 3（2000）: 663–695.
- Lee, Peter H., and Wm. Theodore de Bary, eds. *Sources of Korean Tradition*, vol. 1, *From Early*

Times Through the Sixteenth Century. New York: Columbia University Press, 1997.
・Levy, Howard S. *Chinese Footbinding: The History of a Curious Erotic Custom*. New York: Bell Publishing, 1967.
・Lew, Seok-Choon, Woo-Young Choi, and Hye Suk Wang. "Confucian Ethics and the Spirit of Capitalism in Korea: The Significance of Filial Piety." *Journal of East Asian Studies* 11, no. 2（2011）: 171–196.
・Lewis, Mark Edward. *The Early Chinese Empires: Qin and Han*. Cambridge, MA: Belknap Press, 2007.
・Liang Ch'i-ch'ao. *Intellectual Trends in the Ch'ing Period*, translated by Immanuel C. Y. Hsu. Cambridge, MA: Harvard University Press, 1959.
・Lin, Justin Yifu. "The Needham Puzzle: Why the Industrial Revolution Did Not Originate in China." *Economic Development and Cultural Change* 43, no. 2（1995）: 269–292.
・Lin Yutang. "Confucius as I Know Him." China Critic 4, no. 1（1931）: 5–9. Reproduced at www.chinaheritagequarterly.org/features.php?searchterm=030_confucius.inc& issue=030.
・______. *My Country and My People*. London: William Heinemann, 1936.
・Long, Roderick T. "Austro-Libertarian Themes in Early Confucianism." *Journal of Libertarian Studies* 17, no. 3（2003）: 35–62.
・Louie, Kam. *Critiques of Confucius in Contemporary China*. Hong Kong: Chinese University Press, 1980.
・______. *Theorizing Chinese Masculinity: Society and Gender in China*. Cambridge, UK: Cambridge University Press, 2002.
・______. "Confucius the Chameleon: Dubious Envoy for 'Brand China.'" *Boundary* 2 38, no. 1（2011）: 77–100.
・Lu Xun. *Selected Stories of Lu Hsun*, translated by Yang Hsien-yi and Gladys Yang. Beijing: Foreign Languages Press, 1972.
・MacFarquhar, Roderick. "The Post-Confucian Challenge." *The Economist*, February 9, 1980.
・Maddison, Angus. "The West and the Rest in the World Economy, 1000–2030: Maddisonian and Malthusian interpretations," *World Economics* 9, no. 4（2008）75–99.
・Mahbubani, Kishore. "The Pacific Way." *Foreign Affairs*, January/February 1995.
・Mann, Susan, and Cheng Yu-yin, eds. *Under Confucian Eyes: Writings on Gender in Chinese History*. Berkeley: University of California Press, 2001.
・宮崎市定『科挙　中国の試験地獄』(中公新書、1963年)。英訳は、*China's Examination Hell: The Civil Service Examinations of Imperial China*, translated by Conrad Schirokauer. New Haven, CT: Yale University Press, 1981.
・Nathan, Andrew. *Chinese Democracy*. Berkeley: University of California Press, 1986.
・Needham, Joseph. *Science and Civilization in China*, vol. 2, *History of Scientific Thought*. Cambridge, UK: Cambridge University Press, 1956.（邦訳は、ジョセフ・ニーダム『中国の科学と文明』第2巻、思想史・上下、吉川忠夫他訳、新思索社）
・______. *The Grand Titration: Science and Society in East and West*. Toronto: University of Toronto Press, 1979.（邦訳は、『東と西の学者と工匠：中国科学技術史講演集』上下、山田慶児訳、河出書房新社）
・Nosco, Peter, ed. *Confucianism in Tokugawa Culture*. Honolulu: University of Hawaii Press, 1997.

・Nylan, Michael. "Confucian Piety and Individualism in Han China." *Journal of the American Oriental Society* 116, no. 1（1996）: 1–27.
・Nylan, Michael, and Thomas Wilson. *Lives of Confucius: Civilization's Greatest Sage Through the Ages*. New York: Doubleday, 2010.
・O'Brien, Patrick K. "The Needham Question Updated: A Historiographical Survey and Elaboration." *History of Technology* 29（2009）: 7–28.
・O'Dwyer, Shaun. "Democracy and Confucian Values." *Philosophy East and West* 53, no. 1（2003）: 39–63.
・Oldstone-Moore, Jennifer. *Confucianism: Origins, Beliefs, Practices, Holy Texts, Sacred Places*. Oxford: Oxford University Press, 2002.
・Paradise, James F. "China and International Harmony: The Role of Confucius Institutes in Bolstering Beijing's Soft Power." *Asian Survey* 49, no. 4（2009）: 647–669.
・Paramore, Kiri. "The Nationalization of Confucianism: Academism, Examinations, and Bureaucratic Governance in the Late Tokugawa State." *Journal of Japanese Studies* 38, no. 1（2012）: 25–53.
・Park, Chung Hee. *To Build a Nation*. Washington, DC: Acropolis Books, 1971.
・Patten, Chris. *East and West: The Last Governor of Hong Kong on Power, Freedom, and the Future*. London: Macmillan, 1998.
・Rainey, Lee Dian. *Confucius and Confucianism: The Essentials. West Sussex*, UK: Wiley-Blackwell, 2010.
・Ramírez, Luis Felipe. "Culture, Government and Development in South Korea." *Asian Culture and History* 2, no.1（2010）: 71–81.
・Reid, T. R. *Confucius Lives Next Door: What Living in the East Teaches Us About Living in the West*. New York: Vintage, 2009.
・Rosenlee, Li-hsiang Lisa. *Confucianism and Women: A Philosophical Interpretation*. Albany: State University of New York Press, 2006.
・Russell, Bertrand. *The Problem of China*. London: George Allen and Unwin, 1922.（邦訳は、バートランド・ラッセル『中国の問題』牧野力訳、理想社）
・Schuman, Michael. *The Miracle: The Epic Story of Asia's Quest for Wealth*. New York: HarperBusiness, 2009.
・Sellmann, James D., and Sharon Rowe. "The Feminine in Confucius." *Asian Culture Quarterly* 26, no. 3（1998）.
・Shryock, John K. *The Origin and Development of the Cult of Confucius: An Introductory Study*. New York: Paragon, 1966.
・Shun, Kwong-loi, and David B. Wong, eds. *Confucian Ethics: A Comparative Study of Self, Autonomy, and Community*. Cambridge, UK: Cambridge University Press, 2004.
・Slote, Walter H., and George A. De Vos, eds. *Confucianism and the Family*. Albany: State University of New York Press, 1998.
・Sommer, Deborah. "Images for Iconoclasts: Images of Confucius in the Cultural Revolution." *East West Connections* 7, no. 1（2007）: 1–23.
・Spence, Jonathan. "Confucius." *Wilson Quarterly*, Autumn 1993.
・Sun Yat-sen. *San Min Chu I: The Three Principles of the People*. Frank W. Price, trans. L. T. Chen,

ed. Shanghai: China Committee Institute of Pacific Relations, 1927.
・Tan, Charlene. "'Our Shared Values' in Singapore: A Confucian Perspective." *Educational Theory* 62, no. 4（2012）: 449–463.
・Tan Chwee Huat. "Confucianism and Nation Building in Singapore." *International Journal of Social Economics* 16, no. 8（1989）: 5–16.
・Tan Soo Kee. "Influence of Confucianism on Korean Corporate Culture." *Asian Profile* 36, no.1（2008）: 9–20.
・Tan Sor-hoon. "Authoritative Master Kong（Confucius）in an Authoritarian Age." *Dao* 9（2010）: 137–149.
・Tay Wei Leong. "Kang Youwei: The Martin Luther of Confucianism and His Vision of Confucian Modernity and Nation." In Haneda Masashi, ed., *Secularization, Religion and the State*. Tokyo: University of Tokyo Center for Philosophy, 2010.
・Taylor, Rodney Leon. *Confucianism*. New York: Chelsea House, 2004.
・Thompson, Mark R. "Pacific Asia After 'Asian Values': Authoritarianism, Democracy, and 'Good Governance.'" *Third World Quarterly* 25, no. 6（2004）: 1079–1095.
・Tillman, Hoyt Cleveland. *Confucian Discourse and Chu Hsi's Ascendancy*. Honolulu: University of Hawaii Press, 1992.
・Totman, Conrad. *Early Modern Japan*. Berkeley: University of California Press, 1993.
・Tu Wei-ming. "The Rise of Industrial East Asia: The Role of Confucian Values." *Copenhagen Papers in East and Southeast Asian Studies*, no. 4（1989）: 81–97.
・______. *Confucian Traditions in East Asian Modernity: Moral Education and Economic Culture in Japan and the Four Mini-Dragons*. Cambridge, MA: Harvard University Press, 1996.
・Twitchett, Denis, and Michael Loewe, eds. *The Cambridge History of China*, vol. 1, *The Qin and Han Empires, 221 BC–220 AD*. Cambridge, UK: Cambridge University Press, 1996.
・Vogel, Ezra F. *Japan as Number One: Lessons for America*. Bloomington, IN: iUniverse, 1999.（Originally published by Harvard University Press in 1979.）（邦訳は、エズラ・F・ヴォーゲル著『ジャパン・アズ・ナンバーワン　アメリカへの教訓』広中和歌子他訳、阪急コミュニケーションズ）
・Weber, Max. *The Religion of China: Confucianism and Daoism*, translated by Hans H. Gerth. New York: Macmillan, 1951.（邦訳は、マックス・ウェーバー著『儒教と道教』木全徳雄訳、創文社）
・Whyte, Martin King. "The Social Roots of China's Economic Development." *China Quarterly*, no. 144（1995）: 999–1019.
・______. "The Chinese Family and Economic Development: Obstacle or Engine?" *Economic Development and Cultural Change* 45, no. 1（1996）: 1–30.
・Wilson, Thomas A. *On Sacred Grounds: Culture, Society, Politics, and the Formation of the Cult of Confucius*. Cambridge, MA: Harvard University Press, 2003.
・Winchester, Simon. *The Man Who Loved China: The Fantastic Story of the Eccentric Scientist Who Unlocked the Mysteries of the Middle Kingdom*. New York: Harper, 2008.
・Winckler, Edwin A., and Susan Greenhalgh, eds. *Contending Approaches to the Political Economy of Taiwan*. Armonk, NY: M. E. Sharpe, 1988.
・Woo, Terry. "Confucianism and Feminism." In Arvind Sharma and Katherine K. Young, eds., *Feminism in World Religions*. Albany: State University of New York Press, 1999.

- Wood, Alan T. *Limits to Autocracy: From Sung Neo-Confucianism to a Doctrine of Political Rights*. Honolulu: University of Hawaii Press, 1995.
- Yang, Key P., and Gregory Henderson. "An Outline History of Korean Confucianism: Part I: The Early Period and Yi Factionalism." *Journal of Asian Studies* 18, no. 1 (1958) : 81–101.
- Yao, Xinzhong. *An Introduction to Confucianism*. New York: Cambridge University Press, 2009.
- Yi Il Cheong. "Formulation of Confucianism in the Social Welfare Systems of East Asia." *KATHA*, no. 1 (2005).
- Yu Dan. Confucius from the Heart: Ancient Wisdom for Today's World, translated by Ester Tyldesley (London: Pan Books, 2010).
- Zakaria, Fareed. "A Conversation with Lee Kuan Yew." *Foreign Affairs*, March/April 1994.
- Zelin, Madeleine. *The Merchants of Zigong: Industrial Entrepreneurship in Early Modern China*. New York: Columbia University Press, 2005.
- Zhang Tong and Barry Schwartz. "Confucius and the Cultural Revolution: A Study in Collective Memory." *International Journal of Politics, Culture and Society* 11, no. 2 (1997).

［著者］

マイケル・シューマン
Michael Schuman

作家・ジャーナリスト。ウォールストリート・ジャーナル紙とタイム誌の元アジア特派員。スタンフォード大学大学院修了。ソウルや北京などアジア取材歴が25年以上に及び、現在はアトランティック誌などに寄稿している。著書に*The Miracle: The Epic Story of Asia's Quest for Wealth*、共著に*Superpower Interrupted: The Chinese History of the World*。

［訳者］

漆嶋 稔
（うるしま・みのる）

1956年宮崎県都城市生まれ。神戸大学卒業後、三井銀行（現三井住友銀行）を経て独立。主な訳書にデミング『危機からの脱出I、II』（共訳）、アリソン他『決定の本質I、II』（以上、日経BPクラシックス）、『FRB議長』（日本経済新聞出版社）、『烈火三国志』（上中下）（日本能率協会マネジメントセンター）など。

孔子復活

東アジアの経済成長と儒教

2024年10月21日　第1版第1刷発行

著者　マイケル・シューマン
訳者　漆嶋稔
発行者　中川ヒロミ
発行　株式会社日経BP
　　　日本経済新聞出版
発売　株式会社日経BPマーケティング
　　　〒105-8308　東京都港区虎ノ門4-3-12
　　　https://bookplus.nikkei.com/
装幀　装幀新井
装画・扉絵　南景太
本文DTP　マーリンクレイン
印刷・製本　中央精版印刷株式会社

2024 Printed in Japan ISBN978-4-296-00113-2
本書に関するお問い合わせ、ご質問は下記にて承ります。
https://nkbp.jp/booksQA
Printed in Japan

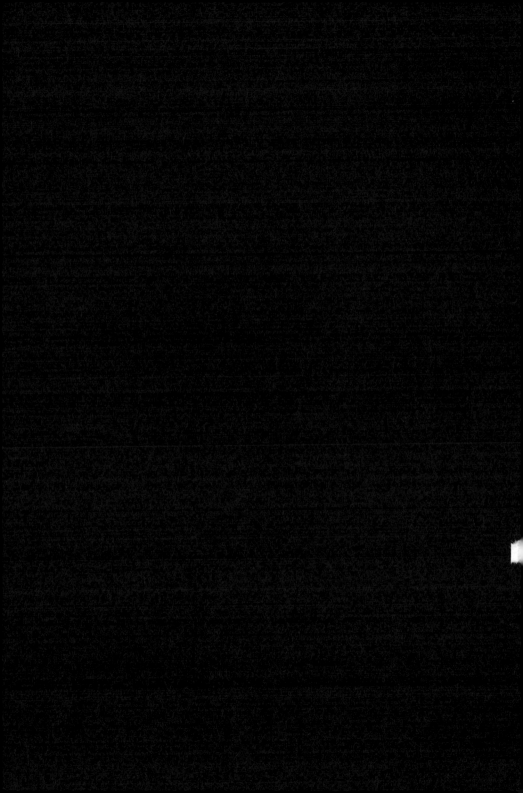